Rolf Becker (Hrsg.)

Integration durch Bildung

AF137710

Rolf Becker (Hrsg.)

# Integration durch Bildung

Bildungserwerb von jungen
Migranten in Deutschland

VS VERLAG

Bibliografische Information der Deutschen Nationalbibliothek
Die Deutsche Nationalbibliothek verzeichnet diese Publikation in der
Deutschen Nationalbibliografie; detaillierte bibliografische Daten sind im Internet über
<http://dnb.d-nb.de> abrufbar.

1. Auflage 2011

Alle Rechte vorbehalten
© VS Verlag für Sozialwissenschaften | Springer Fachmedien Wiesbaden GmbH 2011

Lektorat: Cori Mackrodt

VS Verlag für Sozialwissenschaften ist eine Marke von Springer Fachmedien.
Springer Fachmedien ist Teil der Fachverlagsgruppe Springer Science+Business Media.
www.vs-verlag.de

Umschlaggestaltung: KünkelLopka Medienentwicklung, Heidelberg
Druck und buchbinderische Verarbeitung: Ten Brink, Meppel
Gedruckt auf säurefreiem und chlorfrei gebleichtem Papier
Printed in the Netherlands

ISBN 978-3-531-15568-5

# Vorwort und Danksagung

In der Zwischenzeit gehört die Frage nach den Bildungschancen und dem Bildungserfolg ausländischer Kinder oder von Jugendlichen mit Migrationshintergrund im deutschen Bildungssystem zu einem zentralen Forschungsgebiet in der Bildungsforschung. Sie wird – wie die Frage nach der Integration dieser nachwachsenden Generation durch Bildung und Ausbildung sowie späterer Beschäftigung im „regulären" oder „ethnischen" Arbeitsmarkt – auch in der politischen Öffentlichkeit kontrovers diskutiert, wobei die Verbreitung wertbehafteter Behauptungen über die Kenntnisnahme und Reflexion wissenschaftlicher Fakten dominieren.

Mit dem vorliegenden Sammelband versuchen wir – die Autorinnen und Autoren – dieser Form von Mythen- und Legendenbildung, die auch in Bereichen der wissenschaftlichen Forschung gehegt und gepflegt wird, zu entgegnen. Im Vordergrund der einzelnen Beiträge stehen neben der Aufklärung durch differenzierte Beschreibung von Bildungschancen nach Migrationsstatus als gesellschaftliche Tatsache vor allem empirisch fundierte Erklärungen der Nachteile und Benachteiligungen von Kindern und Jugendlichen mit Ausländer- oder Migrationsstatus im Vergeich zu den gleichaltrigen Einheimischen. Die präzise Beobachtung und Rekonstruktion von Prozessen und Mechanismen in Familien, Schulen und anderen Bildungsinstitutionen, im Arbeitsmarkt sowie in sonstigen gesellschaftlichen Bereichen dienen diesem zweifachen Unterfangen, um aus sozialwissenschaftlicher Sicht belastbare Antworten auf die Fragen nach den Ursachen von Bildungsungleichheiten und den Möglichkeiten zu liefern, soziale Ungleichheiten im Bildungswesen zu reduzieren.

Bei diesem Sammelband bin ich als Herausgeber vielen Beteiligten zu Dank verpflichtet. Ohne die *Autorinnen und Autoren* wäre das ganze Projekt nicht realisiert worden. Dafür und für ihre Geduld mit mir als Herausgeber danke ich ihnen herzlich. Frau *Ellen Bittersmann* danke ich für die Hilfestellung bei der Formatierung des Sammelbandes. Schließlich danke ich *Frank Engelhardt*, *Reinald Klockenbusch* und vor allem *Cori Antonia Mackrodt* für ihr Vertrauen und Engagement.

Bern im Sommer 2011

*Rolf Becker*

# Inhalt

## III Migranten im Ausbildungs- und Erwerbssystem

## Verzeichnis der Autorinnen und Autoren

# I Einleitung

# Integration von Migranten durch Bildung und Ausbildung – theoretische Erklärungen und empirische Befunde

*Rolf Becker*

## 1 Ausgangslage

Die *Sozialintegration* von Migranten über die Partizipation an Institutionen der Aufnahmegesellschaft wie Bildungssystem und Arbeitsmarkt ist zweifelsohne eine der bedeutsamen gesellschaftlichen Herausforderungen in der deutschen Gegenwartsgesellschaft (Kalter et al. 2007). Wenn sie als eine ihrer Dimensionen die Kulturation in Form des Erwerbs von Wissen und Fertigkeiten (einschließlich der Sprache) sowie die Platzierung – verstanden als Erwerb von Anrechten und Übernahme von beruflichen oder anderen gesellschaftlichen Positionen – einschließt, dann ist der Zugang zum Bildungssystem und der Erwerb von Bildungszertifikaten eine unabdingbare Voraussetzung dafür (Kalter 2005). Für junge (schulpflichtige) Migranten sind Sprache und strukturelle Assimilation in das Bildungssystem im Sinne der formalen Chancengleichheit der *Schlüssel zur Sozialintegration* in das Aufnahmeland (Esser 2006).

Können sie dann anerkannte Bildungsabschlüsse erwerben und werden anschließend in den Arbeitsmarkt integriert, dann trägt diese strukturelle Assimilation auch zur *Systemintegration* der gesellschaftlichen Ordnungen bei (Esser 2001). Damit die Funktionsfähigkeit von Bildungs- und Beschäftigungssystem und ihre Legitimität garantiert ist, müssen nicht nur ansonsten ungenutzte Begabungsreserven unter den Migranten ausgebildet und als Arbeitskraft für die wirtschaftliche Entwicklung genutzt werden. Sondern als beschäftigte Beitragszahler sorgen Migranten dann selbst mit für ein funktionierendes Sozialversicherungssystem. Je besser sie für anspruchsvolle berufliche Tätigkeiten mit hohen und steigenden Qualifikationsanforderungen ausgebildet sind, desto eher können sie ebenso wie die ohnehin privilegierten Einheimischen zur Systemintegration beitragen. Angesichts der demographischen Entwicklung (sinkende Geburtenraten und steigende Lebenserwartung) und des absehbaren Mangels an qualifizierten Fachkräften im Industrie- und Dienstleistungs- bzw. Verwaltungssektor werden ohnehin zusätzliche Anstrengungen für die strukturelle Assimilation von Migranten einschließlich ihrer Kinder und Kindeskinder notwendig werden.

Wie sehen aber die Fakten aus? Migranten sind – bei großen Unterschieden zwischen einzelnen Nationalitäten, Migrationswellen und Migrationshintergründen (siehe Beitrag von Ditton oder von Kalter, Granato und Kristen in diesem Band) – im deutschen Bildungs- und Beschäftigungssystem zumeist im Nachteil gegenüber den Einheimischen (Dollmann 2010; Steinbach und Nauck 2004; von Below 2003; Büchel und Wagner 1996; Alba et al. 1994). Die empirischen Evidenzen hierzu sind eindeutig (siehe Diefenbach 2010: 225-226). Sie werden summarisch in der *Logik des Lebenslaufs* dargestellt (vgl. Becker und Lauterbach 2010). Denn aus der Lebensverlaufsforschung wissen wir bereits, dass in Bezug auf Bildung bereits relativ kleine Niveauunterschiede am Anfang des Bildungsverlaufs oftmals in großen Disparitäten der daran geknüpften Lebenschancen im weiteren Lebensverlauf enden (Becker 2010 und Schuchart 2010; Kalter und Granato 2002; Müller et al. 1997; Blossfeld 1989). Migranten nutzen signifikant seltener Angebote vorschulischer Bildung und Erziehung (Becker und Tremel 2006; Büchel et al. 1997) und weisen vergleichsweise größere Probleme bei der Einschulung auf. Sie besuchen häufiger Sonderschulen für lernschwache Schulkinder (Wagner und Powell 2003) und werden am Ende der Grundschule deutlich häufiger für die Hauptschule statt für weiterführende Schulen in der Sekundarstufe I empfohlen (Kristen 2002). Nach der Primarschulzeit wechseln sie häufiger als deutsche Schulkinder in die ungünstigen Lernumgebungen der Hauptschule (Diefenbach 2007; Becker und Schubert 2006; Becker 2006). Des Weiteren erwerben sie seltener die Studienberechtigung (von Below 2003: 11), gehen dafür häufiger auch ohne einen Schulabschluss von der allgemeinbildenden Schule ab (Solga 2005; Alba et al. 1994). Ferner haben sie größere Schwierigkeiten, nach der Schulzeit eine berufliche Lehre in einem Ausbildungsbetrieb beginnen zu können, und sind häufiger auf „Brückenangebote" angewiesen als gleichaltrige Einheimische (Seibert und Solga 2005). Auch an den Hochschulen sind die meisten Migrantengruppen unterrepräsentiert (von Below 2003: 18). Im Vergleich zu Einheimischen gelingt ihnen seltener ein rascher wie erfolgreicher Eintritt in das Erwerbssystem (Granato und Kalter 2001). Sie sind in der Regel eher von Jugendarbeitslosigkeit betroffen, und sie gelangen kaum in die internen Arbeitsmärkte mit den privilegierten Erwerbs- und Einkommenschancen. Schließlich sind sie auch bei den Mobilitätschancen im Nachteil (siehe Kramer und Lauterbach in diesem Band). So weisen sie signifikant geringere Chancen für inter- und intragenerationale Aufstiege auf (Kalter 2005).

Im Hinblick auf den Bildungserwerb in frühen Stadien des Lebenslaufs sowie auf Einkommenschancen, Aufstiegsmöglichkeiten und Beschäftigungssicherheit im weiteren Berufsleben sind Migranten gegenüber Einheimischen oftmals deutlich im Nachteil. Zwar haben sich in der Nachkriegszeit die Unterschiede zwischen Migranten und Einheimischen in der Generationenabfolge sukzessive verringert. Jedoch können Kalter, Granato und Kristen (2007) empirisch nachweisen, dass die Migrantenkinder offensichtlich „Verlierer" der Bildungsexpansion sind (Esser 2001). Der Grund hierfür liegt vor allem darin, dass die Einheimischen bei sich verbessernden Bildungsgelegenheiten eher in der Lage sind, sich im Bildungssystem deutliche Vorteile gegenüber den Migranten zu verschaffen (vgl. Becker und Beck 2011).

## 2 Soziologische Erklärung der Nachteile von Migranten im Bildungssystem

Wenn Bildung eine wichtige Ressource für die Integration von Migranten in Deutschland auf annähernd allen relevanten Dimensionen des Lebenslaufs und der gesellschaftlichen Ordnungen ist, stellt sich die Frage, wie ihre Nachteile im Bildungssystem zu erklären sind. Statt einer lexikalischen Abarbeitung unterschiedlicher Erklärungsansätze, werden sie in diesem Abschnitt knapp dargestellt und sogleich einer empirischen Überprüfung unterzogen. Im ersten Schritt beschränkt sich der Theorievergleich auf das Schulsystem und wird im zweiten Teil auf die Berufsausbildung ausgeweitet.

*Soziologische Erklärung der Nachteile von Migranten im Schulbereich*

Die *Kulturdefizit-These* führt die Nachteile ausländischer Schulkinder aus Migrantenfamilien auf kulturell bedingte Defizite zurück, so dass sie bereits zu Beginn ihrer Bildungskarriere einen Startnachteil aufweisen (Diefenbach 2011: 458). Aufgrund ihrer kulturellen Herkunft brächten diese Kinder eine durch die Kultur ihres Herkunftslandes geprägte Basispersönlichkeit, aber nicht die Verhaltensweisen, Kenntnisse oder Fähigkeiten mit, „die Kinder ohne Migrationshintergrund vergleichbaren Alters und Entwicklungsstandes mitbringen und die daher in den Bildungs- und Erziehungsinstitutionen in Deutschland als normal vorausgesetzt werden" (Diefenbach 2011: 457-458; Diefenbach 2010: 227). Darunter fallen traditionelle und wenig moderne Einstellungen und Haltungen gegenüber Lernen und Bildung, die mit geringen Interessen, Motivationen und Anstrengungen in der Schule und dem Bildungserfolg einhergehen sollen. Dazu gehört scheinbar auch ein „anderes" Bildungsverständnis und -verhalten von Migrantenfamilien, das mit dem Grad kultureller Übereinstimmung bzw. Distanz zwischen Herkunfts- und Aufnahmeland verbunden ist.

Typischerweise wird den Migranteneltern Skepsis und Misstrauen der deutschen Schule gegenüber nachgesagt. Folglich reproduzieren die Schulkinder mit Migrationshintergrund die ablehnende Einstellung der Eltern zur Schule und

müssen sich daher oftmals mit großem Aufwand an die Vorgaben des Bildungssystem einstellen und anpassen. Aufgrund eines oftmals fehlenden Ausmaßes an
individueller Modernisierung, Individualisierung und Akkulturation verfügen
sie jedoch nicht über ausreichende Selbstplatzierungsfähigkeiten, um doch noch
im Schulsystem erfolgreich zu sein.

*Tab. 1:* Kulturelle Defizite und Bildungserfolg (odds ratios)

| | Bildungsübergang[1] | | | Bildungs-empfehlung[1] | | Notendurch-schnitt[2] | |
|---|---|---|---|---|---|---|---|
| | RS | GYM | GS | RS | GYM | gut | mittel |
| *Muttersprache* | | | | | | | |
| **Deutsch** | 1 | 1 | 1 | 1 | 1 | 1 | 1 |
| **Ausländisch** | 0,67* | 0,72* | 0,68* | 0,49* | 0,29* | 0,60* | 0,59* |
| *Migrationsbiographie* | | | | | | | |
| **Einreisealter** | 0,97 | 0,92* | 0,96 | 0,97* | 0,92* | 0,93* | 0,98 |
| *Bildungsverständnis* | | | | | | | |
| **Leseinteresse** | 1,24* | 2,16* | 1,44* | 1,25* | 1,86* | 1,59* | 1,34* |
| **Lernmotivation Deutsch** | 1,02 | 1,69* | 1,39* | 1,34* | 1,86* | 1,93* | 1,60* |
| **Fachinteresse Mathe** | 0,79 | 0,73* | 0,71* | 0,87 | 0,74* | 0,61* | 0,77* |
| **Lernmotivation Mathe** | 0,95 | 0,99 | 0,78 | 0,86 | 1,09* | 1,33* | 1,58* |
| **Leistungsvermögen** | 2,40* | 13,2* | 2,23* | 2,95* | 19,9* | 15,9* | 3,26* |
| **Pseudo-R²** | | 0,111 | | | 0,184 | 0,160 | |
| **N** | | 3.625 | | | 3.144 | 2.791 | |

* mindestens $p \leq 0,05$; [1] Referenzkategorie: Hauptschule; [2] Referenzkategorie: schlechte Schulnoten
RS = Realschule, GYM = Gymnasium und GS = Gesamtschule

Quelle: ELEMENT – eigene Berechnung

Auf die Kritik an diesem Erklärungsversuch kann aus Platzgründen nicht eingegangen werden (vgl. Diefenbach 2010). Eigene multivariate Analysen jedoch
weisen auf die mangelnde Tragfähigkeit dieser Argumentation hin (Tabelle 1).[1]

---

1    Für die kritische Überprüfung der einzelnen Erklärungsansätze werden Daten der Längsschnitt-
     studie ELEMENT herangezogen (Lehmann und Nikolova 2005). Die Studie wurde mit dem
     Ziel durchgeführt, Lernausgangslagen und Lernfortschritte von Schulkindern im Übergangsbe-
     reich zwischen Primar- und Sekundarstufe an Berliner Grundschulen und grundständigen Gym-

Zum einen werden hinreichend bekannte Fakten repliziert. Migranten – hier abgegrenzt anhand der Muttersprache und dem Einreisealter – sind beim Bildungsübergang, bei der (in Berlin für Eltern nicht verbindlichen) Bildungsempfehlung und den institutionell beurteilten Schulleistungen gegenüber den deutschen Schulkindern im Nachteil.[2] Sie wechseln seltener in die weiterführenden Schullaufbahnen in der Sekundarstufe I, werden seltener für die weiterführenden Schulen empfohlen und erhalten eher schlechtere Schulnoten in den übergangsrelevanten Schulfächern wie Deutsch, Mathematik und erste Fremdsprache (Englisch oder Französisch). Diese Befunde werden ebenfalls repliziert, wenn für den Migrationsstatus statt der Muttersprache der Ausländerstatus nach Nationalität oder die Zugehörigkeit zu einer der Migrationswellen verwendet wird (vgl. Ditton und Aulinger in diesem Band). Eine gleichzeitige Kontrolle all dieser Dimensionen zwecks umfassender Abbildung des Ausländer- oder Migrationsstatus und sonstiger Migrationshintergründe ist wegen ihrer Konfundierung und den damit verbundenen Schätzproblemen nicht möglich.

Werden neben dem Einreisealter kulturelle Dimensionen des Bildungsverständnisses bzw. Einstellungen zu Bildung wie etwa Lernmotivation, Fachinteresse oder Leistungsvermögen als Proxy für kulturspezifische Werte und Verhaltensweisen der Migranten in Bezug auf Bildung ihrer Kinder sowie der Folgen für das Lern- und Bildungsverhalten ihrer Kinder kontrolliert, dann lösen sich zum anderen die Migrationseffekte in Bezug auf Bildungserfolge *nicht* auf. Vielmehr werden erwartungsgemäß Bildungserfolge mit zunehmendem Einreisealter unwahrscheinlicher (vgl. Nauck et al. 1998): Je höher das Einreisealter

---

nasien zu untersuchen. Für die Analysen von Schulkindern in der 5. bzw. 6. Klassenstufe wird der Ausgangsdatensatz ohne multiple Imputation fehlender Werte verwendet. Der Datensatz ist beim Forschungsdatenzentrum des Instituts für Qualitätssicherung im Bildungswesen (IQB) als ‚scientific use file' verfügbar. Der Autor und Herausgeber dankt dem IQB für die Zurverfügungstellung der Daten. Die Befunde mit diesen Daten für Berlin konnten – was hier aus Platzgründen nicht dokumentiert ist – mit Querschnittsdaten von IGLU 2001 und 2006 für Deutschland repliziert werden.

2    Für die Schätzung, nach der Grundschule eine bestimmte Schulform zu besuchen, eine bestimmte Bildungsempfehlung zu erhalten oder einen bestimmten Notendurchschnitt zu erzielen, wird die *multinomiale logistische Regression* angewandt (Long 1997). Aus Platzgründen werden die *odds ratios* als Schätzergebnisse dokumentiert. Sie geben jeweils das Chancenverhältnis für miteinander verglichene Gruppen wieder, einen bestimmten Zustand aufzuweisen oder ein bestimmtes Ereignis zu erfahren. Werte von 1 besagen, dass es keinen Zusammenhang zwischen unabhängiger und abhängiger Variablen gibt. Bei Werten größer als 1 liegen positive und bei Werten kleiner als 1 liegen negative Einflüsse erklärender Variablen auf die abhängige Variable vor.

der Schulkinder ist, desto unwahrscheinlicher sind gute Notendurchschnitte sowie eine Empfehlung für weiterführende Schulen und der Übergang ins Gymnasium. Auch in Bezug auf die kulturellen Dimensionen liegen erwartete Ergebnisse vor: Je ausgeprägter das Leseinteresse und die Lernmotivation sowie das Leistungsvermögen ist, desto erfolgreicher sind die Schulkinder. Weil die Nettoeffekte für den Migrationshintergrund weiterhin statistisch signifikant sind, kann die These kultureller Defizite *nicht* aufrechterhalten werden. Stattdessen muss nach einer alternativen Erklärung gesucht werden.

Die *humankapitaltheoretische Erklärung* als theoretische Alternative stellt darauf ab, dass es Schulkindern mit Migrationshintergrund gegenüber deutschen Kindern an vorherigen Investitionen ihrer Eltern in ihre Sozialisation, Erziehung und Vorbereitung auf die Schule bzw. Ausbildung mangelt (Diefenbach 2010; von Below 2003). Da die Migranteneltern aufgrund ihres vergleichsweise geringen Humankapitals oftmals nur in suboptimaler Weise für den späteren Bildungs- und Arbeitsmarkterfolg essentielle Wissensbestände, Verhaltensweisen und Werthaltungen an ihre Kinder weitergeben können, geht die intergenerationale Unterinvestition in das Humankapital folglich mit geringeren Erträgen in Form von Bildungs- und Berufserfolgen einher. Ähnliche Folgen sind auch zu erwarten, wenn aufgrund der Spezifität des Humankapitals von Immigranten die höherwertigen, im Herkunftsland erworbenen Bildungsabschlüsse nicht anerkannt werden oder Rückkehrabsichten bestehen. So ist wegen geringer Bleibeorientierung oder Entwertung des Humankapitals nicht ausgeschlossen, dass daraus eine Neigung für Unterinvestition folgt (vgl. Granato und Kalter 2001).

Zwar weisen die statistischen Analysen darauf hin, dass das elterliche Humankapital (bemessen am höchsten Bildungsniveau der Eltern) und die Aufteilung der Ressourcen zwischen den Kindern (kontrolliert über die Anwesenheit von Geschwistern im elterlichen Haushalt) die Nachteile von Migrantenkindern beim Bildungsübergang nach der Grundschulzeit durchaus zu erklären vermag (Tabelle 2). Aber für die schulische Leistung und Bildungsempfehlung bestehen weiterhin signifikante Unterschiede zwischen deutsch- und anderssprachigen Schulkindern. So erhalten Migrantenkinder nur halb so oft wie einheimische Schulkinder eine Gymnasialempfehlung. Auch bei den Schulnoten sind die Migranten im Nachteil gegenüber den deutschen Schulkindern. Somit wird dieser humankapitaltheoretische Erklärungsansatz lediglich teilweise empirisch unterstützt (vgl. Nauck et al. 1998).

Andere Analysen weisen darauf hin, dass es keinen signifikanten Zusammenhang zwischen Rückkehrabsichten von Migranten und Bildungsinvestitionen gibt (vgl. Alba et al. 1994). Auch sprechen die oftmals ausgeprägt hohen Bildungsaspirationen von Migranteneltern gegen eine elterliche Zurückhaltung von Humankapitalinvestitionen (vgl. Diefenbach 2010; siehe den Beitrag von

Becker und Schubert in diesem Band). Es ist nur die Frage, ob sie ihre Bildungsmotivationen aufgrund verfügbarer Ressourcen mehr oder weniger realisieren können.

*Tab. 2:* Unterinvestition in das Humankapital und Bildungserfolg (odds ratios)

| | Bildungsübergang[1] | | | Bildungs-empfehlung[1] | | Notendurch-schnitt[2] | |
|---|---|---|---|---|---|---|---|
| | RS | GYM | GS | RS | GYM | gut | mittel |
| *Muttersprache* | | | | | | | |
| Deutsch | 1 | 1 | 1 | 1 | 1 | 1 | 1 |
| Ausländisch | 0,954 | 1,223 | 0,816 | 0,887 | 0,521* | 0,768† | 0,876 |
| *Bildung der Eltern* | | | | | | | |
| Kein Abschluss | 0,215* | 0,026* | 0,129* | 0,174* | 0,036* | 0,081* | 0,248* |
| Hauptschule | 0,308* | 0,032* | 0,187* | 0,272* | 0,068* | 0,116* | 0,251* |
| Mittlere Reife | 0,505 | 0,082* | 0,335* | 0,432* | 0,134* | 0,209* | 0,389* |
| Fachhochschulreife | 0,696 | 0,244* | 0,427 | 1,123 | 0,679 | 1,050 | 1,793 |
| Abitur | 1 | 1 | 1 | 1 | 1 | 1 | 1 |
| *Familienstruktur* | | | | | | | |
| Keine Geschwister | 1 | 1 | 1 | 1 | 1 | 1 | 1 |
| Geschwister | 0,796 | 0,547 | 0,618 | 0,577* | 0,477* | 0,831 | 0,925 |
| Pseudo-R² | | 0,073 | | | 0,086 | | 0,050 |
| N | | 1.998 | | | 2.060 | | 2.278 |

* mindestens $p \leq 0,05$; [1] Referenzkategorie: Hauptschule; [2] Referenzkategorie: schlechte Schulnoten
RS = Realschule, GYM = Gymnasium und GS = Gesamtschule

Quelle: ELEMENT – eigene Berechnung

Auf diese Frage geht der empirisch bewährte *strukturell-individualistische Erklärungsansatz* systematisch ein, der vor allem individuellen Bildungsentscheidungen bei gegebenen institutionellen und strukturellen Restriktionen als einen entscheidenden Mechanismus fokussiert. Da es sich bei Bildungsentscheidungen in der Regel um „riskante" Investitionen handelt, weil Kosten sicher und sofort auftreten, während die langfristigen und hohen Erträge unsicher erscheinen, entscheiden sich Individuen mit geringen sozioökonomischen Ressourcen eher für sicher und weniger aufwendig erscheinende Bildungswege. Bei ihnen fallen erwartete Kosten und Erfolgsrisiken vergleichsweise stärker ins Gewicht, und sie sind in geringerem Maße in der Lage, die Risiken zu verringern. Während bezüglich der Bildungsentscheidungen bei den ressourcenärmeren Indivi-

duen und Gruppen aus den unteren Sozialschichten die Investitionsrisiken dominieren, überwiegt bei den sozial privilegierten Individuen bzw. Gruppen die
Bildungsmotivation. Für Bildungsentscheidungen und Bildungserfolge wird bei
diesem Erklärungsansatz davon ausgegangen, dass der Migrationsstatus ein
Spezialfall des kausalen Zusammenhangs von sozialer Herkunft und Bildungschancen ist (Beck et al. 2010; Kalter et al. 2007; Kristen 2006; Kalter 2005).
Darüber hinausgehende spezifische Nachteile von Migranten beim Bildungserfolg scheinen „vorwiegend mit noch vorhandenen Sprachproblemen (und hier
vorwiegend im Elternhaus) verbunden zu sein" (Kalter 2005: 324).

Weil der Migrationshintergrund *an sich* ebenso wenig eine Erklärung für
Lern- und Bildungserfolge sowie für Nachteile im Bildungsverlauf liefert wie
die Klassenlage des Elternhauses (Becker 2000), ist es sinnvoll, die von Boudon
(1974) vorgeschlagene Unterscheidung von *primären und sekundären Herkunftseffekten* auf die Besonderheit des Migrationsstatus zu übertragen (Kristen
und Dollmann 2010). Während der primäre Herkunftseffekt ursprünglich den
systematischen Zusammenhang von sozialer Herkunft und Schulleistung meint,
unterstreicht der „ethnische" – oder besser: migrationsbedingte – primäre Herkunftseffekt die Auswirkung von Sprachfertigkeiten bzw. Sprachproblemen in
deutscher Sprache auf die schulischen Leistungen (Esser 2006). Der sekundäre
Herkunftseffekt ist der Zusammenhang von sozialer Herkunft und der auf der
Platzierung des Elternhauses in der sozialen Schichtung basierenden Bildungsentscheidungen. In Bezug auf die Migrationssituation macht das fehlende Wissen über Struktur und Funktionsweise des Bildungssystems im Ankunftsland
sowie der Mangel an bildungsrelevanten Kenntnissen, Mitteln und Möglichkeiten, um den Schulerfolg ihrer Kinder abstützen und sie erfolgreich im Bildungssystem platzieren zu können, den migrationsbedingten („ethnischen") sekundären Herkunftseffekt aus (Kristen und Dollmann 2010; Kristen 2002). Das Zusammenspiel dieser Herkunftseffekte machen die Nachteile von Migranten
(‚ethnic penalties') – mit großen Unterschieden zwischen den einzelnen Nationalitäten oder nach dem Grad der sozialen Selektivität der Immigration – aus.

Zunächst wird die Prämisse überprüft, ob in Bezug auf den Übergang von
der Primarschul- auf die Sekundarstufe I der Migrationsstatus ein Spezialfall des
kausalen Zusammenhangs von sozialer Herkunft und Bildungschancen ist (Modell 1 Tabelle 3). Die Befunde sind eindeutig. Die negativen Effekte für Migranten (siehe Modell 1 in Tabelle 1) haben sich – bei Kontrolle des Geschlechts (als
Herkunftsindikator für migrations- oder herkunftsbedingte Lebensplanung für
die Kinder nach Geschlecht), des sozioökonomischen Status des Elternhauses
und das höchste schulische Bildungsniveau der Eltern – für den Übergang in die
weiterführenden Schulen in positive Chancen gewandelt.

## Tab. 3: Sozialstruktur des Bildungsübergangs (odds ratios)

| Modell | (1) Soziale Herkunft | | | (2) Diskriminierung | | | (3) Meritokratie | | |
|---|---|---|---|---|---|---|---|---|---|
| | RS | GYM | GS | RS | GYM | GS | RS | GYM | GS |
| *Muttersprache* | | | | | | | | | |
| Deutsch | 1 | 1 | 1 | 1 | 1 | 1 | 1 | 1 | 1 |
| Ausländisch | 1,35 | 2,41* | 1,32 | 1,65* | 3,64* | 1,42 | 1,89 | 5,87* | 1,42 |
| *Migration* | | | | | | | | | |
| Einreisealter | 0,95 | 0,89* | 0,94 | 0,98 | 0,96 | 0,97 | 0,98 | 0,95 | 0,97 |
| *Geschlecht* | | | | | | | | | |
| Männlich | 1 | 1 | 1 | | | | 1 | 1 | 1 |
| Weiblich | 1,52 | 2,49* | 1,84* | | | | 1,47 | 1,89† | 1,96* |
| *Soziale Herkunft* | | | | | | | | | |
| HISEI | 1,03* | 1,06* | 1,04* | | | | 1,01 | 1,02 | 1,01 |
| Kein Abschluss | 0,31* | 0,05* | 0,20* | | | | 0,59 | 0,20* | 0,32† |
| Hauptschule | 0,35* | 0,05* | 0,23* | | | | 0,55 | 0,07* | 0,32† |
| Mittlere Reife | 0,75 | 0,17* | 0,49 | | | | 0,58 | 0,14* | 0,36† |
| FHochschulreife | 0,79 | 0,35 | 0,52 | | | | 1,04 | 0,44 | 0,61 |
| Abitur | 1 | 1 | 1 | | | | 1 | 1 | 1 |
| *Schulnoten* | | | | | | | | | |
| Deutsch (gesamt) | | | | 0,64* | 0,28* | 0,69 | 0,96 | 0,78 | 1,41 |
| Mathematik | | | | 0,57* | 0,40* | 0,68* | 0,67† | 0,58* | 0,80 |
| Fremdsprache | | | | 0,41* | 0,22* | 0,39* | 0,43* | 0,21* | 0,38* |
| *Leistungstest* | | | | | | | | | |
| Lesen | | | | 1,05* | 1,06* | 1,04* | | | |
| Mathematik | | | | 1,02 | 1,05* | 1,02 | | | |
| Fremdsprache | | | | 1,01 | 1,04* | 1,02* | | | |
| KFT | | | | 1,01 | 1,02 | 1,03* | 0,99 | 1,02 | 1,02 |
| *Empfehlung* | | | | | | | | | |
| Hauptschule | | | | | | | 0,24 | 0,02* | 0,12* |
| Realschule | | | | | | | 23,2* | 0,79 | 3,39 |
| Gymnasium | | | | | | | 1 | 1 | 1 |
| Pseudo-R² | | 0,073 | | | 0,086 | | | 0,050 | |
| N | | 1.998 | | | 2.060 | | | 2.278 | |

\* mindestens p ≤ 0,05; † p ≤ 0,1; [1] Referenzkategorie: Hauptschule

Quelle: ELEMENT – eigene Berechnung

Nunmehr haben Migrantenkinder signifikant bessere Chancen, das Gymnasium zu besuchen. Allerdings gilt dies lediglich für die Migrantenkinder mit einem frühen Einreisealter – sprich: wenn sie in Berlin eingeschult werden. Nunmehr dominieren die Strukturen der sozialen Herkunft die Bildungschancen: Schulkinder aus statushöheren Elternhäusern haben bessere Chancen, auf weiterführende Schulen (vor allem Gymnasium oder Gesamtschule) statt auf die Hauptschule zu gelangen. Je besser die Eltern gebildet sind, desto günstiger sind die Bildungschancen ihrer Kinder. Hiermit hat sich die Prämisse empirisch bewährt, ohne dass zunächst explizit zwischen primären und sekundären Herkunftseffekten unterschieden wurde. In Bezug auf die Nachteile von Migranten ist der verbleibende Effekt sozialer Herkunft auf die sozial selektive Einwanderung von Familien mit vergleichsweise geringen kulturellen und ökonomischen Ressourcen, die jedoch für die Investition in die Bildung ihrer Kinder relevant sind, sowie mit der relativ ungünstigen Allokation der Eltern auf den Arbeitsmärkten als un- und angelernte Arbeiter, als selbständige Gewerbetreibende oder als einfache Dienstleistende, zu erklären. Auch aus diesem strukturellen Grund sind Migrantenkinder beim Bildungszugang und Erwerb von Bildungspatenten oftmals im Nachteil gegenüber einheimischen Kindern und Jugendlichen (Kalter et al. 2007; Steinbach und Nauck 2004).

Oftmals werden die Nachteile von Kindern und Jugendlichen mit Migrationshintergrund im Bildungssystem auf *Diskriminierung* zurückgeführt. Diskriminierung im Bildungssystem liegt dann vor, wenn individuelle Merkmale wie etwa der Migrationsstatus individuelle Bildungschancen beeinflussen, obwohl sie keinen Einfluss auf die schulische Performanz haben (Arrow 1973). Von *präferenzbasierter Diskriminierung* wird gesprochen, wenn die Diskriminierung von Migranten im Bildungssystem auf individuellen Vorlieben der Lehrkräfte für bestimmte Gruppen (etwa einheimische Kinder) und Vorurteile gegen andere Gruppen (etwa Türken) beruhen (Becker 1971). Wenn Vorurteile der Ursprung für ‚taste of discrimination‘ sind, dann müssten Benachteiligungen von Migranten zu beobachten sein, selbst wenn sie gleiche Schulleistungen wie einheimische Schulkinder mit vergleichbaren Merkmalen (z.B. Geschlecht oder soziale Herkunft) erbringen. *Statistische Diskriminierung* hingegen würde nur dann auftreten, wenn den Lehrkräften die Leistungsfähigkeit ihrer Schulkinder unbekannt wäre oder sie lediglich über unvollständige und asymmetrisch verteilte Information über sie verfügen würden. Bei Migranten jedoch kann sie auftreten, je später sie nach dem Einschulungsalter einwandern und im Ankunftsland in die Schule gehen. So könnte eine Lehrkraft bei der Leistungsbeurteilung dazu neigen, leicht beobachtbare Merkmale von Migranten als Gruppe heranzuziehen, um daraus Rückschlüsse auf die individuelle Leistung eines einzelnen Migrantenkindes zu ziehen. Hierbei fungieren Durchschnittserwartungen der Lehrkraft über das leistungsbezogene Verhalten der Migranten als Gruppenmerkmal unabhängig vom tatsächlichen Leistungsverhalten als Signal für die zu erwartende Leistung des zu beurteilenden Schulkindes mit Migrationshintergrund. Sollte dessen tatsächliche Leistung über den Durchschnittserwartungen für die gesamte Gruppe liegen, erhält es de facto bei der Notenvergabe zu schlechte Leistungsbeurteilungen und wird deswegen benachteiligt.

Die eigenen statistischen Analysen bestätigen diese Vermutung einer Diskriminierung von Migrantenkindern in der Schule *nicht* (vgl. Modell 2 in Tabelle 3). In der Tat verringern sich mit schlechter werdenden Schulnoten die relativen Chancen, auf weiterführende Schulen zu gelangen statt auf der Hauptschule zu verbleiben. Da zudem objektiv gemessene Leistungstestwerte und auch die kognitive Leistungsfähigkeit (KFT) kontrolliert sind, und diese wirken sich positiv auf die Bildungschancen aus, sind die Effekte von Diskriminierung auf die Bildungsübergänge auspartialisiert. So ist dann festzustellen, dass bei gleichen Schulnoten und Verteilungen bei Leistungstests die Migrantenkinder sogar signifikant bessere Chancen als einheimische Schulkinder haben, auf die Realschule oder auf das Gymnasium zu wechseln. Worauf die Mechanismen der Vorteile von Migranten beruhen, ist nicht bekannt. Die „positive" Diskriminierung von sozial benachteiligten Migrantenkindern wäre eine, aber sicherlich nicht die einzige mögliche Erklärung dafür (vgl. Ditton und Aulinger in diesem Band; Lehmann und Peek 1997). Aber es ist nicht ausgeschlossen, dass noch andere, hier nicht berücksichtige Mechanismen verantwortlich sind (vgl. Becker und Beck 2011; Diefenbach 2010; Kristen 2006). Insgesamt finden sich aber keine empirischen Hinweise für präferenzbasierte, statistische oder institutionelle Diskriminierung (vgl. Becker und Beck 2011).

Sind Bildungschancen *leistungsgerecht* verteilt? Erfolgen die Bildungsübergänge nach der *Logik meritokratischer Prinzipien*, denen zufolge Bildungserfolge nur über Talente und demonstrierte Anstrengungen erworben werden, die zuvor von der Schule anhand von Zensuren und Bildungsempfehlungen als „Verdienste" definiert werden? Bei Kontrolle von Einreisealter, Migrationsstatus, Geschlecht, kognitiver Leistungsfähigkeit, Bildungsempfehlung und Zensuren hat der sozioökonomische Status des Elternhauses keinen statistisch signifikanten Einfluss auf die Bildungschancen. Die signifikanten Effekte des elterlichen Bildungsniveaus auf die Chance, das Gymnasium zu besuchen, verweisen auf die Rolle elterlicher Bildungsentscheidungen und damit auf sekundäre Herkunftseffekte zu Gunsten sozial privilegierter Kinder. Die statistisch signifikanten Effekte der Schulnoten für den Wechsel auf die weiterführenden Schulen – insbesondere auf das Gymnasium – indizieren primäre Herkunftseffekte. Aufgrund des Zusammenspiels primärer und sekundärer Herkunftseffekte kann

jedoch nicht davon ausgegangen werden, dass die Bildungschancen meritokratisch geprägt sind.

Wenn die Bildungschancen sowohl von Migranten als auch von Einheimischen vornehmlich durch das Zusammenspiel von primären und sekundären
Herkunftseffekten strukturiert werden und die Migrantenkinder – ungeachtet
ihrer sozialen Herkunft – hierbei im Nachteil sind, stellt sich die Frage, ob man
ihre Opportunitäten verbessern würde, wenn *keine* Herkunftseffekte vorlägen.
So wird für Deutschland argumentiert, dass Migrantenkinder ebenso wie einheimische Schulkinder aus unteren Sozialschichten oftmals wegen Sprachproblemen in deutscher Sprache nachteilige Bildungschancen hätten (Becker und
Lauterbach 2010). Was würde passieren, wenn man ihre schulischen Leistungen
im Schulfach Deutsch verbessern würde, so dass sie auch bessere Zensuren
erzielen würden? Würde das Risiko verringert, dass sie in der Hauptschule überrepräsentiert sind mit all den negativen Folgen für ihren späteren Bildungsverlauf, oder hätten sie günstige Chancen, auf das Gymnasium zu gehen?

*Tab. 4:* Deutschnote und Bildungsübergang nach Muttersprache

| | Anderssprachige Schulkinder | | |
|---|---|---|---|
| | *(sehr) gut* | *mittel* | *schlecht* |
| **haben Zensuren in Deutsch als Schulfach:** | 31,8% | 40,3% | 27,9% |
| **und gehen auf die Hauptschule:** | 0,0% | 2,2% | 22,9% |
| **und gehen auf das Gymnasium:** | 77,1% | 34,8% | 6,3% |
| | **Deutschsprachige Schulkinder** | | |
| | *(sehr) gut* | *mittel* | *schlecht* |
| **haben Zensuren in Deutsch als Schulfach:** | 40,9% | 38,9% | 20,2% |
| **und gehen auf die Hauptschule:** | 0,0% | 3,1% | 18,3% |
| **und gehen auf das Gymnasium:** | 74,0% | 23,1% | 3,6% |

Quelle: ELEMENT – eigene Berechnung

In Tabelle 4 ist für die Aufteilung der Schulkinder nach ihrer Muttersprache
zunächst ersichtlich, dass anderssprachige Schulkinder eher mittelmäßige und
schlechte Zensuren in Deutsch erhalten als Schulkinder mit deutscher Mutter-

sprache.[3] Wenn die Schulkinder schlechte Zensuren in Deutsch aufweisen, dann schicken die Migranteneltern ihre Kinder eher auf die Hauptschule (22,9 Prozent) als dies bei den einheimischen Familien (18,3 Prozent) der Fall ist.

Würde man die Migrantenkinder in deutscher Sprache und im Deutschunterricht derart fördern und fordern, dass sie dann die gleiche Notenverteilung wie die deutschen Schulkinder haben, dann würden ohne Modifikation des Übergangsverhaltens 40,9% · 0 + 38,9% · 0,022+ 20,2% · 0,229 = 5,5 Prozent der anderssprachigen Schulkinder auf die Hauptschule gehen. Da de facto 7,3 Prozent der anderssprachigen Schulkinder und lediglich 4,3 Prozent der deutschen Schulkinder die Hauptschule besuchen, würde sich mit der Neutralisierung dieser oftmals migrationsbedingten primären Herkunftseffekte die Bildungschancen von Migranten deutlich verbessern. Die migrationsbedingten Disparitäten würden sich verringern.

Die Migrantenkinder hätten auch bessere Chancen, auf das Gymnasium gehen zu können. Statt mit einem Anteil von 40,2 Prozent würden dann (40,9% · 0,771 + 38,9% · 0,348 + 20,2% · 0,063 =) 46,3 Prozent der anderssprachigen Schulkinder das Gymnasium besuchen. Das wäre eine deutliche Steigerung um 6,1 Prozentpunkte und würde die tatsächliche Übergangsrate der deutschen Schulkinder von 42,7 Prozent deutlich übertreffen. Dass es bei den Migranteneltern nicht an den elterlichen Bildungsentscheidungen liegt, wird daraus ersichtlich, dass sie ihre Kinder bei gleichen Deutschzensuren eher auf das Gymnasium schicken als die einheimischen Eltern. Beim frühen Bildungsübergang dominieren bei den Migranten primäre über sekundäre Herkunftseffekte, während bei den Bildungschancen einheimischer Schulkinder der umgekehrte Zusammenhang besteht (vgl. Becker 2011; Becker und Schubert in diesem Band).

Neben den migrationsbedingten primären Herkunftseffekten sind auch „ethnische" sekundäre Herkunftseffekte ausschlaggebend für die Nachteile von zugewanderten Schulkindern. Wie zuvor gesehen, ist die sozial selektive Immigration eine bedeutsame Voraussetzung dafür. Überproportional viele Migrantenfamilien weisen – gemessen an ihrer schulischen und beruflichen Ausbildung – eine große soziokulturelle Distanz zur höheren Bildung auf, die zudem

---

3   An dieser Stelle ist – was die Chance anbelangt, (sehr) gute Zensuren in Deutsch zu erhalten – explizit darauf hinzuweisen, dass unter den anderssprachigen Schulkindern wiederum große Unterschiede zwischen den Muttersprachen gibt. So gesehen ist es unzulässig, zu behaupten, Migranten erhalten generell schlechtere Deutschzensuren. Diese Unterschiede erklären sich im Wesentlichen durch die bildungsselektive Wanderung der Eltern (siehe auch den Beitrag von Becker und Schubert in diesem Band).

mit vergleichsweise geringeren Kenntnissen über Struktur des Bildungssystems und den Bildungsangeboten im Ankunftsland sowie mit relativ hohen Kostenerwartungen für Investitionen in die höhere Bildung einhergehen (Alba et al. 1994). Rund die Hälfte der Migrantenfamilien mit schulpflichtigen Kindern am Ende der Grundschulzeit, weisen eine große Distanz zum System höherer Bildung auf, aber lediglich 29 Prozent der deutschen Familien (Tabelle 5). Mehr als ein Drittel von ihnen hat eine geringe Distanz zur höheren Bildung, aber allenfalls ein Viertel der Migrantenfamilien.

Würde man diese soziokulturelle Distanz mit ihren Korrelaten bei den Migranten verringern, so würden (28,7% · 0,371 + 32,8% · 0,462 + 38,5% · 0,641 =) 50,4 Prozent statt der 45,9 Prozent der Migrantenkinder auf das Gymnasium wechseln.[4] Auch hierbei würden sie die gesamte Übergangsrate für die deutschen Schulkinder von 48,7 Prozent übersteigen.

*Tab. 5:* Soziokulturelle Distanz und Bildungsentscheidung nach Muttersprache

| | Anderssprachige Schulkinder | | |
|---|---|---|---|
| | *groß* | *mittel* | *gering* |
| haben soziale Distanz zu höherer Bildung: | 50,9% | 24,7% | 24,3% |
| und gehen auf das Gymnasium: | 37,1% | 46,2% | 64,1% |
| | Deutschsprachige Schulkinder | | |
| | *groß* | *mittel* | *gering* |
| haben soziale Distanz zu höherer Bildung: | 28,7% | 32,8% | 38,5% |
| und gehen auf das Gymnasium: | 26,9% | 37,8% | 72,7% |

Quelle: ELEMENT – eigene Berechnung

Insgesamt zeigt der knappe empirische Theorievergleich, dass für *Bildungschancen im Schulsystem* der strukturell-individualistische Erklärungsansatz der erfolgversprechendste ist, Nachteile von Migranten systematisch wie erschöpfend zu erklären. Zum einen ist es jedoch notwendig, noch differenzierter als bislang entscheidende *Prozesse und Mechanismen* im Längsschnitt abzubilden, um die Erklärungskraft dieses Modells im Vergleich zu anderen Erklärungsversuchen zu testen. Da zu vermuten ist, dass hierarchische und segmentierte Bil-

---

4   Die Differenzen in den Übergangsraten kommen durch unterschiedliche Verteilungen der ‚missing values' für die unterschiedlichen Variablen zustande. Aber dennoch bleiben die tatsächlichen Übergangsstrukturen für Migranten und Einheimische erhalten.

dungssysteme, die sowohl alternative Bildungsangebote offerieren als auch viele Bildungsentscheidungen abverlangen, eher zu Nachteilen von Migranten führen, sind historische und internationale Vergleiche mit anderen Typen von Bildungssystemen notwendig, um die Modell- und Theoriebildung fortzuführen und zu verbessern (vgl. Becker und Schuchart 2010).

*Soziologische Erklärung der Nachteile von Migranten in der Ausbildung*

Empirische Befunde belegen bei ausländischen Jugendlichen bzw. Jugendlichen mit Migrationshintergrund einen deutlichen Trend zu höheren Ausbildungsabschlüssen (von Below 2003). Gleichzeitig weisen gerade diese Jugendlichen – sofern sie aus „bildungsfernen" und statusniedrigen Elternhäusern stammen – ein besonders hohes Risiko für *Bildungsarmut* auf (Solga 2005). Sie haben oftmals vergleichsweise geringe Chancen, sowohl einen qualifizierten Schulabschluss zu erwerben als auch erfolgreich eine Berufsausbildung zu beginnen und mit einem anerkannten Zertifikat abzuschließen (Kalter und Granato 2001). Warum dies so ist, soll anhand verschiedener Theorien rekonstruiert werden. Um Redundanzen mit der vorherigen Diskussion zu vermeiden, geschieht dies in aller Kürze.

Aus *humankapitaltheoretischer Sicht* wäre – vor der Prämisse, dass in Bezug auf Bildungsentscheidungen der Migrationsstatus ein Spezialfall der sozialen Herkunft bzw. des Humankapitals des Elternhauses ist – für Schulabgänger zu erwarten, dass es bei der Wahl einer nichtakademischen Ausbildung keine Disparitäten nach dem Migrationsstatus gibt. Allerdings könnten folgende Mechanismen zu Abweichungen von dieser Vermutung führen. Wenn Migranten aufgrund des verfügbaren *sozialen Kapitals bzw. des „ethnischen" Netzwerkes* der Zugang zum „ethnischen" Arbeitsmarkt bei gesicherten Renditen ohne Berufsausbildung und ohne größeren Aufwand möglich ist, dann würden sie sofort nach dem Schulabgang erwerbstätig werden (vgl. Granovetter 1974, 1973; siehe Nauck in diesem Band). Illustrative Beispiele wären die unqualifizierte Tätigkeit im Gemüseladen oder im Döner-Imbiss eines Verwandten. Diese Chancen bieten sich allerdings vor allem den jungen Männern, so dass auch bei den Migranten geschlechtstypische Unterschiede beim Zugang zur Berufsausbildung zu erwarten sind (vgl. Diefenbach in diesem Band).

Tragen Migranten sich mit Rückkehrabsichten, dann wären sie nicht bereit, in ihr Humankapital bzw. in das ihrer Kinder zu investieren (vgl. Kalter 2005; von Below 2003; Kalter und Granato 2002; Alba et al. 1994). Im Falle, dass sie das komplexe duale Berufsbildungssystem nicht kennen oder verstehen, werden sie sich nicht von der vermeintlich sicheren und wenig aufwendig erscheinenden Ausbildungsalternative „ablenken" lassen, sondern eher ihre Schulausbildung zwecks Erwerb der Hochschulreife fortsetzen (vgl. Müller und Pollak 2008;

Becker 2010). Weisen sie schließlich geringe schulische Vorbildung auf, dann sind Arbeitgeber wegen der Kosten für eine aufwendige betriebliche Ausbildung nicht bereit, sie auszubilden; allenfalls könnten die nicht berücksichtigten ausländischen Jugendlichen auf die schulische Berufsausbildung oder eben auf die tertiäre Ausbildung ausweichen.

Aus Sicht der empirisch bewährten *Signaltheorie* (Spence 1974) bzw. des *Ansatzes der Arbeitskräftewarteschlange* (Thurow 1975) greifen Betriebe – um Unsicherheiten über Trainierbarkeit, Produktivität und andere gewünschte Merkmale wie Zuverlässigkeit der Bewerber zu reduzieren – neben den Schulabschlüssen auf askriptive Merkmale der Lehrstellenbewerber (,screening devices') wie etwa Migrationshintergrund oder Ausländerstatus zurück (Weiss 1995; Arrow 1973) und sortieren die Bewerber in eine Warteschlange (vgl. Seibert und Solga 2005; siehe Seibert in diesem Band). Anhand der antizipierten Verhaltenswahrscheinlichkeiten von Gruppen wird in der *Logik statistischer Diskriminierung* bei den Auswahlentscheidungen auf das Verhalten einzelner Bewerber geschlossen. So wird beispielsweise ein niedriger Schulabschluss, der unter den Schulabgängern bei Migranten verbreiteter ist als bei Einheimischen, dann – zum Nachteil ausländischer Lehrstellenbewerber – als relativ geringere Leistungsmotivation, Leistungsfähigkeit, Belastbarkeit oder Zuverlässigkeit interpretiert (Granato und Kalter 2001). „Organisatorischer Mehraufwand bei Sprachproblemen, Unsicherheit über einen längerfristigen Verbleib ausländischer Lehrlinge und Arbeitnehmer und die damit antizipierte Gefahr geringerer Verwertungsgrade bis hin zu Fehlinvestitionen könnten ebenso als Erklärungen für Nachteile von Ausländern und Migranten bei der Lehrstellensuche angeführt werden" (Beck et al. 2010: 324; Seibert und Solga 2005). *Prozesse der vertikalen und horizontalen Schließung* zu Ungunsten von ausländischen Jugendlichen sind ebenfalls nicht ausgeschlossen, wenn es darum geht, ihre Nachteile oder Benachteiligung im Berufsbildungsbereich zu erklären (Parkin 1983). Hierzu gehört als ein Mittel der Schließung und Exklusion aufgrund des *Kredentialismus* im deutschen Ausbildungsbereich etwa die Nichtanerkennung ausländischer Bildungszertifikate (vgl. Collins 1979).

Aus *strukturell-individualistischer Sicht* kann ergänzend argumentiert werden, dass Migranten aus Gründen ihrer Immigration ausgeprägte Bildungs- und Statusaspirationen aufweisen und versuchen, ihre Bildungsmotivation in der Weise zu realisieren, dass die Bildungserträge ihrer Kinder möglichst hoch sind. So sind sie bestrebt, ihre Kinder studieren zu lassen, soweit es bei gegebenen Statusaspirationen die Investitionsrisiken – d.h. das Verhältnis von subjektiv erwarteter Bildungskosten und subjektiver Erwartung eines erfolgreichen Hochschulstudiums – zulassen. Da ihnen unabhängig von eigenen Bildungserfahrungen die Universitäten bzw. Hochschulen als universelle Bildungsinstitution eher vertraut sein werden als das spezielle deutsche System der dualen Berufsbildung, werden sie sich im Vergleich zu den Einheimischen seltener durch das Angebot der dualen Berufsbildung „ablenken" lassen und den Weg zur Hochschulausbildung wählen (vgl. Kristen et al. 2008).

Wie sehen die empirischen Fakten aus? Im Folgenden werden die Mechanismen für eine Entscheidung zu Gunsten einer beruflichen Ausbildung nach der Pflichtschulzeit statt der fortgesetzten Schulausbildung bis hin zum Hochschulstudium analysiert.[5] Betrachten wir zunächst das Basismodell (Modell 1 in Tabelle 6). Demnach strukturiert die Platzierung in eine der Schullaufbahnen in der Sekundarstufe I die Ausbildungsentscheidung in bedeutsamer Weise. So neigen vor allem Jugendliche in der Hauptschule – gefolgt von den Jugendlichen in der Realschule – zu einer beruflichen Lehre, Ausbildung in der (Berufs-) Fachschule oder höheren Berufsausbildung (Meisterprüfung) und sehen eher von einem späteren Hochschulstudium ab. Gymnasiasten hingegen entscheiden sich eher für ein Hochschulstudium.

Obwohl die Migranten bei den Hauptschülern überrepräsentiert sind (vgl. Tabelle 4), entscheiden sich Jugendliche mit Ausländerstatus oder Migrationshintergrund eher für ein späteres Hochschulstudium als für eine Berufsausbildung.[6] Hingegen neigen Jugendliche, die die deutsche Sprache im Alter von 6 bis 9 Jahren gelernt haben, eher zu einer beruflichen Lehre bzw. Fachschulausbildung im Anschluss an die Pflichtschulzeit als die Jugendlichen, die die deutsche Sprache erst ab dem 10. Lebensalter gelernt haben. Hier nicht dokumentierte Analysen haben zudem ergeben, dass es keinen linearen Effekt des Einreisealters auf die Ausbildungsentscheidung gibt.

---

5  Für die Absicht, eine bestimmte Berufsausbildung zu beginnen, werden ergänzende Daten von PISA 2000 herangezogen (Deutsches PISA-Konsortium 2001). PISA-E 2000 ist die nationale Stichprobenergänzung der internationalen, von der OECD durchgeführten Hauptstudie von PISA 2000, in denen die Neuntklässler unter anderem nach ihren weiteren Bildungsabsichten befragt wurden (vgl. Becker und Schuchart 2010). Der entscheidende Nachteil dieses Datensatzes ist, dass bei der Ausbildungsentscheidung nicht zwischen Selbst- und Fremdselektion unterschieden werden kann. Für multivariate Analysen werden wiederum binäre oder multinomiale Logit-Regressionen verwendet (Long 1997).

6  Vor allem Jugendliche mit kroatischer, polnischer, russischer, serbischer, türkischer, französisch, spanischer, rumänischer und portugiesischer Muttersprache entscheiden sich im Vergleich zu den deutschen Jugendlichen gegen eine Berufsausbildung. Jugendliche mit bosnischer, griechischer, italienischer, sorbischer, englischer und sonstiger Muttersprache unterscheiden sich in ihrer Ausbildungsentscheidung nicht signifikant von den gleichaltrigen Deutschen.

*Tab. 6:* Aspiration für nichtakademische Berufsausbildung (odds ratios)[1]

| Modell | Basismodell (1) | | | Erweiterte Modelle | | |
|---|---|---|---|---|---|---|
|  | BL | BFS | MP | 2 | 3 | 4 |
| *Muttersprache* |  |  |  |  |  |  |
| Deutsch | 1 | 1 | 1 | 1 | 1 | 1 |
| Ausländisch | 0,397* | 0,707* | 0,539* | 0,427* | 0,431* | 0,243* |
| *Wann Deutsch gelernt?* |  |  |  |  |  |  |
| vor Alter von 6 Jahren | 1,196 | 1,079 | 1,022 | 0,929 | 0,829 | 0,929 |
| etwa mit 6-9 Jahren | 1,402* | 1,514* | 1,148 | 1,395* | 1,497* | 1,235 |
| mit 10 Jahren oder später | 1 | 1 | 1 | 1 | 1 | 1 |
| *Geschlecht* |  |  |  |  |  |  |
| Männlich |  |  |  | 1 | 1 | 1 |
| Weiblich |  |  |  | 1,148* | 1,251* | 1,004 |
| *Sozioökonomischer Status* |  |  |  |  |  |  |
| HISEI des Elternhauses |  |  |  | 0,983* | 0,987* | 0,986* |
| *Bildungsniveau der Eltern* |  |  |  |  |  |  |
| max. Hauptschule ohne Lehre |  |  |  | 2,601* | 2,360* | 2,014* |
| Lehre mit max. Hauptschule |  |  |  | 2,938* | 2,594* | 3,485* |
| Realschule und Lehre |  |  |  | 2,997* | 2,654* | 4,224* |
| Max. Real- und Fachschule |  |  |  | 2,270* | 1,892* | 2,796* |
| Abitur ohne Studium |  |  |  | 1,642* | 1,501* | 1,741* |
| Fachhochschulabschluss |  |  |  | 1,302* | 1,186† | 1,429* |
| Hochschulabschluss |  |  |  | 1 | 1 | 1 |
| *Erfolgswahrscheinlichkeit* |  |  |  |  |  |  |
| Notendurchschnitt |  |  |  |  | 1,755* | 1,567* |
| *Berufswunsch* |  |  |  |  |  |  |
| ISEI |  |  |  |  | 0,936* | 0,949* |
| *Ausbildungskosten* |  |  |  |  |  |  |
| Geschwister im Elternhaus |  |  |  |  | 1,191* | 1,175* |
| *Schulform* |  |  |  |  |  |  |
| Hauptschule | 5,040* | 3,215* | 4,198* | 3,547* | 3,145* | 4,508* |
| Realschule | 1,412* | 1,425* | 1,422* | 1,425* | 1,494* | 1,588* |
| Gymnasium | 0,062* | 0,151* | 0,159* | 0,147* | 0,233* | 0,147* |
| Gesamtschule | 1 | 1 | 1 | 1 | 1 | 1 |
| Pseudo-R² |  | 0,151 |  | 0,295 | 0,417 | 0,450 |
| N |  | 24.073 |  | 20.741 | 13.928 | 14.426 |

* mindestens p ≤ 0,05; BL=Berufliche, BFS=(Berufs-)Fachschule, MP=Meisterpüfung
[1] Referenzkategorie: (Fach-)Hochschulstudium

Quelle: PISA 2000-E – eigene Berechnung

Auf welchen Mechanismen der Befund beruht, dass vor allem die Jugendlichen, die in der Grundschulzeit die deutsche Sprache gelernt haben, sich für eine berufliche Lehre entscheiden, kann mangels entsprechender Informationen im verfügbaren Datensatz nicht festgestellt werden. Dass dies mit den Motiven der Immigration oder mit der selektiven Einwanderung oder auch mit primären Herkunftseffekten zusammenhängt, scheint plausibel, kann aber mit Querschnittsdaten wie PISA 2000 ohne detaillierte Informationen über die vorherige Bildungs- und Wanderungsgeschichte nicht verifiziert werden.

Werden in einem weiteren Schritt (Modell 2) neben dem Geschlecht auch die Dimensionen der sozialen Herkunft der Jugendlichen kontrolliert, so bleibt der negative Effekt des Migrationsstatus statistisch signifikant. Auch bei Kontrolle der sozialen Herkunft neigen ausländische Jugendliche eher zur fortgesetzten Schulausbildung und zum späteren Hochschulstudium. Dieser Befund ist kein methodisches Artefakt, weil die relativen Chancen nunmehr mit einer binären statt mit einer multinomialen Logit-Regression geschätzt werden. Die Ergebnisse sind unabhängig vom gewählten Regressionsverfahren. Im Grunde genommen werden hinreichend bekannte Befunde repliziert. Jugendliche aus statushöheren Elternhäusern neigen eher zum Hochschulstudium, während sich Jugendliche aus den bildungsferneren Elternhäuser mit einer größeren Distanz zum Hochschulsystem eher für eine Berufsausbildung im Anschluss an die Pflichtschulzeit entscheiden.

Selbst wenn in einem weiteren Analyseschritt zusätzlich die individuelle Kosten-Nutzen-Abwägung in Rechnung gestellt wird, entscheiden sich Migranten eher gegen eine frühe Berufsausbildung (Modell 3). Je höher die subjektiv erwarteten Bildungserträge (gemessen am sozioökonomischen Status des gewünschten Berufs), je besser Erfolgsaussichten (gemessen am Durchschnitt für die Zensuren in Deutsch, Mathematik und 1. Fremdsprache) und je geringer die erwarteten Ausbildungskosten (gemessen anhand vorhandener Geschwister im Elternhaus), desto eher erfolgt eine Entscheidung zu Gunsten eines Hochschulstudiums. Beruflich wenig ambitionierte, aus einem Elternhaus mit einem begrenzten ökonomischen Budget für die Ausbildung ihrer Kinder stammende Jugendliche, die zudem ungünstige Schulleistungen aufweisen, entscheiden sich demnach eher für eine duale Berufsausbildung. Obwohl jugendliche Migranten oftmals diese Merkmalskombinationen aufweisen, entscheiden sie sich im Vergleich zu den altersgleichen Einheimischen eher für eine höhere Ausbildung an den Hochschulen.

Werden bei der gleichen Modellierung statt der Bildungsaspirationen der Jugendlichen die ihrer Eltern als abhängige Variable herangezogen, so ändern sich die Sozialstrukturen der Ausbildungsentscheidung wesentlich (Modell 4). Zum einen verstärkt sich der Nettoeffekt für den Migrationsstatus: Demnach visieren die zugewanderten Eltern für ihre Kinder vor allem das Hochschulstudium an und das in einem weitaus deutlicherem Maße als die deutschen Eltern es tun. Zum anderen spielen Geschlecht der Kinder, Einreisealter oder der Zeitpunkt, zu dem die deutsche Sprache gelernt wurde, keine Rolle mehr. Dieser Befund kann als Hinweis gedeutet werden, dass die Migranteneltern sich bemühen, ihre Kinder (unabhängig vom Geschlecht) möglichst gut im Bildungssystem und später auch im Arbeitsmarkt zu platzieren. Andere Untersuchungen belegen wiederum, dass ihnen das oftmals und aus bekannten Gründen in einem geringeren Maße gelingt als den Einheimischen (vgl. die Beiträge von Seibert sowie Kalter, Granato und Kristen in diesem Band).

## 3  Einzelne Beiträge im vorliegenden Band

Um die Integration von Migranten in die gesellschaftlichen Ordnungen der Bundesrepublik Deutschland und ihre Bildungsteilhabe im Ankunftsland verstehen zu können, bedarf es der Berücksichtigung von Migrationsströmen und ihrer historischen Entwicklung sowie der Einwanderungspolitik in der Nachkriegszeit. Hiermit beschäftigt sich der Beitrag von *Alexander Tarvenkorn* aus verschiedenen Perspektiven, in dem mit amtlicher Statistik versucht wird, Veränderungen im Migrationsgeschehen in der Bundesrepublik über die Jahrzehnte zu beschreiben. Deutlich wird, dass die Migration unterschiedlicher Gruppen das Bildungssystem und die Chancenstrukturen im Bildungssystem mitgeprägt haben und zukünftig weiterhin prägen werden.

In ihrem Beitrag gehen *Rolf Becker* und *Patricia Tremel* der Frage nach, ob frühzeitige vorschulische Bildung, Erziehung und Betreuung eine der institutionellen Maßnahmen ist, die geeignet scheint, migrationsbedingte primäre Herkunftseffekte bei besonders benachteiligten Migrantenkindern zu neutralisieren. Sollten sich solche Wirkungen zeigen, dann wäre kurz- wie mittelfristig eine sich verringernde soziale Ungleichheit von Bildungschancen sowohl nach Migrationsstatus als auch nach sozialer Herkunft zu vermuten. Für die empirischen Analysen werden Längsschnittdaten des Sozioökonomischen Panels herangezogen. Grundsätzlich werden positive Bildungseffekte vorschulischer Betreuung für Migrantenkinder nachgewiesen und frühe Bildungsinvestitionen erweisen sich als effektiv. Sie reichen alleine nicht aus, um Ungleichheiten von Bildungschancen vollständig zu kompensieren.

Die Frage, ob und warum kulturelles und soziales Kapitel den Bildungserfolg von Migranten determiniert, stellt sich *Bernhard Nauck* in seinem Beitrag. Auf der einen Seite wird die mangelhafte theoretische Explikation des Kapitalbegriffs konstatiert und auf der anderen Seite eine unzureichende Datenlage, die wenig geeignet ist, den Bildungserfolg von Migranten im deutschen Bildungssystem ursächlich auf die Kapitalausstattung des Elternhauses zurückzuführen. Deswegen schlägt *Bernhard Nauck* ein schlankes wie differenzierbares Modell für den Erwerb und die Akkumulation von kulturellem und sozialem Kapital sowie deren Einsatz für die Bildungskarriere ihrer Kinder einschließlich der Wirksamkeit von Sozialkapital im jeweiligen institutionellen Kontext vor. Hierbei orientiert er sich an Bourdieu und verbindet die Überlegungen von Lin zum Sozialkapital mit der allgemeinen Theorie sozialer Produktionsfunktionen von Lindenberg. Die Annahmen zu den Prozessen und Mechanismen, aus denen sich die Bildungschancen von Migranten ergeben, bedürfen trotz vorhandener empirischer Evidenz einer tiefergehenden Überprüfung mit angemessenen Daten.

Schuleffekte und institutionelle Diskriminierung gelten als wichtige Ursachen für die Nachteile von Migranten im deutschen Bildungssystem. In ihrem Beitrag setzen sich *Hartmut Ditton* und *Juliane Aulinger* kritisch mit Mythen und Legenden in der Schulforschung über die institutionelle Diskriminierung, Bedeutung von Frühförderung und Ganztagsbeschulung und muttersprachlichen Angebote in der Schule zwecks Integration von Migranten ins Bildungssystem auseinander. Um Nachteile oder Benachteiligungen von Migranten im Bildungssystem verstehen zu können, sind Ursachen auf Seite der Migranten und ihrer individuellen oder familialen Situation (z.B. Kulturdifferenzthese) von Ursachen auf Seite der Bildungsinstitutionen bzw. des Bildungssystems (z.B. institutionelle Diskriminierung und Kompositionseffekte) zu unterscheiden. Es zeigt sich angesichts empirischer Befunde, dass Migrantengruppen bei entsprechender Kontrolle individueller Merkmale nicht zwingend im Nachteil sind und auch nicht benachteiligt werden. Vor allem die behauptete Diskriminierung ist wie der durchgängige Erfolg von Förderprogrammen für Migranten mehr Mythos als empirisch belegtes Faktum.

An diesem letzten Punkt knüpft der Beitrag von *Rolf Becker* und *Michael Beck* an. Mittels Paneldaten der ELEMENT-Studie werden von *Rolf Becker* und *Michael Beck* ausgewählte sprachfördernde Maßnahmen wie Nachhilfeunterricht oder Stütz- und Förderkurse in Deutsch sowie Unterricht in Deutsch als Fremdsprache auf ihre Wirksamkeit evaluiert. Die Befunde sind ernüchternd, weil sie in Bezug auf die Erzielung von Deutschnoten oder den Erhalt einer Gymnasialempfehlung ineffektiv sind. Dies geht vor allem zu Lasten von schulpflichtigen Migranten, die erst nach dem Einschulungsalter eingewandert sind. Hingegen tragen frühzeitige Investitionen in die Sprachfertigkeiten wie etwa ein längerer Kindergartenbesuch und wahrscheinlich auch Sprachkurse von zugewanderten Eltern deutlich zu verbesserten Bildungserfolgen von Kindern und Jugendlichen mit Migrationshintergrund bei.

Eine geschlechtsspezifische Betrachtung zu den Nachteilen von Jugendlichen aus Migrantenfamilien gegenüber deutschen Jugendlichen bezüglich ihres schulischen Erfolgs stellt *Heike Diefenbach* in ihrem Beitrag an. Es geht um die Frage, inwieweit die Nachteile von Migranten im Schulsystem gegenüber den Einheimischen über das Geschlecht aufgeklärt werden können. Die Autorin kann mit Daten der amtlichen Statistik und des Sozioökonomischen Panels zeigen, dass die intuitiv plausibel erscheinende Kunstfigur „Armensohn mit Migrationshintergrund" nicht den empirischen Fakten entspricht. Sie ist irreführend, weil deutliche Nachteile von ausländischen Schulabgängern gegenüber deutschen Schulabgängern bei beiden Geschlechtern bestehen: Bei den Frauen sind sie ausgeprägter als bei den Männern.

Warum Kinder von Migranten bzw. Jugendliche mit Migrationshintergrund in der Regel schlechtere Bildungschancen und geringere Bildungserfolge als einheimische Kinder im deutschen Schulsystem aufweisen, versuchen *Rolf Becker* und *Frank Schubert* anhand der Rolle von primären und sekundären Herkunftseffekten aufzudecken. Empirisch wird mittels SOEP- und IGLU-2001-Daten der Übergang von der Primar- in die Sekundarstufe I als sensible Bildungsphase fokussiert. Die statistischen Analysen bestätigen die Tragfähigkeit dieses theoretischen Konzepts und die These, dass der Migrationsstatus im Bildungssystem als ein Spezialfall des kausalen Zusammenhangs von sozialer Herkunft und Bildungschancen anzusehen ist. Deswegen ist neben Motivation und Zeitpunkt der Immigration die sozialstrukturelle Heterogenität der Migrantenfamilien nach Bildung und Klassenlage einschließlich ihrer Korrelate systematisch zu berücksichtigen.

Der Berufserfolg von Jugendlichen mit Ausländerstatus oder Migrationshintergrund ist ein wichtiger Indikator für ihre strukturelle Assimilation und Sozialintegration. Wie Ausbildungsabschlüsse, ethnische Herkunft und ein deutscher Pass die Arbeitsmarktchancen beeinflussen, untersucht *Holger Seibert* in seinem Beitrag. Hierbei wird die individuelle Dimension von Arbeitskraftanbietern ebenso wie die organisationelle Dimension von Nachfragern nach Arbeitskräften systematisch aufeinander bezogen. Das ist notwendig, um über die gleichzeitige Berücksichtigung von Selbst- und Fremdselektion bei der Beschäftigung zu einem umfassenderen Verständnis der Mechanismen der (Re-)Produktion von ethnischen Ungleichheiten auf dem Arbeitsmarkt zu gelangen. Die empirischen Befunde mittels Daten des Mikrozensus zeigen, dass diese ethnischen Ungleichheiten durch eine Betrachtung individueller Merkmale der Arbeitskräfte allein nicht vollständig erklärt werden können. Allerdings ist es mit diesen Daten nicht möglich, die organisatorische Ebene abzubilden. Jedoch finden sich für den Arbeitsmarktzugang keine Anzeichen für institutionelle Diskriminierung von Jugendlichen mit Migrationshintergrund.

Die berufliche Mobilität von Türken und Deutschen steht im Mittelpunkt des Beitrags von *Melanie Kramer* und *Wolfgang Lauterbach*. Hierbei wird der Effekt von nationaler Herkunft für Berufsverläufe und Mobilitätsprozesse fokussiert. Es wird aus segmentationstheoretischer Sicht die Frage verfolgt, ob die ungünstigen Arbeitsmarktplatzierungen – vor allem die der türkischen Männer im Vergleich zu deutschen Männern – durch berufliche Mobilität korrigiert werden können oder ob Personen ohne und vor allem mit Migrationshintergrund in den unvorteilhaften Positionen verbleiben, auch wenn sie sich beruflich verändern. In besonderer Weise werden Arbeitslosigkeitsrisiken bei beruflicher Mobilität berücksichtigt. Bei gegebenen Mobilitätschancen – so die Befunde mit den SOEP-Daten – nehmen Türken nach wie vor deutlich ungünstigere Arbeitsmarktpositionen ein und weisen zudem eher als Deutsche höhere Risiken für Arbeitslosigkeit auf. Bei Wechseln zwischen Teilarbeitsmärkten steigen sie eher als deutsche Männer beruflich ab, so dass von einer Integration von Türken in qualifizierte Berufs- und vorteilhafte Arbeitsmarktbereiche – auch bei Mobilitätsanstrengungen – nicht gesprochen werden kann. An dieser ethnischen Differenzierung ändern auch verbesserte Bildungsgelegenheiten für Migranten wenig. Die Autoren kommen zum Schluss, dass die traditionelle Theorie segmentierter Arbeitsmärkte einer theoretischen Revision bedürfe, um die Berufschancen von Türken im Vergleich zu Deutschen der Realität angemessen abzubilden.

Im abschließenden Beitrag des Sammelbandes analysieren *Frank Kalter*, *Nadia Granato* und *Cornelia Kristen* mittels kumulierter Mikrozensusdaten die Entwicklung der strukturellen Assimilation der zweiten Migrantengeneration in Deutschland. Verfolgt wird die Frage, ob es sich bei weiterhin bestehenden Nachteilen von Migranten auf dem deutschen Arbeitsmarkt um Hinweise auf eine Verfestigung ethnischer Ungleichheiten handelt oder ob es doch einen sehr langsamen Trend zur strukturellen Assimilation gibt. Ziel ist es auch, grundlegende Mechanismen zu identifizieren, die für Kontinuität oder Wandel von Arbeitsmarktintegration verantwortlich sind. Im Grunde genommen handelt es sich um allgemeine Mechanismen sozialer Ungleichheit nach sozialer Herkunft und Bildung und um spezifische Mechanismen der sozial selektiven Wanderung und intergenerationalen Transmission von Bildung und Arbeitsmarktchancen. Ihre empirischen Analysen belegen einen Trend in Richtung struktureller Assimilation, wenn die strukturelle Lage der zweiten Generation betrachtet wird. Bei weiterhin beträchtlichen Nachteilen auf dem Arbeitsmarkt für die Nachkommen der klassischen Arbeitsmigranten nähert sich die zweite Generation der deutschen Referenzgruppe an. Allerdings hat die Bildungsexpansion, von der die deutsche Referenzbevölkerung eher profitiert hat als die zweite Generation der Migranten, den Assimilationsprozess deutlich verzögert.

# Literatur

Alba, Richard, Johann Handl und Walter Müller, 1994: Ethnische Ungleichheit im deutschen Bildungssystem. Kölner Zeitschrift für Soziologie und Sozialpsychologie 46: 209-238.

Arrow, Kenneth J., 1973: The Theory of Discrimination. S. 3-33 in: Orley Ashenfelter und Albert Rees (Hg.), Disrimination in Labor Markets. Princeton, NJ: Princeton University Press.

Beck, Michael, Franziska Jäpel und Rolf Becker, 2010: Determinanten des Bildungserfolgs von Migranten im Schweizer Bildungssystem. S. 313-337 in: Gudrun Quenzel und Klaus Hurrelmann (Hrsg.), Bildungsverlierer - Neue Ungleichheiten. Wiesbaden: VS Verlag für Sozialwissenschaften.

Becker, Gary S., 1971: The economics of discrimination. Chicago: University of Chicago Press.

Becker, Rolf und Claudia Schuchart, 2010: Verringerung sozialer Ungleichheiten von Bildungschancen durch Chancenausgleich? Ergebnisse einer Simulation bildungspolitischer Maßnahmen. S. 413-436 in: Rolf Becker und Wolfgang Lauterbach (Hrsg.), Bildung als Privileg. Wiesbaden: VS Verlag für Sozialwissenschaften (4., aktualisierte Auflage).

Becker, Rolf und Frank Schubert, 2006: Soziale Ungleichheit von Lesekompetenzen. Eine Matching-Analyse im Längsschnitt mit Querschnittsdaten von PIRLS 2001 und PISA 2000. Kölner Zeitschrift für Soziologie und Sozialpsychologie 58: 253-284.

Becker, Rolf und Michael Beck, 2011: Herkunftseffekte oder statistische Diskriminierung von Migrantenkindern in der Primarstufe? Eine Replikation der Studie von Cornelia Kristen über „Ethnische Diskriminierung in der Grundschule"? Die Vergabe von Noten und Bildungsempfehlungen" anhand von ELEMENT-Panel-Daten. Erscheint in: Heike Solga und Rolf Becker (Hrsg.), Soziologische Bildungsforschung. Sonderheft Kölner Zeitschrift für Soziologie und Sozialpsychologie 52.

Becker, Rolf und Patricia Tremel, 2006: Auswirkungen vorschulischer Kinderbetreuung auf die Bildungschancen von Migrantenkindern. Soziale Welt 57: 397-418.

Becker, Rolf und Wolfgang Lauterbach, 2010: Bildung als Privileg – Ursachen, Mechanismen, Prozesse und Wirkungen. S. 11-49 in: Rolf Becker und Wolfgang Lauterbach (Hrsg.), Bildung als Privileg. Theoretische Erklärungen und empirische Befunde zu den Ursachen der Bildungsungleichheiten. Wiesbaden: VS Verlag für Sozialwissenschaften (4., aktualisierte Auflage).

Becker, Rolf, 2000: Klassenlage und Bildungsentscheidungen. Eine empirische Anwendung der Wert-Erwartungstheorie. Kölner Zeitschrift für Soziologie und Sozialpsychologie 52: 450-475.

Becker, Rolf, 2006: Bildung – Bildungschancen von Migranten in Deutschland. S. 473-481 in: Statistisches Bundesamt (Hrsg.), Datenreport 2006. Zahlen und Fakten über die Bundesrepublik Deutschland. Bonn: Bundeszentrale für politische Bildung.

Becker, Rolf, 2011: Entstehung und Reproduktion von Bildungsungleichheiten. S. 87-138 in: Rolf Becker (Hrsg.), Lehrbuch der Bildungssoziologie. Wiesbaden: VS Verlag für Sozialwissenschaften.

Blossfeld, Hans-Peter, 1989: Kohortendifferenzierung und Karriereprozeß. Eine Längsschnittstudie über die Veränderung der Bildungs- und Berufschancen im Lebensverlauf. Frankfurt am Main: Campus.

Boudon, Raymond, 1974: Education, Opportunity, and Social Inequality. New York: Wiley.

Büchel, Felix und Gert Wagner, 1996: Soziale Differenzen der Bildungschancen in Westdeutschland – unter besonderer Berücksichtigung von Zuwandererkindern. S. 80-96 in: Wolfgang Zapf, Jürgen Schupp und Roland Habich (Hrsg.), Lebenslagen im Wandel: Sozialberichterstattung im Längsschnitt. Frankfurt am Main: Campus.

Büchel, Felix, Katharina C. Spieß und Gert Wagner, 1997: Bildungseffekte vorschulischer Kinderbetreuung. Kölner Zeitschrift für Soziologie und Sozialpsychologie 49: 528-539.

Collins, Randall, 1979: The Credential Society. New York: Columbia University Press.

Deutsches PISA-Konsortium (Hrsg.), PISA 2000. Basiskompetenzen von Schülerinnen und Schülern im internationalen Vergleich. Opladen: Leske+Budrich.

Diefenbach, Heike, 2007: Kinder und Jugendliche aus Migrantenfamilien im deutschen Bildungssystem Erklärungen und empirische Befunde. Wiesbaden: VS Verlag für Sozialwissenschaften.

Diefenbach, Heike, 2010: Bildungschancen und Bildungs(miss)erfolg von ausländischen Schülern oder Schülern aus Migrantenfamilien im System schulischer Bildung. S. 221-245 in: Rolf Becker und Wolfgang Lauterbach (Hrsg.), Bildung als Privileg? Wiesbaden: VS Verlag für Sozialwissenschaften.

Diefenbach, Heike, 2011: Der Bildungserfolg von Schülern mit Migrationshintergrund im Vergleich zu Schülern ohne Migrationshintergrund. S. 451-475 in: Rolf Becker (Hrsg.), Lehrbuch der Bildungssoziologie. Wiesbaden: VS Verlag für Sozialwissenschaften.

Dollmann, Jörg, 2010: Türkischstämmige Kinder am ersten Bildungsübergang. Primäre und sekundäre Herkunftseffekte. Wiesbaden: VS Verlag für Sozialwissenschaften.

Esser, Hartmut, 2001: Integration und soziale Schichtung. Arbeitspapier Nr. 40 des Mannheimer Zentrums für Europäische Sozialforschung. Mannheim: MZES.

Esser, Hartmut, 2006: Sprache und Integration. Die sozialen Bedingungen und Folgen des Spracherwerbs von Migranten. Frankfurt am Main: Campus.

Granato, Nadia, und Frank Kalter, 2001: Die Persistenz ethnischer Ungleichheit auf dem deutschen Arbeitsmarkt. Kölner Zeitschrift für Soziologie und Sozialpsychologie 53: 497-521.

Granovetter, Mark, 1973: The Strength of Weak Ties. American Journal of Sociology 78: 1360-1380.

Granovetter, Mark, 1974: Getting a Job: A Study of Contacts and Careers. Cambridge, MA: Harvard University Press.

Kalter, Frank und Nadia Granato, 2002: Demographic Change, Educational Expansion, and Structural Assimilation of Immigrants: The Case of Germany. European Sociological Review 18: 199-216.

Kalter, Frank, 2005: Ethnische Ungleichheit auf dem Arbeitsmarkt. S. 303-332 in: Martin Abraham und Thomas Hinz (Hrsg.), Arbeitsmarktsoziologie. Wiesbaden: VS Verlag für Sozialwissenschaften.

Kalter, Frank, Nadja Granato und Cornelia Kristen, 2007: Disentangling recent trends of the second generation's structural assimilation in Germany. S. 214-245 in: Stefani Scherer, Reinhard Pollak, Gunnar Otte und Markus Gangl (Hrsg.), From Origin to Destination. Trends and Mechanisms in Social Stratification Research. Frankfurt am Main: Campus.

Kristen, Cornelia, 2002: Hauptschule, Realschule oder Gymnasium? Ethnische Unterschiede am ersten Bildungsübergang. Kölner Zeitschrift für Soziologie und Sozialpsychologie 54: 534-552.

Kristen, Cornelia, 2006: Ethnische Diskriminierung in der Grundschule? Die Vergabe von Noten und Bildungsempfehlungen. Kölner Zeitschrift für Soziologie und Sozialpsychologie 58: 79-97.

Kristen, Cornelia, David Reimer und Irena Kogan, 2008: Higher Education Entry of Turkish Immigrant Youth in Germany. International Journal of Comparative Sociology 49: 127-151.

Kristen, Cornelia, und Jörg Dollmann, 2010: Sekundäre Effekte der ethnischen Herkunft: Kinder aus türkischen Familien am ersten Bildungsübergang. S. 117-144 in: Birgit Becker und David Reimer (Hrsg.), Vom Kindergarten bis zur Hochschule. Die Generierung von ethnischen und sozialen Disparitäten in der Bildungsbiographie. Wiesbaden: VS Verlag für Sozialwissenschaften.

Lehmann, Rainer H. und Roumiana Nikolova, 2005: Erhebung zum Lese- und Mathematikverständnis – Entwicklungen in den Jahrgangsstufen 4 bis 6 in Berlin. Bericht über die Untersuchung 2003 an Berliner Grundschulen und grundständigen Gymnasien. Untersuchungsbericht. Berlin: Senatsverwaltung für Bildung, Jugend und Sport.

Long, J. Scott, 1997: Regression Models for Categorical and Limited Dependent Variables. Thousand Oaks: Sage.

Mayer, Karl Ulrich, 2000: Arbeit und Wissen: Die Zukunft von Bildung und Beruf. S. 383-410 in: Jürgen Kocka und Claus Offe (Hrsg.), Geschichte und Zukunft der Arbeit. Frankfurt am Main: Campus.

Müller, Walter, Susanne Steinmann und Reinhart Schneider, 1997: Bildung in Europa. S. 177-244 in: Stefan Hradil und Stefan Immerfall (Hg.), Die westeuropäischen Gesellschaften im Vergleich. Opladen: Leske+Budrich.

Müller, Walter, und Reinhard Pollak, 2008: Weshalb gibt es so wenige Arbeiterkinder in Deutschlands Universitäten? S. 307-346 in: Rolf Becker und Wolfgang Lauterbach (Hrsg.), Bildung als Privileg. Wiesbaden: VS Verlag für Sozialwissenschaften (Dritte Auflage).

Nauck, Bernhard, Heike Diefenbach und Kornelia Petri, 1998: Intergenerationale Transmission von kulturellem Kapital unter Migrationsbedingungen. Zum Bildungserfolg von Kindern und Jugendlichen aus Migrantenfamilien in Deutschland. Zeitschrift für Pädagogik 44: 701-722.

Parkin, Frank, 1983: Strategien sozialer Schliessung und Klassenbildung. S. 121-136. in: Kreckel Reinhard (Hrsg.), Soziale Ungleichheiten. Goettingen. Otto Schwartz.

Seibert, Holger und Heike Solga, 2005: Gleiche Chancen dank einer abgeschlossenen Ausbildung? Zum Signalwert von Ausbildungsabschlüssen bei ausländischen und deutschen jungen Erwachsenen. Zeitschrift für Soziologie 34: 364-382.

Solga, Heike, 2005: Ohne Abschluss in die Bildungsgesellschaft. Die Erwerbschancen gering qualifizierter Personen aus soziologischer und ökonomischer Perspektive. Opladen: Barbara Budrich.

Spence, Michael, 1974: Market Signaling. Informational Transfer in Hiring And Related Screening Processes. Cambridge: Harvard University Press.

Steinbach, Anja und Bernhard Nauck, 2004: Intergenerationale Transmission von kulturellem Kapital in Migrantenfamilien. Zur Erklärung von ethnischen Unterschieden im deutschen Bildungssystem. Zeitschrift für Erziehungswissenschaft 7: 20-32.

Thurow, Lester C., 1975: Generating Inequality. New York: Basic Books.

von Below, Susanne, 2003: Schulische Bildung, berufliche Ausbildung und Erwerbstätigkeit junger Migranten. Ergebnisse des Integrationssurveys des BiB. Materialien zur Bevölkerungswissenschaft Heft 105b. Wiesbaden: BiB.

Wagner, Sandra und Justin Powell, 2003: Ethnisch-kulturelle Ungleichheit im deutschen Bildungssystem – Zur Überrepräsentanz von Migrantenjugendlicher an Sonderschulen. S. 183-208 in: Günther Cloerkes (Hrsg.), Wie wird man behindert? Heidelberg: Universitätsverlag C. Winter.

Weiss, Andrew, 1995: Human Capital vs. Signalling Explanations of Wage. Journal of Economic Perspectives 9: 133-154.

# II Migranten im Schulsystem

# Migranten in Deutschland.
## Ihre Rolle in der Gesellschaft und im deutschen Schul- und Ausbildungssystem

*Alexander Tarvenkorn*

## 1 Einleitung

Fragt man nach den Ursachen für Positionierung und Chancen von Jugendlichen mit Migrationshintergrund in Deutschland im Bildungssystem und bei den Übergängen an den einzelnen Schwellen, so kann dies nur vor dem Hintergrund einer Analyse der Veränderungen in der Migrationspolitik der Bundesregierung und der unterschiedlichen Gruppen von Migranten in den letzten 50 Jahren sinnvoll geschehen (von Below 2003).

Der vorliegende Beitrag beleuchtet diese Hintergründe, die zur heutigen Situation von jugendlichen Migranten und Jugendlichen mit Migrationshintergrund in Deutschland führten, aus verschiedenen Perspektiven. Der erste Abschnitt widmet sich den unterschiedlichen Gruppen von Migranten, die ab dem Zweiten Weltkrieg bis 1990 in die Bundesrepublik Deutschland migriert sind und denen, die nach der Wiedervereinigung nach Deutschland kamen.[1] Dabei wird auch immer wieder die Ausländerpolitik in Deutschland in der Zeit von 1948 bis heute zum jeweils betrachteten Zeitpunkt einbezogen. Dies soll als Beitrag zur Erklärung von Veränderungen im Migrationsgeschehen in der Bundesrepublik über die Jahrzehnte hinweg dienen. Zum Ende des ersten Teils wird auf das Phänomen der Einbürgerung von Migranten gesondert eingegangen, da es eine erhebliche Rolle für das Verständnis der weiteren Daten spielt.

Der zweite Abschnitt schlägt den Bogen vom allgemeinen Migrationsgeschehen und der Ausländerpolitik seit der Gründung der Bundesrepublik Deutschland bis heute hin zum Thema dieses Buches – nämlich der Situation

---

[1] Die Migration in die DDR bleibt in diesem Beitrag außen vor, da sie in so geringem Umfang stattfand, dass sie für die heutzutage bestehende Situation vernachlässigt werden kann (siehe zu diesem Thema näher z.B. Müller und Poutrus 2005).

der Jugendlichen mit Migrationshintergrund im Bildungs- und Ausbildungssystem und an den Übergängen. Hier werden die Verteilungen der Jugendlichen mit Migrationshintergrund im deutschen Bildungs- und Ausbildungssystem aufgezeigt. Begonnen wird wiederum im historischen Verlauf der zugrunde gelegten Zeitspanne bis hin zur aktuellen Verteilung.

Bildungsübergänge von jugendlichen Migranten und Jugendlichen mit Migrationshintergrund fokussierend, werden die Daten nach folgenden zwei Kriterien verwendet: Erstens werden Daten von Absolventen der einzelnen Ausbildungszweige betrachtet und nicht von Personen in den einzelnen Systemen und zweitens wird ein Fokus auf dem Anteil von ausländischen Absolventen an der Gesamtzahl liegen und nicht auf den absoluten Verteilungszahlen von Absolventen mit Migrationshintergrund, da meines Erachtens der Anteil der Gruppe von Menschen mit Migrationshintergrund an der Gesamtheit für den Einfluss, den diese Teilgruppe ausübt, wesentlich aussagekräftiger ist als absolute Zahlen von Absolventen mit Migrationshintergrund, die völlig unberücksichtigt lassen, in welchem Gesamtkontext diese Größe zu sehen und zu werten ist.

Abschließend erfolgen erste Bewertungen der historischen Entwicklung bis hin zum heutigen Stand vor dem Hintergrund der gesellschaftlichen Entwicklung, der veränderten politischen Rahmenbedingungen und der sich in über 50 Jahren veränderten Weltpolitik und der Entwicklung jugendlicher Migranten im deutschen Bildungs- und Ausbildungssystem.

## 2  Migrantengruppen in Deutschland

Um das Thema Migration in Deutschland korrekt und vollständig darzustellen, muss man mit den ersten Migrantengruppen beginnen, die bereits in den letzten Tagen des Zweiten Weltkriegs und in den direkt daran anschließenden folgenden Jahren in das Gebiet der heutigen Bundesrepublik Deutschland kamen.

Es waren einerseits sogenannte „Displaced Persons" (DPs), eine Gruppe von 8 bis 10 Millionen Menschen aus über 20 Nationen, in denen die Überlebenden der nationalsozialistischen Arbeits- und Konzentrationslager die größte Teilgruppe bildeten. Als die Alliierten 1950 die Verantwortung für die DPs an die Bundesrepublik Deutschland abgaben, lebten noch 150.000 von ihnen im Gebiet der damaligen Bundesrepublik (Bade und Oltmer 2004: 64). Eine weitere Gruppe bildeten die Vertriebenen aus den ehemaligen deutschen Gebieten in Ost-, Ostmittel- und Südosteuropa; ca. 12 Millionen dieser Reichs- und Volksdeutschen lebten laut einer Volkszählung von 1950 im Gebiet der Bundesrepublik (Bade und Oltmer 2003: 818).

Beide Gruppen sind jedoch für die in diesem Buch behandelte Thematik des Bildungserwerbs von jugendlichen Migranten und Jugendlichen mit Migrationshintergrund unerheblich – sei es, dass die eine Gruppe sehr klein ist oder dass auf die andere Gruppe aufgrund ihres Status als Deutsche aus ehemaligen deutschen Gebieten, in denen auch deutsch gesprochen wurde, viele der heutigen Kriterien, anhand derer Migranten definiert werden, und auf deren Probleme nicht zutrifft. Deshalb erscheint es nach wie vor zutreffend, den Zeitpunkt des Beginns von Migration nach Deutschland, mit der man sich heutzutage in der Wissenschaft und im öffentlichen Diskurs beschäftigt, dort anzusetzen, als die ersten Arbeitskräfte aus Südeuropa angeworben wurden und nach Deutschland kamen.[2] Die Länder, in denen diese Anwerbung stattfand und aus denen die Menschen zwischen 1950 und den 1980er Jahren hauptsächlich in die Bundesrepublik kamen, waren Griechenland, Italien, Jugoslawien, Spanien und die Türkei (Korte und Schmidt 1983).

Die Menschen wurden als Arbeiter auf Zeit geholt, um den in Deutschland herrschenden Mangel an einfachen Arbeitskräften in bestimmten Branchen für einen begrenzten Zeitraum auszugleichen (Herbert 2003: 203). Sie planten also anfangs keinesfalls, dauerhaft in Deutschland zu bleiben. Vielmehr bestand bei den meisten die Absicht, für einen begrenzten Zeitraum nach Deutschland zu kommen und hier genügend Geld für ein gesichertes Leben im Heimatland zu verdienen. Auf einen gehobenen Lebensstandard in Deutschland legten sie einerseits keinen Wert und andererseits war er ihnen auch durch die Art der zur Verfügung gestellten Unterkünfte gar nicht möglich. Ihr Ziel war es, während des Aufenthalts in Deutschland so wenig Geld wie möglich auszugeben, um möglichst viel für die Zukunft im Heimatland zu sparen oder schon während des Arbeitsaufenthaltes in Deutschland in die Heimat zu überweisen. (Herbert 2003: 214) Es waren meistens die Männer, die als Gastarbeiter kamen und für die begrenzte Zeit ihres Arbeitsaufenthaltes in Deutschland ihre Frauen und Kinder in der Heimat ließen. Somit war das Faktum des Gastarbeiterkindes auf einer deutschen Schule in diesen Zeiten eher selten und auf keinen Fall ein Phänomen, das in der Häufigkeit vorkam, dass man ihm aus gesellschaftlicher oder bildungspolitischer Sicht gesondert hätte Beachtung schenken müssen.

---

2 Der politische und gesellschaftliche Hintergrund, vor dem die Anwerbeabkommen zwischen der Bundesrepublik und den verschiedenen Staaten, aus denen die Arbeitskräfte seit 1955 kamen, und schließlich auch der Anwerbestopp 1973 stattfanden, ist bereits hinlänglich diskutiert und dargestellt worden und dient hier nicht der Ergründung des Themas (vgl. Herbert 2003).

*Abb. 1:*  Gesamtbevölkerung und Ausländer in absoluten Zahlen 1950 bis 2006[3]

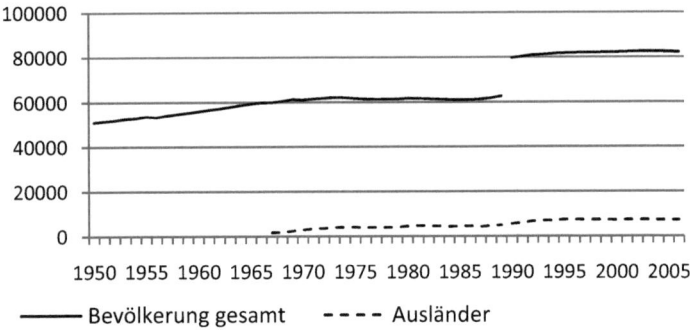

Quelle: Statistisches Bundesamt; Volkszählungen, Bevölkerungsfortschreibung und Ausländer-zentralregister

Diese Situation änderte sich erst im Zuge des Anwerbestopps von 1973. Verbunden war das Ende der Anwerbung von Gastarbeitern mit zahlreichen politischen Maßnahmen, die rückkehrwilligen Ausländern den Rückzug in ihr Heimatland schmackhaft machen sollten. Die Wirkungen der Maßnahmen entsprachen jedoch nicht denen, die sich die Bundesregierung durch sie erhofft hatte. Zwar lagen 1974 die Fortzüge von Ausländern höher als die Zuzüge (BMI 2008), aber durch die erneuten Änderungen der gesetzlichen Vorschriften im Jahre 1978 verfestigte sich der Status der Ausländer in Deutschland. Dies wiederum führte nicht zuletzt auch dazu, dass immer mehr Arbeitsmigranten ihre Frauen und Familien aus den Heimatländern nach Deutschland holten (Kohlmeier und Schimany 2005: 18). Immer mehr Ausländer beschlossen, dauerhaft oder doch zumindest auf längere Zeit in der Bundesrepublik zu bleiben. Dementsprechend stiegen während der 1970er Jahre die Quote der

---

3   Die in dieser und den folgenden Darstellungen teilweise auftretenden Lücken in der graphischen Darstellung rund um das Jahr 1990 sind ein optischer Hinweis auf die durch die Wiedervereinigung Deutschlands veränderten Daten und Berechnungsgrundlagen. Eine durchgehende Linie würde die Tatsachen falsch wiedergeben und zu fehlerhaften Interpretationen führen.

ausländischen Frauen und Kinder sowie die Geburtenrate von Kindern ausländischer Eltern. Die (ehemaligen) Gastarbeiter stellten sich auf ein Leben in der Bundesrepublik ein. „[D]ie Verbindungen zur Heimat wurden lockerer, vor allem bei den Kindern der Gastarbeiter, der sogenannten ‚Zweiten Generation'" (Herbert 2003: 232). Der Zuzug von Ausländern nach Deutschland war durch den Anwerbestopp also keinesfalls beendet. Vom Zeitpunkt des Stopps 1973 bis zur Wiedervereinigung 1990 stieg die Ausländerquote in Deutschland von 6,4 auf 8 Prozent an (Statistisches Bundesamt 2007a; Korte und Schmidt 1983).

Allerdings änderte sich zu Beginn der 1980er Jahre die Zusammensetzung der Gruppe der nach Deutschland kommenden Ausländer. Neue Arbeitsmigranten gab es bedingt durch den Anwerbestopp tatsächlich kaum noch. Ein Teil der neu zuziehenden Ausländer kam als Familiennachzug nach Deutschland. Ein anderer großer Teil kam unabhängig von Anwerbung und Nachzug als in diesem Ausmaß neues Phänomen der Asylanten nach Deutschland.

Im letzten Drittel der 1970er Jahre stieg die Zahl der Asylsuchenden drastisch an, bis zum Höchststand von knapp 100.000 Asylanträgen im Jahr 1980. Dies entsprach fast einem Drittel aller Asylgesuche in Europa (Bade und Oltmer 2004: 86). Asylrechtsänderungen in den Jahren 1980 und 1982 sollten die Einreise sogenannter „unechter" Asylbewerber stoppen und die Asylverfahren beschleunigen (BMI 2008).

Des Weiteren sollte ab 1983 ein „Gesetz zur Förderung der Rückkehrbereitschaft von Ausländern" mit unterschiedlichen finanziellen Anreizen dazu beitragen, dass in Deutschland lebende (vor allem) Arbeitsmigranten in ihre Heimatländer zurückkehrten (BMI 2008). Dies funktionierte aber nur kurzfristig in den Jahren 1983 bis 1984. Danach überstieg die Zuwanderung die Abwanderung wieder dauerhaft (Statistisches Bundesamt Wanderung 2007: 3.1). Grund hierfür war vor allem der Familiennachzug der bereits in Deutschland lebenden Arbeitsmigranten; neue Arbeitsuchende kamen hingegen tatsächlich kaum noch.

Ähnlich verhielt es sich mit den Auswirkungen der Anfang der 1980er Jahre beschlossenen Asylrechtsänderungen. Nach einem Absinken der Zahlen, unmittelbar nach Inkrafttreten des Gesetzes, stiegen die Zahlen der jährlichen Asylanträge bereits ab Mitte der 1980er Jahre wieder deutlich an und explodierten geradezu mit der Öffnung des Eisernen Vorhangs ab 1989. Lag die Zahl der jährlichen Asylsuchenden zu Beginn der 1980er Jahre nach den Asylrechtsänderungen noch jeweils deutlich unter der Grenze von 100.000, stieg sie bereits seit Mitte der 1980er Jahre wieder stark an und erreichte mit 438.191 Asylsuchenden im Jahr 1992 ihren bisherigen Höhepunkt (BAMF 2007: 9). Von diesen waren jedoch nur 4,25 Prozent tatsächlich asylberechtigt. Der Status der Asylsuchenden war unsicher im Hinblick auf ihre Rechte und auf Bleibe in Deutschland (Herbert 2003: 287).

Man könnte es so formulieren, dass die Gruppe der Asylanten und Asylsuchenden in Deutschland die Gastarbeiter der 1950er und 1960er Jahre in ihrer
Rolle und ihrer Statusunsicherheit abgelöst haben. Den Asylsuchenden ging es
nun wie vorher den ausländischen Arbeitern. Ihr Status war ungesichert und ihr
Aufenthalt in Deutschland nur für begrenzte Zeit zugelassen (Herbert 2003:
249). Diese Statusfrage ist wichtig zu erinnern, wenn es später in diesem Beitrag
um die Verteilung von Jugendlichen aus unterschiedlichen Bevölkerungsgruppen auf das deutsche Bildungssystem gehen wird.

Aufgrund der stark angestiegenen Zahl von Asylsuchenden reagierte die
Bundesregierung 1992/93 mit dem sogenannten „Asylkompromiss", der – so
Bade und Oltmer – „ein übergreifender Migrationskompromiss [war]" (Bade
und Oltmer 2004: 117). Er betraf nämlich nicht nur die rechtliche Lage der
Asylsuchenden, sondern erkannte Bezug nehmend auf das Kriegsfolgenbereini-
gungsgesetz von 1993 und hier auf die Regelungen über Aussiedlerzuwande-
rung alle bis 31. Dezember 1992 geborenen Personen aus dieser Gruppe als
antragsberechtigte „Spätaussiedler" an. Dies bedeutete, dass diese Personengruppe als voll berechtigte Deutsche anerkannt wurde. Zwar kamen bereits seit
den 1950er Jahren deutschstämmige Aussiedler nach Deutschland, allerdings
spielte diese Gruppe bis in die 1980er Jahre hinein kaum eine Rolle. Erst durch
die neuen Gesetze änderte sich dies, sodass bis 1998 insgesamt 3,9 Millionen
Menschen als Aussiedler oder Spätaussiedler nach Deutschland kamen (Münz
1999: 21).

Zu Beginn der 1990er Jahre änderte sich dadurch die Zuwanderung nach
Deutschland abermals grundlegend. Zwar war der Gipfel der jährlichen Zuwan-
derungen von Aussiedlern und Spätaussiedlern bereits vor dem „Asylkompromiss" von 1992/93 mit knapp 400.000 Menschen im Jahr 1990 erreicht; in den
Folgejahren stagnierte die Zahl jedoch bis 1995 auf einem recht hohen Niveau
von etwa 200.000 Personen pro Jahr. Erst ab 1996 sanken die Zahlen stetig ab,
bis auf 7.747 Personen im Jahr 2006 (Migrationsbericht 2006: 52). Die Zahl der
jährlichen Asylanträge (Erst- und Folgeanträge) sank im gleichen Zeitraum
ebenfalls signifikant von 166.951 im Jahr 1995 auf 30.100 im Jahr 2006 (BAMF
2007: 11).

Nicht zuletzt trägt auch das neue Zuwanderungsgesetz vom 1. Januar 2005
dazu bei, dass der aktuelle Zuzug von Ausländern aus den unterschiedlichsten
Gründen, sei es Arbeitsmigration, Asyl oder die Einreise als (Spät-)Aussiedler,
auf einem recht niedrigen Niveau verbleibt. Das Zuwanderungsgesetz hält am
Anwerbestopp von gering qualifizierten Arbeitskräften fest; nur für hochqualifi-
zierte gibt es gesonderte Regelungen. Ebenso wird an den Asyl- und Spätaus-
siedlerzuzugs- bzw. Familiennachzugsregelungen festgehalten oder diese im
Ergebnis durch vorgeschriebene Sprachtests eher noch verschärft (BMI 2008a).

Im Verlauf der letzten 50 Jahre kamen etwa 29.500.000 Ausländer nach Deutschland, 22.000.000 zogen im gleichen Zeitraum wieder fort (eigene Berechnungen nach Statistisches Bundesamt Fachserie 1.2, 2006). Im Jahr 2005 lebten 82,5 Millionen Menschen in Deutschland, von denen 15,3 Millionen – ca. 8 Millionen Deutsche und 7,3 Millionen Ausländer – einen Migrationshintergrund hatten (Migrationsbericht 2006: 189). Dies entspricht einem Anteil von 19 Prozent an der Gesamtbevölkerung.

*Abb. 2:* Gruppe der Ausländer im Jahr 2006, dargestellt nach den 10 häufigsten Staatsangehörigkeiten in Prozent

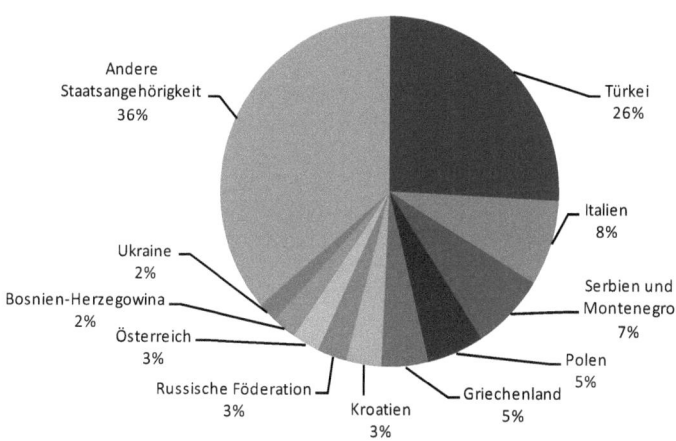

Quelle: Ausländerzentralregister, Statistisches Bundesamt

Die Länder, in denen Ende der 1950er Jahre die ersten Anwerbungen stattfanden, stellen bis heute die größten Gruppen von Migranten. Ein Viertel aller in Deutschland lebenden Ausländer sind Türken. Weit dahinter folgt Italien auf dem zweiten Platz – und dies allerdings nur, weil das ehemalige Anwerbeland Jugoslawien nicht mehr besteht. Würde man die neu gebildeten Staaten Serbien und Montenegro sowie Kroatien und Bosnien-Herzegowina zusammenrechnen, ergäbe sich eine Gruppe von 12 Prozent, die damit weit größer wäre als die Gruppe der Migranten aus Italien mit 8 Prozent.

Bevor im nächsten Abschnitt darauf eingegangen werden soll, wie sich diese heterogene Gruppe von Migranten und Menschen mit Migrationshintergrund speziell im deutschen Bildungs- und Ausbildungssystem widerspiegelt, sei hier noch auf ein besonderes Phänomen und möglicherweise statistisches Problem eingegangen. Seit 1980 wurden 3.701.700 Menschen in Deutschland eingebürgert. Eine Gesetzesänderung 1991 vereinfachte zunächst befristet auf fünf Jahre die Erlangung der deutschen Staatsangehörigkeit für Migranten über sogenannte Regelansprüche. (BMI 2008) Die Vereinfachung der Einbürgerung und auch die vorläufige Befristung auf fünf Jahre führten dazu, dass viele Migranten die Chance nutzten, die deutsche Staatsangehörigkeit zu erlangen. Eine Entfristung dieser Regelansprüche und gleichzeitige Umwandlung in unbedingte Ansprüche 1993 (BMI 2008) führte zu einem weiteren Anstieg der jährlichen Einbürgerungszahlen bis auf über 300.000 im Jahr 1995. Seitdem sind die Zahlen wieder rückläufig, woran auch eine erneute Vereinfachung in den rechtlichen Vorschriften im Jahr 2000 nichts änderte (Statistisches Bundesamt 2006: Fachserie 1, Reihe 2.1, Tabelle 1; BMI 2008).

*Abb. 3:* Einbürgerungen von Ausländern insgesamt in absoluten Zahlen 1980 bis 2006

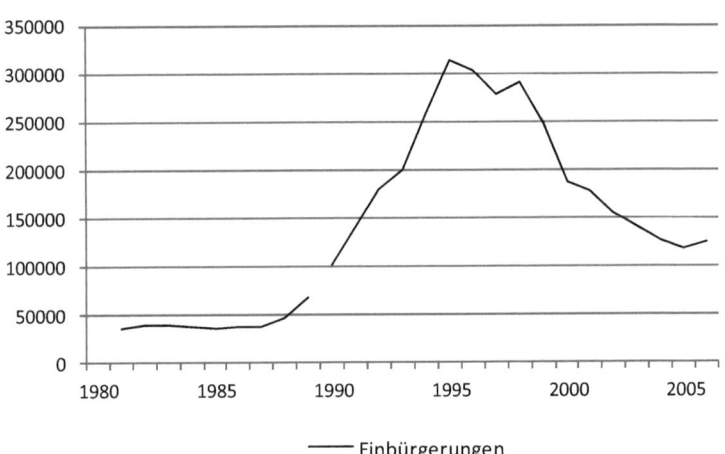

———— Einbürgerungen

Quelle: Statistisches Bundesamt Fachserie 1, Reihe 2.1; Volkszählungen, Bevölkerungsfortschreibung und Ausländerzentralregister

Von den ca. 3,7 Mio. eingebürgerten Menschen ist die Gruppe der Türken die größte, allerdings mit sinkender Tendenz bei den Neueinbürgerungen (Migrationsbericht 2006: 194). Zu einem statistischen oder analytischen Problem bei der

Darstellung von Jugendlichen auf dem Bildungs- und Ausbildungssektor, wie oben konstatiert, könnte sich die Tatsache entwickeln, dass diese Personen in den Statistiken nicht mehr als Ausländer geführt werden, sich aber in vielen Dingen, wie etwa der Sprachkompetenz, kaum von gleichaltrigen Jugendlichen mit ausländischem Pass unterscheiden. Zwar wird die Gruppe der Jugendlichen mit Migrationshintergrund gesondert ausgewiesen, in vielen Statistiken leider jedoch nicht mehr so differenziert nach Herkunftsländern oder etwa Staatsangehörigkeit der Eltern, wie dies bei der Gruppe der Ausländer der Fall ist. Es fällt also schwer, bei der Gruppe der deutschen Jugendlichen mit Migrationshintergrund, von denen viele Eingebürgerte sind, die Personen einzelnen Herkunftsländern zuzuordnen und so eventuell Rückschlüsse ziehen zu können, zum Beispiel zwischen Verteilungen auf Schultypen oder Ausbildungsarten und der Zugehörigkeit zu einer bestimmten Migrantengruppe.

*Abb. 4:* Anteil der 15- bzw. 16-jährigen Ausländer an der Gruppe der Eingebürgerten in Prozent 1980 bis 2006

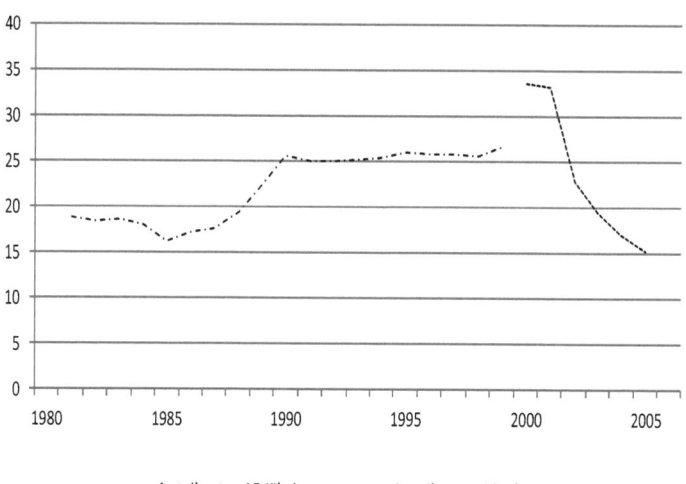

Quelle: Statistisches Bundesamt; Fachserie 1, Reihe 2

## 3   Jugendliche Migranten im deutschen Ausbildungssystem

Die Zahl der ausländischen Jugendlichen im deutschen Ausbildungssystem nahm parallel zur Entwicklung der Ausländerzahlen in Deutschland über die Zeitspanne von den 1950er Jahren bis heute zu (siehe Abbildung 5 für den Zeitraum ab 1975). Anfang des neuen Jahrtausends gab es allerdings einen zwischenzeitlichen Rückgang in den Gruppen der ausländischen Absolventen des Schulbildungs- und des Berufsschulsystems.

Vergleicht man die Darstellung der Einbürgerungszahlen in Abbildung 3 und den Anteil der unter 15- bzw. 16-Jährigen in dieser Gruppe (Abbildung 4) mit dem „Knick" bei den Absolventenzahlen, so liegt die Vermutung nahe, dass die verstärkte Einbürgerung gerade auch von jugendlichen Migranten in den 1990er Jahren zu einem zwischenzeitlichen Rückgang der Absolventenzahlen in Schulen und Berufsschulen zu Beginn des neuen Jahrtausends geführt hat.

*Abb. 5:*  Anzahl ausländischer Absolventen von allgemeinbildenden Schulen, Berufsschulen und Hochschulen 1975 bis 2006

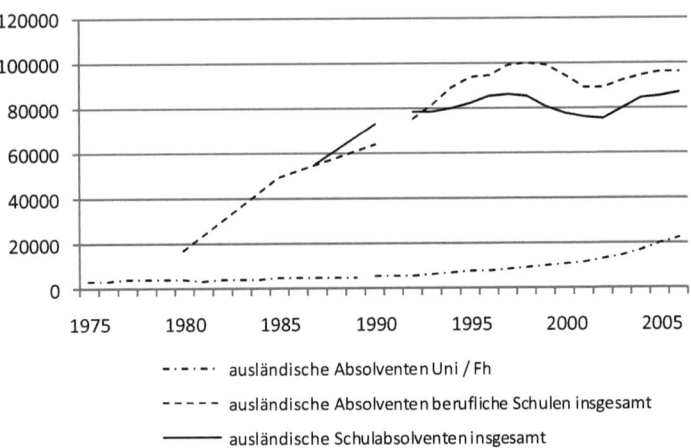

Quelle: Statistisches Bundesamt Fachserie 11, Reihe 1; S. 2; 3. S. 1; 3

Der Gipfel der jährlichen Einbürgerungen wurde 1995 bei gleichbleibend hohem Anteil von Jugendlichen an den Einbürgerungen erreicht. In den 1990er Jahren fand also eine starke Einbürgerung von Migranten – und unter ihnen einem hohen Anteil Jugendlicher – statt. Da diese Personengruppen mit ihrer Einbürgerung nicht mehr als Migranten, sondern als Deutsche mit Migrationshintergrund galten, führte dies dazu, dass es zu einem kurzzeitigen Absinken der Absolventenzahlen jugendlicher Migranten ca. sieben bis acht Jahre später kam. Denn wer bei seiner Einbürgerung in den 1990er Jahren z.b. zehn Jahre alt war, war Anfang des neuen Jahrtausends ungefähr zwischen 15 und 20 Jahre alt. Somit lässt sich behaupten, dass der kurzzeitige Rückgang des Anteils von ausländischen Absolventen rund um das Jahr 2002 der verstärkten Einbürgerung dieser Gruppe in den 1990er Jahren geschuldet ist. Es waren also nicht tatsächlich weniger Jugendliche aus dieser Gruppe, sondern es fand durch die Einbürgerung lediglich eine statistische Verschiebung in die Gruppe der deutschen Schul- und Berufsschulabsolventen statt. Das würde ebenso bedeuten, dass die sinkenden Einbürgerungszahlen Ende der 1990er Jahre ebenfalls verantwortlich sind für das „Erholen" der Schul- und Berufsschulabsolventenzahlen ab 2003.

Die plausibel erscheinende Überlegung zeigt ein bereits oben erwähntes statistisches Dilemma bei der Auseinandersetzung mit Migranten und Jugendlichen mit Migrationshintergrund im deutschen Bildungs- und Ausbildungssystem, denn die vorhandenen Statistiken weisen zumeist lediglich jugendliche Migranten gesondert aus, nicht aber solche mit Migrationshintergrund. Dies kann zu einer verzerrten Darstellung der Problemlagen führen. Das Statistische Bundesamt hat im Rahmen des Mikrozensus 2005 erstmals die Gruppe „Menschen mit Migrationshintergrund" gesondert erfasst und nicht mehr nur diejenigen mit einem ausländischen Pass. Danach haben von ca. 82 Mio. Bundesbürgern knapp 15,3 Mio. einen Migrationshintergrund, was einem Anteil von etwa 19 Prozent an der Bevölkerung entspricht (Migrationsbericht 2006). Eine differenziertere Darstellung – auch über einen längeren Zeitverlauf – ist jedoch bislang noch nicht möglich.[4] Ebenso bleibt bei diesen Zahlen unklar, inwieweit der Migrationshintergrund der Jugendlichen in deren Leben und konkret bei Bildungserwerb eine Rolle spielt oder bei wie vielen es sich lediglich um einen biographischen Aspekt handelt, der ihnen im Alltag wenig bewusst ist (KMK 2002: 9).

Das oben angeführte Beispiel soll dazu dienen, sich bei der Beschäftigung mit diesem Thema dieses Problems bewusst zu sein, lösen können es die oben gezeigten Abbildungen und Berechnungen ebenfalls leider nicht. Im Folgenden wird es um die einzelnen Bildungssektoren und hier um den Anteil ausländischer Jugendlicher an den jeweiligen Absolventengruppen gehen.

---

4  PISA fragt allerdings den Migrationsstatus der Schüler gesondert ab. Dennoch sind hieraus kaum repräsentative und langfristige Aussagen möglich.

## 4  Schüler

Der Anteil der ausländischen Schüler nahm von 1965 mit 0,5 Prozent bis auf ca. 11 Prozent 1990 zu. Seit der Wiedervereinigung stagniert der Anteil ausländischer Schulabsolventen bei neun bis zehn Prozent, bei leichtem Rückgang bis zum Jahr 2002 und ebenso leichtem Wiederanstieg seitdem. Im Folgenden ist der Anteil ausländischer Absolventen an den jeweiligen Schulabschlüssen dargestellt. Hierbei zeigt sich eine relativ deutliche Stabilität bezüglich der Anteile ausländischer Absolventen im Bereich der höheren Schulabschlüsse, vor allem beim Realschulabschluss und bei der Hochschulreife, im Verlauf der letzten Jahre seit der Wiedervereinigung.

*Abb. 6:*  Anteil ausländischer Jugendlicher an den gesamten Absolventen einzelner Schulabschlussarten in Prozent 1985 bis 2006

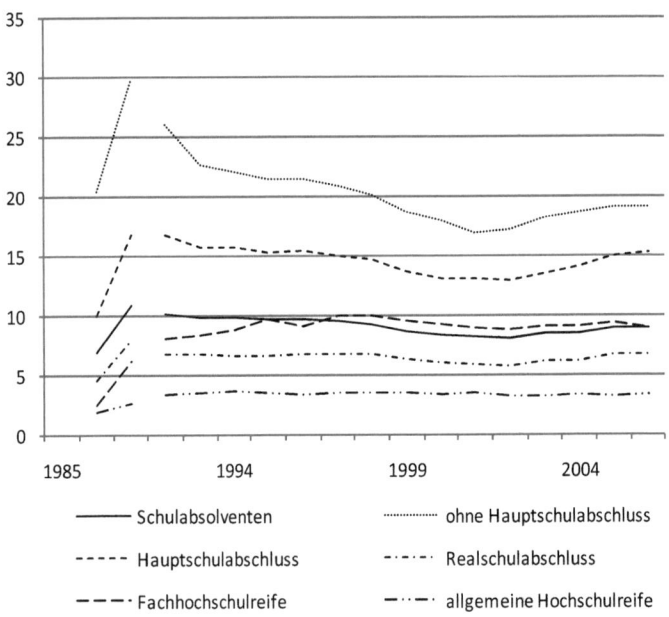

Quelle: Statistisches Bundesamt Fachserie 11, Reihe S. 2 und 1 – eigene Berechnungen

Der sichtbare Rückgang der Gesamtzahl ausländischer Schulabsolventen sowie der leichte Wiederanstieg spiegeln sich ausschließlich im Bereich der Hauptschulen und hier sowohl in der Gruppe derjenigen, die die Hauptschule ohne Abschluss verlassen haben, als auch bei denjenigen, die einen Hauptschulabschluss erworben haben, wider. Diese drei Kurven zeigen einen nahezu parallelen Verlauf auf den unterschiedlichen Niveaus. Weder stabil noch den Gesamttrend aufnehmend zeigt sich lediglich der Verlauf der Absolventen mit Fachhochschulreife. Diese Gruppe stieg entgegen der Gesamtentwicklung in den 1990er Jahren weiter an und entwickelt sich erst seitdem annähernd parallel zum Gesamtverlauf.

Für die ausländischen Schulabsolventen lässt sich somit feststellen, dass der zeitweilige Gesamtrückgang durch die Gruppe der Hauptschulabsolventen (mit und ohne Abschluss), der stärker war als der gesamtdeutsche Rückgang, bei dieser Absolventengruppe bedingt ist. Auf die Ursache und die mögliche Bedingtheit dieses kurzzeitigen Rückgangs durch verstärkte Einbürgerungen von jugendlichen Migranten in den 1990er Jahren wurde bereits im vorhergehenden Abschnitt ausführlich eingegangen.

## 5  Hochschulen und Fachhochschulen

Ein gänzlich anderes Bild ergibt sich beim Anteil von jungen Migranten an den Absolventen der Fachhochschulen und Universitäten. Hier zeigt sich nach bis weit in die 1990er Jahre faktisch stagnierenden Zahlen seitdem ein kontinuierlicher Anstieg. Dieser starke Anstieg des Ausländeranteils an deutschen Universitäts- und Fachhochschulabsolventen liegt zum einen an den gestiegenen absoluten Zahlen ausländischer Absolventen, als auch an der Tatsache, dass diese Zunahme stärker war als das Wachstum der Gesamtgruppe im selben Zeitraum.

Allerdings gilt für den Anteil von ausländischen Studienabsolventen eine Besonderheit im Vergleich zu den ausländischen Schul- und Berufsschulabsolventen. Anders als bei jenen Gruppen kommt hier die Tatsache hinzu, dass viele junge Ausländer speziell für das Hochschul- oder Fachhochschulstudium nach Deutschland kommen. Diese sogenannten Bildungsausländer haben ihre Hochschulzugangsberechtigung im Ausland erworben und kommen erstmals zum Studium nach Deutschland (KMK 2003). Sie gehören somit zwar statistisch in die selbe Gruppe wie die ausländischen Jugendlichen, die in Deutschland studieren und die bereits im Kindesalter mit ihren Eltern nach Deutschland gekommen sind oder sogar in Deutschland geboren wurden; sie können jedoch nicht als Indiz dafür gelten, dass bei jungen Migranten in Deutschland eine Verschiebung hin zu höherwertigen Bildungsabschlüssen stattgefunden hätte.

*Abb. 7:* Anteil ausländischer Personen an den gesamten Absolventen von Fachhochschulen und Universitäten in Prozent 1975 bis 2006

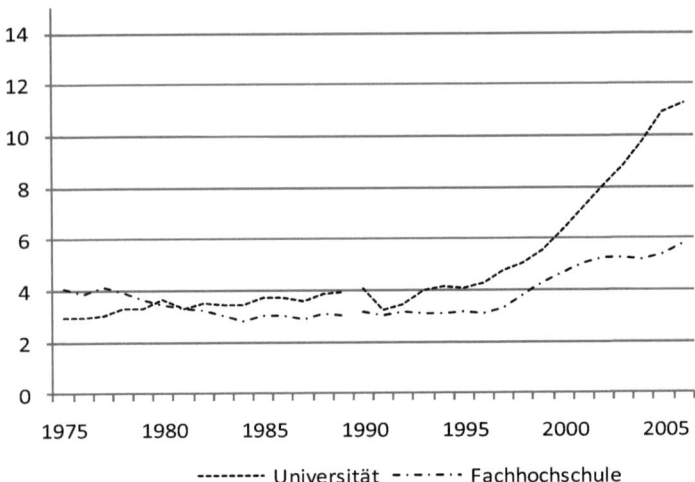

-------- Universität   - · - · - ·· Fachhochschule

Quelle: Kultusministerkonferenz; Statistisches Bundesamt lange Reihen – eigene Berechnungen

Allerdings lässt sich so der stetige Anstieg des Ausländeranteils an den Univer-
sitäts- und Fachhochschulabsolventen plausibel erklären, wenn diese Gruppe
nur zu einem geringen Teil aus in Deutschland aufgewachsenen Jugendlichen
besteht. Die Bildungsausländer machen ca. zwei Drittel der ausländischen Studienabsolventen aus, allerdings bei sinkender Tendenz (KMK 2003: 22).[5] Dieser
hohe Anteil von Bildungsausländern erklärt, weshalb das Wachstum des Ausländeranteils in diesem Bildungssektor so stetig und unbeeindruckt von den
Einbürgerungen von jugendlichen Ausländern während der 1990er Jahre ist.

---

5   Die Bildungsinländer steigerten ihre Anzahl von 1998 bis 2001 um 56,6 Prozent, die Bildungs-
    ausländer lediglich um 15,2 Prozent im gleichen Zeitraum. Ihr Anteil an den ausländischen Stu-
    dienabsolventen sank somit von 74,2 auf 67,9 Prozent (vgl KMK 2003: 22).

## 6 Ausbildungssystem

Den Anteil von Migranten an allen Ausbildungsabsolventen festzumachen, ist im Vergleich schwieriger als bei den Schul- oder Hochschulabsolventen. Zwar findet man Statistiken über diejenigen, die das Duale Ausbildungssystem durchlaufen haben. Diese Daten klammern jedoch jene aus, die ihren Abschluss in einem vollzeitschulischen Ausbildungsgang erworben haben. Im Folgenden wird der Anteil an Ausländern an den Absolventen von beruflichen Schulen betrachtet, an denen ein vollwertiger Berufsabschluss möglich ist.[6]

Hierzu zählen die Berufsschule und die Berufsfachschule sowie – als nordrhein-westfälische Besonderheit bis 2001 – die Kollegschule.[7] Dies hat den Vorteil, dass sowohl die Absolventen des Dualen Ausbildungssystems betrachtet werden können, da sie durch ihren berufsschulischen Anteil an ihrer Ausbildung in der Statistik erfasst sind, als auch diejenigen Jugendlichen, die ihren Berufsabschluss im vollzeitschulischen System erworben haben. Betrachtet man nun zunächst den Verlauf der absoluten Zahlen von ausländischen Jugendlichen in den Berufsschulen (siehe Abbildung 5), so zeigt sich eine Linie, die seit der Wiedervereinigung fast parallel zu der der Schulabsolventen verläuft. Auch der Rückgang der Zahlen bis zum Beginn des neuen Jahrhunderts ist ebenfalls zu sehen. Dies spricht für die weiter oben aufgestellte These, dass es sich bei dieser Gruppe von jungen Migranten um Bildungsinländer handelt, bei denen eine verstärkte Einbürgerung in den 1990er Jahren zu einem Rückgang der Gruppengröße ca. zehn Jahre später geführt hat.

Bei der Verteilung der ausländischen Berufsschulabsolventen gab es in den letzten 15 Jahren kaum Veränderungen. Zwar gehen wesentlich mehr junge Migranten ins Duale Ausbildungssystem als ins berufsschulische (nach absolu-

---

6 Die einzige Ungenauigkeit, die hierbei entstehen kann, ist, dass auf einigen dieser Schulen auch Weiterqualifizierungen ohne vollwertigen Berufsabschluss möglich sind. Dies ist jedoch unbeachtlich, da es im Schwerpunkt auf den Anteil von Migranten an den Gesamtabsolventen ankommt und nicht um eine genaue Darstellung von Ausbildungsabsolventen pro Jahr. Der Anteil von Ausländern wird hingegen durch die, die sich in Weiterqualifizierungsmaßnahme befinden, nicht signifikant verzerrt.

7 Die Berufsschulen decken den schulischen Teil im Dualen Ausbildungssystem ab. Wer auf diese Schulform geht, schließt seinen Schulbesuch also mit einem Berufsabschluss ab. Anders ist es bei den Berufsfachschulen; sie können sowohl zur Berufsvorbereitung als auch zum Erwerb eines vollen Berufsabschlusses besucht werden. Es ist also letztlich nicht zu erklären, wie viele der Absolventen diesen Schultyp mit einem vollwertigen Berufsabschluss verlassen haben. Ähnlich verhält es sich mit den nordrhein-westfälischen Kollegschulen. Hier war es möglich, im Rahmen der Sekundarstufe II sowohl Schulabschlüsse als auch Berufsabschlüsse zu erwerben.

ten Zahlen). In der Verteilung ist der Anteil von Ausländern im berufsschulischen System jedoch höher als im Dualen Ausbildungssystem. Ob dies an einer größeren Attraktivität des berufsschulischen Systems für jugendliche Migranten liegt oder an einer stärkeren Unattraktivität für Deutsche, bliebe an dieser Stelle jedoch Spekulation – ebenso wie die Erklärung des signifikant hohen Anteils junger Migranten auf den nordrhein-westfälischen Kollegschulen, bei denen deren Anteil bis zur Auflösung dieser Schulart teilweise bis zu 10 Prozentpunkte über dem durchschnittlichen Anteil von jungen Migranten an den jeweiligen Abschlussarten lag.

*Abb. 8:* Anteil von ausländischen Jugendlichen an den gesamten Absolventen einzelner Berufsbildungsschulen in Prozent 1980 bis 2006.

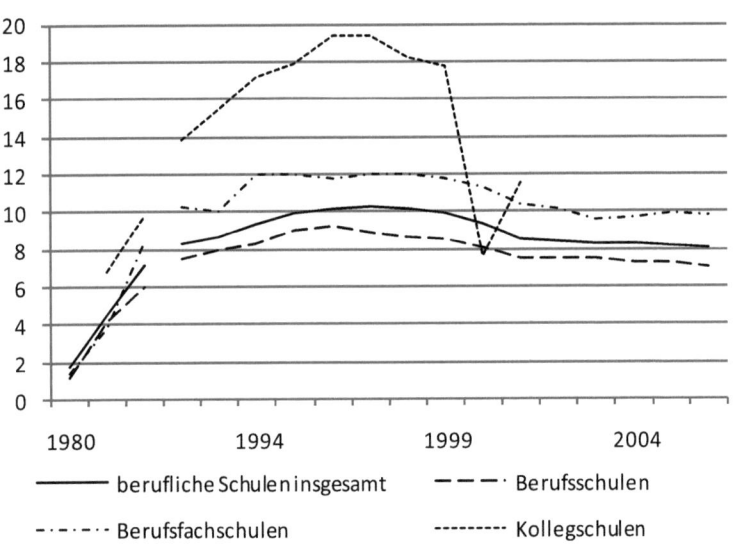

Quelle: Statistisches Bundesamt Fachserie 11, Reihe 3. S. 1 und 2 – eigene Berechnungen

Insgesamt ging der Anteil junger Migranten an den Berufsschulabsolventen nach einem starken Anstieg während der 1980er und frühen 1990er Jahre seit Mitte der 1990er Jahre zurück und liegt seit etwa 2002 auf relativ konstantem Niveau, mit weiterer leichter Abnahmetendenz bei den Berufsschulen. Da die absoluten Zahlen jedoch steigend sind (siehe Abbildung 5), ist der Grund für diesen leichten Rückgang des Ausländeranteils auf die gestiegenen Absolventenzahlen in der Gesamtgruppe zurückzuführen.

## 7 Fazit

Die Entwicklung der Migration nach Deutschland seit dem Zweiten Weltkrieg ist geprägt durch unterschiedliche zuwandernde Gruppen, die jeweils zu bestimmten historischen Zeiten das Bild und den öffentlichen Diskurs über Zuwanderung bestimmt haben. Begonnen bei den Gastarbeitern der 1950er und 1960er Jahre über die große Anzahl von Asylsuchenden seit dem Ende der 70er Jahre bis hin zu den Aussiedlern und Spätaussiedlern in den 90er Jahren; sie alle haben dazu beigetragen, dass Deutschland faktisch ein Einwanderungsland ist, in dem 19 Prozent der Menschen einen Migrationshintergrund haben, davon über 7 Millionen mit einem ausländischen Pass. Auch wenn es momentan scheint, als würde die Zuwanderung auf einem im historischen Vergleich niedrigen Level stagnieren, hat die stattgefundene Migration Deutschland bereits deutlich geprägt. Dies gilt nicht zuletzt auch für das deutsche Bildungs- und Ausbildungssystem, in dem je nach Ausbildungsbereich in den letzten Jahren jährlich zwischen 7 und 20 Prozent junger Migranten zu den Absolventen der einzelnen Bildungszweige gehörten. Eine Zahl, welche die Beschäftigung mit dieser speziellen Gruppe im Bildungs- und Ausbildungssystem als dringend geboten erscheinen lässt. Zwar sind sowohl im Schul- als auch im Berufsschulbereich die Zahlen – im Gegensatz zum Bereich der Hochschulen – in den letzten Jahren kaum noch steigend. Doch bedeutet dies lediglich, dass man sich auf Dauer auf eine Gruppe von Migranten in dieser Größendimension einstellen muss, um dieser Gruppe bei allen möglicherweise vorhandenen migrationsspezifischen Schwierigkeiten unterstützend beistehen zu können.

# Literatur

Bade, Klaus J. und Jochen Oltmer, 2003: Zwischen Aus- und Einwanderungsland: Deutschland und die Migration seit der Mitte des 17. Jahrhunderts. Zeitschrift für Bevölkerungswissenschaft 28: 799 – 842.

Bade, Klaus J. und Jochen Oltmer, 2004: Normalfall Migration. Bonn: Bundeszentrale für politische Bildung.

Below, Susanne von, 2003: Schulische Bildung, berufliche Ausbildung und Erwerbstätigkeit junger Migranten. Ergebnisse des Integrationssurveys des BiB. Heft 105b. Wiesbaden: Bundesinstitut für Bevölkerungsforschung.

Bundesamt für Migration und Flüchtlinge, 2007: Asyl in Zahlen. Nürnberg: BAMF (15. Auflage).

Bundesamt für Migration und Flüchtlinge, 2007a: Migrationsbericht 2006 des Bundesamtes für Migration und Flüchtlinge im Auftrag der Bundesregierung. Nürnberg: BAMF.

Bundesamt für Statistik, 2007: Bevölkerung und Erwerbstätigkeit. Wanderung. 2006, Fachserie 1, Reihe 1.2. Wiesbaden.

Bundesamt für Statistik, 2007a: Bevölkerung und Erwerbstätigkeit. Ausländische Bevölkerung. Ergebnisse des Ausländerzentralregisters. 2006, Fachserie 1, Reihe 2. Wiesbaden.

Bundesministerium des Inneren, 2008: Zuwanderung hat Geschichte. Zeitstrahl. [URL: http://www.zuwanderung.de/1_zeitstrahl.html; Abruf: 10.03.2008].

Bundesministerium des Inneren, 2008a: Einzelheiten des Zuwanderungsgesetzes. [URL: http://www.zuwanderung.de/downloads/Einzelheiten_des_Zuwanderungsgesetzes.pdf; Abruf: 26.02.2008].

Herbert, Ulrich, 2003: Geschichte der Ausländerpolitik in Deutschland. Bonn: Bundeszentrale für politische Bildung.

Kohlmeier, Manfred und Peter Schimany, 2005: Der Einfluss von Zuwanderung auf die deutsche Gesellschaft. Deutscher Beitrag zur Pilotforschungsstudie „The Impact of Immigration on Europe's Societies" im Rahmen des Europäischen Netzwerkes. Nürnberg: Bundesamt für Migration und Flüchtlinge.

Korte, Hermann und Alfred Schmidt, 1983: Migration und ihre sozialen Folgen. Förderung der Gastarbeiterforschung durch die Stiftung Volkswagenwerk 1974-1981. Göttingen: Vandenhoeck & Ruprecht.

Kultusministerkonferenz, 2002: Ausländische Schüler und Schulabsolventen. 1991 bis 2000. Statistische Veröffentlichungen der Kultusministerkonferenz. Dokumentation Nr. 163. Bonn: KMK.

Kultusministerkonferenz, 2003: Studierende ausländischer Herkunft in Deutschland von 1993 bis 2001. Statistische Veröffentlichungen der Kultusministerkonferenz. Dokumentation Nr. 165. Bonn: KMK.

Münz, Rainer, 1999: Migration als politische Herausforderung. Deutschland im europäischen Vergleich. Internationale Politik 54: 19-28.

# Bildungseffekte vorschulischer Betreuung, Erziehung und Bildung für Migranten im deutschen Schulsystem

*Rolf Becker und Patricia Tremel*

## 1 Einleitung

Dass sich viele Migranten beim Zugang zu Bildung und Erwerb von Bildungs-zertifikaten gegenüber Einheimischen im Nachteil befinden, ist für Deutschland mehrfach empirisch belegt worden (Alba et al. 1994; Nauck 1994; Nauck et al. 1998; Esser 2001; Kristen 2002; Steinbach und Nauck 2004; Diefenbach 2007; Becker und Lauterbach in diesem Band). Zwar partizipieren Migrantenkinder im Generationenverlauf vermehrt an Bildung, und im Laufe der Zeit verbessert sich auch das Bild der Bildungsteilhabe. Insgesamt bestehen jedoch Bildungs-ungleichheiten zwischen Migranten und Einheimischen fort (Diefenbach und Nauck 1997; Becker 2006; Diefenbach 2007). Warum viele der Migranten auf allen Stufen des deutschen Bildungssystems geringere Bildungserfolge als ein-heimische Schulkinder aufweisen, ist noch nicht eindeutig und vollständig ge-klärt. Zur Erklärung werden vielfältige Ursachen angeführt, die von mangelnden Kenntnissen der deutschen Sprache (Becker und Biedinger 2006) über defizitäre sozioökonomische Ressourcen des Elternhauses (Kalter 2005) bis hin zu den Umständen und Folgen der Migration (Steinbach und Nauck 2004) selbst rei-chen (für eine Übersicht: Diefenbach 2007). Für die systematische Beschrei-bung von Bildungsungleichheiten nach nationaler oder ethnischer Herkunft und ihre soziologische Erklärung dürfte sich die Unterscheidung von *primären* und *sekundären Herkunftseffekten* als tragfähig erweisen (Boudon 1974).

Dass Migrantenkinder während der Grundschulzeit deutlich geringere Leis-tungpotentiale aufweisen (Bos et al. 2003; Becker und Schubert 2006), ist ein Hinweis dafür, dass vor, bei und nach der Einschulung beträchtliche Unter-schiede in den Bildungschancen zwischen einheimischen und nichteinheimi-schen Schulkindern bestehen (Becker und Biedinger 2006). Solche primären Herkunftseffekte – d.h. die Auswirkungen der sozioökonomischen Ressourcen von Familien mit einem Migrationshintergrund auf die sprachlichen und kogni-tiven Fähigkeiten von Schulkindern und ihre schulische Performanz – wurden in den letzten Jahren verstärkt nachgewiesen (Diefenbach 2007; Schwippert et al.

2003; Baumert und Schümer 2001).[1] So gehen Becker und Biedinger (2006) davon aus, dass sich nachteilige Bildungschancen von Migranten (etwa beim Übergang von der Primar- in die Sekundarstufe) zu einem großen Teil durch Kompetenzunterschiede bei den Kindern erklären lassen. Auch Müller-Benedict (2007: 632) zeigt, dass primäre Herkunftseffekte die Bildungschancen von Migranten zu einem großen Teil ebenso mitbestimmen wie sekundäre Herkunftseffekte (d.h. die Auswirkungen der herkunftsbedingten Bildungsentscheidungen auf die Bildungschancen ihrer Kinder). Würde man durch geeignete Maßnahmen oder Programme primäre Herkunftseffekte neutralisieren, dann könnten die Übergänge von Migrantenkindern auf das deutsche Gymnasium ebenso deutlich gesteigert werden wie mit einer Neutralisierung sekundärer Herkunftseffekte (vgl. Büchel et al. 1997; Becker und Lauterbach 2004).

Frühzeitige vorschulische Bildung, Erziehung und Betreuung wird als eine der wichtigen institutionellen Maßnahmen angesehen, die geeignet scheint, primäre Herkunftseffekte bei Migrantenkindern in positiver Weise zu beeinflussen (Becker und Tremel 2006). Sie bietet die Möglichkeit, zur Verbesserung der Startchancen von Migrantenkindern beim Eintritt ins deutsche Bildungssystem beizutragen. Vorschulische Bildung und Erziehung, sowohl im Kindergarten als auch in der Vorschule, soll vor allem eine Sprachförderung herbeiführen, so dass die möglichen Defizite in der Sprache des Aufnahmelandes vor Beginn der Schulzeit ausgeglichen werden können. Es ist daher anzunehmen, dass sich der Kindergarten- und Vorschulbesuch sowohl kurzfristig auf die Schulfähigkeit (Becker und Biedinger 2006) und Leistung in der Grundschule (Bos et al. 2003) als auch langfristig auf spätere Bildungschancen (Büchel et al. 1997) auswirkt.

Ob und welche Effekte die Nutzung vorschulischer Betreuungsangebote auf den frühen Bildungserfolg von Migranten hat, soll im vorliegenden Beitrag empirisch geklärt werden: Inwieweit fördern vorschulische Maßnahmen wie der Besuch einer Vorschule oder eines Kindergartens die Bildungschancen von Migrantenkindern unterschiedlicher ethnischer oder nationaler Herkunft? Sind

---

1   Nicht zuletzt die Ergebnisse der PISA 2000-Studie verdeutlichten einmal mehr, dass die Schulleistungen der Migrantenkinder sichtlich hinter denen von einheimischen Kindern liegen, wenn die nationale und soziale Herkunft sowie die Migrationsbiographie außer Acht gelassen werden. Die jüngsten Ergebnisse von PISA 2006 untermauern diesen Befund erneut im internationalen Vergleich, wonach in Deutschland die Kompetenzunterschiede zwischen Jugendlichen mit und ohne Migrationshintergrund besonders stark ausgeprägt sind (Prenzel et al. 2007). Zu berücksichtigen ist hierbei, dass ein Vergleich dieser Gruppen ohne Berücksichtigung ihrer sozialen Heterogenität dem Vergleich von Äpfeln mit Birnen gleichkommt.

diese Maßnahmen alleine ausreichend, dass Migrantenkinder beim Bildungserfolg mit den einheimischen Kindern gleichziehen?

Zur Beantwortung dieser Fragen werden zunächst im zweiten Abschnitt in aller Kürze wichtige Aspekte des Forschungsstandes zu Bildungseffekten vorschulischer Bildung präsentiert. Ausgehend von der theoretischen Unterscheidung zwischen primären und sekundären Herkunftseffekten ziehen wir Daten des Sozioökonomischen Panels (SOEP) heran, um Bildungseffekte vorschulischer Bildung und Betreuung auf Bildungschancen beim Übergang in die Schullaufbahnen der Sekundarstufe I empirisch zu isolieren. Diskussionen der empirischen Befunde und Schlussfolgerungen bilden den Abschluss des Beitrages.

## 2 Evaluation von Bildungseffekten vorschulischer Bildung und Erziehung

Positive Bildungseffekte vorschulischer Betreuung in Kindergarten oder Vorschule wurden bereits in verschiedenen Untersuchungen für Deutschland nachgewiesen (Becker, B. 2006; Becker und Biedinger 2006; Becker und Tremel 2006; Becker und Lauterbach 2007; Spieß und Tietze 2002; Kreyenfeld et al. 2002; Büchel et al. 1997). So weisen Büchel, Spieß und Wagner (1997) mit Längsschnittdaten des Sozioökonomischen Panels (SOEP) aus den Jahren 1992 bis 1994 nach, dass der Besuch vorschulischer Einrichtungen (Kindergarten oder Vorschule) einen förderlichen Einfluss auf den Bildungserfolg dieser Kinder hat. Für Schulkinder, die keine vorschulische Bildungseinrichtung besucht haben, besteht ein signifikant höheres Risiko, im Alter von 14 Jahren eine Hauptschule zu besuchen, als für allochthone Schulkinder, die vor ihrer Einschulung Kindergarten oder Vorschule besucht haben (Büchel et al. 1997). Offensichtlich scheint sich der Vorschul- oder Kindergartenbesuch kompensatorisch auf Bildungserfolge auszuwirken, indem migrations- und herkunftsbedingte Nachteile frühzeitig ausgeglichen werden. Diese Befunde wurden von Becker und Lauterbach (2004) sowie von Becker und Tremel (2006) repliziert. Auch bei Kontrolle sozialer Selektivität beim Zugang zu vorschulischen Einrichtungen können für einen längeren Zeitraum von 1992 bis 2000 positive und signifikante Bildungseffekte für Migranten nachgewiesen werden.

Ohne dass mit den Daten des SOEP entsprechende Informationen vorliegen, werden diese Bildungseffekte in der theoretischen Erklärung darauf zurückgeführt, dass sie direkt auf primäre Herkunftseffekte einwirken und sich – vermittelt über entsprechende Verbesserungen im Leistungspotential der Schulkinder mit früherem Vorschul- und Kindergartenbesuch – indirekt auf Bildungsentscheidungen der Migrantenfamilien auswirken (Becker und Tremel 2006). Im

Sinne der Chancengleichheit wird angenommen, dass vorschulische Betreuung, Erziehung und Bildung mögliche Defizite der Herkunftsfamilie ausgleichen und frühes Lernen die Effektivität des späten Lernens erleichtern (Schütz und Wössman 2005). Disparitäten der Lerngelegenheiten zwischen Migranten- kindern und einheimischen Kindern vor sowie der Lernvoraussetzungen zu Beginn ihrer Schulzeit werden für nachteilige Chancen für den späteren Bil- dungserfolg verantwortlich gemacht.

Dass sich vorschulische Bildung und Betreuung auf Lernvoraussetzungen bei der Einschulung von Migrantenkindern positiv auswirken, ihre Startchancen beim Bildungserwerb verbessern und somit zur Chancengerechtigkeit beitragen, weisen Birgit Becker (2006) sowie Becker und Biedinger (2006) nach. Mit den Daten einer Osnabrücker Schuleingangsuntersuchung der Jahrgänge 2000 bis 2005 belegen die Autorinnen, dass primäre Herkunftseffekte auf die Schulfä- higkeit mit der Kindergartenbesuchsdauer deutlich zurückgehen. Offensichtlich wirkt sich der Kindergartenbesuch positiv auf die kognitiven und sprachlichen Kompetenzen der Migrantenkinder aus und trägt somit zu ihrer Schulfähigkeit bei: Je länger Migrantenkinder einen Kindergarten besuchen, desto geringer sind deren sprachliche Defizite (Becker, B. 2006). Diesen Ergebnissen zufolge sind das Nicht- oder nur mangelhafte Beherrschen der Sprache des Aufnahme- landes und letztlich der nicht erfolgte Besuch einer vorschulischen Betreuungs- einrichtung für Migrantenkinder bedeutsame Faktoren, die eine erfolgreiche Positionierung im deutschen Bildungssystem erschweren.

Die Annahme, dass Kompetenzen und Fähigkeiten der Kinder die Hauptde- terminante für deren Start ins Schulsystem und spätere Bildungserfolge sind, ist daher keineswegs trivial (vgl. Becker und Biedinger 2006), sondern ihre em- pirische Bestätigung ist von großer sozial- und bildungspolitischer Bedeutung. Die Auswirkungen ungleicher Verteilungen von bildungsrelevanten Ressourcen im Elternhaus auf die Bildungschancen von Kindern sowie von residentieller Segregation können über institutionelle Steuerungen im Bildungssystem auch für Migrantenkinder abgefedert werden, indem Defiziten des aufnahmelandspe- zifischen Kapitals, wie etwa sprachliche Fähigkeiten und kulturelles Wissen sowie Mangel an Gelegenheiten, sich dieses Kapital anzueignen, entgegenge- wirkt wird. Kindergarten und Vorschule beeinflussen gezielt die kognitive Ent- wicklung eines Kindes und ergänzen das Anregungspotential der Elternhäuser in wichtigen Punkten (Becker, B. 2006; Becker, Biedinger und Rohling 2006). Kurz- und langfristige Effekte von Kindergarten und Vorschule auf schulische Leistungen und Kompetenzentwicklung können sowohl die elterlichen Bil- dungsaspirationen und darauf aufbauende Bildungsentscheidungen als auch die gezielte Förderung und Leistungsbewertung durch Lehrer in positiver Weise zu

Gunsten sozial benachteiligter Kinder beeinflussen. Sind positive sozialisatorische und kognitive Effekte gegeben, lösen sie positive Erwartungen bei Eltern und Lehrern aus, so dass beide Seiten die Kinder fördern und zur höheren Bildung ermutigen (Becker und Tremel 2006). Sinnvoll scheint es daher zu sein, eine relative Chancengleichheit bereits im Vorfeld der Einschulung herzustellen, bevor der Wettbewerb im Bildungssystem beginnt. Kinder und Eltern erlernen so frühzeitig einen Umgang mit Bildungsinstitutionen und werden auf diese Weise mit Bildungsmöglichkeiten vertraut gemacht.

## 3 Empirische Befunde

*Datenbasis*

Für die differenzierte Analyse von Bildungseffekten vorschulischer Kinderbetreuung und Bildung werden Quer- und Längsschnittdaten des Sozioökonomischen Panels (SOEP Group 2001) verwendet.[2] Für Kinder, die zwischen 1984 und 1995 im Alter von drei bis sieben Jahren Kindergarten oder Vorschule besucht haben, werden für den Zeitraum von 1992 bis 2003 die Bildungseffekte auf den Bildungsübergang am Ende der Grundschulzeit zu isolieren versucht. Berücksichtigt wird hierbei jegliche Nutzung vorschulischer Betreuungseinrichtungen vor der Einschulung, und bei den 14-jährigen Schulkindern werden all diejenigen ausgeschlossen, die andere Schulen (Integrierte Gesamtschulen,

---

2   Im Rahmen dieses Panels werden seit 1984 jährlich die gleichen privaten Haushalte und ihre Mitglieder in der Bundesrepublik Deutschland wiederholt befragt. In den privaten Haushalten werden alle Personen interviewt, die älter als 16 Jahre sind. Informationen über Kinder unter 16 Jahren werden über den Haushaltsvorstand festgehalten. Im Jahre 1990 wurde die bislang auf die Bundesrepublik beschränkte Erhebung von Quer- und Längsschnittinformationen auf das Gebiet der ehemaligen DDR ausgeweitet. Zusätzlich zu den Ost- und Westdeutschen enthält das SOEP auch Informationen über Migranten unterschiedlicher Nationalitäten, so dass Bildungschancen von Migrantenkindern im bundesdeutschen Bildungssystem im Vergleich zu einheimischen Schulkindern untersucht werden können. Wegen unterschiedlicher Voraussetzungen ('over-sampling' der Migranten) und Beobachtungszeitfenster (etwa Zeit vor und nach der deutschen Einheit) werden die Analysen für diese drei Bevölkerungsgruppen – Westdeutsche, Ostdeutsche und Migranten – separat vorgenommen. Bei den Migranten werden aufgrund der Sonderbedingungen der gesellschaftlichen Transformation in Ostdeutschland und ihres geringen Anteils in der ostdeutschen Bevölkerung nur diejenigen im Westen Deutschlands berücksichtigt.

Schularten mit mehreren Bildungsgängen, Freie Waldorfschulen, Sonderschulen) als das Gymnasium oder die Haupt- und Realschule besuchen.

*Besuch von Kindergarten und Vorschule*

Betrachten wir zunächst für die drei- bis siebenjährigen Kinder den Besuch vorschulischer Betreuungseinrichtungen im historischen Trend (vgl. Abbildung 1). Für jedes Jahr im Zeitraum von 1984 bis 2003 ist die Nutzungsquote bei den Ostdeutschen am höchsten, gefolgt von den Westdeutschen, und die niedrigsten Nutzungsquoten weisen Kinder von Ausländern und Spätaussiedlern auf. So liegen deren Quoten in den einzelnen Jahren zwischen 49 und 67 bzw. 44 und 70 Prozent.

*Abb. 1:* Besuch von vorschulischen Betreuungseinrichtungen – 3- bis 7-jährige Kinder vor ihrer Einschulung (1984-2003)

Quelle: SOEP 1984-2003 (ungewichtete Ergebnisse und „geglättete" Darstellung) – eigene Berechnung

Im Durchschnitt gesehen, besuchen allenfalls weniger als zwei Drittel der Migrantenkinder im Alter zwischen drei und sieben Jahren eine vorschulische Einrichtung, insbesondere den Kindergarten, während rund zwei Drittel der westdeutschen Kinder und fast 85 Prozent der ostdeutschen Kinder in diesem Lebensabschnitt in vorschulischen Einrichtungen betreut werden. Gemessen an der Partizipation ist bei den Einheimischen – im Unterschied zu den Kindern mit Migrationshintergrund – der Kindergarten zur „Regel-Einrichtung" geworden.

In Ostdeutschland führt neben der fortgesetzten Tradition aus DDR-Zeiten das strukturelle Angebot an vorschulischer Kinderbetreuung auch zur entsprechenden Nutzung, die durch die starke Erwerbsorientierung ostdeutscher Mütter gefördert wird. Die soziokulturelle Distanz zu Bildungsinstitutionen in Deutschland ist möglicherweise neben gegebenen Alternativen zur institutionellen Kinderbetreuung im Familienverband der entscheidende Grund für die vergleichsweise niedrigen Besuchsquoten bei den Migranten. Weiterführende Analysen zur Sozialstruktur bei der Nutzung von Kindergärten und Vorschulen bestätigen diese Vermutung (Becker und Tremel 2006; Becker und Lauterbach 2004, 2007). Neben den verfügbaren Ressourcen (gemessen an Haushaltsgröße und Äquivalenzeinkommen) gehen die Klassenlage des Elternhauses und das Bildungsniveau der Eltern sowie die Erwerbstätigkeit der Mutter mit der Nachfrage nach vorschulischer Bildung und Betreuung einher. D.h. neben den alternativen Gelegenheiten zur Kinderbetreuung auf der einen Seite und der beruflichen Integration auf der anderen Seite scheinen Transaktions-, Investitions- und Opportunitätskosten sowie Bildungsmotivationen bei einheimischen wie allochthonen Familien die Nutzung vorschulischer Bildung und Betreuung zu bestimmen.

Schließlich ist bei Migranten der Besuch vorschulischer Bildung am wahrscheinlichsten, wenn die Mutter über gute (selbst eingeschätzte) Fähigkeiten verfügt, Deutsch zu sprechen. Neben Unkenntnis von Struktur und institutionellen Regelungen des deutschen Bildungssystems sind sprachliche Probleme entscheidende Hindernisse für die Übergabe der Kinder in die vorschulischen Einrichtungen. Somit wäre zu erwarten, dass höher gebildete ausländische Eltern, die in der Regel auch eher der deutschen Sprache mächtig sind, die Möglichkeiten der vorschulischen Kinderbetreuung nutzen. Aus deren Sicht stellen frühe Investitionen in das Humankapital ihrer Kinder eine Strategie für soziale Integration und gesellschaftliche Teilhabe im Ankunftsland dar (Nauck et al. 1998; Diefenbach und Nauck 1997). Insgesamt belegen unsere Befunde, dass – auch bei Kontrolle von nationaler Herkunft oder ethnischer Zugehörigkeit – berufliche Integration, kulturelle Assimilation und verfügbares Human- und Kulturkapital die wichtigsten Mechanismen darstellen, dass Kinder mit Migrationshintergrund in Deutschland vorschulische Betreuungseinrichtungen besuchen. Für einheimische Kinder hängen Partizipationschancen in gleicher Weise von vorteilhaften sozioökonomischen Ressourcen im Elternhaus ab.

## Förderung von Bildungschancen durch Kindergarten und Vorschule

Betrachten wir für den Zeitraum von 1992 bis 2003 die Übergänge von der Grundschule in die Sekundarstufe I: Verglichen mit den Nichtteilnehmern an vorschulischer Bildung haben Schulkinder mit Kindergarten- oder Vorschulbesuch günstigere Chancen, auf weiterführende Schullaufbahnen zu gelangen (Tabelle 1).

*Tab. 1:* Bildungsbeteiligung von 14-Jährigen nach Besuch vorschulischer Bildungseinrichtungen (Abstromprozente für 1992-2003)

| Besuch vorschulischer Bildungseinrichtung | Westdeutsche | | | Migranten | | | Ostdeutsche | | |
|---|---|---|---|---|---|---|---|---|---|
| | HS | RS | GYM | HS | RS | GYM | HS | RS | GYM |
| **Ja** | 27,0 | 31,0 | 42,0 | 49,0 | 29,4 | 21,6 | 11,9 | 46,4 | 41,8 |
| **Nein** | 50,8 | 23,7 | 25,4 | 58,9 | 33,7 | 7,4 | 5,9 | 70,6 | 23,5 |
| **Insgesamt** | 28,6 | 30,5 | 41,0 | 51,7 | 30,6 | 17,7 | 11,4 | 48,3 | 40,3 |

HS = Hauptschule, RS = Realschule und GYM = Gymnasium

Quelle: SOEP (ungewichtete Ergebnisse) – eigene Berechnung

Bei den Migrantenkindern haben die Teilnehmer eine rund 3,7-mal bessere Chance, das Gymnasium zu besuchen als Nichtteilnehmer unter ihnen. Während rund 22 Prozent der Migranten mit früherem Kindergarten- und Vorschulbesuch das Gymnasium besuchen, wechseln allenfalls 7 Prozent der Nichtteilnehmer unter ihnen auf das Gymnasium. Bei den einheimischen Schulkindern haben diejenigen mit Besuch von vorschulischer Betreuung und Bildung eine rund zwei Mal bessere Chance, auf das Gymnasium zu wechseln, als die Nichtteilnehmer unter ihnen.

Auch wenn die Bildungseffekte für die Migrantenkinder sehr groß sind, so bleiben sie gegenüber den Einheimischen im Nachteil: Migrantenkinder mit Kindergarten- und Vorschulbesuch können allenfalls solche Bildungschancen realisieren wie westdeutsche Schulkinder ohne frühere vorschulische Bildung und Betreuung. Hingegen haben deutsche Schulkinder mit Kindergarten- und Vorschulbesuch eine 2,6-mal größere Chance, auf das Gymnasium zu gelangen, als Migrantenkinder, die ebenfalls Kindergarten oder Vorschule besucht haben. Andererseits haben Migrantenkinder trotz früherem Besuch vorschulischer Einrichtungen ein 2,6-mal größeres Risiko als westdeutsche Schulkinder oder ein 7-mal größeres Risiko als ostdeutsche Schulkinder mit Kindergarten- und Vorschulbesuch, auf die Hauptschule zu gelangen.

*Tab. 2:* Einfluss des Besuchs vorschulischer Einrichtungen auf die Bildungsbeteiligung von 14-jährigen Schulkindern 1992-2003 (odds ratios – geschätzt mit multinomialer bzw. binärer Logit-Regression)

| | Westdeutsche | | Migranten | | Ostdeutsche |
|---|---|---|---|---|---|
| | Real-schule | Gymna-sium | Real-schule | Gymna-sium | Gymnasium |
| λ (vorschulische Bildung) | 1,33 | 1,18 | 0,95 | 1,82* | 0,80 |
| Junge | 0,77 | 0,65* | 0,71 | 1,09 | 0,52* |
| Mädchen | 1 | 1 | 1 | 1 | 1 |
| Bildungsniveau der Mutter | 1,19** | 1,50*** | 1,08* | 1,21** | 1,15* |
| Sozioökonomischer Status | 1,03*** | 1,06*** | 1,01 | 1,03* | 1,05* |
| Periode | 1,02 | 0,98 | 1,72* | 1,66 | 1,25 |
| Pseudo-R² | 0,131 | | 0,052 | | 0,133 |
| N | 799 | | 350 | | 188 |

\* $p \leq 0.05$; \*\* $p \leq 0.01$; \*\*\* $p \leq 0.01$

Quelle: SOEP (ungewichtete Ergebnisse) – eigene Berechnung

Auf den ersten Blick erscheinen diese Evaluationsergebnisse insofern ernüchternd, weil sie bestehende Ungleichheiten von Bildungschancen zwischen autochthonen und allochthonen Schulkindern nur bedingt zu beeinflussen scheinen. Auf der einen Seite ist zu bedenken, dass wir mit den vorliegenden Daten in keiner Weise die Einflüsse vorschulischer Bildung und Betreuung auf primäre und sekundäre Herkunftseffekte im Detail kontrollieren können. Um an detaillierte Informationen über die Wirkungsweise des Bildungseffektes zu gelangen, untersuchen wir in einem weiteren Schritt dessen Gewicht für die frühen Bildungsübergänge. Hierbei werden bildungsrelevante Ressourcen des Elternhauses kontrolliert (Tabelle 2). Bei diesem Bildungseffekt ist die soziale Selektivität bei der Partizipation an vorschulischer Betreuung und Bildung in Form von bedingten Wahrscheinlichkeiten, diese Einrichtungen besucht zu haben, berücksichtigt. [3]

Bei Kontrolle der sozioökonomischen Ressourcen des Elternhauses ergibt sich ein bedeutsamer Bildungseffekt für Migrantenkinder: Wenn sie vor ihrer Einschulung Kindergarten und Vorschule besucht haben, weisen sie signifikant bessere Chancen auf, das Gymnasium zu besuchen, als ihre Landsleute ohne vorschulische Bildung. Bei Kontrolle bildungsrelevanter Ressourcen erhöht sich die Chance, auf das Gymnasium zu wechseln, um fast das Zweifache, wenn sie früher vorschulische Einrichtungen besucht haben. So gesehen rentieren sich für Migranten entsprechende Investitionen in vorschulische Bildung, auch wenn dadurch ihre relativen Nachteile beim Bildungserwerb gegenüber den einheimischen Schulkindern nicht wettgemacht werden können. Hiermit bestätigen wir die bereits von Büchel et al. (1997) vorgelegten Befunde. Allerdings ist auch für Migranten zu bedenken, dass sozial ungleiche Chancen, an vorschulischer Bildung, Erziehung und Betreuung zu partizipieren, sich in zunehmender sozialer Ungleichheit von Bildungschancen fortsetzen.

Bei den autochthonen Schulkindern hingegen werden die Bildungseffekte vorschulischer Einrichtungen durch ihren sozialen Hintergrund „neutralisiert", während es für Migrantenkinder eigenständige positive Auswirkungen früher Bildungsanstrengungen gibt. Wie bereits zuvor gesehen, würden sie ohne Kindergarten oder Vorschule weitaus ungünstigere Bildungschancen haben als mit der Nutzung vorschulischer Bildungs- und Betreuungsangebote. Diese positiven Bildungseffekte haben auch dann Bestand, wenn die nationale Herkunft oder Zugehörigkeit zu einer Nationalität berücksichtigt wird. Unter den Migrantenkindern haben trotz Besuchs vorschulischer Einrichtungen die Griechen die günstigsten und die Italiener die ungünstigsten Bildungschancen. Es gibt Indi-

---

3   Die empirische Überprüfung der Wirksamkeit von vorschulischer Bildung für spätere Bildungs-
    chancen kann bei Verwendung von Umfragedaten als Evaluationsgrundlage als ein sozial- und
    bildungspolitisches Quasi-Experiment angesehen werden (Cook und Campbell 1979). Weil in
    solch einem Design keine zufällige Aufteilung von Untersuchungs- und Kontrollgruppen er-
    folgt, wie dies für reine Experimente zwingend notwendig ist, kann in multivariaten Regressi-
    onsanalysen die Effektivität vorschulischer Kinderbetreuung nicht mittels einer binär codierten
    Variablen indiziert werden. Um einen ‚selectivity bias' zu vermeiden, der zu verzerrten und da-
    her wenig aussagekräftigen Ergebnissen führt, wird – wie von Heckman (1979) vorgeschlagen –
    die bedingte Wahrscheinlichkeit für die sozial selektive Teilnahme bzw. Nichtteilnahme an vor-
    schulischer Bildung als Indikator λ (vorschulische Bildung) verwendet.

zien dafür, dass gerade türkische Kinder von vorschulischer Bildung und Betreuung profitieren. Diese herkunftsbedingten Disparitäten können nicht mit der selektiven Nutzung vorschulischer Bildungsangebote oder mit der Verfügbarkeit bildungsrelevanter Ressourcen des Elternhauses erklärt werden. Sie haben andere Gründe, die wir mit den Daten des Sozioökonomischen Panels nur unzureichend belegen können. Offensichtlich spielen auch soziale Bedingungen innerhalb der Gruppe von Migranten eine gewichtige Rolle, die mit der „Migrationsgeschichte" und dem Migrationsstatus verbunden sind. Als aussagekräftig haben sich in vorliegenden Studien Faktoren wie das Alter der Kinder bei Einwanderung, Dauer des Verbleibs im Ankunftsland, Transferierbarkeit elterlicher Ressourcen für den deutschen Arbeitsmarkt, Rückkehrabsichten etc. erwiesen (Steinbach und Nauck 2004).

## 4 Zusammenfassung und Schlussfolgerung

Ausgehend von den vielfältigen Nachteilen, welche Migranten im deutschen Bildungssystem erfahren, war es Ziel des vorliegenden Beitrags, die Frage zu klären, ob sich die vorschulische Betreuung, Erziehung und Bildung in Krippenplätzen, Kindergärten, Kindertagesstätten und Vorschulen förderlich auf frühe Bildungschancen von Migrantenkindern und späteren Bildungserfolgen von Jugendlichen mit Migrationshintergrund auswirken. Ob solche institutionellen Maßnahmen ein effektives Instrumentarium sind, die Nachteile von Migranten im deutschen Bildungssystem zu reduzieren, ist aus bildungs- und gesellschaftspolitischer Sicht deswegen relevant, weil Bildung eine wichtige Voraussetzung für die soziale Integration von Migranten auf annähernd allen relevanten Dimensionen des Lebens in Deutschland darstellt. Nicht zuletzt ist Bildung eine entscheidende Ressource, bei der ein kleiner Niveauunterschied am Anfang des Bildungsverlaufs zu kumulativen Nachteilen im weiteren Lebensverlauf und im Aggregat zu dauerhaften Ungleichheiten führt (Kalter 2005; von Below 2003).

Die an die Untersuchungen von Büchel et al. (1997) sowie von Becker und Lauterbach (2007) anknüpfenden empirischen Auswertungen mit den Daten des Sozioökonomischen Panels belegen grundsätzlich positive Bildungseffekte vorschulischer Betreuung für Migrantenkinder. Nutzen sie vorschulische Bildungs- und Betreuungsangebote, haben sie günstigere Chancen, nach der Grundschulzeit auf weiterführende Schullaufbahnen in der Sekundarstufe I zu wechseln und später höherwertige Bildungszertifikate zu erwerben, als die Nichtteilnehmer unter ihnen. Auch wenn die Chancen, aufgrund der sozioökonomischen und anderer bildungsrelevanter Ressourcen des Elternhauses an vorschulischer Bildung und Betreuung partizipieren zu können, in Rechnung gestellt werden, erweisen sich frühe Bildungsinvestitionen als effektiv. Im Vergleich zu den Bildungschancen autochthoner Schulkinder ist die Effektivität der vorschulischen Bildung, Erziehung und Betreuung für die Migranten noch sehr begrenzt. Trotz der relativen Verbesserung der Bildungschancen werden die Bildungsdefizite gegenüber den Einheimischen nur geringfügig kompensiert. So erlangen Migrantenkinder mit vorschulischer Bildung die gleichen Bildungschancen wie deutsche Schulkinder ohne Besuch vorschulischer Kinderbetreuung oder äquivalente Bildungschancen zu deutschen Arbeiterkindern. Durch vorschulische Bildung und Betreuung können die Migrantenkinder zwar ihre Bildungsrückstände gegenüber einheimischen Schulkindern minimieren, aber in ihren Bildungschancen (noch) nicht zu den Einheimischen aufschließen. Bei den einheimischen Kindern bewegt sich durch vorschulische Bildung die Trennlinie beim Übergang in die weiterführenden Schullaufbahnen in Richtung Gymnasium vs. den Rest und bei den Migrantenkindern in Richtung Hauptschule vs. den Rest. Optimistisch stimmt wiederum, dass bei den Migranten dadurch Schlechterstellungen, die mit dem Besuch einer Hauptschule einhergehen, erheblich reduziert werden können, während die Einheimischen ihre ohnehin vergleichsweise günstigeren Bildungschancen noch weiter verbessern können.

Die Frage, warum Maßnahmen vorschulischer Bildung, Erziehung und Betreuung derzeit offensichtlich nicht ausreichend sind, damit Migrantenkinder in ihren Bildungschancen mit den Einheimischen gleichziehen können, ist über weiterführende Forschung zu klären. Dazu bedarf es präziser Informationen im Längsschnitt darüber, wie solche Maßnahmen nicht nur individuelle Fähigkeiten, Fertigkeiten und Motivationen fördern, sondern elterliche Bildungsentscheidungen und schulische Selektionen beeinflussen. Empirisch fundierte Kenntnisse dieser Wirkungsweisen würden dann der Bildungspolitik Informationen darüber liefern, ob und wie Bildungs- und Betreuungsangebote ausgeweitet, verbessert und durch zusätzliche Maßnahmen gestärkt werden müssen.

# Literatur

Alba, Richard, Johann Handl und Walter Müller, 1994: Ethnische Ungleichheit im deutschen Bildungssystem. Kölner Zeitschrift für Soziologie und Sozialpsychologie 46: 209-238.

Baumert, Jürgen und Gundel Schümer, 2001: Familiäre Lebensverhältnisse, Bildungsbeteiligung und Kompetenzerwerb. S. 323-407 in: Deutsches PISA-Konsortium (Hrsg.), PISA 2000. Basiskompetenzen von Schülerinnen und Schülern im internationalen Vergleich. Opladen: Leske + Budrich.

Becker, Birgit und Nicole Biedinger, 2006: Ethnische Bildungsungleichheit zu Schulbeginn. Kölner Zeitschrift für Soziologie und Sozialpsychologie 58: 660-684.

Becker, Birgit, 2006: Der Einfluss des Kindergartens als Kontext zum Erwerb der deutschen Sprache bei Migrantenkindern. Zeitschrift für Soziologie 35: 449-464.

Becker, Birgit, Nicole Biedinger und Inge Rohling, 2006: Auf den Kindergarten kommt es an. Je länger im Kindergarten, desto besser die Entwicklung. Klein & Gross. Lebensorte für Kinder. Zeitschrift für Frühpädagogik 07-08: 38-40.

Becker, Rolf, 2006: Bildung – Bildungschancen von Migranten in Deutschland. S. 473-481 in: Statistisches Bundesamt (Hrsg.), Datenreport 2006. Zahlen und Fakten über die Bundesrepublik Deutschland. Bonn: Bundeszentrale für politische Bildung.

Becker, Rolf und Frank Schubert, 2006: Soziale Ungleichheit von Lesekompetenzen. Eine Matching-Analyse im Längsschnitt mit Querschnittsdaten von PIRLS 2001 und PISA 2000. Kölner Zeitschrift für Soziologie und Sozialpsychologie 58: 253-284.

Becker, Rolf und Patricia Tremel, 2006: Auswirkungen vorschulischer Kinderbetreuung auf die Bildungschancen von Migrantenkindern. Soziale Welt 57: 397-418.

Becker, Rolf und Wolfgang Lauterbach, 2004: Vom Nutzen vorschulischer Kinderbetreuung für Bildungschancen. S. 127-159 in: Rolf Becker und Wolfgang Lauterbach (Hrsg.), Bildung als Privileg? Erklärungen und empirische Befunde zu den Ursachen von Bildungsungleichheiten. Wiesbaden: VS Verlag für Sozialwissenschaften.

Becker, Rolf und Wolfgang Lauterbach, 2007: Vom Nutzen vorschulischer Erziehung und Elementarbildung: Bessere Bildungschancen für Arbeiterkinder? S. 125-155 in: Rolf Becker und Wolfgang Lauterbach (Hrsg.), Bildung als Privileg. Wiesbaden: VS Verlag für Sozialwissenschaften.

Below, Susanne von, 2003: Schulische Bildung, berufliche Ausbildung und Erwerbstätigkeit junger Migranten. Ergebnisse des Integrationssurveys des BiB. Materialien zur Bevölkerungswissenschaft Heft 105b. Wiesbaden: BiB.

Bos, Wilfried, Eva-Maria Lankes, Manfred Prenzel, Knut Schwippert, Gerd Walther und Renate Valtin (Hrsg.), 2003: Erste Ergebnisse aus IGLU. Schülerleistungen am Ende der vierten Jahrgangsstufe im internationalen Vergleich. Münster: Waxmann.

Boudon, Raymond, 1974: Education, Opportunity, and Social Inequality. New York: Wiley.

Büchel, Felix, Katharina C. Spieß und Gert Wagner, 1997: Bildungseffekte vorschulischer Kinderbetreuung. Kölner Zeitschrift für Soziologie und Sozialpsychologie 49: 528-539.

Cook, Thomas D. und Donald T. Campbell, 1979: Quasi-Experimentation. Chicago: Rand McNally.

Diefenbach, Heike und Bernhard Nauck, 1997: Bildungsverhalten als „strategische Praxis": Ein Modell zur Erklärung der Reproduktion von Humankapital in Migrantenfamilien. S. 277-291 in: Ludger Pries (Hrsg.), Transnationale Migration. Baden-Baden: Nomos.

Diefenbach, Heike, 2007: Bildungschancen und Bildungs(miss)erfolg von ausländischen Schülern oder Schülern aus Migrantenfamilien im System schulischer Bildung. S. 225-250 in: Rolf Becker und Wolfgang Lauterbach (Hrsg.), Bildung als Privileg? Erklärungen und empirische Befunde zu den Ursachen von Bildungsungleichheiten. Wiesbaden: VS Verlag für Sozialwissenschaften.

Esser, Hartmut, 2001: Integration und ethnische Schichtung. MZES-Arbeitspapier Nr. 40. Mannheim: Mannheimer Zentrum für Europäische Sozialforschung.

Heckman, James J., 1979: Sample Selection Bias as a Specification Error. Econometrica 47: 153-161.

Kalter, Frank, 2005: Ethnische Ungleichheit auf dem Arbeitsmarkt. S. 303-332 in: Martin Abraham und Thomas Hinz (Hrsg.), Arbeitsmarktsoziologie. Probleme, Theorien, empirische Befunde. Opladen: VS Verlag für Sozialwissenschaften.

Kreyenfeld, Michaela, Katharina C. Spieß und Gert G. Wagner, 2002: Kinderbetreuungspolitik in Deutschland. Möglichkeiten nachfrageorientierter Steuerungs- und Finanzierungsinstrumente. Zeitschrift für Erziehungswissenschaft 5: 201-221.

Kristen, Cornelia, 2002: Hauptschule, Realschule oder Gymnasium? Ethnische Unterschiede am ersten Bildungsübergang. Kölner Zeitschrift für Soziologie und Sozialpsychologie 54: 534-552.

Müller-Benedict, Volker, 2007: Wodurch kann die soziale Ungleichheit des Schulerfolgs am stärksten verringert werden? Kölner Zeitschrift für Soziologie und Sozialpsychologie 59: 615-639.

Nauck, Bernhard, 1994: Bildungsverhalten in Migrantenfamilien. S. 107-142 in: Peter Büchner, Matthias Grundmann, Johannes Huinink, Lothar Krappmann, Bernhard Nauck, Dagmar Meyer und Sabine Rothe (Hrsg.), Kindliche Lebenswelten, Bildung und innerfamiliale Beziehungen. München: Verlag Deutsches Jugendinstitut (DJI).

Nauck, Bernhard, Heike Diefenbach und Kornelia Petri, 1998: Intergenerationale Transmission von kulturellem Kapital unter Migrationsbedingungen. Zum Bildungserfolg von Kindern und Jugendlichen aus Migrantenfamilien in Deutschland. Zeitschrift für Pädagogik 44: 701-722.

Prenzel, Manfred et al. (Hrsg.), 2007: PISA 2006. Die Ergebnisse der dritten internationalen Vergleichsstudie. Münster: Waxmann.

Schütz, Gabriela und Ludger Wössmann, 2005: Wie lässt sich die Ungleichheit der Bildungschancen verringern? Ifo-Schnelldienst 21: 15-25.

Schwippert, Knut, Wilfried Bos und Eva-Maria Lankes, 2003: Heterogenität und Chancengleichheit am Ende der vierten Jahrgangsstufe im internationalen Vergleich. S. 265-302 in: Wilfried Bos, Eva-Maria Lankes, Manfred Prenzel, Knut Schwippert, Gerd Walther und Renate Valtin (Hrsg.), Erste Ergebnisse aus IGLU. Schülerleistungen der vierten Jahrgangsstufe im internationalen Vergleich.

SOEP Group, 2001: The German Socio-Economic Panel (GSOEP) after more than 15 years – Overview. S. 7-14 in: Elke Holst, Dean R. Lillard und Thomas A. DiPrete (Hrsg.), Proceedings of the 2000 Fourth International Conference of German Socio-Economic Panel Study Users (GSOEP 2000). Vierteljahreshefte zur Wirtschaftsforschung 70.

Spieß, Katharina C. und Wolfgang Tietze, 2002: Qualitätssicherung in Kindertageseinrichtungen. Gründe, Anforderungen und Umsetzungsüberlegungen für ein Gütesiegel. Zeitschrift für Erziehungswissenschaft 5: 139-162.

Steinbach, Anja und Bernhard Nauck, 2004: Intergenerationale Transmission von kulturellem Kapital in Migrantenfamilien. Zur Erklärung von ethnischen Unterschieden im deutschen Bildungssystem. Zeitschrift für Erziehungswissenschaft 7: 20-32.

# Kulturelles und soziales Kapital als Determinante des Bildungserfolgs bei Migranten?

*Bernhard Nauck*

## 1 Einleitung

Bereits in ihrem Aufsatz über „Ethnische Ungleichheit im deutschen Bildungssystem" stellen Alba, Handl und Müller (1994: 209 ff.) zwei Sachverhalte fest: (1) „Ethnische Ungleichheiten im Bereich von Bildung und Arbeitsmarkt haben zweifellos mehr Aufmerksamkeit erfahren als jede andere Fragestellung in der weltweiten Literatur über Ethnizität" und (2) „Noch immer bestehen Unklarheiten über Ausmaß und Art der Benachteiligung, von denen Einwanderungsminderheiten in der Bundesrepublik Deutschland betroffen sind". Der Grad der Aufmerksamkeit für diesen Sachverhalt hat in den seitdem vergangenen anderthalb Jahrzehnten eher noch zugenommen und er ist inzwischen gut dokumentiert (Diefenbach 2004, 2007). Spätestens seit der breiten Darstellung dieses Sachverhalts durch die repräsentativen Befunde der ersten PISA-Studie (Deutsches PISA-Konsortium 2001) und den guten Vergleichsmöglichkeiten mit einer Vielzahl anderer Gesellschaften sind Erklärungsversuche vorgelegt worden, die insbesondere zum Gegenstand hatten, „warum" die Benachteiligung von Jugendlichen aus Migrantenfamilien in Deutschland um einiges stärker ausfällt als in anderen klassischen Einwanderungsgesellschaften, aber auch als in ostasiatischen Gesellschaften. Für die Lösung dieses theoretischen Rätsels kann die Suche nach Erklärungen in zwei Richtungen erfolgen:

-   Einerseits können die Ursachen in den institutionellen Vorkehrungen des Bildungssystems selbst gesucht werden, wobei als Besonderheiten des deutschen Bildungssystems, die sich benachteiligend auf den Bildungserfolg von Jugendlichen aus Migrantenfamilien auswirken sollen, neben dem fehlenden Ausbau des Vorschulbereichs und der fehlenden Ganztagsbetreuung von Kindern insbesondere die frühe Selektion nach Schulformen benannt werden, die dann durch die jeweilige sozialstrukturelle und ethnische Komposition der Schulen selbstverstärkend und im Bildungsverlauf kumulativ auf die Benachteiligung rückwirken (Steinbach und Nauck 2004: 27). Zu den Besonderheiten des deutschen Bildungssystems gehört aber auch, dass – im internationalen Vergleich gerade

auch mit anglo-amerikanischen und ostasiatischen Einwanderungsgesellschaften – dessen Nutzung bis in die tertiären Bildungsinstitutionen
kaum ökonomische Kosten verursacht, was der „Warum"-Frage nach der
besonders hohen Benachteiligung von Jugendlichen aus Migrantenfamilien in Deutschland eine zusätzliche Schärfe verleiht.

– Andererseits können die Ursachen im „anderen" Bildungsverhalten von
Migrantenfamilien gesucht werden, wobei als Ursachen neben fehlender
Kenntnis der spezifischen Besonderheiten des dreigliedrigen Bildungssystems und des dualen Systems der Berufsausbildung sowie Befürch-
tungen intergenerativer Entfremdung insbesondere unterschiedliche Erwartungen hinsichtlich der Sicherheit von Bildungsrenditen in der Aufnahmegesellschaft, in ethnisch-segmentierten Arbeitsmärkten oder in der
Herkunftsgesellschaft benannt werden, die sich in den jeweiligen Se-
quenzen der Bildungskarriere häufiger negativ auf den Bildungserfolg
von Migrantenjugendlichen auswirken sollen als bei der einheimischen
Referenzpopulation.

Insbesondere wenn berücksichtigt wird, dass es offenbar am wenigsten das
Fehlen von *ökonomischem Kapital* ist, das den besonders hohen Bildungsmiss-
erfolg von Jugendlichen aus Migrantenfamilien erklären kann, da man sich in
Deutschland nicht in Bildungsinstitutionen mit erhöhter Sicherheit von Bildungserfolg „einkaufen" muss, liegt es nahe, Erklärungen zu suchen, die auf
bedeutsame Unterschiede in der Ausstattung mit *sozialem Kapital* oder mit
*kulturellem Kapital* zwischen einheimischen Familien und Migrantenfamilien
rekurrieren. Ziel eines solchen Erklärungsversuchs ist es dann, Mechanismen zu
spezifizieren, wie die institutionellen Bedingungen des Bildungssystems mit der
differentiellen Ausstattung von einheimischen und Migrantenfamilien mit sozialem und kulturellem Kapital so interagieren, dass systematische Unterschiede
im Bildungserfolg das Ergebnis sind.

Die Entwicklung einer solchen speziellen Theorie der Bildungsbenachteiligung durch Kapitalausstattung sieht sich jedoch derzeit mit einer Reihe von
konzeptuellen, theoretischen und empirischen Problemen konfrontiert:

Bislang existieren für Deutschland keinerlei sozialwissenschaftliche Datensätze, in denen die Ausstattung mit ökonomischem, sozialem und kulturellem
Kapital in den Herkunftsfamilien oder bei den Migrantenjugendlichen simultan
mit deren Bildungserfolg erhoben worden wäre. Dies gilt sowohl für Quer-
schnittserhebungen, in denen etwa korrelativ (und retrospektiv) solche Zusammenhänge beschrieben werden könnten; mehr noch gilt dies für eigentlich notwendige prospektive Längsschnittstudien, in denen die Einflüsse der Kapital-

ausstattung auf sukzessive Entscheidungen in der Bildungskarriere verfolgt und insbesondere Wechselwirkungen mit den jeweiligen institutionellen Bedingungen des Bildungssystems geprüft werden könnten. Insofern sind *empirische* Aussagen zur Erklärung von (mangelndem) Bildungserfolg durch das Fehlen von sozialem und kulturellem Kapital zum derzeitigen Zeitpunkt nicht möglich. Es ist allerdings zu erwarten, dass sich diese Situation in absehbarer Zeit ändern wird, da mehrere großangelegte Erhebungsprogramme entweder geplant sind oder sich in der Erhebungsphase befinden, die Rückschlüsse auf die Gültigkeit solcher Erklärungen zulassen (z.b. Deutsches Bildungspanel).

Darüber hinaus sind jedoch mit solchen Erklärungsversuchen erhebliche konzeptuelle und theoretische Probleme verbunden, die weniger mit dem Explanandum (Bildungserfolg von Migrantenjugendlichen), sondern vielmehr mit der Verwendung von Sozialkapital und kulturellem Kapital als Explanans zusammenhängen. Dies betrifft auf der *konzeptuellen Ebene* die begriffliche Unschärfe, die z.b. durch die Popularitätskarriere des Begriffs „Sozialkapital" in den vergangenen zwanzig Jahren in den Sozialwissenschaften (Franzen und Freitag 2007: 9) und den Umstand, dass er „zu einem ihrer populärsten Exportprodukte in die Alltagssprache" geworden ist (Kriesi 2007: 23), sich eher noch vergrößert hat. Zudem sind innerhalb der sozialwissenschaftlichen Fachsprache mehrere Verwendungsweisen zu verzeichnen, die z.T. widersprüchlich sind und entsprechend zu divergierenden Aussagen führen (Haug 2000; Esser 2000; Baier und Nauck 2006; Franzen und Pointner 2007). Um über korrelative Befunde hinauszukommen, fehlt es auf der *theoretischen Ebene* weitgehend an erklärenden Mechanismen, mit denen z.B. Sozialkapital mit interessierenden Explananda verknüpft werden kann, d.h. wie Sozialkapital eigentlich „wirkt". So konstatiert Diekmann (2007: 48), dass man aus der Humankapitaltheorie „eine Vielzahl prüfbarer Hypothesen über Bildungsrenditen" ableiten könne. „Ähnliches kann man von einer ‚Sozialkapitaltheorie' nicht behaupten. Aus dem Konzept des Sozialkapitals allein sind noch keine prüfbaren Hypothesen ableitbar".

Die folgenden Ausführungen beanspruchen nicht, diese konzeptuellen und theoretischen Probleme abschließend zu klären. Vielmehr wird beabsichtigt, *einen* Vorschlag zu unterbreiten, wie eine theoretisch sinnvolle Verwendung der Konzepte „Sozialkapital" und „kulturelles Kapital" in einer Erklärung von Bildungskarrieren und von Bildungserfolg bei Migrantenjugendlichen aussehen könnte. Dieser Vorschlag basiert auf einer individualistisch-strukturtheoretischen Methodologie und nimmt dabei (zunächst) eine akteurstheoretische Perspektive ein. Entsprechend dem derzeitigen Stand an empirischem Wissen wird zunächst ein möglichst *einfaches*, aber prinzipiell differenzierbares

Modell vorgeschlagen. Es lehnt sich im Wesentlichen an die begrifflichen
Unterscheidungen von Bourdieu (1983) an, konzentriert sich dabei auf das Sozialkapital, indem es die handlungstheoretischen Annahmen von Lin (2001) zum
Sozialkapital mit der allgemeinen Theorie sozialer Produktionsfunktionen (Lindenberg 1990; Ormel et al. 1999; Esser 1999) verbindet, um auf dieser Grundlage den Erwerb und den Einsatz von Sozialkapital für die Investitionen der Migrantenfamilie in die Bildungskarriere ihrer Kinder und dessen Wirksamkeit im
jeweiligen institutionellen Kontext erklären zu können. Aus diesem Zugang
ergeben sich Konsequenzen für die Operationalisierung von Sozialkapital, die
sich an den Verfahren der Netzwerkanalyse orientiert.

## 2 Ökonomisches, kulturelles und soziales Kapital bei Bourdieu

Die begriffliche Trias von ökonomischem, kulturellem und sozialem Kapital
geht auf Bourdieu (1983) zurück. Neben „Habitus", „Feld" und „Symbol" ist
„Kapital" einer der Grundbegriffe in seiner Kulturtheorie. Nach Bourdieu agie-
ren Menschen innerhalb eines sozialen Feldes, dessen externe Strukturverhält-
nisse die Handlungs- oder – wie Bourdieu sagt – Praxismöglichkeiten sozialer
Akteure einschränkt. Durch die Struktur des Feldes werden Akteuren Zwänge
auferlegt, die sich einerseits aus der Knappheit der Ressourcen ergeben, die den
Akteuren in den Feldern zur Verfügung stehen, und andererseits daraus resultieren, dass in diesen Feldern bestimmte Regeln befolgt werden müssen. Die Ver-
fügungsgewalt über spezifische Ressourcen im Rahmen eines Feldes bezeichnet
Bourdieu als „Kapital" (Bourdieu 1995). Die Strategie, die mit dem Einsatz
spezifischer Ressourcen verfolgt wird, entspringt dem jeweiligen Habitus, d.h.
einem „sinnvoll" organisierten Bündel von Normen und Verhaltensweisen,
deren Internalisierung zugleich der sozialen Distinktion zwischen sozialen Klassen dient. Bourdieus Kulturtheorie ist insofern gut mit den Grundannahmen
eines individualistisch-strukturtheoretischen Forschungsprogramms vereinbar,
als Kontextopportunitäten und soziale Handlungsrestriktionen, denen Akteure
unterliegen, ebenso Eingang finden wie darauf bezogene Situationswahrneh-
mungen und Handlungsentscheidungen auf der Basis der jeweiligen Verfügbarkeit bestimmter Kapitalarten und der durch den Habitus jeweils selegierten
Handlungsziele (Diefenbach und Nauck 1997).
    Innerhalb seiner Kulturtheorie unterscheidet Bourdieu drei Kapitalien, näm-
lich ökonomisches, kulturelles und soziales Kapital, die er als erschöpfend und
für alle sozialen Felder gleichermaßen geltend ansieht.

*Tab. 1:* Die drei Kapitalarten nach Bourdieu (nach Diefenbach und Nauck 1997)

| Kapitalart | Ressourcentyp | Einheit, „Währung" | Akkumulation |
|---|---|---|---|
| **Ökonomisch** | Individuell | Geld, Land, Besitz | Linear |
| **Kulturell** | Individuell | Wissen, Fertigkeiten, Kompetenzen | Linear |
| **Sozial** | Relational | Zugänge, Beziehungen, Macht | Exponentiell |

Zum *ökonomischen Kapital* zählt Bourdieu die verschiedenen Formen materiellen Reichtums, nicht nur den Besitz von Produktionsmitteln. Charakteristisch für Migranten in den mitteleuropäischen Gesellschaften ohne aktive Zuwanderungspolitik ist, dass ökonomisches Kapital – anders als in klassischen Einwanderungsgesellschaften – bei der Zuwanderung keine Rolle spielt bzw. Migranten sich typischerweise ohne ökonomisches Startkapital niederlassen und deshalb allein auf ihr soziales oder kulturelles Kapital für den Eingliederungsprozess angewiesen sind. *Soziales Kapital* ist nach Bourdieu (1983) „die Gesamtheit der tatsächlichen oder potenziellen Ressourcen, welche mit dem Besitz eines dauerhaften Netzwerkes von mehr oder weniger institutionalisierten Beziehungen, basierend auf gegenseitiger Bekanntschaft oder Anerkennung verbunden sind". *Kulturelles Kapital* kann nach Bourdieu in drei verschiedenen Formen vorliegen: In *inkorporierter* Form bezeichnet es dauerhafte, verinnerlichte Dispositionen wie alle kulturellen Fähigkeiten, Fertigkeiten und Wissensformen, die man durch „Bildung" erwirbt. Es ist personengebunden, d.h. man muss es sich persönlich aneignen, wenn man darüber verfügen will. In *objektivierter* Form sind es alle kulturellen Güter, z.B. Bücher, Bilder, Computerprogramme, die zwar als juristisches Eigentum übertragbar sind, aber der Inkorporation bedürfen, um als Ressource eingesetzt werden zu können. Kulturelles Kapital in *institutionalisierter* Form sind Bildungszertifikate, durch die inkorporiertes kulturelles Kapital legitimiert wird und somit generalisiertes Vertrauen in die vergebenden Institutionen, d.h. deren soziales Kapital, voraussetzt. Bourdieu's „kulturelles Kapital" ist damit weiter gefasst als der in anderen theoretischen Kontexten (Coleman 1988; 1990; Lin 2001) verwendete Begriff des „Humankapitals", bei dem die unmittelbare Instrumentalität von Wissen und Fertigkeiten für kompetitive Vorteile auf dem Arbeitsmarkt im Vordergrund steht. Für Bourdieu sind hingegen

in gleicher Weise die kulturellen Verhaltenskompetenzen bedeutsam, die als
Habitus für die soziale Distinktion wirksam werden – eine Komponente, die
zweifellos im Hinblick auf „Ethnizität" für die Suche nach Erklärungen bezüglich der Unterschiede im Bildungserfolg nicht unberücksichtigt bleiben sollte.

Bereits an dieser begrifflichen Unterscheidung wird deutlich, dass das Sozialkapital gegenüber den beiden anderen Kapitalien einige Besonderheiten als
Ressource aufweist: Anders als das ökonomische und kulturelle Kapital ist das
soziale Kapital kein Privatgut, über das der Akteur „unbedingt" verfügen kann,
vielmehr hängt die Verfügbarkeit von der „bedingten" Kooperation anderer ab.
Es kann aus den gleichen Gründen auch nicht ohne weiteres – wie das ökonomische Kapital – auf Dritte transferiert werden. Während die Akkumulation von
ökonomischem und kulturellem Kapital linear ist, ist die von sozialem Kapital
exponentiell, da das eigene soziale Kapital zusätzlich mit dem der Netzwerkmitglieder steigt. Schließlich unterscheiden sich die Nutzungsverhältnisse: Soziales Kapital bedarf der kontinuierlichen Nutzung, um erhalten zu werden, d.h. es
„verfällt" – anders als ökonomisches und kulturelles Kapital – schnell.

Aus Bourdieus Konzeption der Kapitalien als Ressource ergibt sich eine
weitere Konsequenz, die jedoch in der Verwendung von „kulturellem" und „sozialem" Kapital in sozialwissenschaftlichen Erklärungsversuchen häufig vernachlässigt wird: ihre Instrumentalität in spezifischen „Feldern". Es geht demnach ebenso wenig um die Menge an Wissen, Fertigkeiten und Kompetenzen
„an sich", wie es um die Größe von Netzwerken oder die Menge an sozialen Beziehungen „an sich" geht, über die ein Akteur verfügt. Vielmehr interessieren
ausschließlich die relativen Vorteile, die spezifische Wissensbestände oder spezifische soziale Zugänge in dem jeweiligen Handlungsfeld erbringen. So wird
z.B. der kompetitive Vorteil der fließenden Beherrschung der aramäischen Sprache in den meisten beruflichen Bewerbungssituationen in Deutschland nur auf
ein sehr kleines Marktsegment begrenzt sein, wohingegen das diesbezügliche
Marktsegment für die englische Sprache bedeutend größer sein wird, obwohl
der Aufwand für die Inkorporation beider Sprachen wahrscheinlich gleich groß
ist. Ebenso wird die Verfügbarkeit der Migrantenfamilie über ein verzweigtes
Verwandtschaftsnetzwerk mit hoher Interaktionsdichte in der Herkunftsgesellschaft nicht unmittelbar dazu beitragen, die Informationen für die Auswahl eines
Kindergartens für das eigene Kind in der Aufnahmegesellschaft zu optimieren,
die zufällige Nachbarschaft zu einer einzigen Erzieherin dagegen schon.

Schließlich ergibt sich aus Bourdieus Konzeption von Kapitalien, dass es
sich um Investitionen handelt, aus denen Renditen erzielt werden, die sich entweder auf die gleichen oder andere Kapitalien beziehen, d.h. sie sind – durch
zusätzliche Investitionen und unter Inkaufnahme von Opportunitätskosten – in-

einander *transferierbar*. Gewinne im Bereich einer Kapitalart sind somit immer mit Kosten im Bereich anderer Kapitalarten verbunden. „Die Tatsache der gegenseitigen Konvertierbarkeit der verschiedenen Kapitalarten ist der Ausgangspunkt für Strategien, die die Reproduktion des Kapitals (und der Position im sozialen Raum) mit Hilfe möglichst geringer Kapitalumwandlungskosten (Umwandlungsarbeit und inhärente Umwandlungsverluste) erreichen möchten" (Bourdieu 1983: 197). So kann man sicher davon ausgehen, dass Bildungsentscheidungen, d.h. Investitionen in kulturelles Kapital (auch) in Migrantenfamilien u.a. vor dem Hintergrund getroffen werden, dass die Nachkommen später möglichst hohe Renditen an ökonomischem Kapital im Sinne eines möglichst sicheren und/oder hohen Berufseinkommens erzielen. Die Anschlussfrage ist dann, worin nun die Strategien bestehen, dieses Ziel zu erreichen: Dies kann einerseits die „sichere" (aber möglicherweise ökonomisch suboptimale) Strategie der Investition in Sozialkapital sein, in der Erwartung, dass z.B. im „ethnic business" der erweiterten Verwandtschaft Anwartschaften auf eine Erwerbsposition erworben werden. Dies kann andererseits die „unsichere" (aber möglicherweise ökonomisch ertragreichere) Strategie der Investition in kulturelles Kapital sein, in der Erwartung, dass auf dem allgemeinen Arbeitsmarkt durch Ausbildungsinvestitionen (auch für Migrantenjugendliche) kompetitive Vorteile bei besser bezahlten Erwerbspositionen erzielt werden. Die strategische Bedeutung der Transferierbarkeit wird am institutionalisierten kulturellen Kapital deutlich: Institutionalisiertes kulturelles Kapital lässt sich leichter in ökonomisches und soziales Kapital transferieren als „bloß" inkorporiertes, ist aber an das generalisierte Vertrauen im jeweiligen Kontext gebunden. Dies wiederum kann für Migranten zum Problem werden: Erworbenes institutionalisiertes kulturelles Kapital wird durch den Kontextwechsel entwertet, seien es die in der Vormigrationssituation erworbenen Zertifikate oder seien es die in der Aufnahmegesellschaft erworbenen Zertifikate im Falle einer Rück- oder Weiterwanderung.

Die analytische Unterscheidung verschiedener Kapitalarten durch Bourdieu ermöglicht es zwar, die individuell verfügbaren und für bestimmte Handlungen einsetzbaren Ressourcen zu klassifizieren sowie die Strategien, die in einem Feld möglich sind, zu *beschreiben*. Aber Bourdieus Ansatz ist insofern „leer", als dass er keinen Hinweis darauf enthält, unter welchen Bedingungen eine bestimmte Strategie gewählt wird. Es ist daher nicht möglich, bestimmte soziale Phänomene zu *erklären* (Diefenbach und Nauck 1997). Unter handlungstheoretischer Perspektive ist es hierzu notwendig, zunächst theoretische Annahmen über die Effizienz des Einsatzes von spezifischen Kapitalien zu formulieren, bevor anschließend theoretische Annahmen über Handlungsziele getroffen werden. Hinsichtlich der Effizienz hat Nan Lin (2001) einige weiterführende Argumente für den Einsatz des Sozialkapitals geliefert; sie werden nachfolgend mit Annahmen zu Handlungszielen auf der Basis der Theorie sozialer Produktionsfunktionen verknüpft.

## 3 Mechanismen des Sozialkapitals

Für Lin (2001: 19) ist Sozialkapital eine „Investition in Sozialbeziehungen mit erwarteten Renditen": „Individuals engage in interactions and networking in order to produce profits". Er benennt vier Mechanismen, durch die in sozialen Netzwerken eingebettete Ressourcen die Handlungsresultate steigern: *„information, influence, social credentials*, and *reinforcement* may explain why social capital works in instrumental and expressive actions not accounted for by forms of personal capital such as economic or human capital" (Lin 2001: 20). Diese Mechanismen werden mit einer Reihe von theoretischen Annahmen verknüpft (2001: 75 ff.):

- Hochbewertete Ressourcen sind in hierarchische Sozialstrukturen eingebettet: „The higher the level in the hierarchy, the greater the concentration of valued resources"; je höher die Position eines Akteurs, desto größer ist der Zugang und die Nutzung von Sozialkapital. Für Akteure an der Spitze und am Boden der Hierarchie ist die Wirksamkeit der Netzwerke durch die hierarchische Struktur eingeschränkt.

- Soziale Interaktionen folgen dem Homophilie-Prinzip: „The greater the similarity of resource characteristics, the less effort required in interaction".

- Akteure suchen in sozialen Interaktionen entweder ihre Ressourcen zu erhalten oder zu erweitern „Action to maintain resources can be called expressive action, and action to gain resources can be called instrumental action. Maintaining resources is the primary motivation for action; therefore, expressive action is the primary form of action".

- „Starke" Sozialbeziehungen dienen primär der Sicherung von Ressourcen: „The stronger the tie, the more likely the social capital accessed will positively affect the success of expressive action".

- „Schwache" Sozialbeziehungen dienen primär der Erweiterung von Ressourcen: „The weaker the tie, the more likely ego will have access to better social capital for instrumental action".

Die Unterscheidung von Granovetter (1973) in ‚strong ties' und ‚weak ties' aufgreifend, macht Lin damit deutlich, dass die Effizienz von engen Sozialbeziehungen in der sozialen Beeinflussung und Kontrolle sowie in der Verhaltensbestätigung liegt, wohingegen schwache Sozialbeziehungen ihre Effizienz in der Vermittlung nicht-redundanter Informationen und (insbesondere durch Inhaber von höheren Positionen in der Sozialstruktur) in der Vermittlung von Reputation liegen (Tabelle 2).

*Tab. 2:* Formen des Sozialkapitals (nach Baier und Nauck 2006: 56)

| Handlung | Expressiv | Instrumentell |
|---|---|---|
| Strategie | Ressourcensicherung | Ressourcenerweiterung |
| Beziehungstyp | strong ties | weak ties |
| Netzwerkstruktur | Homogen | Heterogen |
| Mechanismen | sozialer Einfluss und Kontrolle, Verhaltensbestätigung | Information, Reputation |
| Soziale Güter | Kommunalgüter | Positionsgüter |
| Erhebungsmethode | Namensgenerator | Positionsgenerator |

Die Relevanz dieser Mechanismen für die Analyse des Bildungserfolgs von Jugendlichen aus Migrantenfamilien ist offensichtlich: Hinsichtlich ihrer Position in der hierarchischen Sozialstruktur lässt sich für Deutschland konstatieren, dass die Mehrzahl der Migrantenfamilien am Boden der Hierarchie platziert ist; daneben gibt es allerdings eine kleine Gruppe von vergleichsweise „unauffälligen" ausländischen Jugendlichen, deren Familien eher am oberen Ende der Hierarchie platziert sind: Angehörige von Botschaftsangestellten, von Spitzeningenieuren und -managern oder von Personen aus akademischen Professionen. Folgt man den theoretischen Annahmen von Lin, sollten sich beide Gruppen von Migrantenfamilien deutlich voneinander unterscheiden:

- Die Mehrzahl der Migrantenfamilien mit niedrigem Status wird ihre Handlungsstrategien (zunächst) auf die Sicherung von Ressourcen ausrichten und entsprechend in expressiven Handlungen ihr Sozialkapital in ‚strong ties' zu akkumulieren suchen. Das akkumulierte Sozialkapital wird deshalb vor allem durch soziale Beeinflussung und Kontrolle sowie durch Verhaltensbestätigung in sozial homogenen (ethnischen) Netzwerken wirksam.

– Die Minderheit der Migrantenfamilien mit hohem Status wird dagegen ihre Handlungsstrategien auf die Ausweitung ihrer Ressourcen ausrichten und entsprechend in instrumentellen Handlungen ihr Sozialkapital in ‚weak ties' zu akkumulieren suchen. Das akkumulierte Sozialkapital wird deshalb vor allem durch die Bereitstellung zusätzlicher Informationen und durch Reputationssteigerung in sozial heterogenen (transnationalen) Netzwerken wirksam.

Ein erster empirischer Beleg für solche Statusunterschiede und ihre Konsequenzen für die Bildung von Sozialkapital konnte durch einen Vergleich zwischen verschiedenen Arbeitsmigranten in Deutschland und russischen Zuwanderern in Israel gefunden werden (Nauck 2001, 2001a, 2004, 2004a), wobei sich die größten Unterschiede zwischen türkischen Arbeitsmigranten in Deutschland und russischen Zuwanderern in Israel ergeben:

Während türkische Arbeitsmigranten in Deutschland fast ausschließlich auf niederen Statuspositionen platziert sind, ist dies bei russischen Zuwanderern nach Israel aufgrund ihres weit überdurchschnittlichen Bildungsniveaus und der Berufsqualifikation nicht der Fall. Beide Gruppen zeigen jedoch überraschenderweise ähnlich hohe Segregationstendenzen. In beiden Gruppen verfügen die Eltern nur über geringe Kenntnisse in der Sprache der Aufnahmegesellschaft und tendieren stark dazu, ihre Herkunftssprache zur Kommunikation in der Familie zu benutzen. Beide Gruppen weisen auch die größte Tendenz zur Heiratshomogamie auf. Aber während dies in den türkischen Familien mit der Perzeption von Diskriminierung durch die Aufnahmegesellschaft und häufigen Rückkehrplänen verbunden ist, steht im Falle der russischen Juden in Israel dasselbe Verhalten mit extrem hohen Bildungsgraden, den geringsten Diskriminierungserfahrungen und dem Nichtvorhandensein von Rückkehrplänen in Beziehung. Diese Unterschiede hängen eng mit der Verfügbarkeit über ‚strong ties' (gemessen durch multiplexe, wechselseitige, häufige, enge Netzwerkbeziehungen) zusammen: *Während alle türkischen Familienmitglieder in Deutschland über die größte Anzahl von ‚strong ties' verfügen, besitzen hiervon die russischen Juden in Israel die wenigsten* (dafür aber mit großer Wahrscheinlichkeit – in der Untersuchung nicht erhobene – ‚weak ties' von großer Reichweite). Die theoretischen Annahmen von Lin zu den Restriktionen in der Wirksamkeit von Netzwerken, die sich aus der Platzierung an beiden Enden der Statushierarchie ergeben, erklären zugleich, warum in diesen beiden Migrantengruppen Segregationstendenzen am größten sind. Die Sicherung von Ressourcen durch expressive Handlungen und die Investition in ,strong ties' stellt eine starke Restriktion für die Eingliederung der türkischen Migrantenfamilien in die Aufnahmegesellschaft dar, wohingegen für die russischen Familien in Israel eine Ausweitung des Netzwerkes auf Mitglieder der Aufnahmegesellschaft keinen Ressourcengewinn beinhaltet.

Aus den theoretischen Annahmen von Lin folgt weiterhin, dass sich für die Mehrzahl der Migrantenfamilien am Boden der Statushierarchie eine Dilemma-Situation ergibt: Einerseits ist die Sicherung von Ressourcen durch expressive Handlungen die effiziente Handlungsstrategie in ihrer sozialstrukturellen Platzierung, andererseits sind wegen des Migrationsstatus die Erlangung von Informationen und damit verbundene (ethnisch) heterogene Sozialkontakte eine Voraussetzung für den Eingliederungsprozess und die schulische Platzierung der Kinder. Damit wird für Migrantenfamilien mit großer sozialer Distanz zur Falle, was Coleman (1988; 1990) als positiven Effekt des Sozialkapitals beschreibt (Nauck et al. 1997):

Coleman sieht in seiner Konzeption des Sozialkapitals nur den Mechanismus der sozialen Beeinflussung und nimmt entsprechend an, dass Individuen in dichten, multiplexen Netzwerken mit größerer Wahrscheinlichkeit soziales Kapital akkumulieren als Individuen in lockeren, monofunktionalen Netzwerken, da soziales Kapital relativ instabil ist und durch beständige Interaktionen stets erneuert und bekräftigt werden muss und dies in multiplexen Netzwerken mit geringerem Aufwand erreichbar ist. Coleman selbst hat aus diesen Annahmen unmittelbare Konsequenzen für die Bildung von Humankapital bei Kindern gezogen: Je dichter die wechselseitige Beziehung zwischen Eltern und je höher deren physische Präsenz bei ihren Kindern ist, je höher die Investitionen in gemeinsam verbrachte Zeit und gemeinsame Aktivitäten mit Kindern sind und je mehr Hilfe und Kontrolle bei den schulischen Aufgaben gegeben ist, desto wahrscheinlicher sei deren Bildungserfolg. Coleman bezieht seine Analyse der Transformation von Sozial- in Humankapital jedoch nicht allein auf familienspezifisches Sozialkapital, sondern bezieht den ökologischen Kontext (auf analoge Weise) ein: „Closure is present only when there is a relation between adults who themselves have a relation to the child. The adults are able to observe the child's actions in different circumstances, talk to each other about the child, compare notes, and establish norms. The closure of the network can provide the child with support and rewards from additional adults that reinforce those received from the first and can bring about norms and sanctions that could not be instituted by a single adult alone" (Coleman 1990: 593). Für die Bildung von

Humankapital bei Kindern sind deshalb zwei Einflussgrößen von Bedeutung: Humankapital bei den mit dem Kind verbundenen Individuen („nodes") *und* die Geschlossenheit des sozialen Netzwerks („links"). Im Kontext der Familie konstituieren die „links" zwischen Eltern und ihren Kindern intergenerative Verbundenheit oder transgenerationale Geschlossenheit. Für Coleman ist geographische Mobilität der „klassische" Fall der Unterbrechung bzw. Beendigung solcher außerfamiliären Netzwerke; er sieht seine Annahmen in seiner eigenen empirischen Analyse bestätigt, nach der die „Anzahl der Umzüge" den stärksten Prädiktor für den Schulabbruch von Jugendlichen darstellt: „For families that have moved often, the social relations that constitute social capital are broken at each move" (Coleman 1988: 113).

Wenn nun aber ein kulturell homogenes Milieu in der Wohnumgebung eine wesentliche Strukturbedingung für erfolgreiche Bildungsinvestitionen in die Folgegeneration ist, dann ergibt sich für Migrantenfamilien aus Herkunftsgesellschaften mit großer kultureller Distanz zur Aufnahmegesellschaft und niedrigem Status die Situation, dass mit der Geschlossenheit der Netzwerke (von der nach Coleman positive Effekte auf die Bildung von Humankapital bei der Folgegeneration ausgehen) die soziale und kulturelle Distanz zur Nachbarschaft der Aufnahmegesellschaft bestehen bleibt, so dass synergetische Effekte der Förderung und Kontrolle der Jugendlichen durch Familie und Nachbarschaft auch langfristig nicht eintreten können.

Diese Argumentation macht zwar auf die hohen sozialen Kosten der Migration (insbesondere für mitgewanderte Familienmitglieder) aufmerksam, sie lässt jedoch offen, ob durch endogenes soziales Kapital der Migrantenfamilie diese Kosten ausgeglichen werden können. In Folgeuntersuchungen, die sich allerdings durchweg auf Regionalwanderungen beziehen, ist deshalb berechtigterweise die Frage aufgeworfen worden, ob nicht jeweils spezifische Formen sozialen Kapitals für die Bewältigung von Entwicklungsaufgaben im Lebensverlauf strukturierend wirken (Furstenberg und Hughes 1995) und ob inner- und außerfamiliäres soziales Kapital eine linear-additve Einflussgröße für die Bildung von Humankapital bei der Folgegeneration ist (Teachman et al. 1996). Hagan, MacMillan und Wheaton (1996) schlagen deshalb vor, den Zusammenhang von sozialem Kapital und Familienmigration in einer Lebensverlaufsperspektive zu analysieren. Sie betonen mit Elder und Caspi (1990) die Verkettung der individuellen Schicksale von Familienmitgliedern, wobei die durch die Migration steigenden beruflichen Opportunitäten des einen Familienmitgliedes mit Risiken und Beeinträchtigungen anderer Familienmitglieder verknüpft sein können: „Lives are lived interdependently, and this connectedness defines a medium through which historical change plays out its influence over time"

(Elder und Caspi 1990: 221). Werden die Basisannahmen von Coleman und Elder verknüpft, so ist anzunehmen, dass mit dem Ausmaß der Verkettung der Familienmitglieder familienspezifisches soziales Kapital gebildet wird, das für die Anpassung an den veränderten Kontext nach einer Wanderung genutzt wird: „From this perspective, the loss of community-based sources of social capital that Coleman associates with family moves can be seen as an external stress that can be reduced through family coping strategies of parental support. For example, family and community sources of social capital may not act in a simple additive fashion. The family's capacity to provide compensatory social capital in the form of parental support can buffer and conditionally compensate for the loss of other sources of social closure in the community that result from family moves" (Hagan et al. 1996: 372).

## 4 Bildungsinvestitionen in der sozialen Produktionsfunktion

Offen gelassen ist in dem Erklärungsmodell von Lin, *warum* Akteure in Ressourcen investieren und welche Handlungsziele sie damit verfolgen. Damit bleibt auch die Frage unbeantwortet, warum Migrantenfamilien kulturelles und soziales Kapital akkumulieren (oder nicht), um die Handlungsziele, die sie mit einem hohen (oder schnellen) Bildungsabschluss ihrer Nachkommen verbinden, zu erreichen. Ohne die Spezifikation des potenziellen Nutzens der Bildungsabschlüsse für die Eltern oder Kinder bleibt jede Erklärung unvollständig: „To produce useful empirical results, action theorists must be able to specify *ex ante* the values of the expected outcomes of a set of feasible courses of action." (Hechter et al. 2005: 91, Hervorhebung im Original).

Eine aussichtsreiche Möglichkeit, dieses Erklärungsproblem zu lösen, besteht darin, Sozialkapitaltheorien in die allgemeine Theorie sozialer Produktionsfunktionen zu integrieren und in der durch Adam Smith begründeten Theorietradition anzunehmen, dass menschliche Akteure „mindestens zwei Dinge maximieren wollen: soziale Wertschätzung und physisches Wohlbefinden" (Lindenberg 1990: 271 unter Berufung auf Adam Smith).

- *Soziale Anerkennung* bezeichnet das Ausmaß, in dem der Akteur durch seine Handlungen (für ihn) positive Sanktionen von seinem sozialen Kontext erfährt. Soziale Anerkennung lässt sich nach Lindenberg (1984; Ormel et al. 1999) differenzieren in *Status, Affekt und Verhaltensbestätigung*. Status bezieht sich dabei auf den Rang der in einer Gesellschaft erlangten Position, der durch die Verfügung über knappe Ressourcen definiert ist. Je höher die Kontrolle über Zwischengüter in der sozialen Produktionsfunktion, desto höher ist der Status. Affekt bezieht sich auf den Austausch von positiven Affekten in emotionalen Beziehungen. Verhaltensbestätigung bezieht sich auf die positive Sanktionierung von Handlungen durch „signifikante Andere". *Je größer die erwartete soziale Anerkennung durch die jeweils gewählte Handlungsalternative, desto eher wird diese Handlung gewählt.*

–  *Physisches Wohlbefinden* bezeichnet das Ausmaß, in dem es dem Akteur gelingt, sein (physisches) Überleben zu sichern und sein Wohlbefinden zu steigern. Physisches Wohlbefinden resultiert aus *Komfort und Stimulation.* Komfort kann insbesondere marktmäßig-produktiv durch Erwerbsarbeit und reproduktiv durch Kooperation im Familienhaushalt erzielt werden. Stimulation kann durch jede Aktivität erzielt werden, die mentale und sensorische Erregung erzeugt. *Je größer das erwartete physische Wohlbefinden durch die Wahl einer Handlungsalternative, desto eher wird diese Handlung gewählt.*

Beide Grundbedürfnisse können von den Akteuren nun nicht direkt befriedigt werden, sondern nur über verschiedene Produktionsfaktoren, die ihrerseits erst zur Verfügung gestellt werden müssen. Diese Produktionsfaktoren sind – im Gegensatz zu den beiden Grundbedürfnissen – nicht universell, sondern kontextspezifisch: Je größer die Effizienz eines Produktionsfaktors für die Befriedigung der Grundbedürfnisse innerhalb des jeweiligen Kontextes, desto eher wird dieser Produktionsfaktor gewählt. Je dauerhafter die Effizienz eines Produktionsfaktors im jeweiligen Kontext, desto größer ist die Wahrscheinlichkeit seiner intergenerativen Transmission und seiner Institutionalisierung als kulturelle „Routinelösung" (Nauck 2001b: 413).

Das Erklärungsprogramm einer Kapital-Investitions-Theorie besteht nun darin, eine spezielle Theorie darüber zu entwickeln, in welcher Weise und unter welchen Voraussetzungen Bildungsabschlüsse von Migrantenjugendlichen als Zwischengüter in deren soziale Produktionsfunktion und die ihrer Eltern zur Optimierung von sozialer Anerkennung und physischem Wohlbefinden eingehen. Das Erklärungsprogramm liefert damit eine endogene, inhaltliche Spezifikation des subjektiven Nutzens von Bildung, die der Sozialkapital-Theorie von Lin fehlt. Dabei ist die konzeptuelle Anschlussfähigkeit der bei Lin benannten Mechanismen an die Hierarchie der Handlungsziele in der Theorie sozialer Produktionsfunktionen offensichtlich, zumal im Hinblick auf die Optimierung sozialer Anerkennung Handlungsziele und Instrumentalität von Sozialkapital zusammenfallen (Tabelle 2): „Information" und „Reputationssteigerung" sowie

‚weak ties' haben in einer funktional differenzierten Gesellschaft wie Deutschland eine hohe Instrumentalität für marktmäßig erwerbbare und einsetzbare Zwischengüter wie Bildungszertifikate und Berufspositionen, die als Positionsgüter der Optimierung des physischen Wohlbefindens dienen. „Soziale Beeinflussung und Kontrolle" und „Verhaltensbestätigung" sowie ‚strong ties' haben in solchen Gesellschaften dagegen eine hohe Instrumentalität in „expressiven" kooperativen Interaktionsbeziehungen, wie sie insbesondere bei reproduktiven Tätigkeiten zu finden sind, wenn *Kommunalgüter* produziert werden (Esser 2000a). In dieser Perspektive ist die Akkumulation von Sozialkapital per se als primäres Handlungsziel anzusehen, sie unterliegt damit aber auch dem Nebenprodukt-Paradox: Wegen seines sozial „bedingten" Charakters kann Sozialkapital nicht direkt angestrebt werden, sondern „ergibt" sich aus Handlungen mit anderen instrumentellen Zielen.

Bildungsentscheidungen und die Ausgestaltung von Bildungskarrieren werden entsprechend dieser theoretischen Perspektive unter dem Gesichtspunkt der Maximierung des subjektiven Nutzens untersucht und erklärt. Diese Nutzenmaximierung der Akteure geschieht stets im Kontext spezifischer wahrgenommener Handlungssituationen und der Frage, welche (als Routinelösung kulturell tradierte) Handlungsalternativen dem Akteur zur Erreichung seiner Ziele zur Verfügung stehen. Vor diesem Hintergrund lässt sich die Frage beantworten, inwiefern Bildungsinvestitionen in der Handlungssituation von Migrantenfamilien wichtige Zwischengüter darstellen, für die es sich lohnt, verfügbare Ressourcen einzusetzen, oder ob es *Alternativen* gibt, mit denen sich die Handlungsziele effizienter, d.h. mit geringeren sozialen und ökonomischen Kosten oder „sicherer", erreichen lassen.

Die theoretische Verknüpfung der obersten Handlungsziele mit dem Zwischengut „Bildungsabschluss von Migrantenjugendlichen" über Brückenhypothesen, die die Handlungssituation der Migrantenfamilien ebenso einbezieht wie die institutionellen Bedingungen des deutschen Bildungssystems, ist bislang nicht ausgearbeitet und das empirische Wissen hierüber noch außerordentlich begrenzt. Es ist jedoch plausibel anzunehmen, dass

(1) Migrantenfamilien (gegenüber der nichtgewanderten Bevölkerung) eine nach materiellen Lebenszielen und Mobilitätsaspirationen selegierte Bevölkerungsgruppe darstellen (Nauck 1989; Nauck und Diefenbach 1997), für die sich die (sozialen) Anfangsinvestitionskosten der Migration erst durch die (ökonomischen) Renditen in der Folgegeneration rechtfertigen,

(2) es für die Optimierung physischen Wohlbefindens in der deutschen Gesellschaft kaum Alternativen zur Erwerbsarbeit gibt und Migrantenfamilien somit „keine andere Wahl" haben, als in die Humankapitalausstattung ihrer Kinder zu investieren.

Die wenigen vorliegenden empirischen Befunde indizieren, dass Migranteneltern und -kinder Bildungszertifikaten keinesfalls geringere Bedeutung bei-
messen als deutsche Eltern (Diefenbach und Nauck 1997): Für türkische Eltern
ist – im Gegenteil – belegt, dass sie „immer schon" außerordentlich hohe Bil-
dungs- und Berufsaspirationen für ihre Kinder gehabt haben (Holtbrügge 1975;
Hopf 1987; Mehrländer et al. 1981; Neumann 1980; Wilpert 1980). Diese Aspi-
rationen werden weder durch das Geschlecht des Kindes und dessen bisherige
Bildungskarriere noch durch den Eingliederungsprozess der Eltern wesentlich
modifiziert (Karasan-Dirks 1980). Auch konnten in Hinsicht auf die Bildungs-
und Berufsaspirationen große Übereinstimmungen zwischen den Eltern und
ihren Kindern festgestellt werden (Nauck 1995).

Da Erwerbsarbeit zum Erreichen der Handlungsziele nicht *substituiert* werden kann, stellt sich die Frage, inwiefern für Migrantenfamilien die Investition
in das Humankapital (als spezifische Form kulturellen Kapitals, das auf die
Erwerbsaussichten auf dem Arbeitsmarkt der Aufnahmegesellschaft bezogen
ist) *komplementär* oder *konkurrierend* zu anderen Handlungszielen ist. Sieht
man von der naheliegenden Überlegung ab, dass für die verbrachte Zeit in der
Hauptschule von einer Mehrzahl der Migrantenjugendlichen in Bezug auf *Stimulation* sicher eine Vielzahl von konkurrierenden Alternativen wahrgenommen
werden, so bleibt vor allem folgende zu prüfende Hypothese übrig: Komplementär sind Investitionen in das Humankapital der Folgegeneration und die
damit verknüpfte Ressourcenexpansion dann, wenn sozialer Status in der Mehr-
heitsgesellschaft gesucht wird und somit über Assimilation das Handlungsziel
der sozialen Anerkennung angestrebt wird; konkurrierend sind Investitionen in
das Humankapital dann, wenn Ressourcensicherung, Aufrechterhaltung von
‚strong ties' und mithin über Segmentation soziale Anerkennung erhalten wird.
Diese Konkurrenz gewinnt für Familien von Arbeitsmigranten dadurch an
Schärfe, dass einerseits die Anreize zur Verbesserung der ökonomischen Position stark sind, aber andererseits – folgt man den Argumenten von Lin – bei niedrigem Status in der Sozialstruktur expressives Sozialkapital schneller akkumuliert wird als instrumentelles Sozialkapital.

## 5 Diskussion

Durch die Entwicklung eines im methodologischen Sinne vollständigen Erklärungsmodells fällt es nun leichter, im Hinblick auf die Frage, ob kulturelles und soziales Kapital eine wichtige Determinante des Bildungserfolges bei Migrantenjugendlichen ist, die „richtigen" Fragen zu stellen, die entscheidenden Brückenhypothesen zu formulieren und ein darauf bezogenes Forschungsprogramm zu entwickeln. Ebenso ist es möglich, Ansatzpunkte für eine Modellerweiterung zu identifizieren: So können z.B. die Unterschiede in der Handlungssituation zwischen den Migranteneltern und den Jugendlichen oder zwischen männlichen und weiblichen Jugendlichen Anlass sein, dies explizit in der Modellbildung zu berücksichtigen, da sich je nach Generation und Geschlecht unterschiedliche Konstellationen von alternativen Zwischengütern zur Optimierung von physischem Wohlbefinden und sozialer Anerkennung ergeben.

Hinsichtlich des Bildungserfolges hat die theoretische Diskussion gezeigt, dass es sich im doppelten Sinne um ein Transferierbarkeitsproblem handelt: Einerseits die Transferierbarkeit von Bildungszertifikaten als institutionalisiertem kulturellem Kapital in ökonomisches Kapital, andererseits aber auch die Transferierbarkeit von elterlichen Ressourcen auf die Kinder.

Unter Verwendung der Daten des Sozio-Ökonomischen Panels ist von Nauck et al. (1998) geprüft worden, ob und wie sich die intergenerative Transmission von institutionalisiertem kulturellem Kapital im Zusammenhang mit dem verfügbaren ökonomischen und sozialen Kapital in deutschen Familien und in Migrantenfamilien unterscheidet. Der Vergleich von deutschen Familien und Migrantenfamilien ergab, dass (1) es Migrantenfamilien – im Gegensatz zu deutschen Familien – nicht möglich ist, das (in der Herkunftsgesellschaft erworbene) institutionalisierte kulturelle Kapital der Eltern wegen dessen Entwertung in ökonomisches Kapital in der Aufnahmegesellschaft umzusetzen, und (2) der Bildungserfolg von Jugendlichen aus Migrantenfamilien – wiederum anders als bei deutschen Jugendlichen – einen sehr geringen Zusammenhang mit dem institutionalisierten kulturellen Kapital und dem ökonomischen Kapital in der Elterngeneration aufweist. Den nicht gewanderten deutschen Familien steht im Gegensatz zu Migrantenfamilien nicht nur mehr (ökonomisches, soziales und kulturelles) Kapital zur Verfügung, sondern ihnen gelingt darüber hinaus die intergenerative Transmission dieser Kapitalien besser.

In einem weiteren Analyseschritt wurden zusätzlich solche Variablen eingeführt, die in einem Zusammenhang mit der Migrationssituation bzw. dem Eingliederungsprozess in die Aufnahmegesellschaft stehen (Alter der Mutter, Einreisealter des Kindes, Deutschkenntnisse der Eltern, kulturelles Klima im Elternhaus). Die für griechische und türkische Familien durchgeführten Analysen ergaben, dass diesen Variablen große Bedeutung für die Erklärung des Schulerfolgs der Kinder zukommt, weil mit ihnen die familiären Sozialisationsbedingungen variieren, unter denen die intergenerative Transmission von Kapitalien stattfindet. Für beide Nationalitäten, Griechen und Türken, gilt gleichermaßen, dass die Wahrscheinlichkeit, Abitur zu machen, mit einem kulturell-assimilativen Elternhaus und zunehmenden Deutschkenntnissen der Eltern steigt sowie mit zunehmendem Einreisealter und höherer Geschwisterzahl sinkt. Die großen Unterschiede im schulischen Erfolg von Griechen und Türken der zweiten Generation in Deutschland konnten auf die jeweilige Ausprägung ihrer familiären Sozialisationsbedingungen zurückgeführt werden.

Im Gegensatz zum ausbleibenden Transfer von institutionalisiertem kulturellem Kapital in ökonomisches Kapital und in Bildungserfolge der Folgegeneration scheint damit das inkorporierte kulturelle Kapital für familiale Sozialisationsprozesse und für die intergenerative Transmission sowie die daraus resultierende Geschwindigkeit des Eingliederungsprozesses von ausschlaggebender Bedeutung zu sein (Nauck 2001, 2004; Steinbach 2001; Steinbach und Nauck 2004). Diese Befunde decken sich mit früheren von Alba et al. (1994: 229 ff.): „Schüler, die aus einem Elternhaus kommen, in dem das ethnische Milieu ausgeprägter ist, besuchen häufiger die Hauptschule. So sind etwa drei Viertel der Schüler mit mindestens einem schlecht deutsch sprechenden Elternteil auf der Hauptschule, während dieser Anteil bei Kindern mit gut deutsch sprechenden Eltern nur die Hälfte ausmacht. Gleichermaßen besuchen zwei Drittel der Kinder, deren Eltern hauptsächlich Freunde in der eigenen Ethnie haben, die Hauptschule; dagegen besuchen diese nur ein Drittel der Kinder, deren Eltern überwiegend Freunde anderer Ethnizität (hauptsächlich deutsche) haben. (...) Die kulturelle Atmosphäre innerhalb der Familie erklärt, zusammen mit dem Grad der Kontinuität der Schullaufbahn in Deutschland, einen erheblichen Teil der ethnischen Benachteiligung in deutschen Schulen". Unter Berücksichtigung der zuvor diskutierten theoretischen Argumente (und der Befunde zu russischen Zuwanderern in Israel) muss allerdings hinzugefügt werden, dass diese Zusammenhänge *nur bei Vorliegen spezifischer Randbedingungen* (niedriger Sozialstatus, Ressourcensicherung) gelten.

Als methodische Konsequenz aus den theoretischen Argumenten und den bisher vorliegenden Befunden zum kulturellen Kapital als Determinante des Bildungserfolges bei Migranten ergibt sich, dass es nicht ausreicht, sich auf die Transmission von institutionalisiertem kulturellem Kapital zu beschränken, d.h. auf die klassische Fragestellung der „Bildungsvererbung". Vielmehr ist auch langfristig der – unter anderem durch ethnische Identifikation geprägte – „Habitus", der immer auch der Anker sozialer Diskriminierung ist, einzubeziehen. Allerdings liegen hierzu bislang kaum systematisch entwickelte Erhebungsinstrumente vor, die über die Erfassung von ethnischer Identifikation oder von Alltagsgewohnheiten wie ethnisch-kulturelle Präferenzen für Medienkonsum, Speisezubereitung oder religiöse Praktiken hinausgehen.

Sieht man von den bei Alba et al. (1994) mitgeteilten Korrelationen zwischen ethnischer Komposition der „besten Freunde" der Eltern und der Bildungsbeteiligung ab, so gibt es bislang keine empirischen Befunde zum Einfluss von Sozialkapital auf den Bildungserfolg von Migrantenjugendlichen. Gleichwohl lassen sich auch hier bereits aus den theoretischen Argumenten methodische Konsequenzen ziehen: Die Erhebung der Sozialkapitalbilanz von Migrantenfamilien erfordert die Messung sowohl von ‚strong ties‘ als auch von ‚weak ties‘, da beide mit deutlich unterscheidbaren Mechanismen der Ressourcengewinnung verknüpft sind, auf andere Netzwerkmitglieder abzielen und auf unterschiedliche Weise mit der Position in der Sozialstruktur und mit ethnischen Bindungen verknüpft sind:

– Für die Erhebung von ‚strong ties‘ haben sich *Namensgeneratoren* der Netzwerkanalyse bewährt, bei denen die Befragten aufgefordert werden, die Namen derjenigen Personen aufzuführen, mit denen sie alltägliche Interaktionsbeziehungen unterhalten (z.B. wichtige Dinge besprechen, helfen, Hilfe erhalten), um anschließend die sozialen Eigenschaften dieser Netzwerkmitglieder (z.B. Verwandtschaftsmitgliedschaft, Geschlecht, ethnische Zugehörigkeit) zu erfragen. Solche Namensgeneratoren haben sich nicht nur in der allgemeinen Erforschung enger Sozialbeziehungen bewährt (Bien 2000; Bien und Marbach 1991), es liegen auch Erfahrungen mit Migrantenfamilien vor (Marbach 2006; Nauck 2001a; 2004a; Nauck und Kohlmann 1998).

– Für die Erhebung von ‚weak ties‘ haben sich *Positionsgeneratoren* der Netzwerkanalyse bewährt, bei denen den Befragten eine Liste von repräsentativen Positionen aus der Sozialstruktur vorgelegt wird, um dann die Enge des Kontakts zu ermitteln (Lin und Dumin 1986; Lin 2001: 87ff.). Solche Positionsgeneratoren haben sich insbesondere in der Analyse der Reichweite des Zugangs zu Sozialkapital bewährt. Es liegen zwar bislang keine diesbezüglichen Befunde zu Migrantenminoritäten vor, doch ist es eine naheliegende Hypothese, dass deren Reichweitennachteile im Sozialkapital einen wesentlichen Erklärungsfaktor für Benachteiligungen in der strukturellen Platzierung der Folgegeneration darstellen.

Zum gegenwärtigen Zeitpunkt ergibt sich damit eine sehr unvollständige Bilanz: Zwar gibt es zahlreiche – zumeist indirekte – empirische Hinweise, dass das verfügbare inkorporierte kulturelle Kapital in Migrantenfamilien eine wichtige Determinante des Bildungserfolgs der Folgegeneration ist. Hinsichtlich des Sozialkapitals können dagegen bislang nur wichtige Mechanismen benannt werden, über die die Benachteiligung der Migrantenjugendlichen im deutschen Bildungssystems erklärt werden könnte: Führt die begrenzte Reichweite von ‚weak ties‘ zu Nachteilen in der Informationsbeschaffung (bezüglich der Wahl der Bildungsinstitutionen, wie mit den Positionsinhabern darin umzugehen ist, welche Konsequenzen mit Bildungsentscheidungen verknüpft sind) oder in der Reputation (bezüglich der Durchsetzung elterlicher Interessen im Bildungssystem)? Führen Ressourcensicherung und Beeinflussung in expressiven Sozialbeziehungen dazu, in Situationen einer anstehenden Bildungsentscheidung jeweils die Alternative zu wählen, die den kurzfristig „sicheren" Erfolg bei möglichst geringen sozialen und ökonomischen Kosten verspricht? Bevor auf diese Forschungsfragen keine empirischen Antworten gefunden sind, wird sich die ursächliche Frage hinsichtlich des kulturellen und sozialen Kapitals als Determinante des Bildungserfolgs bei Migranten nicht schlüssig beantworten lassen.

# Literatur

Alba, Richard D., Johann Handl und Walter Müller, 1994: Ethnische Ungleichheit im deutschen Bildungssystem. Kölner Zeitschrift für Soziologie und Sozialpsychologie, 46: 209-237.

Baier, Dirk und Bernhard Nauck, 2006: Soziales Kapital – Konzeptionelle Überlegungen und Anwendung in der Jugendforschung. S. 49-71 in: Angela Ittel und Mans Merkens (Hrsg.), Interdisziplinäre Jugendforschung. Jugendliche zwischen Familie, Freunden und Feinden. Wiesbaden: VS Verlag für Sozialwissenschaften.

Bien, Walter, 2000: Methoden der Netzwerkanalyse. Bd. 1, S. 682-708 in: Ulrich Mueller, Bernhard Nauck und Andreas Diekmann (Hrsg.), Handbuch der Demographie – Modelle und Methoden. Berlin/Heidelberg/New York: Springer.

Bien, Walter und Jan Marbach, 1991: Haushalt – Verwandtschaft – Beziehungen: Familienleben als Netzwerk. S. 3-44 in: Hans Bertram (Hrsg.), Die Familie in Westdeutschland. Stabilität und Wandel familialer Lebensformen. Opladen: Leske + Budrich.

Bourdieu, Pierre, 1983: Ökonomisches Kapital, kulturelles Kapital, soziales Kapital. Bd. 2 Sonderheft der Sozialen Welt, S. 183-198 in: Reinhard Kreckel (Hrsg.), Soziale Ungleichheiten. Göttingen: O. Schwartz.

Bourdieu, Pierre, 1995: Sozialer Raum und „Klassen". Leçon sur la Leçon. Zwei Vorlesungen (3. Aufl.). Frankfurt: Suhrkamp.

Coleman, James S., 1988: Social Capital in the Creation of Human Capital. American Journal of Sociology, 94 Supplement 95: 95-120.

Coleman, James S., 1990: Foundations of Social Theory. Cambridge: Harvard University Press.

Deutsches PISA-Konsortium, 2001: PISA 2000. Basiskompetenzen von Schülerinnen und Schülern im internationalen Vergleich. Opladen: Leske + Budrich.

Diefenbach, Heike, 2004: Bildungschancen und Bildungs(miss)erfolg von ausländischen Schülern oder Schülern aus Migrantenfamilien im System schulischer Bildung. S. 225-249 in: Rolf Becker und Wolfgang Lauterbach (Hrsg.), Bildung als Privileg? Erklärungen und Befunde zu den Ursachen der Bildungsungleichheit. Wiesbaden: VS Verlag für Sozialwissenschaften.

Diefenbach, Heike, 2007: Kinder und Jugendliche aus Migrantenfamilien im deutschen Bildungssystem. Erklärungen und empirische Befunde. Wiesbaden: VS Verlag für Sozialwissenschaften.

Diefenbach, Heike und Bernhard Nauck, 1997: Bildungsverhalten als 'strategische Praxis': Ein Modell zur Erklärung der Reproduktion von Humankapital in Migrantenfamilien. Bd. 12 Sonderheft der Sozialen Welt, S. 277-291 in: Ludger Pries (Hrsg.), Transnationale Migration. Baden-Baden: Nomos.

Diekmann, Andreas, 2007: Dimensionen des Sozialkapitals. Bd. 47 Sonderheft der Kölner Zeitschrift für Soziologie und Sozialpsychologie, S. 47-65 in: Axel Franzen und Markus Freitag (Hrsg.), Sozialkapital. Wiesbaden: VS Verlag für Sozialwissenschaften.

Elder, Glen H. und Avshalom Caspi, 1990: Studying Lives in a Changing Society: Sociological and Personological Explorations. S. 201-247 in: Albert I. Rabin, Robert Zucker, R. Emmons und S. Frank (Hrsg.), Studying Persons and Lives. New York: Springer.

Esser, Hartmut, 1999: Soziologie. Spezielle Grundlagen (Bd. 1: Situationslogik und Handeln). Frankfurt/New York: Campus.

Esser, Hartmut, 2000: Soziologie. Spezielle Grundlagen (Bd. 3: Soziales Handeln). Frankfurt/New York: Campus.

Esser, Hartmut, 2000a: Soziologie. Spezielle Grundlagen (Bd. 4: Opportunitäten und Restriktionen). Frankfurt/New York: Campus.

Franzen, Axel und Markus Freitag, 2007: Aktuelle Themen und Diskussionen der Sozialkapitalforschung. Bd. 47 Sonderheft der Kölner Zeitschrift für Soziologie und Sozialpsychologie, S. 7-22

in: Axel Franzen und Markus Freitag (Hrsg.), Sozialkapital. Wiesbaden: VS Verlag für Sozialwissenschaften.

Franzen, Axel und Sonja Pointner, 2007: Sozialkapital: Konzeptualisierungen und Messungen. Bd.
47 Sonderheft der Kölner Zeitschrift für Soziologie und Sozialpsychologie, S. 66-90 in: Axel
Franzen und Markus Freitag (Hrsg.), Sozialkapital. Wiesbaden: VS Verlag für Sozialwissenschaften.

Furstenberg, Frank F. und Mary E. Hughes, 1995: Social Capital and Successful Development
Among At-Risk Youth. Journal of Marriage and the Family 57: 580-592.

Granovetter, Mark 1973: The Strength of Weak Ties. American Journal of Sociology 78: 1360-
1380.

Hagan, John, Ross MacMillan und Blair Wheaton, 1996: New Kid in Town: Social Capital and the
Life Course Effects of Family Migration on Children. American Sociological Review 61: 368-
385.

Haug, Sonja, 2000: Soziales Kapital und Kettenmigration. Italienische Migranten in Deutschland.
Opladen: Leske + Budrich.

Hechter, Michael, Hyojoung Kim und Justin Baer, 2005: Prediction Versus Explanation in the
Measurement of Values. European Sociological Review 21: 91-108.

Holtbrügge, Heiner, 1975: Türkische Familien in der Bundesrepublik. Duisburg: Sozialwissenschaftliche Kooperative.

Hopf, Diether, 1987: Herkunft und Schulbesuch ausländischer Kinder. Berlin: MPI für Bildungsforschung.

Karasan-Dirks, Sabine, 1980: Die türkische Familie zwischen Gestern und Morgen. Hamburg:
Orient-Institut.

Kriesi, Hanspeter, 2007: Sozialkapital. Eine Einführung. Bd. 47 Sonderheft der Kölner Zeitschrift
für Soziologie und Sozialpsychologie, S. 23-46 in: Axel Franzen und Markus Freitag (Hrsg.),
Sozialkapital. Wiesbaden: VS Verlag für Sozialwissenschaften.

Lin, Nan, 2001: Social Capital. A Theory of Social Structure and Action. Cambridge: Cambridge
University Press.

Lin, Nan und Mary Dumin, 1986: Access to Occupations Through Social Ties. Social Networks 8:
365-385.

Lindenberg, Siegwart, 1984: Normen und Allokation sozialer Wertschätzung. S. 169-191 in: Heinz
Todt (Hrsg.), Normengeleitetes Verhalten in den Sozialwissenschaften. Berlin: Duncker &
Humblot.

Lindenberg, Siegwart, 1990: Rationalität und Kultur. Die verhaltenstheoretische Basis des Einflusses von Kultur auf Transaktionen. S. 249-287 in: Heinz Haferkamp (Hrsg.), Sozialstruktur und
Kultur. Frankfurt: Suhrkamp.

Marbach, Jan H., 2006: Sozialkapital und Integration im Kindesalter. Soziale Netzwerke von türkischen und russlanddeutschen Kindern. S. 71-116 in: Christian Alt (Hrsg.), Kinderleben - Integration durch Sprache? Bedingungen des Aufwachsens von türkischen, russlanddeutschen und
deutschen Kindern. Wiesbaden: VS Verlag für Sozialwissenschaften.

Mehrländer, Ursula, Roland Hofmann, Peter König und Hans Krause, 1981: Situation ausländischer
Arbeitnehmer und ihrer Familienangehörigen in der Bundesrepublik Deutschland. Bonn: Bun-
desminister für Arbeit und Sozialordnung.

Nauck, Bernhard, 1989: Intergenerational Relationships in Families from Turkey and Germany. An
Extension of the 'Value of Children' Approach to Educational Attitudes and Socialization Practices. European Sociological Review 5: 251-274.

Nauck, Bernhard, 1995: Educational climate and intergenerative transmission in Turkish families: A
comparison of migrants in Germany and non-migrants. S. 67-85 in: Peter Noack, Manfred Hof-
er und James Youniss (Hrsg.), Psychological Responses to Social Change. Human Development
in Changing Environment. Berlin/New York: de Gruyter.

Nauck, Bernhard, 2001: Intercultural Contact and Intergenerational Transmission in Immigrant Families. Journal of Cross-Cultural Psychology 32: 159-173.

Nauck, Bernhard, 2001a: Social Capital, Intergenerational Transmission and Intercultural Contact in Immigrant Families. Journal of Comparative Family Studies 32: 465-488.

Nauck, Bernhard, 2001b: Der Wert von Kindern für ihre Eltern. „Value of Children" als spezielle Handlungstheorie des generativen Verhaltens und von Generationenbeziehungen im interkulturellen Vergleich. Kölner Zeitschrift für Soziologie und Sozialpsychologie 53: 407-435.

Nauck, Bernhard, 2004: Interkultureller Kontakt und intergenerationale Transmission in Migrantenfamilien. S. 229-248 in: Yasemin Karakasoglu und Julian Lüddecke (Hrsg.), Migrationsforschung und Interkulturelle Pädagogik. Aktuelle Entwicklungen in Theorie, Empirie und Praxis. Münster: Waxmann.

Nauck, Bernhard, 2004a: Soziales Kapital, intergenerative Transmission und interethnischer Kontakt in Migrantenfamilien. S. 18-49 in: Hans Merkens und Jürgen Zinnecker (Hrsg.), Jahrbuch Jugendforschung. Wiesbaden: VS Verlag für Sozialwissenschaften.

Nauck, Bernhard und Heike Diefenbach: Bildungsbeteiligung von Kindern aus Familien ausländischer Herkunft: Eine methodenkritische Diskussion des Forschungsstands und eine empirische Bestandsaufnahme. S. 289-307 in: Folker Schmidt (Hrsg.), Methodische Probleme der empirischen Erziehungswissenschaft. Hohengehren: Schneider.

Nauck, Bernhard, Heike Diefenbach und Kornelia Petri, 1998: Intergenerationale Transmission von kulturellem Kapital unter Migrationsbedingungen: Zum Bildungserfolg von Kindern und Jugendlichen aus Migrantenfamilien in Deutschland. Zeitschrift für Pädagogik 44: 701-722.

Nauck, Bernhard und Anette Kohlmann: Verwandtschaft als soziales Kapital – Netzwerkbeziehungen in türkischen Migrantenfamilien. S. 203-235 in: Michael Wagner und Yvonne Schütze (Hrsg.), Verwandtschaft. Sozialwissenschaftliche Beiträge zu einem vernachlässigten Thema. Stuttgart: Enke.

Nauck, Bernhard, Anette Kohlmann und Heike Diefenbach, 1997: Familiäre Netzwerke, intergenerative Transmission und Assimilationsprozesse bei türkischen Migrantenfamilien. Kölner Zeitschrift für Soziologie und Sozialpsychologie 49: 477-499.

Neumann, Ursula, 1980: Erziehung ausländischer Kinder. Düsseldorf: Schwann.

Ormel, Johan, Siegwart Lindenberg, Nardi Steverink und Lois M. Verbrugge, 1999: Subjective Well-Being and Social Production Functions. Social Indicators Research 46: 61-90.

Steinbach, Anja, 2001: Intergenerational Transmission and Integration of Repatriate Families from the Former Soviet Union in Germany. Journal of Comparative Family Studies 32: 466-488.

Steinbach, Anja und Bernhard Nauck, 2004: Intergenerationale Transmission von kulturellem Kapital in Migrantenfamilien. Zur Erklärung von ethnischen Unterschieden im deutschen Bildungssystem. Zeitschrift für Erziehungswissenschaft 7: 20-32.

Teachman, Jay D., Kathleen Paasch und Karen Carver, 1996: Social Capital and Dropping Out of School Early. Journal of Marriage and the Family 58: 773-783.

Wilpert, Czarina, 1980: Die Zukunft der zweiten Generation. Königstein: Hain.

# Schuleffekte und institutionelle Diskriminierung – eine kritische Auseinandersetzung mit Mythen und Legenden in der Schulforschung

*Hartmut Ditton und Juliane Aulinger*

## 1 Einleitung

Kinder und Jugendliche mit Migrationshintergrund werden üblicherweise sehr verallgemeinernd zu den Bildungsverlierern in Deutschland gezählt. Diese „Tatsache" scheint durch eine Vielzahl von Studien völlig eindeutig bestätigt zu sein. Auch die aktuellen Ergebnisse aus IGLU und PISA gelten als überzeugender Nachweis dafür. Zurückgeführt wird dieser Tatbestand, der in einer modernen Demokratie innerhalb einer globalisierten Welt als unerwünscht gelten muss, auf unterschiedliche Ursachen. Zum einen auf individuelle und familiale Faktoren wie den sozioökonomischen Status von Migranten, die Kapitalausstattung im Sinne von Bourdieu und spezifische kulturelle Orientierungen, Werthaltungen oder die Rückkehrabsichten. Auf der anderen Seite scheint die These einer *institutionellen Diskriminierung* zunehmend Verbreitung zu finden: Für Migranten resultieren aus den spezifischen selektiven Filtern des Bildungssystems gegenüber den Nicht-Migranten spezifische Nachteile. Konsequenterweise schält sich inzwischen immer deutlicher als geteilte Überzeugung heraus, dass diesem „Zustand" begegnet werden muss. Frühförderung und Ganztagsbeschulung gelten dabei als die Königswege des Erfolgs. Weniger Einheit zeigt sich darüber, wieweit eine Anreicherung um muttersprachliche Angebote notwendig und förderlich oder im Gegenteil – für die angestrebte „Integration" in die Gesellschaft – eher schädlich ist.

Absicht des vorliegenden Beitrags ist ein kritisches Hinterfragen dieser Überzeugungen: Kann die Befundlage so gedeutet werden? Sind die Erklärungsansätze überzeugend und ausreichend differenziert? Ist es berechtigt, von den geplanten und zum Teil schon auf den Weg gebrachten Förderprogrammen durchschlagende Effekte zu erwarten?

Folgende Vorgehensweise wird dazu gewählt: Zunächst wird auf den zu Grunde liegenden Migrationsbegriff eingegangen. Darauf folgt die Darstellung unterschiedlicher Erklärungsansätze, die zum einen die Ursachen von Bildungsungleichheit auf der Seite der Migranten verorten, und zum anderen solche, die

Ursachen im Bildungssystem suchen. Empirische Ergebnisse bilden einen weiteren Abschnitt. Den Abschluss bildet eine zusammenfassende Stellungnahme
zu den oben angesprochenen Fragen.

## 2  Migrationsbegriff

Auch wenn die Verwendung des Begriffs in der öffentlichen und wissenschaftlichen Diskussion dies nahe legt, bilden „die Migranten" alles andere als eine
homogene Gruppe. Von der etymologischen Bedeutung her lassen sich „Migration" bzw. „Migrant" gleichsetzen mit „Wanderung" bzw. „Wanderer" (Han
2005). Dieser Bedeutung zuordnen lässt sich auch die Verwendung des Begriffs
„Ausländer". Hierunter fallen nach Herwartz-Emden (2003) die sogenannten
Arbeitsmigranten sowie deren Kinder und Enkel (unabhängig davon, ob diese
die deutsche Staatsbürgerschaft haben oder nicht), Asylberechtigte, De-Facto-
Flüchtlinge, Asylsuchende, Bürgerkriegsflüchtlinge, Konventions- und Kontin-
genzflüchtlinge, Personen aus EU-Ländern und heimatlose Ausländer. Obwohl
die einzig verbindende Gemeinsamkeit dieser Personengruppen das Faktum der
(Ein-)Wanderung ist, erfolgt eine pauschalisierende Subsumierung unter einen
Einheitlichkeit suggerierenden Begriff (Herwartz-Emden 2003).
    Durch eine ähnliche Undifferenziertheit zeichnet sich auch die offizielle Sta-
tistik aus, die nur sehr eingeschränkt Informationen zu den Migrantengruppen
beinhaltet. Wichtige Angaben, die z.B. für die Schul- und Bildungsforschung
interessant wären, fehlen und eine genauere Lagebeschreibung ist somit nicht
möglich (Gogolin 2005; Preuss-Lausitz 2000). Durch eine Beschränkung auf die
Dokumentation der Zu- und Fortzüge sowie der Staatsangehörigkeit bei der
Zuwanderung aus dem internationalen Raum, gehen zahlreiche Personen mit
Migrationshintergrund nicht in die Statistik ein (Eingebürgerte, Aussiedler mit
deutschem Pass oder auch Personen mit einer zweiten Staatsangehörigkeit neben der deutschen). Zum anderen umfasst die offizielle Statistik nur diejenigen,
die sich auch bei den zuständigen Ämtern an- bzw. abgemeldet haben. Gerade
in der Gruppe der Zuwanderer kann dies aber oft unterbleiben (Gogolin 2005).
Auch über Art und Grund der Migration gibt die Statistik keine Auskünfte,
obwohl gerade diese Informationen von hoher Relevanz wären. Migrant ist
somit in der offiziellen und undifferenzierten Lesart sowohl der Akademiker aus
der Schweiz, der Mitglied im Vorstand eines Unternehmens sein kann, als auch
der „Zuwanderer" aus dem Südosten der Türkei, der auf Grund politischer Ver-
folgung aus seinem Heimatland geflüchtet ist und nun in Deutschland (irgendeine) Arbeit zu finden hofft.

Bislang erhielt man eine ähnlich unbefriedigende Antwort auf die Frage nach der Zusammensetzung der Gruppe von Personen mit Migrationshintergrund beim Studium des Datenreports des Statistischen Bundesamtes zur ausländischen Bevölkerung (Statistisches Bundesamt 2006). Auch in diesen flossen bisher nur Bürger mit nicht-deutscher Staatsangehörigkeit ein. Seit 2005 werden inzwischen Fragen zur Erfassung eines Migrationsstatus in die amtlichen Erhebungen mit einbezogen, so dass im Statistischen Jahrbuch 2007 auch erstmals Personen mit Migrationshintergrund ausgewiesen werden konnten. Unterschieden wird dabei zwischen Personen mit Migrationshintergrund im engeren Sinne (alle Personen, die nach 1949 auf das heutige Gebiet der Bundesrepublik gezogen sind, sowie alle in Deutschland geborenen Ausländer) und im weiteren Sinne (alle, die als Deutsche hier geboren sind mit mindestens einem zugewanderten oder als Ausländer in Deutschland geborenen Elternteil). Nur für die erste Gruppe liegen jährliche Daten vor. Bestimmt wird der Migrationsstatus einer Person aus Angaben zu Einreise, Einbürgerung und Staatsangehörigkeit sowie aus den entsprechenden elterlichen Angaben (Statistisches Bundesamt 2007).

Dass ein Migrationsbegriff, der sich an Merkmalen des Zuzugs und der Staatsangehörigkeit ausrichtet, für die Bildungsforschung nicht ausreichend sein kann, ist offensichtlich. In Anlehnung an die internationalen Vergleichsstudien (PISA, IGLU) werden daher in der Regel in der Forschung differenziertere Indikatoren für die Erfassung des Migrationsstatus herangezogen: das Geburtsland der Eltern und der Kinder, das Einreisealter, die erlernte Muttersprache, der Sprachgebrauch in der Familie und die Schulbesuchszeiten bzw. erworbenen schulischen Abschlüsse innerhalb und außerhalb des Aufenthaltslandes (Deutsches PISA-Konsortium 2001). Damit ergibt sich jedoch bereits als nächstes Problem, dass zahlreiche Optionen zur Festlegung des Migrationsstatus gewählt werden können. Dass damit die Vergleichbarkeit zwischen offizieller Statistik, empirischen Studien und der Studien untereinander erschwert bis nahezu unmöglich gemacht wird, liegt auf der Hand (Hunger und Thränhardt 2006; Karakaşoğlu-Aydin 2001).

Hinsichtlich der Herkunftsländer ist davon auszugehen, dass die zahlenmäßig am stärksten vertretenen Gruppen Einwanderer aus der Türkei, aus Gebieten der ehemaligen Sowjetunion, aus dem ehemaligen Jugoslawien und aus Ländern der EU sind. Dabei stellen die Gruppe der Migranten türkischer Herkunft die größte und Einwanderer aus der ehemaligen Sowjetunion die zweitgrößte Gruppe dar (Karakaşoğlu-Aydin 2001). Nach den Daten des Statistischen Bundesamtes (Statistisches Bundesamt 2010) ergeben sich folgende Anteile nach Herkunftsland: Türkei 24,8%, ehemaliges Jugoslawien ca. 11%, Italien 7,7%,

Polen 6,0% und Griechenland 4,2%. Problematisch wird es bei der genauen
Festlegung der Gruppe der Zuwanderer aus den Gebieten der ehemaligen Sowjetunion, da diese einen sehr unterschiedlichen Status haben können (eine detaillierte Darstellung findet sich bei Klement (2006).

Das Herkunftsland ist natürlich keineswegs ausreichend, um den Migrationsstatus angemessen zu kennzeichnen. Untersuchungen an Essener Grundschulen
(Chlosta und Ostermann 2007) ergaben, dass sich mit der Erfassung von Herkunftsland und Mehrsprachigkeit höchst unterschiedliche Gruppen bilden lassen. So finden sich in der Gruppe der Migranten nach Herkunftsland auch Kinder, die nur Deutsch zu Hause sprechen, während andererseits der Gruppe der
Nicht-Migranten auch Kinder angehören, die zu Hause auch eine andere Sprache sprechen (Chlosta und Ostermann 2007). Tiedemann und Billmann-
Mahecha (2004) bemängeln diesbezüglich, dass eine Erfassung des Migrationsstatus über das Geburtsland (der Eltern oder des Kindes) keine ausreichende
Auskunft über den Grad der sozialen und kulturellen Integration gibt, sondern
dies eher über die Sprachpraxis möglich sei. Systematische Daten für Deutschland dazu fehlen allerdings. Vermuten lässt sich aber, dass als Näherungswerte
Ergebnisse aus Erhebungen in anderen Ländern herangezogen werden können:
In Zählungen in Schweden kam man auf über 100, in London sogar auf über
300 verschiedene Sprachen (H. H. Reich und Roth 2002). Fürstenau, Gogolin
und Yağmur (2003) fanden in Hamburg im Rahmen ihrer Untersuchung bis zu
90 verschiedene Sprachen, die die dort untersuchten Schüler sprachen. Eine der
ersten umfassenderen Untersuchungen, die oben schon erwähnte Erhebung in
Essen, ergab ca. 120 unterschiedliche Sprachen (Chlosta und Ostermann 2007).
Auch dort wird auf den besonderen Stellenwert des *Sprachgebrauchs* verwiesen: Herkunftsland, Mehrsprachigkeit und Sprachgebrauch in der Familie würden zusammen ein umfassenderes Bild ergeben als nur der Rückbezug auf die
Staatsangehörigkeit oder das Herkunftsland. Gerade im Bereich der Schul- und
Bildungsforschung sollte daher versucht werden, die Gruppe der Personen mit
Migrationshintergrund differenzierter zu erfassen, als das oft geschieht (Hopf
1987).

## 3  Erklärungsansätze zur Benachteiligung von Migranten im Bildungssystem

Der Migrationsstatus an und für sich ist ebenso wenig schon eine Erklärung für
Unterschiede im Lernerfolg oder der Bildungsbeteiligung wie der soziale Status.
Als vermittelnde Größen kommen eine Vielzahl von Faktoren in Betracht, u.a.
die spezifischen Bedingungen der Lebenssituation, die Vertrautheit mit der

Kultur und Sprache des Aufenthaltslandes sowie mit den Besonderheiten des Bildungssystems. Mit Blick auf die Heterogenität der Migrantengruppe sind diesbezüglich erhebliche Unterschiede zu erwarten, allein schon im Hinblick auf den sozioökonomischen Status (Klemm 1994). Unterschiede im sozioökonomischen Status allein scheinen jedoch zur Erklärung von Migrationseffekten nicht ausreichend zu sein. Insofern wird häufig argumentiert, dass weitere Gründe für eine Bildungsbenachteiligung auch in kulturspezifischen Werten und Verhaltensweisen der Migranten liegen könnten (Leenen, Grosch, und Kreidt 1990) und dass im Zuge eines längeren Aufenthaltes bei zunehmender Integration bzw. Assimilation diese Ungleichheiten abnehmen sollten (Esser 1989a, 2004). Andere Erklärungsmodelle rekurrieren dagegen auf die Bedingungen innerhalb des Bildungssystems, spezifisch auf subtile Mechanismen einer *institutionellen Diskriminierung*, wie sie von Faist (1993) sowie Gomolla und Radtke (2002) beschrieben werden (Diefenbach 2004).

Systematisierungen der unterschiedlichen Erklärungsansätze sind mehrfach vorgenommen worden. Karakaşoğlu-Aydin (2001) beispielsweise unterteilt nach dem jeweils zentralen Fokus der Ansätze: Zum einen steht oft das soziokulturelle Milieu des Kindes im Mittelpunkt. Hier ließen sich dann vor allem solche Ansätze zuordnen, die den geringeren Bildungserfolg von Migrantenkindern durch kulturelle Differenzen begründet sehen. Des Weiteren finden sich Erklärungsversuche mit einem eher sozialökologischen Fokus. Verwiesen wird hier vor allem auf Wechselwirkungen zwischen den Systemen Familie und Schüler auf der einen sowie Schule und Gesellschaft auf der anderen Seite. Weitere Erklärungsansätze gehen von der bereits erwähnten institutionellen Diskriminierung aus (Gomolla und Radtke, 2002) oder stellen den monolingualen Habitus der Schule als wesentlichen Faktor heraus (Fürstenau und Gomolla 2011; Gogolin 2002, 2006; Krüger-Potratz 2011).

In einem Versuch, die unterschiedlichen Ansätze zu systematisieren, unterscheidet Diefenbach (2004) nach vier Gruppen: (a) Benachteiligung primär auf Grund kultureller Differenzen; (b) humankapitaltheoretische Erklärungen; (c) Bedingungen in der Schule oder der Schulklasse; (d) institutionelle Diskriminierung. Für den vorliegenden Beitrag ist vor allem danach zu unterscheiden, ob Ursachen eher auf der Seite der Migranten (der Individuen oder der familialen Situation) oder auf Seiten der Bildungsinstitutionen bzw. des Bildungssystems verortet werden. Diese Unterscheidung ist nicht zuletzt deshalb bedeutsam, weil auch in der öffentlichen und bildungspolitischen Diskussion Vorschläge zur Verbesserung der Bildungssituation von Migranten an diesen beiden Polen ansetzen (z.B. Integration durch Abbau kultureller, besonders sprachlicher „Defizite" vs. Abbau von Bildungsbarrieren).

*Kulturdifferenzthese und humankapitaltheoretische Erklärungen*

Die Kulturdifferenzthese stammt in ihrer ursprünglichen Form aus der Kriminologie (K. Reich 2004) und sieht schulisches Versagen in Passungsproblemen bei der kulturellen Eingliederung begründet. Als bedeutsam für den schulischen Erfolg gilt insofern in erster Linie die kulturelle Übereinstimmung bzw. Distanz zwischen Herkunfts- und Aufnahmeland (Karakaşoğlu-Aydin 2001). Somit wird von einer spezifischen kulturellen Orientierung der Schulen ausgegangen. Abweichungen von der im System dominanten Kultur führen zu Schwierigkeiten. Man kann dies zum einen als systemfunktionalen Mechanismus sehen, der dem Erhalt von Macht und Herrschaft dient. Diese Argumentation findet sich bereits bei Bourdieu und Passeron (1971). Sofern die Differenz jedoch als mangelnde Fähigkeit der Migranten bzw. einzelner Gruppen interpretiert wird, würde dies der Kulturdefizit-These entsprechen. Die damit jeweils implizierte Passungsthese erscheint zwar intuitiv plausibel, aber jedoch mit Blick auf vorliegende empirische Befunde ist sie nicht unbedingt auch überzeugend. Verwiesen sei auf den häufiger ermittelten Befund, dass Kinder italienischer Herkunft als ebenso oder noch stärker benachteiligt gelten können wie Kinder türkischer Herkunft (Hunger und Thränhardt 2001). Dabei wäre doch anzunehmen, dass eine kulturelle Passung bei der ersten Gruppe eher gegeben sein sollte. Vermutlich ist es auch gar nicht angebracht, von einer kulturellen Distanz oder Passung *verallgemeinernd* zu sprechen. Wichtig könnte vielmehr sein, differenziert zu prüfen, welche Aspekte im Einzelnen welchen Stellenwert genauer haben. Dies würde voraussetzen überhaupt zu definieren, in welcher spezifischen Bedeutung der äußerst vielschichtige „Kulturbegriff" dann verwendet wird.

Eine entscheidende Bedeutung für die Bildungschancen dürfte die jeweilige Migrationsbiographie haben. Von daher ist es plausibel anzunehmen, dass vor allem auch das Einreisealter eine wichtige Rolle spielt (Kristen 2003). Mehrere Untersuchungen weisen darauf hin, dass mit höherem Einreisealter und späterem Eintritt in das Schulsystem des Aufnahmelandes schlechtere Chancen einhergehen, einen höheren Schulabschluss zu erreichen (Boos-Nünning und Karakaşoğlu-Aydin 2004; Esser 1989b). Boos-Nünning und Karakaşoğlu-Aydin (2004) verweisen diesbezüglich auf die besseren deutschen Sprachkenntnisse, die eine frühe Einreise mit sich bringt, sowie auf eine erschwerte schulische Eingliederung, wenn die Einreise nach dem 13. Lebensjahr erfolgt. Auch Esser (1989b, 2006) sieht einen Zusammenhang zwischen Einreisealter und Spracherwerb: je höher das Einreisealter, desto eher wird die Herkunftssprache beibehalten, was sich negativ auf den Erwerb von Deutschkenntnissen auswirkt. Ein längerer Aufenthalt könnte dementsprechend also zunehmende Assimilation an die Aufnahmegesellschaft mit sich bringen und damit vermutlich auch eine Besserstellung im Bildungssystem bewirken. Diese These (das so genannte Assimilationsmodell) wird innerhalb der Migrationssoziologie schon länger kontrovers diskutiert (Esser 1989a). Verallgemeinert müsste dieser These gemäß eine Integration im Laufe der Generationen sozusagen zwangsläufig erfolgen und spätestens in der dritten Generation in die Aufgabe der Herkunftskultur münden. Als Gegenposition ist zum einen das so genannte Segmentationsmodell zu nennen, demzufolge es auch in der Generationenabfolge bei ethnischen Segmentationen und Orientierungen bleibt bzw. sogar eine Verstärkung erfolgt (Esser 1989a). Zum anderen fänden sich aufgrund des Aufkommens transnationaler Migrationssysteme kaum noch „[...] räumliche(n), staatliche(n), institutionelle(n) oder kulturelle(n) Vorgaben und Begrenzungen mehr, die den Bezugspunkt für die ‚Assimilation' bilden könnten" (Esser 2004: 41).

Wichtig für den Bildungserfolg und die Entstehung von Disparitäten sind insbesondere die Zuweisungen zu Bildungslaufbahnen und die damit einhergehenden Bildungsentscheidungen an Übergangsstellen im Bildungssystem. Eine Schlüsselfunktion haben in Deutschland hierbei der Übergang in die Sekundarstufe und der Verbleib im Bildungssystem über die Pflichtschulzeit hinaus. Erklärt werden die Übergangsprozesse überwiegend im Rahmen des Rational-Choice-Modells (Boudon 1974; Breen und Goldthorpe 1997; Erikson und Jonsson 1996). Bildungsentscheidungen werden demnach auf der Basis von Kosten-Nutzen-Überlegungen zu den möglichen Bildungsalternativen getroffen, wobei die erwarteten Erfolgschancen eine maßgebliche Rolle spielen. Nach Boudon (1974) kann dabei zwischen primären und sekundären Effekten unterschieden werden. Primäre Effekte beziehen sich auf den unterschiedlichen Stand der schulischen Leistungen, die sich auf unterschiedlich günstige Bedingungen des Aufwachsens je nach sozialer Herkunft zurückführen lassen. Sekundäre Effekte zeigen sich darin, dass trotz gleicher schulischer Leistungen dennoch unterschiedliche Bildungsentscheidungen getroffen werden. Sie resultieren aus unterschiedlichen Kosten-Nutzen-Kalkulationen im Vergleich der sozialen Gruppen und stehen in Beziehung zu den Bemühungen um den Erhalt des bereits erreichten sozialen Status (Breen und Goldthorpe 1997). Bei Übergangsentscheidungen spielen also mehrere Faktoren eine Rolle: Zum einen die erwarteten Kosten des weiterführenden Schulbesuchs, wobei hiermit nicht nur direkte monetäre Kosten gemeint sind, sondern auch entgangenes Einkommen, notwendige Unterstützungsleistungen usw. Auf der anderen Seite werden Bildungsentscheidungen auch von den verfügbaren Ressourcen beeinflusst, womit das verfügbare Kapital im Sinne Bourdieus (1983) – ökonomisches Kapital, kulturelles Kapital, soziales Kapital und symbolisches Kapital – bedeutsam ist. Je umfangreicher das verfügbare Kapital ist, umso besser stehen die Chancen, anspruchsvollere Bildungslaufbahnen wählen zu können und riskantere Entscheidungen zu treffen. Hinsichtlich der Situation von Migranten sieht Kristen (2003) diesbezüglich z.b. die Betreuungs- und Unterstützungsmöglichkeiten zur Gewährleistung des Schulerfolgs als relevant an. Migrantenfamilien könnten aufgrund geringerer Ressourcen häufiger mit Problemen konfrontiert sein als autochthone Familien. Zum einen dürfte es ihnen schwerer fallen, ihre Kinder außerschulisch, zum Beispiel bei Hausaufgaben und Vorbereitungen auf Prüfungen, adäquat zu unterstützen. Zum anderen fehlt möglicherweise das nötige Wissen, um erfolgreiche Strategien zum Erreichen höherer Bildung wählen zu können (Kristen 2003; Kristen und Granato 2007).

*Institutionelle Diskriminierung und Kompositionseffekte*

Mit dem Begriff *institutionelle Diskriminierung* werden institutionelle Regelungen und Praktiken bezeichnet, die so angelegt sind, dass für einzelne soziale Gruppen systematisch Vorteile und Nachteile entstehen. Es handelt sich also nicht um eine mutwillige, von einzelnen Akteuren bewusst gewollte Diskriminierung, sondern um versteckte, teils auch nicht hinsichtlich ihrer Folgen bedachte Systemmechanismen. Wie Gomolla und Radtke (2002) betonen, ist institutionelle Diskriminierung eher als (Neben-)Folge der Handlungen von Institutionen und Organisationen aufzufassen, die aus den Strukturen und alltäglichen Praktiken der jeweiligen Einrichtungen resultiert. Dabei werden zwei Formen der Diskriminierung in Anlehnung an Feagin und Feagin (1986) unterschieden: zum einen z.b. gesetzliche Vorschriften, also hoch formalisierte Handlungsregelungen, wie sie sich im Aufenthaltsrecht oder im Arbeitserlaubnisrecht wieder finden. Feagin und Feagin (1986) bezeichnen diese auch als direkte Formen der Diskriminierung. Demgegenüber steht ein breites „Dunkelfeld" (Gomolla und Radtke 2002), in dem alltäglich Diskriminierungen durch die Anwendung „ungeschriebener Gesetze" bzw. institutioneller Regeln stattfinden, die eine bestimmte Gruppe (unbeabsichtigt) überproportional oft treffen. Die diskriminierende Wirkung dieser Regeln ist oft nicht auf den ersten Blick zu erkennen. In diesem Sinn wird also eine Verursachung von Ungleichheit postuliert, die nicht auf individuelle Merkmale, sondern auf institutionelle Bedingungen zurückzuführen ist (Gomolla und Radtke 2002). Schulische Selektionsentscheidungen produzieren aufgrund der dabei zum Tragen kommenden „Normen, Gewohnheiten und Routinen", stabile Ungleichverteilungen der Bildungsabschlüsse nach

Merkmalen der Herkunft, wobei die Normen und Routinen wiederum in institutionalisiertem Wissen begründet sind (Gomolla und Radtke 2002).

Diskriminierende Mechanismen gegenüber Migranten hat Gomolla (2006) an Bielefelder Grundschulen untersucht. Nach einer Auswertung der lokalen Schulstatistiken kommt sie zu dem Schluss, dass Diskriminierungseffekte bei der Einschulung, bei Überweisungen auf die Sonderschule sowie beim Übertritt in die Sekundarstufe bestehen. So wurden beispielsweise fehlende Deutschkenntnisse mit fehlender Schulreife oder geringen kognitiven Fähigkeiten gleichgesetzt. Des Weiteren finden sich Anträge auf Überweisung in eine Sonderschule bereits zu deutlich früheren Zeitpunkten. Es scheint so zu sein, dass Fördermöglichkeiten, die einen Verbleib in der Regelschule erlauben würden, oft gar nicht erst in Betracht kommen. Ähnliche Mechanismen und Argumentationsmuster seien hinsichtlich der Übergänge in die weiterführenden Schulen gegeben. Hier würden z.b. seitens der Lehrkräfte mangelnde Sprachfördermöglichkeiten an höheren Schulen oder die geringeren Unterstützungsmöglichkeiten der Eltern als Begründung für eine Hauptschulempfehlung angegeben (Gomolla 2006). Über vergleichbare Mechanismen bezogen auf den Zugang zu beruflicher Bildung und in den Arbeitsmarkt berichtet Faist (1993) für Deutschland und die USA. Er spricht von systematischen Mechanismen seitens der Arbeitgeber, die Jugendlichen mit Migrationshintergrund den Zugang zu bestimmten Bereichen des Arbeitsmarktes erschweren bzw. verwehren (Faist 1993). Aus Sicht der Institutionen werden diese Mechanismen allerdings nicht als diskriminierend, sondern vielmehr als systemfunktionale Regelungen oder vorgegebene Notwendigkeiten verstanden (Gomolla 2006). In der Tat dürfte es auch nicht einfach sein, diese beiden Aspekte trennscharf gegeneinander abzugrenzen.

Im deutschen Schulsystem werden die Schüler schon früh nach Leistung differenziert und auf unterschiedliche Schulformen verteilt. Die Schulformen stellen dabei *differentielle Lern- und Entwicklungsmilieus* dar, in denen Kinder und Jugendliche „unabhängig von und zusätzlich zu ihren unterschiedlichen persönlichen, intellektuellen, kulturellen, sozialen und ökonomischen Ressourcen" unterschiedliche Entwicklungsbedingungen vorfinden (Baumert, Trautwein und Artelt 2003; Baumert, Stanat und Watermann 2006). Der Lernzuwachs ist somit für Schüler gleicher Ausgangsbedingungen in Abhängigkeit von der besuchten Schulform höchst unterschiedlich: Gymnasien stellen nicht unerwartet eine lernförderlichere Umgebung dar als z.B. Hauptschulen. Darüber hinaus finden sich auch zwischen den einzelnen Schulen ein und derselben Schulform Unterschiede, die ebenso im Sinne differentieller Milieus interpretiert werden können. Die Unterschiede beziehen sich sowohl auf Fähigkeitsniveaus der Schüler als auch die soziale Zusammensetzung der Schülerschaft (Baumert et al. 2003). Abhängig von den Lernvoraussetzungen der Schüler und dem schulischen Kontext finden sich erhebliche Unterschiede im erreichten Niveau schulischer Leistungen.

Die differentiellen schulischen Entwicklungsmilieus resultieren in erheblichem Maße aus dem Zusammenwirken von Selektions- und Segregationseffekten. Die Schulformen – teils auch die einzelne Schulen – sind insofern nach der sozialen Herkunft und den Leistungsvoraussetzungen der Schülerschaft stratifiziert, als sie besonders die Schüler bestimmter Herkunftsgruppen und ihrer jeweiligen Einzugs- resp. umliegender Wohngebiete rekrutieren. Zudem versuchen insbesondere Eltern der höheren Statusgruppen – bei gegebener Wahlmöglichkeit – Schulen zu vermeiden, die eine ihrer Meinung nach ungünstige Zusammensetzung der Schülerschaft aufweisen (Wiese 1986). Da mit der Zusammensetzung der Schülerschaft auch das schulische Anspruchsniveau und die Qualität des Lernangebots variiert (Portes und Hao 2004; Wiese 1986), besteht die Gefahr eines Teufelskreises: die leistungsmäßige und soziale Zusammensetzung wirkt auf den Lernerfolg und dieser wirkt zurück auf Schulwahlentscheidung der Eltern und die Rekrutierung der Schülerschaft.

Hinweise auf schulische Kompositionseffekte liefern schon die Studien von Coleman (1966). Ungeachtet seiner skeptischen Einschätzung zur Bedeutsamkeit von Schuleffekten insgesamt stellt auch er schon fest, dass die schulischen Leistungen von benachteiligten Schülern in stärkerem Maße von der Qualität des schulischen Angebots abhängig sind. Die Diskussion zu Kompositionseffekten nimmt inzwischen einen zunehmend höher werdenden Stellenwert ein (zsfsd.: Baumert et al. 2006). Zwar sind die bisherigen Forschungsergebnisse nicht immer konsistent – wofür es mehrere Gründe gibt (Thrupp et al. 2002). Recht eindeutig zeigt sich aber übereinstimmend, dass von der Zusammensetzung der Schülerschaft – insbesondere hinsichtlich der kognitiven resp. leistungsmäßigen Bedingungen – teils sehr erhebliche Effekte ausgehen.

Intensiver diskutiert wird in diesem Zusammenhang in neuerer Zeit besonders, inwieweit der Anteil von Schülern mit Migrationshintergrund bedeutsam für den Leistungsstand ist und ob sich „Schwellenwerte" finden, ab denen das Schulklima umzukippen droht. Möglicherweise ist diese Frage schon im Ansatz falsch gestellt, da sich zeigt, dass nicht der Migrantenanteil ausschlaggebend ist, sondern unterschiedliche Faktoren zusammenwirken, die für einen hohen Anteil an Schülern mit ungünstigen Lernvoraussetzungen stehen. Darauf ist noch zurückzukommen.

## 4 Untersuchungen zu Migrationsstatus und Bildungserfolg

Sich einen Überblick zum Stand der Migrationsforschung zu verschaffen, ist nicht einfach. Die Vielschichtigkeit und Unklarheiten des Migrationsbegriffs spiegeln sich in Form unterschiedlicher Operationalisierungen des Migrationsstatus in Erhebungen der Behörden und in empirischen Erhebungen wider. Verwendete Merkmale sind die Staatsbürgerschaft und Nationalität, das Geburtsland, die Muttersprache bzw. Erstsprache oder primäre Umgangssprache sowie die Zugehörigkeit zu einer Sprach- oder Herkunftsgruppe. Häufig wird danach unterschieden, ob kein, ein oder beide Elternteile im Ausland geboren sind, und es wird nach der ersten bis dritten Migrantengeneration unterteilt. Nicht nur diese variierenden Operationalisierungen von Migration stellen ein Problem dar. Vielmehr werden – wie in anderen Bereichen sozialwissenschaftlicher Forschung auch – unterschiedliche Kriterien des Lern- oder Bildungserfolgs verwendet. Es werden unterschiedlichste Analyseverfahren gewählt und wiederum unterschiedliche Drittvariablen kontrolliert. Bei zahlreichen Studien zu Bildungsverläufen ist die Aussagekraft erheblich eingeschränkt, weil keine (objektiven) Daten zu schulischen Leistungen berücksichtigt werden. Allein schon von daher ist mit den nachfolgenden Ausführungen ein umfassender Überblick zur Migrationsforschung weder beabsichtigt noch möglich. Die Übersicht konzentriert sich vielmehr auf Studien zu schulischen Leistungen und Bildungsverläufen, wobei – soweit möglich – auch auf Differenzen zwischen unterschiedlichen Gruppen von Migranten eingegangen werden soll.

Bei der *Lernausgangslagenuntersuchung* (LAU) in Hamburg handelt es sich um eine zwar regional eingeschränkte Erhebung, aber ihr entscheidender Vorteil besteht jedoch darin, dass erstmals in Deutschland Daten im Längsschnitt über die gesamte Schullaufbahn erhoben wurden. Somit sind auch Analysen zu Anschlussstellen und Übergängen im Bildungssystem möglich. LAU beinhaltet auch Analysen für die Gruppe der Migranten. Allerdings ist LAU keine spezifische Migrationsstudie, und eine entsprechend tiefe Differenzierung darf daher nicht erwartet werden.

In einer Vorstudie zu LAU stellte sich heraus, dass bezüglich der Übertrittsempfehlungen am Ende der Grundschulzeit Migrantenkinder nicht, wie erwartet wurde, benachteiligt werden. Eher ist das Gegenteil der Fall. Die Übertrittsstandards, d.h. das erforderliche Leistungsniveau für den Übergang in die höheren Schulformen, liegt für die Kinder mit Migrationshintergrund *niedriger* als für die Muttersprachler (Lehmann und Peek 1996: 71 ff.). In der Hauptstudie, einer Vollerhebung an allen Hamburger Schulen, wurde dieser Befund bestätigt. Die Ergebnisse sprechen insofern dafür, dass Migrantenkinder in Hamburg mit einem gewissen „Bonus" seitens der Lehrkräfte rechnen können (Lehmann und Peek 1997).

Analysen für den Zeitpunkt am Ende der Pflichtschulzeit liegen aus LAU9 vor. Wie die Ergebnisse zeigen, sind Migrantenkinder in den höheren Bildungsgängen *absolut* betrachtet unterrepräsentiert. Werden jedoch die Lernvoraussetzungen und fachlichen Leistungen berücksichtigt, kehrt sich dies in eine *Überrepräsentation* um (Lehmann et al. 2002: 146ff.). Auffällig sind zudem die Differenzen in den schulischen Leistungen zwischen den unterschiedlichen Migrantengruppen: Junge Migranten aus der Türkei und aus Afghanistan liegen in den schulischen Leistungen deutlich unter dem Durchschnitt (d = -.50 / -.70), während solche aus der EU dagegen überdurchschnittlich gut abschneiden (d = .33). Für junge Migranten aus Polen trifft dies in noch stärkerem Maße zu (d = +.70). Etwas unterdurchschnittlich fallen die Leistungen für aus Russland kommende Jugendliche aus (d = -.14).

Die unterschiedlichen Quoten des Besuchs weiterführender Schulen in der Sekundarstufe finden im Berufsschulsystem ihre Fortsetzung. Sie zeigen sich hier als Differenzen in den Besuchsquoten vollqualifizierender (Berufsschule) gegenüber lediglich teilqualifizierender Ausbildungsangebote. An dieser Schnittstelle finden sich über Leistungsunterschiede hinausgehende Bevorzugungen bzw. Benachteiligungen im Vergleich bestimmter Herkunftsgruppen: Relativ zu jungen Migranten aus der Referenzgruppe der Albaner haben Migranten aus der EU sowie der Russischen Föderation, dem ehemaligen Jugoslawien und Polen günstigere Chancen. Junge Migranten aus der Türkei unterscheiden sich dagegen nicht signifikant von der Referenzgruppe der Albaner (Lehmann et al. 2005: 105 ff.).

Während LAU für die untersuchte Population in Hamburg zum Ende der Sekundarstufe I einen *Vorteil* für Jugendliche mit Migrationshintergrund hinsichtlich der besuchten Schulform findet, ist das in PISA nicht der Fall. Differenzen in der Verteilung auf die Schulformen bestehen absolut gesehen zum Nachteil von Migranten, und diese Differenzen bestehen auch unter Kontrolle der Sozialschicht fort. Wird jedoch zudem die Lesekompetenz kontrolliert, sind die Differenzen nicht mehr bedeutsam (Deutsches PISA-Konsortium 2001: 374). Wie sich außerdem in den Analysen für die erzielten Leseleistungen zeigt, hat die Verwendung von Deutsch als hauptsächlicher Umgangssprache – und somit wohl die Sprachkultur und Sprachbeherrschung – diesbezüglich einen hohen positiven Stellenwert. Vergleichbare Ergebnisse wurden auch in PISA 2003 und 2006 ermittelt.

Die Ergebnisse aus den beiden bisherigen IGLU-Erhebungen fallen demgegenüber weniger konsistent aus. In der ersten Studie finden sich Effekte des

Migrationsstatus nicht nur bezüglich der schulischen Leistungen, sondern auch für die Übergangschancen in die höheren Schulen (Bos et al. 2004). Diese Unterschiede bleiben auch unter Kontrolle von Sozialschicht und Lesekompetenz bedeutsam. Kinder aus Familien, deren beide Elternteile in Deutschland geboren sind, haben eine 1,73-fache bzw. 1,66-fache Chance, eine Realschule oder ein Gymnasium zu besuchen, im Vergleich zu Kindern aus Familien, deren beide Elternteile im Ausland geboren sind. Dieser Befund kennzeichnet das Ergebnis für Deutschland insgesamt. Im Vergleich der Länder ergibt sich, dass in Baden-Württemberg signifikante Effekte gefunden werden, in Bayern, Hessen und Nordrhein-Westfalen sind die Differenzen in den Übertrittschancen dagegen nicht signifikant (Bos et al. 2004).

Differenziertere Analysen wurden für IGLU 2006 vorgelegt. Als erklärende Faktoren für Unterschiede in den Leseleistungen nach dem Migrationsstatus wurden der Buchbesitz und die Sozialschicht bzw. das Bildungsniveau ermittelt. Unter Berücksichtigung dieser Faktoren reduzieren sich die Leistungsnachteile der Migrantenkinder im Lesen merklich (von 48 auf 26,7 Testwertpunkte), vollständig sind die Differenzen jedoch nicht erklärt (Schwippert et al. 2007: 264). Im Hinblick auf die Gymnasialpräferenzen der Eltern ergeben sich unter Kontrolle der Leseleistungen keine Unterschiede nach dem Migrationsstatus. Für die Gymnasialempfehlungen der Lehrkräfte bleibt ein schwacher Effekt bestehen. Dieser bezieht sich wiederum auf die Differenzen zwischen Kindern von denen kein oder beide Elternteile in Deutschland geboren sind. Der Effekt ist jedoch schwach (odds ratio: 1,20) und lediglich auf dem 5%-Niveau signifikant (Arnold et al. 2007: 289).

In der KOALA-S-Studie – einer Längsschnittuntersuchung an Grundschulen in Bayern – finden sich keine Effekte des Migrationsstatus auf die Übertrittsempfehlungen der Lehrkräfte, die über Unterschiede in den schulischen Leistungen hinausgehen. Auch für eine Benachteiligung bezüglich der Noten finden sich keine Belege (Ditton 2007). Allerdings ergibt sich, dass Eltern mit Migrationshintergrund hohe Bildungsaspirationen haben, die bei einem vergleichbaren Leistungsniveau über denen der Eltern ohne Migrationshintergrund liegen. Betrachtet man dies mit den Ergebnissen aus PISA und IGLU zusammen, so kann am ehesten gefolgert werden, dass für Migranten keine oder allenfalls geringe Nachteile bei der Verteilung auf die weiterführenden Schulen in der Sekundarstufe bestehen, wenn das Niveau der schulischen Leistungen berücksichtigt wird.

Die landesweite Vollerhebung MARKUS in Rheinland-Pfalz ist eine der ersten und wenigen Studien, die Analysen zu schulischen Leistungen für Schüler nichtdeutscher Herkunftssprache differenziert vornimmt (Helmke et al. 2002). Interessant ist bereits die Zahl von 17 Sprachherkunftsgruppen, die in MAR-KUS für Rheinland-Pfalz ermittelt werden Die größten Gruppen sind die russisch- (36,8%) und türkischsprachige Gruppe (19,4%). Ebenfalls substantiell ist die Gruppe der Schüler mit polnischer und italienischer Muttersprache (mehr als 5%). Fast alle Gruppen liegen in den untersuchten schulischen Leistungen im Fach Mathematik unter den Schülern deutscher Herkunftssprache. Für die russischsprachigen Schüler trifft dies aber weit weniger zu als für Schüler aus Albanien, Italien und der Türkei. Die letztgenannten Gruppen liegen auch in den Merkmalen zur Bildungsnähe der Herkunftsfamilie deutlich unter der deutschen Vergleichsgruppe. Zugleich zeichnen sich die Gruppen durch überdurchschnittlich *hohe* Leistungserwartungen und eine *hohe* Lernmotivation aus. Sehr erhebliche Unterschiede bestehen bzgl. der Verteilung auf die Schulformen: Hohe Anteile an Gymnasiasten werden für die französische, spanische und englische Herkunftsgruppe ermittelt, geringe für die albanische, italienische, türkische und russische. Wie sich die Anteilswerte unter Kontrolle der schulischen Leistungen darstellen, wird bedauerlicherweise nicht berichtet.

Mit Daten aus den Orientierungsarbeiten für die zweite Jahrgangsstufe der Grundschulen in Berlin und Brandenburg (Ditton und Krüsken 2006, 2007) kann gezeigt werden, dass Differenzen in den schulischen Leistungen zwischen Migrantengruppen schon zu einem frühen Zeitpunkt in der Schullaufbahn bestehen. Verglichen wurden die Leistungen im Lesen und in Mathematik für Kinder russischer und türkischer Herkunft. Die türkischen Kinder zeigen durchweg die niedrigsten Leistungen, die Kinder russischer Herkunft liegen in den schulischen Leistungen zwischen den deutschen und türkischen Kindern. Ein signifikanter Unterschied zu den deutschen Kindern trifft dabei nur für das Leseverständnis, nicht aber für Mathematik zu. Ein Vergleich der Kinder türkischer Herkunft mit denen osteuropäischer Herkunft zeigte einen Vorteil der letzteren Gruppe gegenüber der türkischen Gruppe, allerdings konnte auch gezeigt werden, dass die Einflussfaktoren auf schulische Leistungen sich je nach Herkunftsland unterschieden. So waren für die Leseleistung der türkischen Kinder vor allem die migrationsspezifischen Faktoren von Einfluss (Migrationsstatus und Familiensprache), während sich in der osteuropäischen Gruppe vor allem der Bildungsstatus sowie die kulturelle Praxis als bedeutsam erwiesen (Aulinger 2010).

Für griechische Jugendliche zeigen sich nach Ergebnissen von Kristen und Granato (2007) nach Kontrolle von Geschlecht und soziokulturellem Hintergrund hinsichtlich der Chance, mit 18 Jahren die Sekundarstufe II zu besuchen bzw. das (Fach-)Abitur absolviert zu haben, *Vorteile* im Vergleich zu deutschen Jugendlichen. Keine bedeutsamen Unterschiede zwischen Schülern griechischer und deutscher Herkunft hat dagegen hinsichtlich der Bildungsbeteiligung Hopf (1987) ermittelt. Dafür, dass die Gruppen der türkischen und italienischen Migranten am stärksten, die der griechischen (sowie spanischen) dagegen kaum oder gar nicht in der Bildungsbeteiligung zurück liegen, sprechen die Analysen von Müller und Stanat (2006). Als Faktoren, die darauf einen Einfluss haben bzw. damit in Zusammenhang stehen, können der sozioökonomische und Bildungsstatus, die Aufenthaltsdauer sowie Rückkehrabsichten und kulturelle Orientierungen angesehen werden. Als relevant erweist sich wiederum die Verwendung der Verkehrssprache des Einwanderer- und/oder Gastlandes. Daneben könnte jedoch auch den Handlungsstrategien (verfügbare Unterstützungsnetzwerke, Elternvereine, Hausaufgabenhilfe, eigene Schulen) eine Bedeutung zuzukommen. Vor allem die griechische Gruppe scheint sich diesbezüglich auszuzeichnen. Hunger und Thränhardt (2001) sprechen bei dieser Gruppe von einer mit anderen Migrantengruppen nicht vergleichbaren Eigeninitiative in Vereinen und Selbsthilfegruppen.

Abweichungen in der Verteilung auf die Schulformen in der Sekundarstufe für die Gruppe der türkischen und russischen Migranten reduzieren sich nach Analysen von Müller und Stanat (2006) bei einer Adjustierung nach dem sozioökonomischen Status. Unter Kontrolle der Leseleistungen verschwinden die Effekte ganz. Zudem zeigt sich, dass die türkischen Migranten als Verkehrssprache weit weniger Deutsch verwenden als die russischen und sich dies selbst bei einer längeren Aufenthaltsdauer in Deutschland kaum ändert. Zudem finden sich in den Familien der türkischen Gruppe weniger für den Lern- und Bildungserfolg förderliche kulturelle Ressourcen. Die Autorinnen verweisen weiter darauf, dass türkische Migranten möglicherweise häufiger in ethnisch segmentierten Gemeinden leben und möglicherweise eine geringere „kulturelle Orientierung an der Aufnahmegesellschaft" (Müller und Stanat 2006: 239) aufweisen. Dies könnte im Sinn der Segmentationshypothese interpretiert werden. Bei den russischen Migranten könnten dagegen assimilationstheoretische Annahmen eher zutreffend sein, da mit zunehmender Aufenthaltsdauer die Bildungsbeteiligung und der Bildungserfolg ansteigen.

In engem Zusammenhang mit Segmentations- bzw. Segregationseffekten sind auch Kompositionseffekte der jeweils konkret besuchten Schule zu sehen. In Analysen von Stanat (2006) gehen mit einem steigenden Migrantenanteil an der Schule schlechtere schulische Leistungen einher. Dies betrifft Kinder mit und ohne Migrationshintergrund in gleicher Weise. Die Effekte des Migrantenanteils verschwinden allerdings unter Kontrolle des sozioökonomischen Status.

Werden zudem die mittleren kognitiven Fähigkeiten kontrolliert, sind auch die Effekte des sozioökonomischen Status nicht mehr signifikant. Interessant sind in diesem Zusammenhang wiederum die Befunde zu den Bildungsaspirationen der Eltern: sie fallen in Schulen mit hohem Migrantenanteil *höher* aus. Leider wurde für diese Analysen keine Separierung nach unterschiedlichen Herkunftsgruppen vorgenommen, bzw. war dies bei der gegebenen Datenlage auf Grund zu kleiner Gruppen nicht möglich.

Für den Primarbereich ergeben sich damit vergleichbare Ergebnisse aus der Untersuchung im Kontext der Orientierungsarbeiten in Berlin und Brandenburg zu den Leistungen in Lesen und Mathematik (Ditton und Krüsken 2006, 2007). Während Kompositionseffekte in Brandenburg gering sind, fallen sie in Berlin außergewöhnlich stark aus. Auch in Berlin verschwinden die Kompositionseffekte des Migrantenanteils allerdings völlig, wenn der sozioökonomische Status berücksichtigt wird.

Zu den Wirkungen von räumlicher Segregation und Kompositionseffekten lässt sich zusammenfassend festhalten, dass bedeutsame Wirkungen inzwischen auch für Deutschland mehrfach nachgewiesen, die relevanten Variablen jedoch hochgradig konfundiert sind. Für den Lernerfolg äußerst ungünstige Bedingungen ergeben sich bei einer starken Konzentration von Schülern mit ungünstigen Lernvoraussetzungen. Im Sekundarbereich betrifft dies in erster Linie Hauptschulen, zum Teil auch Realschulen im Westen Deutschlands. Im zweigliedrigen System der neuen Bundesländer stellt sich die Verteilung günstiger dar (Baumert et al. 2006). Weiter zeigen die international vergleichenden Analysen von (Stanat und Christensen 2006: 91ff.), dass Migranten nicht nur in Deutschland, sondern auch in vielen anderen Ländern der Welt zu einem erheblichen Teil Schulen mit einem hohen Migrantenanteil bzw. mit ungünstigen Bedingungen besuchen und Nachteile von daher kumulieren. Hinzu kommt der überraschende und bislang nicht weiter untersuchte oder geklärte Befund dieser Studie, dass in Deutschland insbesondere die Migranten der zweiten Generation in den schulischen Leistungen zurückfallen. Integration und Assimilation scheinen so gesehen keine sich mit der Zeit von selbst ergebenden Prozesse zu sein. Vermutlich wäre es nötig, auch diesbezüglich zwischen den unterschiedlichen Migrantengruppen zu differenzieren.

Bezüglich der *Wirksamkeit von Förderprogrammen* für Migrantenkinder verweist der Überblick von Limbird und Stanat (2006) auf die Vielzahl und starke Unterschiedlichkeit der Angebote im Vergleich der PISA-Länder (vgl. hierzu auch die Übersicht von Niedrig 2011). Wer, wie, mit welchen Maßnahmen, wann, wie lange und mit welcher Qualität gefördert wird, ist kaum zu überblicken. Überdies ist die Forschung zur Wirksamkeit von Fördermaßnahmen oft auf bilinguale Programme fixiert. Das ist insofern nicht unproblematisch, als derartige Programme bei der häufig gegebenen Vielzahl der Sprachgruppen kaum flächendeckend realisierbar sein dürften. Metaanalysen zur Wirksamkeit von Fördermaßnahmen führen jedenfalls – teils schon auf Grund von Kontroversen, welche Studien von ihrer Qualität her überhaupt berücksichtigt werden können – nicht zu einem konsistenten Bild. Allenfalls wird man festhalten dürfen, dass es erfolgreiche Programme zu geben scheint. Wodurch sich diese Angebote genau auszeichnen, ist weniger klar zu erkennen. Auch zu diesem wesentlichen Aspekt ist die Befundlage also „alles andere als eindeutig" (Limbird und Stanat 2006: 291). In gewisser Weise erinnert dies an die vergleichbar unklare Forschungslage und entsprechende Kontroversen zur Wirksamkeit kompensatorischer Erziehung. Nüchtern betrachtet ergibt sich am ehesten die Einschätzung, dass die Effekte, insbesondere in der Langzeitbetrachtung, eher eng begrenzt zu sein scheinen und am ehesten Wirkungen von längerfristigen Programmen zu erwarten sind, die sich durch eine Verankerung im täglichen Lebensumfeld statt durch Therapieversuche an Individuen auszeichnen (Ditton 2006; Walper und Kruse 2008).

## 5 Diskussion und Ausblick

Angesichts der außergewöhnlich großen Heterogenität der Gruppe der Migranten ist zu bezweifeln, dass ein undifferenzierter Migrationsbegriff in der sozialwissenschaftlichen Forschung sinnvoll verwendbar ist. Erinnert sei in diesem Zusammenhang an die lang anhaltende Diskussion zur Differenzierungsfähigkeit und zur Brauchbarkeit des Schichtbegriffs, um die Komplexität der Sozialstruktur moderner Gesellschaften abzubilden. Während der Schichtbegriff jedoch auf mehreren, für Fragestellungen der Bildungsforschung nach wie vor relevanten Prädiktoren des Bildungserfolgs fußt (Einkommen, Beruf, Bildung), beschränkt sich der globale Migrationsbegriff auf den wenig aussagekräftigen Tatbestand der „Zuwanderung". Die Vielfalt von Konzepten und Erklärungsansätzen zu Migration führt zunehmend dazu, dass unterschiedliche Klassifikationen des Migrationsstatus verwendet werden, teils auch innerhalb ein und derselben Studie. Trotz einer zunehmend breiter werdenden Forschung fehlen Untersuchungen auf einer breiteren Basis und mit ausreichend großen Stichproben, die eine befriedigend feine Differenzierung unterschiedlicher Statusgruppen und Migrationsbiographien überhaupt erst erlauben würden. Ohne eine solche breite Basis läuft die Migrationsforschung Gefahr, immer mehr zu einem unüberschaubaren Gebiet zu werden, das möglicherweise mehr Konfusion schafft als Aufklärung leistet.

Ebenso heterogen wie die Gruppe der Migranten sind die von unterschiedlichen Migrantengruppen erzielten schulischen Leistungen und Quoten der Teilhabe an anspruchsvolleren Bildungsangeboten. Insofern ist es höchst irreführend, verallgemeinernd von schlechten schulischen Leistungen der Migrantenkinder oder einer generellen Benachteiligung bezüglich der Bildungsteilhabe auszugehen. Ein Teil der Migrantenkinder bzw. spezifische Migrantengruppen durchlaufen das Bildungssystem erfolgreich, während für andere die Chancen auf eine erfolgreiche Bildungskarriere eindeutig ungünstig sind. Besonders trifft dies für Kinder italienischer und türkischer sowie z.B. albanischer Herkunft zu. Der soziale Status und Bedingungen der Lebenssituation spielen hierbei eine Rolle. Darüber hinaus dürften sprachliche Faktoren (Sprachkultur, Sprachbeherrschung und -verwendung), kulturell-religiöse Orientierungen und Umfeldbedingungen (Wohn- und Lebenssituation, Integration, Segregation) wesentlich sein. Diese Differenziertheit wird durch einen diffus verwendeten „Kulturbegriff" häufig verschleiert.

Auch bezüglich der Bildungsbeteiligung kann nicht ohne Weiteres von einer Benachteiligung „der Migranten" ausgegangen werden. In der Mehrzahl der vorliegenden Studien wird unter Kontrolle der schulischen Leistungen keine generelle Benachteiligung ermittelt, vielmehr zeigen sich Nachteile an bestimmten Schnittstellen der Bildungsbiographie bzw. Nachteile für spezifische Migrantengruppen oder Personen mit spezifischen Migrationsbiographien. Aufmerksamkeit verdienen daher vor allem die schulischen Leistungen und dabei besonders die Leistungen in Deutsch. Nicht übersehen werden darf zudem aber, dass selbst für die benachteiligten Gruppen der Migranten überwiegend eine überdurchschnittlich hohe Lernmotivation und überdurchschnittlich hohe Bildungsaspirationen ermittelt werden. Auch die Ausgangsbedingungen stellen sich in dieser Hinsicht keineswegs als nur ungünstig dar.

Die verbreitete These, dass mit einem steigenden Migrantenanteil an Schulen das Leistungsniveau sinkt, ist mit Blick auf die internationalen Vergleichsdaten aus PISA schlichtweg falsch und schon im Hinblick auf die unterschiedliche Rekrutierung und Zusammensetzung der Migrantengruppe in den OECD-Ländern – sowie höchst unterschiedliche Formen und Intensitäten der Förderprogramme – nicht einmal plausibel (OECD 2004). Bezüglich der Situation im deutschen Bildungssystem trifft die Aussage zwar zu, sie ist jedoch höchst irreführend und kann zu völlig falschen Schlussfolgerungen verleiten (hier sei nur am Rande auf die Debatte verwiesen, die Thilo Sarrazin mit seinen Thesen herauf beschworen hat). Eine ungünstige Leistungssituation an Schulen findet sich jeweils dann, wenn der Anteil der *Schüler mit ungünstigen Lernvoraussetzungen* hoch ist. Relevante Faktoren sind hierbei das Sozial- und Bildungsniveau der Herkunftsfamilien, belastende Familienverhältnisse, lernbiographische Belastungen und die sprachlich-kulturelle Distanz (Baumert et al. 2006). Diese Belastungsfaktoren sind so stark konfundiert, dass negative Effekte eines hohen Migrantenanteils auf schulische Leistungen regelmäßig verschwinden, wenn die anderen Faktoren „kontrolliert" sind. Gerade auch in dieser Hinsicht wäre eine differenziertere Verwendung des Migrationsbegriffs und der mit dem Migrationsstatus gemeinten Merkmale dringend zu wünschen.

So verständlich es ist, dass in der Politik und Öffentlichkeit weit überwiegend der Optimismus gepflegt wird, dass Frühförderung und Ganztagsbetreuung die Generalschlüssel sind, um die Probleme im Bildungswesen zu beheben, so berechtigt sind die Zweifel, dass sich die Erwartungen auch erfüllen werden. Für diese Zweifel lassen sich in der Hauptsache zwei Argumente anführen: Auch wenn Schüler nicht unerhebliche Zeit in der Schule verbringen, macht die Schulzeit – auch im Ganztagsbetrieb – dennoch nur einen Teil des Lebens aus. Schon die in der Schule verbrachte Zeit ist keine vollständig kontrollierte Zeit, und es bleibt unsicher, ob spezifische Fördermaßnahmen die von ihnen erwarteten Effekte auch zeigen werden. Und natürlich geschieht nach wie vor viel außerhalb der Schule – in der Freizeit, an Abenden, Wochenenden, in den Ferien usw. Zweitens zeigt die Begleitforschung zur Wirksamkeit kompensatorischer Erziehung im Überblick, dass Maßnahmen selten so wirksam waren, wie erhofft wurde (Walper und Kruse 2008). Noch die größten und nachhaltigeren Effekte sind von Programmen zu erwarten, die langfristig angelegt und in umfassender Weise im sozialen Umfeld der Adressaten verankert sind. Von kurzfristigen Einzelmaßnahmen sind bedeutsame und anhaltende Effekte jedenfalls nicht zu erwarten. Im Grunde geht es um die alte, zwar längst widerlegte aber doch immer wieder neu auflebende Illusion, dass durch Schule die Gesellschaft auf den Kopf gestellt werden könnte. Dagegen sprechen alle Erfahrungen (Ditton 2009). Die begrenzte Wirksamkeit von Schule ist seit den Studien von James S. Coleman (Coleman et al. 1966) und Christopher Jencks (Jencks et al. 1979, 1973) hinreichend bekannt. Natürlich bedeutet das nicht, dass die Schule und in der Schule verbrachte Zeit bedeutungslos sind, im Gegenteil. Der Schulbesuch hat durchaus eine (begrenzt) ausgleichende Wirkung (Entwisle und Alexander 1992, 1994). Wunder darf man sich aber auch von der Schule nicht erwarten – besonders, was die Reduzierung von Ungleichheiten angeht. Darauf, dass Schule kein Gegenmodell zur Gesellschaft sein kann, verweisen schon Bourdieu und Passeron (1971) unter Bezug auf systemimmanente Muster, die auch dem Erhalt von Macht und Herrschaft dienen. Die Folgerung lautet damit nicht, dass Reformen im Bildungswesen grundsätzlich „Versuche am untauglichen Objekt" sind, sondern vielmehr, dass Schule allein „es nicht richten kann". Konsequenz ist also nicht, die Hände in den Schoß zu legen. Gerade benachteiligte Kinder und Jugendliche sind auf die Qualität des schulischen Angebots besonders angewiesen. Wenn aber tiefgehende und „nachhaltige" Wirkungen erzielt werden sollen, muss sich die Gesellschaft als Ganzes gefordert sehen, muss sich die Lebenssituation der Benachteiligten – ob sie Migranten sind oder nicht – insgesamt ändern.

Es ist und bleibt ein allzu bequemer Trugschluss anzunehmen, dass die Verantwortung für gesellschaftliche Herausforderungen allein oder doch zum allergrößten Teil an eine Institution (die Schule) delegiert und in einen bestimmten Zeitabschnitt (die Schulzeit) verbannt werden kann. Nichts desto trotz ist Schule nun mal die Institution, in der so gut wie alle Kinder Zeit verbringen; dementsprechend können sie dort auch am besten erreicht werden. Schaut man sich erfolgreich arbeitende Schulen an, zeigt sich schnell, dass die größten Erfolge die Zusammenarbeit zwischen Schule und Gesellschaft, bspw. in Form einer umfangreichen Vernetzung mit öffentlichen Einrichtungen, bringt. Nötig ist also auch der vielfach beschworene „Ruck", der durch die Gesellschaft gehen soll. Ermutigend ist, dass es zu solch einem Ruck und weitgehenden Veränderungen in vergleichsweise kurzen Zeiträumen durchaus kommen kann. Im allgemein bildenden Schulsystem haben die Mädchen inzwischen nicht nur eine Gleichstellung erreicht, sondern die Jungen überholt. Hierfür verantwortlich waren und sind jedoch nicht allein Maßnahmen im schulischen Bereich, sondern ein tief greifender gesellschaftlicher Wandel über die Zeit und gegen manche Widerstände. Vermutlich könnten ähnliche Verbesserungen auch hinsichtlich der Situation der Gruppen bewirkt werden, die in unserem Bildungssystem benachteiligt sind – sei es auf Grund ihrer sozialen, kulturellen oder regionalen Herkunft. Getragen werden müsste das nicht allein von der Schule, sondern von der ganzen – oder wenigstens einer Mehrheit – der Gesellschaft.

# Literatur

Arnold, Karl-Heinz, Wilfried Bos, Peggy Richert und Tobias C. Stubbe, 2007: Schullaufbahnpräferenzen am Ende der vierten Klassenstufe. S. 271-298 in: Wilfried Bos, Sabine Hornberg, Karl-Heinz Arnold, Lilian Fried, Eva-Maria Lankes, Knut Schwippert und Renate Valtin (Hrsg.), IGLU 2006 – Lesekompetenzen von Grundschulkindern in Deutschland im internationalen Vergleich. Münster: Waxmann Verlag.

Aulinger, Juliane, 2010: Schulische Leistungen von Kindern mit Migrationshintergrund. Die Rolle des Besuchs vorschulischer Einrichtungen und der Familiensprache. Berlin: Mensch und Buch Verlag.

Baumert, Jürgen, Ulrich Trautwein und Cordula Artelt, 2003: Schulumwelten – institutionelle Bedingungen des Lehrens und Lernens. S. 261-331 in: PISA-Konsortium (Hrsg.), PISA 2000. Ein differenzierter Blick auf die Länder der Bundesrepublik Deutschland. Opladen: Leske + Budrich.

Baumert, Jürgen, Petra Stanat und Rainer Watermann, 2006: Schulstruktur und die Entstehung differenzieller Lern- und Entwicklungsmilieus. S. 95-188 in: Jürgen Baumert, Petra Stanat und Rainer Watermann (Hrsg.), Herkunftsbedingte Disparitäten im Bildungswesen: Differenzielle Bildungsprozesse und Probleme der Verteilungsgerechtigkeit. Vertiefende Analysen im Rahmen von PISA 2000. Wiesbaden: VS Verlag für Sozialwissenschaften.

Boos-Nünning, Ursula und Yasemin Karakaşoğlu-Aydin, 2004: Viele Welten leben. Lebenslagen von Mädchen und jungen Frauen mit griechischem, italienischem, jugoslawischem, türkischem und Aussiedlerhintergrund. Berlin: Bundesministerium für Familie, Senioren, Frauen und Jugend.

Bos, Wilfried, Andreas Voss, Eva-Maria Lankes, Knut Schwippert, Oliver Thiel und Renate Valtin, 2004: Schullaufbahnempfehlungen von Lehrkräften für Kinder am Ende der vierten Jahrgangsstufe. S. 191-228 in: Wilfried Bos, Eva-Maria Lankes, Manfred Prenzel, Knut Schwippert, Renate Valtin und Gerd Walther (Hrsg.), IGLU. Einige Länder der Bundesrepublik Deutschland im nationalen und internationalen Vergleich. Münster, New York, München, Berlin: Waxmann.

Boudon, Raymond, 1974: Education, Opportunity and Social Inequality. Changing Prospects in Western Society. New York: John Wiley & Sons.

Bourdieu, Pierre, 1983: Ökonomisches Kapital, kulturelles Kapital, soziales Kapital. S. 183-198 in: Reinhard Kreckel (Hrsg.), Soziale Ungleichheiten. Göttingen: Schwartz Verlag.

Bourdieu, Pierre und Jean-Claude Passeron, 1971: Die Illusion der Chancengleichheit. Stuttgart: Klett.

Breen, Richard und John H. Goldthorpe, 1997: Explaining educational differentials. Towards a formal Rational Action Theory. Rationality and Society 9: 275-305.

Chlosta, Christoph und Torsten Ostermann, 2007: Warum fragt man nach der Herkunft, wenn man die Sprache meint? Ein Plädoyer für eine Aufnahme sprachbezogener Fragen in demographische Untersuchungen. S. 55-65 in: Bundesministerium für Bildung und Forschung (Hrsg.), Bildungsforschung Band 14. Migrationshintergrund von Kindern und Jugendlichen: Wege zur Weiterentwicklung der amtlichen Statistik. Bonn, Berlin.

Coleman, James S., Ernest Q. Campbell, Carol J. Hobson, James McPartland, Alexander M. Mood, Frederic D. Weinfeld et al., 1966: Equality of educational Opportunity. Washington, D.C.: U.S. Department of Health, Education, and Welfare.

Deutsches PISA-Konsortium (Hrsg.), 2001: PISA 2000. Basiskompetenzen von Schülerinnen und Schülern im internationalen Vergleich. Opladen: Leske + Budrich.

Diefenbach, Heike, 2004: Ethnische Segmentation im deutschen Schulsystem – Eine Zustandsbeschreibung und einige Erklärungen für den Zustand. Vol. 21/22, S. 225-255 in: Forschungsinstitut Arbeit, Bildung, Partizipation (Hrsg.), Bildung als Bürgerrecht oder Bildung als Ware. Recklinghausen.

Ditton, Hartmut, 2006: Der Beitrag Urie Bronfenbrenners für die Erziehungswissenschaft. Zeitschrift für Soziologie der Erziehung und Sozialisation 26(3): 268-281.

Ditton, Hartmut, 2009: Familie und Schule – eine Bestandsaufnahme der bildungssoziologischen Schuleffektforschung von James S. Coleman bis heute. S. 237- 256 in: Rolf Becker (Hrsg.), Lehrbuch der Bildungssoziologie. Wiesbaden: VS Verlag für Sozialwissenschaften.

Ditton, Hartmut (Hrsg.), 2007: Kompetenzaufbau und Laufbahnen im Schulsystem. Eine Längsschnittuntersuchung an Grundschulen. Münster: Waxmann.

Ditton, Hartmut und Jan Krüsken, 2006: Sozialer Kontext und schulische Leistungen – zur Bildungsrelevanz segregierter Armut. Zeitschrift für Soziologie der Erziehung und Sozialisation 26(2): 135-157.

Ditton, Hartmut und Jan Krüsken, 2007: Sozialräumliche Segregation und schulische Entwicklung. Diskurs Kindheits- und Jugendforschung 2(1): 23-38.

Entwisle, Doris R. und Karl L. Alexander, 1992: Summer Setback: Race, Poverty, School Composition, and mathematics Achievement in the First Two Years of School. American Sociological Review 57(1): 72-85.

Entwisle, Doris R. und Karl L. Alexander, 1994: Winter Setback: The Racial Composition of Schools and Learning to Read. American Sociological Review 59(June): 446-460.

Erikson, Robert und Jan O. Jonsson, 1996: Explaining Class Inequality in Education: The Swedish Test Case. S. 1-63 in: Robert Erikson und Jan O. Jonsson (Ed.), Can Education be Equalized? The Swedish Case in Comparative Perspective. Boulder: Westview Press.

Esser, Hartmut, 1989a: Die Eingliederung der zweiten Generation. Zur Erklärung "kultureller" Differenzen. Zeitschrift für Soziologie 18(6): 426-443.

Esser, Hartmut, 1989b: Familienmigration, Schulsituation und interethnische Beziehungen. Prozesse der "Integration" bei der zweiten Generation von Arbeitsmigranten. Zeitschrift für Pädagogik 35 (3), 317-336.

Esser, Hartmut, 2004: Welche Alternativen zur "Assimilation" gibt es eigentlich? S. 41-59 in: Klaus J. Bade und Michael Bommes (Hrsg.), Migration – Integration – Bildung. Grundfragen und Problembereiche. Osnabrück.

Esser, Hartmut, 2006: Migration, Sprache und Integration. AKI-Forschungsbilanz 4. Berlin: Arbeitsstelle Interkulturelle Konflikte und gesellschaftliche Integration (AKI), Wissenschaftszentrum Berlin für Sozialforschung (WZB).

Faist, Thomas, 1993: Ein- und Ausgliederung von Immigranten. Türken in Deutschland und mexikanische Amerikaner in den USA in den achtziger Jahren. Soziale Welt 44(2): 275-299.

Feagin, Joe R. und Clairece Booher Feagin, 1986: Discrimination American Style – Institutional Racism and Sexism (Vol. 2. ed.). Malabar: R.E. Krieger Publishing Company.

Fürstenau, Sara, Ingrid Gogolin und Kutlav Yağmur, 2003: Mehrsprachigkeit in Hamburg. Ergebnisse einer Sprachenerhebung an den Grundschulen in Hamburg. Münster: Waxmann Verlag.

Fürstenau, Sara und Mechthild Gomolla, 2011: Migration und schulischer Wandel: Mehrsprachigkeit. S. 13-23 in: Sara Fürstenau und Mechthild Gomolla (Hrsg.), Migration und schulischer Wandel: Mehrsprachigkeit. Wiesbaden: VS Verlag für Sozialwissenschaften.

Gogolin, Ingrid, 2002: Interkulturelle Bildungsforschung. S. 263-279 in: Rudolf Tippelt (Hrsg.), Handbuch Bildungsforschung. Opladen: Leske + Budrich.

Gogolin, Ingrid, 2005: Kinder und Jugendliche mit Migrationshintergrund: Herausforderungen für Schule und außerschulische Bildungsinstanzen. S. 301-389 in: Cathleen Grunert u.a. (Hrsg.), Kompetenzerwerb von Kindern und Jugendlichen im Schulalter. Materialien zum zwölften Kinder- und Jugendbericht. München: Verlag Deutsches Jugendinstitut.

Gogolin, Ingrid, 2006: Chancen und Risiken nach PISA – über Bildungsbeteiligung von Migranten-kindern und Reformvorschläge. Vol. 2., überarbeitete und erweiterte Auflage, S. 33-50 in: Georg Auernheimer (Hrsg.), Schieflagen im Bildungssystem. Die Benachteiligung der Migran-tenkinder. Wiesbaden: VS Verlag für Sozialwissenschaften.

Gomolla, Mechthild, 2006: Fördern und Fordern allein genügt nicht! Mechanismen institutioneller Diskriminierung von Migrantenkindern und -jugendlichen im deutschen Schulsystem. Vol. 2., überarb. und erweiterte Auflage, S. 87-102 in: Georg Auernheimer (Hrsg.), Schieflagen im Bil-dungssystem. Die Benachteiligung der Migrantenkinder. Wiesbaden: VS Verlag für Sozialwis-senschaften.

Gomolla, Mechthild und Frank-Olaf Radtke, 2002: Institutionelle Diskriminierung. Die Herstellung ethnischer Differenz in der Schule. Opladen: Leske + Budrich.

Han, Petrus, 2005: Soziologie der Migration. Erklärungsmodelle, Fakten, politische Konsequenzen, Perspektiven. (Vol. 2., überarb. und erw. Aufl.). Stuttgart: Lucius & Lucius.

Helmke, Andreas, Reinhold S. Jäger, Lars Balzer, Ingmar Hosenfeld, Arnd Ridder und Friedrich-Wilhelm Schrader, 2002: MARKUS Mathematik-Gesamterhebung Rheinland-Pfalz: Kompe-tenzen, Unterrichtsmerkmale, Schulkontext. Mainz: Ministerium für Bildung, Frauen und Ju-gend Rheinland- Pfalz.

Herwartz-Emden, Leonie, 2003: Einwandererkinder im deutschen Bildungswesen. S. 661-709 in: Kai S. Cortina, Jürgen Baumert, Achim Leschinsky, Karl Ulrich Mayer, Luitgard Trommer (Hrsg.), Das Bildungswesen in der Bundesrepublik Deutschland. Reinbek: Rowohlt.

Hopf, Dieter, 1987: Herkunft und Schulbesuch ausländischer Kinder. Eine Untersuchung am Bei-spiel griechischer Kinder. Berlin: Max-Planck-Institut für Bildungsforschung.

Hunger, Uwe und Dietrich Thränhardt, 2001: Vom "katholischen Arbeitermädchen" zum "italieni-schen Gastarbeiterjungen" aus dem Bayerischen Wald. Zu den neuen Disparitäten im deutschen Bildungssystem. S. 51-61 in: Klaus J. Bade (Hrsg.), Integration und Illegalität in Deutschland. Osnabrück.

Hunger, Uwe und Dietrich Thränhardt, 2006: Der Bildungserfolg von Einwandererkindern in den westdeutschen Bundesländern. Diskrepanzen zwischen den PISA-Studien und den amtlichen Schulstatistiken. Vol. 2., überarb. und erw. Aufl., S. 51-67 in: Georg Auernheimer (Hrsg.), Schieflagen im Bildungssystem. Die Benachteiligung der Migrantenkinder. Wiesbaden: VS Verlag für Sozialwissenschaften.

Jencks, Christopher, Susan Bartlett, M. Corcoran, D. Crouse, D. Eaglesfiled, G. Jackson et al., 1979: Who Gets Ahead? The Determinants of Economic Success in America. New York: Basic Book, Inc.

Jencks, Christopher, Marshall Smith, Henry Acland, Mary J. Bane, David Cohen, Herbert Gintis et al., 1973: Chancengleichheit. Hamburg: Rowohlt.

Karakaşoğlu-Aydin, Yasemin, 2001: Kinder aus Zuwandererfamilien im Bildungssystem. S. 273-302 in: Wolfgang Böttcher und Thomas Rauschenbach (Hrsg.), Bildung und Soziales in Zahlen. Statistisches Handbuch zu Daten und Trends im Bildungssystem. Weinheim: Juventa Verlag.

Klement, Albina, 2006: Das Marginalsyndrom oder das Leben zwischen zwei Kulturen. Ein Beitrag über die Problematik des Zusammenwirkens mit den Migranten aus den ehemaligen Republiken der Sowjetunion. Frankfurt am Main: Verlag für Polizeiwissenschaft.

Klemm, Klaus, 1994: Erfolg und strukturelle Benachteiligung ausländischer Schüler im Bildungs-system. S. 181-187 in: Sigrid Luchtenberg (Hrsg.), Interkulturelle Pädagogik und europäische Dimension. Herausforderungen für Bildungssystem und Erziehungswissenschaft. Münster: Waxmann Verlag.

Kristen, Cornelia, 2003: Ethnische Unterschiede im deutschen Schulsystem. Aus Politik und Zeitge-schichte B21-22: 26-32.

Kristen, Cornelia und Nadia Granato, 2007: Bildungsinvestitionen in Migrantenfamilien. S. 25-42 in: Bundesministerium für Bildung und Forschung (Hrsg.), Bildungsforschung Band 14: Migrationshintergrund von Kindern und Jugendlichen: Wege zur Weiterentwicklung der amtlichen Statistik. Bonn, Berlin: Bundesministerium für Bildung und Forschung.

Krüger-Potratz, Marianne, 2011: Mehrsprachigkeit: Konfliktfelder in der Schulgeschichte. S. 51-68 in: Sara Fürstenau und Mechtild Gomolla (Hrsg.), Migration und schulischer Wandel: Mehrsprachigkeit. Wiesbaden: VS Verlag für Sozialwissenschaften.

Leenen, Wolf Rainer, Harald Grosch und Ulrich Kreidt, 1990: Bildungsverständnis, Platzierungsverhalten und Generationenkonflikt in türkischen Migrantenfamilien. Ergebnisse qualitativer Interviews mit "bildungserfolgreichen" Migranten der Zweiten Generation. Zeitschrift für Pädagogik 36(5): 753-771.

Lehmann, Rainer H., Stanislav Ivanov, Susanne Hunger und Rüdiger Gänsfuß, 2005: Ulme I. Untersuchung der Leistungen, Motivation und Einstellungen zu Beginn der beruflichen Ausbildung. Hamburg: Behörde für Bildung und Sport.

Lehmann, Rainer H. und Rainer Peek, 1996: Aspekte der Lernausgangslage von Schülerinnen und Schülern der fünften Jahrgangsstufen an Hamburger Schulen. Bericht über die Voruntersuchung im September 1995. Berlin: Humboldt-Universität.

Lehmann, Rainer H. und Rainer Peek, 1997: Aspekte der Lernausgangslage von Schülerinnen und Schülern der fünften Klassen an Hamburger Schulen. Bericht über die Untersuchung im September 1996. Berlin: Humboldt Universität.

Lehmann, Rainer H., Rainer Peek, Rüdiger Gänsfuß und Vera Husfeldt, 2002: Aspekte der Lernausgangslage und der Lernentwicklung – Klassenstufe 9 – Ergebnisse einer Längsschnittuntersuchung in Hamburg. Hamburg: Freie und Hansestadt Hamburg, Behörde für Bildung und Sport, Amt für Schule.

Limbird, Christina und Petra Stanat, 2006: Sprachförderung bei Schülerinnen und Schülern mit Migrationshintergrund: Ansätze und ihre Wirksamkeit. S. 257-307 in: Jürgen Baumert, Petra Stanat und Rainer Watermann (Hrsg.), Herkunftsbedingte Disparitäten im Bildungswesen: Differenzielle Bildungsprozesse und Probleme der Verteilungsgerechtigkeit. Vertiefende Analysen im Rahmen von PISA 2000. Wiesbaden: VS Verlag für Sozialwissenschaften.

Müller, Andrea G. und Petra Stanat, 2006: Schulischer Erfolg von Schülerinnen und Schülern mit Migrationshintergrund: Analysen zur Situation von Zuwanderern aus der ehemaligen Sowjetunion und aus der Türkei. S. 221-255 in: Jürgen Baumert, Petra Stanat und Rainer Watermann (Hrsg.), Herkunftsbedingte Disparitäten im Bildungswesen: Differenzielle Bildungsprozesse und Probleme der Verteilungsgerechtigkeit. Vertiefende Analysen im Rahmen von PISA 2000. Wiesbaden: VS Verlag für Sozialwissenschaften.

Niedrig, Heike, 2011: Unterrichtsmodelle für Schülerinnen und Schüler aus sprachlichen Minderheiten. S. 89-106 in: Sara Fürstenau und Mechtild Gomolla (Hrsg.), Migration und schulischer Wandel: Mehrsprachigkeit. Wiesbaden: VS Verlag für Sozialwissenschaften.

OECD, 2004: Lernen für die Welt von morgen. Erste Ergebnisse von PISA 2003. Paris: OECD.

Portes, Alejandro und Lingxin Hao, 2004: The schooling of children of immigrants: Contextual effects on the educational attainment of the second generation. PNAS-Proceedings of the National Academy of Sciences of the United States of America 101(33): 11920-11927.

Preuss-Lausitz, Ulf, 2000: Zwischen Modernisierung und Tradition. Bildungsprozesse heutiger Migrantenkinder. Die Deutsche Schule 92(1): 23-40.

Reich, Hans H. und Hans-Joachim Roth, 2002: Spracherwerb zweisprachig aufwachsender Kinder und Jugendlicher. Ein Überblick über den Stand der nationalen und internationalen Forschung. Hamburg: Freie und Hansestadt Hamburg. Behörde für Bildung und Sport.

Reich, Kerstin, 2004: Integrationsprozesse- und Desintegrationsprozesse junger männlicher Aussiedler aus der GUS. Eine Bedingungsanalyse auf sozial-lerntheoretischer Basis. Münster: LIT Verlag.

Schwippert, Knut, Sabine Hornberg, Martin Freiberg und Tobias C. Stubbe, 2007: Lesekompetenzen von Kindern mit Migrationshintergrund im internationalen Vergleich. S. 249-269 in: Wilfried Bos, Sabine Hornberg, Karl-Heinz Arnold, Lilian Fried, Eva-Maria Lankes, Knut Schwippert und Renate Valtin (Hrsg.), IGLU 2006 – Lesekompetenzen von Grundschulkindern in Deutschland im internationalen Vergleich. Münster: Waxmann Verlag.

Stanat, Petra, 2006: Schulleistungen von Jugendlichen mit Migrationshintergrund: Die Rolle der Zusammensetzung der Schülerschaft. S. 189-219 in: Jürgen Baumert, Petra Stanat und Rainer Watermann (Hrsg.), Herkunftsbedingte Disparitäten im Bildungswesen: Differenzielle Bildungsprozesse und Probleme der Verteilungsgerechtigkeit. Vertiefende Analysen im Rahmen von PISA 2000. Wiesbaden: VS Verlag für Sozialwissenschaften.

Stanat, Petra und Gayle Christensen, 2006: Schulerfolg von Jugendlichen mit Migrationshintergrund im internationalen Vergleich. Eine Analyse von Voraussetzungen und Erträgen schulischen Lernens im Rahmen von PISA 2003. Bonn: OECD.

Statistisches Bundesamt. 2006: Datenreport 2006. Zahlen und Fakten über die Bundesrepublik Deutschland. (Vol. Band 544). Bonn.

Statistisches Bundesamt, 2007: Statistisches Jahrbuch 2007 – Für die Bundesrepublik Deutschland. Statistical Yearbook 2007 – For the Federal Republic of Germany. Wiesbaden.

Statistisches Bundesamt, 2010: Statistisches Jahruch 2010. Für die Bundesrepublik Deutschland mit "internationalen Übersichten". Wiesbaden: Statistisches Bundesamt.

Thrupp, Martin, Hugh Lauder und Tony Robinson, 2002: School composition and peer effects. International Journal of Educational Research 37: 483-504.

Tiedemann, Joachim und Elfriede Billmann-Mahecha, 2004: Migration, Familiensprache und Schulerfolg. Ergebnisse aus der Hannoverschen Grundschulstudie. S. 269-279 in: Wilfried Bos (Hrsg.), Heterogenität. Münster: Waxmann Verlag.

Walper, Sabine und Joachim Kruse, 2008: Kindheit und Armut. Vol. 4, S. 431-487 in: Marcus Hasselhorn und Rainer K. Silbereisen (Hrsg.), Entwicklungspsychologie des Säuglings- und Kindesalters. Enzyklopädie der Psychologie. Göttingen: Hogrefe.

Wiese, Wilhelm, 1986: Schulische Umwelt und Chancenverteilung. Zeitschrift für Soziologie 15(3): 188-209.

# Migration, Sprachförderung und soziale Integration. Eine Evaluation der Sprachförderung von Berliner Schulkindern mit Migrationshintergrund anhand von ELEMENT-Panel-Daten

*Rolf Becker und Michael Beck*

## 1 Einleitung

Dass Migranten im deutschen Schulsystem deutlich im Nachteil gegenüber den einheimischen Schulkindern sind, wurde bereits in vielen empirischen Studien belegt (Diefenbach 2011, 2009, 2007, 2003; Dollmann 2010; Becker 2006; Steinbach und Nauck 2004; Kristen 2002; Nauck et al. 1998; Büchel et al. 1997; Büchel und Wagner 1996; Alba et al. 1994; Nauck 1994). Hierbei bestehen große Unterschiede zwischen den einzelnen Gruppen unter ihnen, wobei Migranten türkischer Herkunft oftmals das höchste Risiko für eine ethnische Unterschichtung mit gravierenden Folgen für die Integration ihrer Kinder und Kindeskinder im Bildungssystem aufweisen (Dollmann 2010; Kalter et al. 2007; Esser 2006; Steinbach und Nauck 2004). Als unbestritten gilt inzwischen auch, dass in Bezug auf den Bildungserfolg der Migrationsstatus ein *Spezialfall des kausalen Zusammenhangs von sozialer Herkunft und Bildungschancen* ist (Beck et al. 2010; Kristen und Dollmann 2010; Kalter et al. 2007; Esser 2006; Kristen 2006; Kalter 2005). Darüber hinausgehende spezifische Nachteile von Migranten beim Bildungserfolg scheinen „vorwiegend mit noch vorhandenen Sprachproblemen (und hier vorwiegend im Elternhaus) verbunden zu sein" (Kalter 2005: 324). Gerade diese Sprachprobleme bei den zugewanderten Eltern führen – abgesehen von deutschsprachigen Migranten – in der Regel zu markanten Nachteilen ihrer Kinder bei den Schulleistungen, Zensuren, Bildungsempfehlungen, Bildungsübergängen und schließlich bei den Bildungsabschlüssen (Esser 2006; Steinbach und Nauck 2004). Solche primären Herkunftseffekte beschränken sich jedoch nicht nur auf die nichtdeutschsprachigen Schulkinder mit Migrationshintergrund. Denn deutsche Schulkinder müssen oftmals – sofern sie aus einem Elternhaus mit niedrigem Sozialstatus und Bildungsniveau stammen – wegen sozialer Distanz zur „Bildungssprache" (Lengyel 2010) ebenfalls mit Sprachproblemen in und außerhalb der Schule zurechtkommen.

Dass schulische Leistungen – etwa Deutschnoten oder Lesekompetenzen – sowohl direkt als auch indirekt an sprachliche Kompetenzen gebunden sind, ist inzwischen empirisch belegt (Esser 2006; Baumert und Schümer 2002). Für den Bildungserfolg werden vor allem Kompetenzen in der Landes- und Unterrichtssprache als entscheidend angesehen (Haug 2005). Von Beginn des Bildungsverlaufs an ist die individuelle Ausdrucksfähigkeit in deutscher Sprache eine essentielle Voraussetzung für die erfolgreiche Eingliederung zugewanderter Kinder und Jugendlicher in das Schulsystem. Der Erwerb dieser sprachlichen Kompetenzen ist seinerseits an Lerngelegenheiten in der Familie, in alltäglichen Kontakten mit Einheimischen und im institutionellen Kontext des Bildungssystems gebunden. Empirischen Befunden zufolge sind Bildungseinrichtungen wie etwa der Kindergarten oder die Schule die entscheidenden Orte, an denen Migrantenkinder die deutsche Sprache lernen oder vorhandene Deutschkenntnisse vertiefen (vgl. Boos-Nünning und Karakaşoğlu 2005).

Wenn gerade für Kinder und Jugendliche mit Migrationshintergrund – auch wenn sie ohnehin in einem zweisprachigen sozialen Umfeld aufwachsen – die Lerngelegenheiten in der Familie und im sozialen Kontext des Elternhauses relativ unbedeutend oder gar hinderlich sind, scheinen institutionalisierte Sprachförderung und Unterstützung für das Erlernen der deutschen Sprache sowie das Vertiefen vorhandener Deutschkenntnisse unabdingbar zu sein. Diese Forderung dürfte vermutlich vor allem für die Migrantenkinder zutreffen, die nach dem regulären Einschulungsalter eingewandert sind, und wegen dem höheren Einreisealter oftmals sprachbedingt ungünstigere Voraussetzungen für die Bildungskarriere haben (Esser 2001: 60). Bei gleicher sprachlicher Kompetenz hingegen sind Kinder und Jugendliche mit Migrationshintergrund nach bisherigen Befunden nicht im Nachteil gegenüber den einheimischen Schulkindern (Haug 2005; Haisken-DeNew et al. 1997).

Vor diesem Hintergrund stellt sich die Frage, wie erfolgreich denn eigentlich gesteuerte Programme des Spracherwerbs oder der Sprachförderung für Migranten in der Vorschul- oder Schulbildung sind (vgl. B. Becker 2010; Söhn 2005). Weil es hierzu nur wenige belastbare empirische Studien gibt (vgl. Lengyel 2010; Moser et al. 2010; Esser 2006, 2001; Gogolin et al. 2003), zielt unsere Forschungsnotiz darauf ab, einen weiteren Beitrag mit dem Ziel zu liefern, diese Forschungslücke bei der institutionellen Vermittlung von Deutschkenntnissen für schulpflichtige Kinder mit anderer Muttersprache als der deutschen zu schließen. Hiermit kommen wir auch der Forderung nach, die Wirksamkeit solcher Interventionsprogramme – d.h. Konzepte und Angebote zwecks sprachlicher Integration von nichtdeutschsprachigen Schulkindern – systematisch zu überprüfen (Bade et al. 2006; Gogolin et al. 2003: 63 ff.).

Der Beitrag ist folgendermaßen aufgebaut. Im zweiten Abschnitt werden Datenbasis, Variablen und statistisches Verfahren für die Evaluation institutioneller Maßnahmen zur sprachlichen Förderung von Migranten am Ende der Primarschulzeit diskutiert. Die Befunde empirischer Analysen werden im dritten Abschnitt präsentiert und im vierten Abschnitt abschließend vor dem Hintergrund der aufgeworfenen Problemstellung diskutiert.

## 2 Datenbasis, Variablen und statistisches Verfahren

*Datenbasis*

Die empirischen Analysen über die Wirksamkeit von vorschulischer Bildung, Nachhilfeunterricht in Deutsch, Stütz- bzw. Förderkurs in Deutsch sowie inner- und außerschulischem Unterricht in Deutsch als Fremdsprache basieren auf Daten der Längsschnittstudie ELEMENT (Lehmann und Nikolova 2005). Die Studie wurde unter der Leitung von Rainer Lehmann (HU Berlin) im Auftrag der Berliner Senatsverwaltung für Bildung, Jugend und Sport mit dem Ziel durchgeführt, Lernausgangslagen und Lernfortschritte von Schülerinnen und Schülern im Übergangsbereich zwischen Primar- und Sekundarstufe an Berliner Grundschulen und grundständigen Gymnasien zu untersuchen.

   Die Standarddemographie sowie interessierende Prozesse zu den schulischen Leistungen und Sprachfähigkeiten bzw. Sprachpraktiken wurden an drei Messzeitpunkten von der vierten bis zur sechsten Klasse bzw. in den Jahren 2003, 2004 und 2005 erhoben (Lehmann und Lenkeit 2008). Der Datensatz ist beim Forschungsdatenzentrum des Instituts für Qualitätssicherung im Bildungswesen (IQB) als ‚scientific use file‘ verfügbar. Für die hier vorgelegten Analysen wurde der Ausgangsdatensatz ohne multiple Imputation fehlender Werte verwendet.

*Beschreibung der Variablen*

Als zentrale abhängige Variable werden *Zensuren in Deutsch* als Schulfach am Ende der Primarstufe (6. Klassenstufe) berücksichtigt. Unterschieden wird zwischen (sehr) guten Deutschnoten und weniger guten Deutschnoten. Eine weitere abhängige Variable ist die für Eltern nicht verbindliche *Bildungsempfehlung* für Hauptschule, Realschule oder Gymnasium. Referenzkategorie ist die Hauptschulempfehlung.

   Gleichermaßen als abhängige und als erklärende Variable werden Teilnahmen an institutionalisierten Lerngelegenheiten herangezogen. Hierbei wird zwischen dem *Besuch des Kindergartens bzw. der Vorschule und seiner Dauer vor der Einschulung,* dem *Nachhilfeunterricht in Deutsch,* dem *Stütz- bzw. Förderkurs in Deutsch* sowie dem *inner- und außerschulischen Unterricht in Deutsch als Fremdsprache* unterschieden. Beim Nachhilfeunterricht und dem Stütz- bzw. Förderkurs in Deutsch kann zudem die Häufigkeit der Teilnahmen an diesen Angeboten kontrolliert werden. Die Referenzkategorien sind jeweils die Nichtteilnahmen. Allerdings liegen im Datensatz keine Informationen vor, ob diese Teilnahmen an institutionalisierten Lerngelegenheiten nach der Einschulung auf Selbstselektion durch die Familie oder auf Fremdselektion durch die Schulen und Lehrkräfte beruhen.

Der *Migrationsstatus* als eine zentrale unabhängige Variable wird anhand der *Muttersprache des Schulkindes* bemessen. Hierbei wird in Abhängigkeit von der Gruppengröße und ihren Bildungserfolgen im Berliner Schulsystem zwischen folgenden Sprachen unterschieden: türkisch, arabisch, polnisch, (südost-)asiatisch und sonstige. Deutsch als Muttersprache ist die Referenzkategorie. Zudem fungiert die alltägliche *Eltern-Kind-Kommunikation* als Hinweis für den Migrationshintergrund und Spracherwerb im Elternhaus. Kontrolliert wird, ob die Kinder mit ihren Eltern nur oder meistens in deutscher Sprache kommunizieren oder ob eher die nichtdeutsche Muttersprache verwendet wird. Schließlich geht aufgrund der zuvor geschilderten Zusammenhänge von Migrationsbiographie und Sprachfertigkeiten in Deutsch das in Jahren gemessene *Einreisealter* der Migranten in die Analysen ein. Für in Deutschland geborene Schulkinder beträgt der Wert Null.

Die *soziale Herkunft der Schulkinder* wird anhand von drei Dimensionen gemessen: HISEI-Index als Indikator für den *sozioökonomischen Status des Elternhauses* (Ganzeboom et al. 1992), das *höchste schulische Bildungsniveau der Eltern* (Becker und Müller 2011) und das *Geschlecht* der Schulkinder als Proxy für migrationsbedingte Lebensplanungen und darauf basierende Bildungsinvestitionen (Nauck 1994).

Als weitere Leistungsindikatoren neben den durchschnittlichen *Schulnoten* fungieren zum einen *objektiv gemessene Ergebnisse aus Leistungstests* in Deutsch (Leseverständnis). Zum anderen wird ein *KFT-Gesamtwert* für kognitive Leistungsfähigkeit am Ende der vierten Klassenstufe herangezogen (vgl. Heller und Perleth 2000). *Deutschkenntnisse bei der Einschulung* werden anhand eines additiven Indexes gemessen. Die einzelnen Items beinhalten Information darüber, ob die Schulkinder die meisten Buchstaben kennen, einige Wörter oder Sätze lesen bzw. Buchstaben des Alphabets oder Wörter schreiben können, Deutsch zu sprechen oder den Namen zu schreiben vermögen.

*Statistisches Verfahren*

Für die Schätzung, ein bestimmtes Angebot in der Sprachförderung in Anspruch zu nehmen, einen bestimmten Notendurchschnitt in Deutsch als Schulfach zu erzielen oder eine bestimmte Bildungsempfehlung zu erhalten, wird jeweils die *binäre* bzw. *multinomiale logistische Regression* angewandt (Long 1997). Aus Platzgründen werden ausschließlich die *odds ratios* als Schätzergebnisse dokumentiert. Sie geben jeweils das Chancenverhältnis für miteinander verglichene Gruppen wieder, einen bestimmten Zustand aufzuweisen oder ein bestimmtes Ereignis zu erfahren. Werte von 1 besagen, dass es keinen Zusammenhang zwischen unabhängiger und abhängiger Variablen gibt. Bei Werten größer als 1 liegen positive, und bei Werten kleiner als 1 liegen negative Einflüsse erklärender Variablen auf die abhängige Variable vor.

## 3 Empirische Befunde

*Strukturen der Teilnahmen an institutionalisierten Lerngelegenheiten*

Im ersten Schritt wird ganz knapp die Sozialstruktur der Teilnahme an institutionalisierten Lerngelegenheiten beschrieben (Tabelle 1). Wie in vielen anderen Studien bereits festgestellt, besuchen Migrantenkinder signifikant seltener und – wie eigene explorative Analysen ergaben – deutlich kürzer den Kindergarten als deutsche Kinder. Diese Differenzen zwischen autochthonen und allochthonen Kindern bestehen auch dann, wenn das Einreisealter kontrolliert wird. Diese Unterschiede beruhen demnach nicht auf den strukturellen Gelegenheiten für vorschulische Bildung und Erziehung in Deutschland, die mit der Migrationsgeschichte verbunden sind. Vielmehr sind – was hier nicht dokumentiert, aber durch andere Studien belegt ist (z.B. Becker und Tremel 2006) – familiale Ressourcen und Alternativen für die Kinderbetreuung ausschlaggebend dafür.

Wie zu vermuten war, befinden sich vor allem türkisch, arabisch und asiatisch sprechende Schulkinder regelmäßig oder gelegentlich sowohl im Nachhilfeunterricht in Deutsch als auch in den Stütz- und Förderkursen für anderssprachige Schulkinder. Der innerschulische Unterricht in Deutsch als Fremdsprache wird vornehmlich von Schulkindern mit Ausländerstatus – und vor allem mit zunehmendem Einreisealter – besucht. Jedoch unterscheiden sich hierbei polnische Schulkinder nicht statistisch signifikant von deutschsprachigen Kindern. Beim außerschulischen Unterricht in Deutsch als Fremdsprache spielt ebenso wie beim Nachhilfeunterricht oder beim Stütz- und Förderkurs das Einreisealter bei bestehenden Differenzen zwischen den Sprachen statistisch gesehen keine zentrale Rolle.

*Tab. 1:* Determinanten der Teilnahmen an Lerngelegenheiten (odds ratios)

| | Kinder-gartenbe-such | Nachhilfeunterricht in Deutsch | | Stütz- und Förder-kurs in Deutsch | | Unterricht in Deutsch als Fremd-sprache | |
|---|---|---|---|---|---|---|---|
| | | regel-mäßig | gelegent-lich | regel-mäßig | gelegent-lich | innerhalb Schule | außer-schulisch |
| *Migrationsstatus* | | | | | | | |
| **Deutsch** | 1 | 1 | 1 | 1 | 1 | 1 | 1 |
| **Türkisch** | 0,191* | 1,635* | 2,856* | 1,329 | 1,636* | 23,20* | 8,634* |
| **Arabisch** | 0,068* | 1,463 | 1,942 | 2,442* | 3,879* | 31,28* | 9,774* |
| **Polnisch** | 0,267* | 1,096 | 1,976 | 1,555 | 1,017 | 1,651 | 2,590 |
| **Asiatisch** | 0,161* | 1,163 | 2,351* | 0,643 | 0,515 | 20,12* | 33,18* |
| **Andere** | 0,129* | 1,483 | 1,574 | 0,968 | 1,325 | 16,55* | 8,831* |
| **Einreisealter** | 0,065* | 0,997 | 1,018 | 1,029 | 1,029 | 1,044* | 1,061 |
| **Pseudo-R²** | 0,147 | 0,013 | | 0,010 | | 0,273 | 0,134 |
| **N** | 3.508 | 3.313 | | 3.262 | | 3.342 | 3.113 |

* mindestens p ≤ 0,05; Referenzkategorie: keine Teilnahme

Quelle: ELEMENT – eigene Berechnung

*Evaluation der Wirksamkeit institutionalisierter Lerngelegheiten für Migranten*

Welche Lerngelegenheiten förderlich für den Bildungserfolg von Migrantenkindern sind, soll abschließend untersucht werden. Bei der Beurteilung der Wirksamkeit von Sprachförderung am Beispiel von Deutschnoten kann nicht so ohne weiteres danach unterschieden werden, ob die teilnehmenden Kinder bessere Leistungsbeurteilungen erhalten als Nichtteilnehmer. Wegen der zuvor dargestellten Selektivität der Teilnahmen nach Nationalität bzw. Muttersprache und Einreisealter verbietet sich die Modellschätzung in der Logik eines Experimentes, indem die (Nicht-)Teilnahme anhand von so genannten Dummy-Variablen gemessen wird (vgl. Becker 2010). Denn eine zufällige Aufteilung von Teilnehmern und Nichtteilnehmern liegt – wie für ein klassisches Experiment gefordert – eben nicht vor.

Stattdessen wird das *propensity score matching* als methodischer Ausweg im quasi-experimentellen Design verwendet (vgl. Schubert und Becker 2010; Winship und Sobel 2004: 492). Im ersten Schritt wird die Teilnahme bzw.

Nichtteilnahme modelliert (siehe Tabelle A-1 im Anhang).[1] Dabei ist – um das Problem der Multikollinearität zu vermeiden – darauf zu achten, dass möglichst *nicht* die gleichen Variablen wie für die Modellierung der Wirksamkeit institutionalisierter Lerngelegenheiten verwendet werden.[2] Bei dieser Schätzung wird die bedingte Wahrscheinlichkeit, eine institutionalisierte Lerngelegenheit in Anspruch genommen zu haben, als Korrekturfaktor für systematische Gruppenunterscheide bei der Teilnahme bzw. Nichtteilnahme gespeichert. Im zweiten Schritt – wenn die Wirksamkeit dieser Lerngelegenheiten evaluiert wird – wird dieser zuvor geschätzte Indikator verwendet, um die soziale Selektivität der Teilnahme zu kontrollieren, so dass die entsprechende Schätzung der Wirksamkeit nicht verzerrt ist. Der Korrekturfaktor wird dann in den entsprechenden Schätzungen nicht inhaltlich interpretiert.

Wie wirken sich institutionalisierte Lerngelegenheiten auf die schulischen Leistungen aus? Da (sehr) gute Deutschnoten für Migrantenkinder in der Primarstufe in besonderem Maße bedeutsam für ihre weiteren Bildungschancen sind, werden sie als Indikator für den sprachabhängigen Bildungserfolg herangezogen (Tabelle 2). Betrachtet man das Basismodell, so werden hinlänglich bekannte Befunde repliziert. Demnach haben türkisch und arabisch sprechende Schulkinder vergleichsweise geringe Chancen, (sehr) gute Deutschnoten zu

---

1 In Tabelle A-1 ist zunächst zu sehen, dass der Kindergartenbesuch in Entsprechung anderer Studien durch die sozioökonomische Lage des Elternhauses bestimmt wird und dass Kinder von statushöheren und besser gebildeten Eltern eher einen Kindergarten besuchen als die Kinder von weniger privilegierten Eltern. Die Inanspruchnahme von Nachhilfeunterricht wird durch individuelle Leistungsfähigkeiten bestimmt: Je leistungsfähiger die Kinder, je ausgeprägter ihre Leseleistungen und Leseinteressen sind und je weniger sie gewohnt sind, regelmäßig zu lesen, desto eher machen sie vom Nachhilfeunterricht Gebrauch. Gleiches gilt für den Besuch eines Stütz- und Förderkurses in Deutsch, wobei Lesegewohnheiten keine Rolle spielen. Unterricht in Deutsch als Fremdsprache wird vor – dem Hintergrund gesehen, dass bei Bildung der Migrationsstatus ein Spezialfall der sozialen Herkunft ist – von Schulkindern aus statusniedrigen Elternhäusern mit geringem Bildungsniveau in Anspruch genommen. Dies gilt vor allem für den schulischen Unterricht. Schließlich nehmen Schulkinder mit höherem Einreisealter eher an dieser institutionalisierten Sprachförderung teil, während in Deutschland geborene Schulkinder mit einer geringeren Wahrscheinlichkeit, dieses Angebot wahrnehmen.

2 In unserem Fall ist dieses Vorgehen nicht einfach. Denn die Einflussfaktoren, die eine Teilnahme an Angeboten institutionalisierter Sprachförderung in Deutsch strukturieren, bestimmen auch zu einem großen Teil die schulische Leistungsbeurteilung in Deutsch als Schulfach. Gerade die zeitkonstanten Einflüsse werfen methodische Probleme auf, während zeitveränderliche Variablen auch bei dem kleinen Zeitfenster des Panels geringere Schwierigkeiten bereiten.

erhalten, wie dies auch für die Residualgruppe mit nichtdeutscher Muttersprache der Fall ist. Wird der Sprachgebrauch in der Alltagskommunikation im Elternhaus kontrolliert, so bestehen diese sprachtypischen Differenzen weiterhin fort (Modell 1). Aber in Verbindung mit den kulturellen und sozioökonomischen Ressourcen des Elternhauses lassen sich die Nachteile von Migranten im deutschen Schulsystem als ein Sonderfall der sozialen Herkunft beschreiben (Kalter 2005), wobei die Verfügbarkeit über bildungsrelevante Ressourcen – insbesondere über ein hohes Bildungsniveau – die Unterschiede zwischen den Muttersprachen aufklärt (Modell 2). Hierbei stellt sich heraus, dass bei gleichem Geschlecht und gleicher sozialer Herkunft die aus dem südostasiatischen Sprachraum stammenden Schulkinder im Vorteil gegenüber den deutschen Schulkindern sind, gute bis sehr gute Deutschnoten zu erzielen.

Was würden nun *institutionelle Maßnahmen* für die benachteiligten Migrantenkinder als Zielgruppe für ihre tatsächlichen Sprachkompetenzen und daran geknüpften Schulleistungen in Deutsch als bedeutendes Schulfach in der Grundschule bringen? Sowohl ein Kindergartenbesuch – und je länger dieser andauert, umso förderlicher ist er – als auch die frühzeitige Vermittlung von Deutschkenntnissen vor der Einschulung haben langfristige wie positive Auswirkungen auf die schulische Leistungsbeurteilung in Deutsch (Modell 3).

In frühem Kindesalter verpasste Chancen des Spracherwerbs hingegen können später kaum noch „kompensatorisch" durch spezielle Maßnahmen wie etwa außerschulischer Nachhilfeunterricht in Deutsch oder schulische Stütz- und Förderkurse in Deutsch oder Unterricht in Deutsch als Fremdsprache ausgeglichen werden (Modelle 4 bis 6). Das bedeutet aber auch, dass sich diese Maßnahmen als ineffektiv erweisen. Die negativen Effekte der schulischen Stütz- bzw. Förderkurse jedoch sind weiterhin statistisch signifikant. Möglicherweise haben sie – auch wenn sie wegen schlechter Schulleistungen in Deutsch besucht werden (siehe Tabelle A-1 im Anhang) – eher eine „stigmatisierende" Wirkung auf die schulischen Beurteilungen von Leistungen in Deutsch als Schulfach.[3]

---

3  Weiterführende, hier aus Platzgründen nicht dokumentierte Analysen haben ergeben, dass türkische und vor allem aus arabischsprachigen Ländern stammende Schulkinder diese inner- und außerschulischen Maßnahmen besuchen. Bei Kontrolle von individuellen Fähigkeiten und sozialer Herkunft unterscheiden sie sich nicht mehr in der Wahrscheinlichkeit, Nachhilfe- oder Stütz- bzw. Förderkurse in Deutsch in Anspruch zu nehmen.

*Tab. 2:* Determinanten von guten Deutschnoten in Klassenstufe 6 (odds ratios)

| Modell | Basis | 1 | 2 | 3 | 4 | 5 | 6 | 7 |
|---|---|---|---|---|---|---|---|---|
| *Muttersprache* | | | | | | | | |
| Deutsch | 1 | 1 | 1 | 1 | 1 | 1 | 1 | 1 |
| Türkisch | 0,45* | 0,54* | 0,96 | 0,89 | 1,02 | 1,23 | 1,39 | 1,71* |
| Arabisch | 0,38* | 0,44* | 0,67 | 0,85 | 1,14 | 1,53 | 1,82 | 1,80 |
| Polnisch | 0,73 | 0,79 | 0,70 | 0,83 | 0,82 | 0,92 | 0,74 | 0,82 |
| Asiatisch | 1,27 | 1,49 | 2,04* | 1,91* | 1,63 | 1,95* | 1,39 | 1,47 |
| Andere | 0,70* | 0,82 | 0,89 | 1,00 | 0,99 | 1,17 | 1,18 | 1,26 |
| *Vorschul. Bildung* | | | | | | | | |
| Kindergarten (t) | | | | 1,19* | | 1,23* | 1,22* | 1,19* |
| P(Kindergarten) | | | | 3E-7* | | 0,01* | 0,04 | 0,01 |
| Deutschkenntnisse | | | | 1,03* | | | | |
| *Nachhilfeunterricht* | | | | | | | | |
| Regelmäßig | | | | | 0,75 | 0,74 | | |
| Gelegentlich | | | | | 0,66* | 0,67 | | |
| Nie | | | | | 1 | 1 | | |
| P(regelmäßig) | | | | | 9,75 | 2,79 | | |
| P(gelegentlich) | | | | | 0,01 | 0,06 | | |
| *Stütz- und Förderkurs* | | | | | | | | |
| Regelmäßig | | | | | | 0,17* | 0,16* | 0,16* |
| Gelegentlich | | | | | | 0,36* | 0,34* | 0,33* |
| Nie | | | | | | 1 | 1 | 1 |
| P(regelmäßig) | | | | | | 0,01* | 0,01* | 0,01* |
| P(gelegentlich) | | | | | | 0,01* | 0,01* | 0,09 |
| *Unterricht in Deutsch* | | | | | | | | |
| innerhalb Schule | | | | | | | | 1,01 |
| außerhalb Schule | | | | | | | | 1,79 |
| P(innerh. Schule) | | | | | | | | 0,44 |
| P(außerh. Schule) | | | | | | | | 0,22 |
| *Geschlecht* | | | | | | | | |
| Männlich | | | 1 | 1 | 1 | 1 | 1 | 1 |
| Weiblich | | | 1,93* | 1,77* | 1,75* | 1,77* | 1,71* | 1,84* |

*Fortsetzung von Tabelle 2*

| | | | | | | | | |
|---|---|---|---|---|---|---|---|---|
| **Soziale Herkunft** | | | | | | | | |
| HISEI | | | 1,02* | | | | | |
| Kein Abschluss | | | 1 | | | | | |
| Hauptschule | | | 1,69* | | | | | |
| Mittlere Reife | | | 1,97* | | | | | |
| FHochschulreife | | | 2,88* | | | | | |
| Abitur | | | 3,86* | | | | | |
| **Testwerte** | | | | | | | | |
| KFT-Gesamtwert | | | | | | | 1,02* | 1,04* |
| Leseleistung | | | | | | | 1,03* | 1,07* |
| **Kommunikation** | | | | | | | | |
| Nur Deutsch | 1,43 | 1,32 | 1,07 | | | | 1,02 | 0,82 |
| Meistens Deutsch | 1,12 | 1,00 | 0,94 | | | | 0,91 | 0,84 |
| Meist nicht Deutsch | 1,34 | 1,32 | 1,26 | | | | 1,56 | 1,01 |
| Andere Sprache | 1 | 1 | 1 | | | | 1 | 1 |
| Pseudo-R² | 0,014 | 0,015 | 0,080 | 0,065 | 0,259 | 0,263 | 0,280 | 0,190 |
| N | 3.364 | 3.364 | 3.364 | 3.023 | 3.196 | 3.131 | 3.077 | 2.937 |

\* mindestens p ≤ 0,05

Quelle: ELEMENT – eigene Berechnung

Schließlich trägt inner- oder außerschulischer *Unterricht in Deutsch als Fremdsprache* nicht – wie institutionell beabsichtigt – dazu bei, Nachteile von Migrantenkindern bei schulischen Leistungen in Deutsch auszugleichen (Modell 6). Diese Maßnahmen sind ebenfalls schlichtweg wirkungslos. All diese negativen Befunde für die institutionalisierten Lerngelegenheiten – insbesondere Unterricht in Deutsch als Fremdsprache – werden auch dann repliziert, wenn die Schulkinder mit Deutsch als Muttersprache ausgeschlossen werden. Entscheidend für (sehr) gute Deutschnoten sind hingegen frühzeitige Interventionen – zum einen ein längerer Kindergartenbesuch, der Gelegenheiten für den Spracherwerb über soziokulturelle Kontakte vor der Einschulung bietet, und zum anderen bislang erworbene sprachliche Kompetenzen selbst (Modell 5).

Zusammenfassend lässt sich für die schulische Beurteilung in Deutsch als Schulfach in der 6. Klassenstufe folgendes festhalten: Vor dem Hintergrund dieser einfach gehaltenen Evaluation erweisen sich frühzeitige Maßnahmen vor der Einschulung wie etwa Kindergarten, aber sicherlich auch Sprachkurse für zugewanderte Eltern schulpflichtiger Kinder weitaus effektiver als aufwendige wie teure „kompensatorische" Maßnahmen während der Schulzeit.

*Tab. 3:* Determinanten der Bildungsempfehlung (odds ratios)

| Modell | 1 | | 2 | | 3 | | 4 | |
|---|---|---|---|---|---|---|---|---|
| | RS | GYM | RS | GYM | RS | GYM | RS | GYM |
| *Muttersprache* | | | | | | | | |
| Deutsch | 1 | 1 | | | | | | |
| Türkisch | 0,558 | 0,638 | | | | | | |
| Arabisch | 0,948 | 0,573 | | | | | | |
| Polnisch | 0,578 | 0,519 | | | | | | |
| Asiatisch | 1,138 | 1,787 | | | | | | |
| Andere | 0,979 | 1,076 | | | | | | |
| *Geschlecht* | | | | | | | | |
| Männlich | 1 | 1 | | | | | | |
| Weiblich | 0,920 | 1,014 | | | | | | |
| *Soziale Herkunft* | | | | | | | | |
| HISEI | 1,006 | 1,012 | | | | | | |
| Kein Abschluss | 1 | 1 | | | | | | |
| Hauptschule | 0,819 | 0,800 | | | | | | |
| Mittlere Reife | 1,236 | 1,175 | | | | | | |
| FHochschulreife | 1,245 | 1,699 | | | | | | |
| Abitur | 0,797 | 1,240 | | | | | | |
| *Leistungsbewertung* | | | | | | | | |
| Notendurchschnitt | 0,096* | 0,005* | | | | | | |
| *Leistungstest* | | | | | | | | |
| Leseverständnis | 1,011 | 1,028* | | | | | | |
| Mathematik | 1,030* | 1,051* | | | | | | |
| Fremdsprache | 1,013* | 1,029* | | | | | | |
| KFT | 1,020* | 1,054* | | | | | | |
| *Migration* | | | | | | | | |
| Einreisealter | 0,962 | 0,964 | 0,936* | 0,878* | 0,943* | 0,943* | 0,933* | 0,892* |
| *Kommunikation* | | | | | | | | |
| Nur Deutsch | 0,732 | 1,202 | 1,018 | 0,972 | 0,749 | 0,714 | 0,602 | 0,520 |
| Meist Deutsch | 0,887 | 0,903 | 0,941 | 0,829 | 0,701 | 0,505 | 0,626 | 0,522 |
| Kaum Deutsch | 1,017 | 1,002 | 0,959 | 1,070 | 0,834 | 1,026 | 0,586 | 0,633 |
| Andere Sprache | 1 | 1 | 1 | 1 | 1 | 1 | 1 | 1 |

*Fortsetzung von Tabelle 3*

| *Vorschul. Bildung* | | | | |
|---|---|---|---|---|
| Deutschkenntnis | | 1,032 | 1,084* | |
| Kindergarten(t) | | 1,098* | 1,154* | |
| P(Kindergarten) | | 0,001* | 3E-12* | |
| *Nachhilfe in Deutsch* | | | | |
| Regelmäßig | | 1,069 | 0,818 | |
| Gelegentlich | | 0,539* | 0,329* | |
| Nie | | 1 | 1 | |
| P(regelmäßig) | | 0,979 | 5,619 | |
| P(gelegentlich) | | 0,007* | 0,001* | |
| *Stütz- und Förderkurs* | | | | |
| Regelmäßig | | 0,435* | 0,087* | |
| Gelegentlich | | 0,664* | 0,196* | |
| Nie | | 1 | 1 | |
| P(regelmäßig) | | 0,127 | 0,001* | |
| P(gelegentlich) | | 0,056 | 4E-5* | |
| *Unterricht in Deutsch* | | | | |
| innerhalb Schule | | | | 0,754 0,698 |
| außerhalb Schule | | | | 0,610 0,830 |
| P(innerh. Schule) | | | | 0,041* 0,001* |
| P(außerh. Schule) | | | | 1,442 0,001* |
| Pseudo-R² | 0,490 | 0,071 | 0,270 | 0,054 |
| N | 3.364 | 3.023 | 3.075 | 2.991 |

\* mindestens p ≤ 0,05; RS = Realschule, GYM = Gymnasium; Referenzkategorie: Hauptschule

Quelle: ELEMENT – eigene Berechnung

Abschließend wird der Frage nachgegangen, ob sich der Besuch solcher institutionalisierter Lerngelegenheiten für die Sprachförderung „stigmatisierend" auf die Bildungschancen auswirkt. Die für Eltern unverbindliche Bildungsempfehlung am Ende der Grundschulzeit (6. Klassenstufe) ist der Indikator für sozial ungleiche Bildungschancen (Tabelle 3).

In Modell 1 kann wiederum empirisch belegt werden, dass in Bezug auf Bildungschancen der Migrationsstatus ein Spezialfall der sozialen Herkunft ist. Die hinlänglich bekannten Nachteile der Schulkinder mit nichtdeutscher Muttersprache, für die weiterführende Schullaufbahn in der Sekundarstufe I empfohlen zu werden, klären sich durch die sozioökonomischen Ressourcen des Elternhauses

auf. Gleiches gilt für das Einreisealter. Werden zudem schulische Leistungsbeurteilungen (Notendurchschnitt) und standardisierte Testwerte (Intelligenz und
Kompetenz) kontrolliert, dann sind die Effekte der sozialen Herkunft ebenfalls
nicht mehr statistisch signifikant. Das bedeutet wiederum, dass primäre Herkunftseffekte die Chancen strukturieren, für die Realschule oder für das Gymnasium statt für die Hauptschule empfohlen zu werden. Und hierbei sind die Migranten in der Regel aus bereits genannten Gründen besonders im Nachteil.

Das trifft vor allem für die nach dem Einschulungsalter eingewanderten
Schulkinder zu (Modelle 2 bis 4). Denn gute Deutschkenntnisse bei der Einschulung und ein längerer Kindergartenbesuch wirken sich positiv auf die
Chance aus, für das Gymnasium empfohlen zu werden (Modell 2). Die anderen
institutionalisierten Lerngelegenheiten für den Erwerb von Sprachfertigkeiten
und die Förderung von Deutschkenntnissen hingegen wirken sich negativ –
möglicherweise stigmatisierend – auf eine mögliche Gymnasialempfehlung aus
(Modell 3). Ähnliches deutet sich für den Unterricht in Deutsch als Fremdsprache an, wobei die negativen Effekte einer Teilnahme statistisch insignifikant
sind (Modell 4). Dies ist auch dann der Fall, wenn lediglich die Schulkinder mit
nichtdeutscher Muttersprache berücksichtigt werden.

## 4 Zusammenfassung und Schlußfolgerung

Ziel des Beitrags war, zur Klärung der Frage beizutragen, ob sich institutionalisierte Lernangebote für den Erwerb der deutschen Sprache und die Förderung
von Deutschkenntnissen bei Migranten zur Aufhebung ihrer Nachteile im deutschen Schulsystem eignen. Vor allem sollte empirisch überprüft werden, ob
Maßnahmen wie Nachhilfeunterricht, Stütz- und Förderkurse in Deutsch sowie
schulischer Unterricht in Deutsch als Fremdsprache über die Verringerung vorhandener Sprachprobleme zu verbesserten schulischen Beurteilungen in Deutsch
als Schulfach und damit zu verringerten Ungleichheiten von Bildungschancen
am Ende der Grundschule führen.

Mit Hilfe von Paneldaten der in Berlin durchgeführten ELEMENT-Studie
und unter Anwendung des ‚propensity score matching' stellte sich heraus, dass
vorschulische Bildungsangebote für Migrantenkinder wie etwa ein längerer
Besuch des Kindergartens bzw. der Vorschule sehr effektiv sind. Aufwendige
wie teure „kompensatorische" Maßnahmen während der Schulzeit haben sich
dagegen als ineffektiv erwiesen. Mit dem Erwerb sprachlicher Kompetenzen in
der Landes- und Unterrichtssprache muss daher möglichst frühzeitig begonnen
werden, sollen die sprachbedingten Probleme von Migranten in der Schule rasch

wie umfassend behoben und damit zusammenhängende Bildungsungleichheiten über einen Chancenausgleich verringert werden (vgl. Becker und Schuchart 2010).

Damit wären die sozialstrukturellen Probleme, die mit sozialer Ungleichheit von Bildungschancen einhergehen, sicherlich nicht gelöst. Sie wären vermutlich etwas geringer geworden, und sie sind dann nicht mehr mit dem Migrationshintergrund in Verbindung zu bringen. Für die Bildungspolitik würde sich – abgesehen von den Geschlechter- und Regionaldisparitäten – das Ärgernis sozialer Ungleichheit im Bildungssystem wieder auf die traditionelle Dimension „Klassenlage des Elternhauses" reduzieren (Becker 2000). Aber hierfür sind sowohl die Mechanismen für ihre Entstehung und Reproduktion hinreichend gut bekannt als auch die Möglichkeiten, dieses Ärgernis zu beseitigen (für einen Überblick: Becker 2011). Und auch die Gründe des Unterlassens, das Nötige dafür zu tun, und die dafür verantwortlichen Akteure, die sich gegen Chancengerechtigkeit im Bildungssystem – nicht nur für die Kinder und Jugendlichen mit Migrationshintergrund – verwahren (vgl. Becker und Schuchart 2010).

# Literatur

Alba, Richard, Johann Handl und Walter Müller, 1994: Ethnische Ungleichheit im deutschen Bildungssystem. Kölner Zeitschrift für Soziologie und Sozialpsychologie 46: 209-238.

Bade, Klaus J. et al., 2006: Sprache–Migration–Integration. Memorandum zum politischen Handeln. (http://www2000.wzb.eu/alt/aki/files/aki_memorandum_1.pdf; Abruf: 6. Juni 2011).

Baumert, Jürgen und Gundel Schümer, 2002: Familiäre Lebensverhältnisse, Bildungsbeteiligung und Kompetenzerwerb im nationalen Vergleich. S. 159-202 in: Deutsches PISA-Konsortium (Hrsg.), PISA 2000 – Die Länder der Bundesrepublik Deutschland im Vergleich. Opladen: Leske+Budrich.

Beck, Michael, Franziska Jäpel und Rolf Becker, 2010: Determinanten des Bildungserfolgs von Migranten im Schweizer Bildungssystem. S. 313-337 in: Gudrun Quenzel und Klaus Hurrelmann (Hrsg.), Bildungsverlierer. Wiesbaden: VS Verlag für Sozialwissenschaften.

Becker, Birgit, 2010: Wer profitiert mehr vom Kindergarten? Die Wirkung der Kindergartenbesuchsdauer und Ausstattungsqualität auf die Entwicklung des deutschen Wortschatzes bei deutschen und türkischen Kindern. Kölner Zeitschrift für Soziologie und Sozialpsychologie 62: 139-163.

Becker, Rolf und Claudia Schuchart, 2010: Verringerung sozialer Ungleichheiten von Bildungschancen durch Chancenausgleich? Ergebnisse einer Simulation bildungspolitischer Maßnahmen. S. 413-436 in: Rolf Becker und Wolfgang Lauterbach (Hrsg.), Bildung als Privileg. Wiesbaden: VS Verlag für Sozialwissenschaften.

Becker, Rolf und Walter Müller, 2011: Bildungsungleichheiten nach Geschlecht und Herkunft im Wandel. S. 55-75 in: Andreas Hadjar (Hrsg.), Geschlechtsspezifische Bildungsungleichheiten. Wiesbaden: VS Verlag für Sozialwissenschaften.

Becker, Rolf, 2006: Bildung – Bildungschancen von Migranten in Deutschland. S. 473-481 in: Statistisches Bundesamt (Hrsg.), Datenreport 2006. Zahlen und Fakten über die Bundesrepublik Deutschland. Bonn: Bundeszentrale für politische Bildung.

Becker, Rolf, 2010: Bildungseffekte vorschulischer Erziehung und Elementarbildung – Bessere Bildungschancen für Arbeiter- und Migrantenkinder? S. 129-160 in: Rolf Becker und Wolfgang Lauterbach (Hrsg.), Bildung als Privileg. Theoretische Erklärungen und empirische Befunde zu den Ursachen der Bildungsungleichheiten. Wiesbaden: VS Verlag für Sozialwissenschaften.

Becker, Rolf, 2011: Entstehung und Reproduktion von Bildungsungleichheiten. S. 87-138 in: Rolf Becker (Hrsg.), Lehrbuch der Bildungssoziologie. Wiesbaden: VS Verlag für Sozialwissenschaften.

Becker, Rolf, und Patricia Tremel, 2006: Auswirkungen vorschulischer Kinderbetreuung auf die Bildungschancen von Migrantenkindern. Soziale Welt 57: 397-418.

Boos-Nünning, Ursula und Yasemin Karakaşoğlu, 2005: Viele Welten leben. Lebenslagen von Mädchen und jungen Frauen mit griechischem, italienischem, jugoslawischem, türkischem und Aussiedlerhintergrund. Berlin: BMBFSJ.

Büchel, Felix und Gert Wagner, 1996: Soziale Differenzen der Bildungschancen in Westdeutschland - Unter besonderer Berücksichtigung von Zuwandererkindern. S. 80-96 in: Wolfgang Zapf, Jürgen Schupp und Roland Habich (Hrsg.), Lebenslagen im Wandel: Sozialberichterstattung im Längsschnitt. Frankfurt am Main: Campus.

Büchel, Felix, Katharina C. Spieß und Gert Wagner, 1997: Bildungseffekte vorschulischer Kinderbetreuung. Kölner Zeitschrift für Soziologie und Sozialpsychologie 49: 528-539.

Diefenbach, Heike, 2003: Schulerfolgsquoten ausländischer und deutscher Schüler an Integrierten Gesamtschulen und an Schulen des dreigliedrigen Schulsystems. Sind Integrierte Gesamtschulen die bessere Wahl für ausländische Schüler? S. 77-95 in: Frank Swiaczny und Sonja Haug

(Hrsg.), Migration – Integration – Minderheiten. Neuere interdisziplinäre Forschungsergebnisse. Wiesbaden: Bundesinstitut für Bevölkerungsforschung (BiB).

Diefenbach, Heike, 2007: Kinder und Jugendliche aus Migrantenfamilien im deutschen Bildungssystem Erklärungen und empirische Befunde. Wiesbaden: VS Verlag für Sozialwissenschaften.

Diefenbach, Heike, 2009: Bildungschancen und Bildungs(miss)erfolg von ausländischen Schülern oder Schülern aus Migrantenfamilien im System schulischer Bildung. S. 221-245 in: Rolf Becker und Wolfgang Lauterbach (Hrsg.), Bildung als Privileg? Wiesbaden: VS-Verlag (3. Aufl.).

Diefenbach, Heike, 2011: Bildungserfolg von Schülern mit Migrationshintergrund im Vergleich zu Schülern ohne Migrationshintergrund. S. 449-473 in: Rolf Becker (Hrsg.), Lehrbuch der Bildungssoziologie. Wiesbaden: VS Verlag für Sozialwissenschaften.

Dollmann, Jörg, 2010: Türkischstämmige Kinder am ersten Bildungsübergang. Primäre und sekundäre Herkunftseffekte. Wiesbaden: VS Verlag für Sozialwissenschaften.

Esser, Hartmut, 2001: Integration und soziale Schichtung. Arbeitspapier Nr. 40 des Mannheimer Zentrums für Europäische Sozialforschung. Mannheim: MZES.

Esser, Hartmut, 2006: Sprache und Integration. Die sozialen Bedingungen und Folgen des Spracherwerbs von Migranten. Frankfurt am Main: Campus.

Ganzeboom, Harry, B., Paul De Graaf und Donald Treiman, 1992: A Standard International Socio-Economic Index of Occupational Status. Social Science Research 21: 1-56.

Gogolin, Ingrid, Ursula Neumann und Hans-Joachim Roth, 2003: Förderung von Kindern und Jugendlichen mit Migrationshintergrund. BLK-Materialien zur Bildungsplanung und Forschungsförderung, Heft 107. Bonn: BLK.

Haisken-DeNew, John P., Felix Büchel und Gert Wagner, 1997: Assimilation and other Determinants of School Attainment in Germany: Do Immigrant Children Perform as well as Germans? Vierteljahrshefte zur Wirtschaftsforschung 66: 169-179.

Haug, Sonja, 2005: Zum Verlauf des Zweitspracherwerbs im Migrationskontext. Eine Analyse der Ausländer, Aussiedler und Zuwanderer im Sozio-Ökonomischen Panel. Zeitschrift für Erziehungswissenschaft 8: 263-284.

Heller, Kurt A. und Christoph Perleth, 2000: Kognitiver Fähigkeitstest für 4.-12. Klassen, Revision (KFT 4-12+ R). Göttingen: Hogrefe.

Kalter, Frank, 2005: Ethnische Ungleichheit auf dem Arbeitsmarkt. S. 303-332 in: Martin Abraham und Thomas Hinz (Hrsg.), Arbeitsmarktsoziologie. Wiesbaden: VS Verlag für Sozialwissenschaften.

Kalter, Frank, Nadja Granato und Cornelia Kristen, 2007: Disentangling recent trends of the second generation's structural assimilation in Germany. S. 214-245 in: Stefani Scherer, Reinhard Pollak, Gunnar Otte und Markus Gangl (Hrsg.), From Origin to Destination. Trends and Mechanisms in Social Stratification Research. Frankfurt am Main: Campus.

Kristen, Cornelia, 2002: Hauptschule, Realschule oder Gymnasium? Ethnische Unterschiede am ersten Bildungsübergang. Kölner Zeitschrift für Soziologie und Sozialpsychologie 54: 534-552.

Kristen, Cornelia, 2006: Ethnische Diskriminierung in der Grundschule? Die Vergabe von Noten und Bildungsempfehlungen. Kölner Zeitschrift für Soziologie und Sozialpsychologie 58: 79-97.

Kristen, Cornelia und Jörg Dollmann, 2010: Sekundäre Effekte der ethnischen Herkunft: Kinder aus türkischen Familien am ersten Bildungsübergang. S. 117-144 in: Birgit Becker und David Reimer (Hrsg.), Vom Kindergarten bis zur Hochschule. Die Generierung von ethnischen und sozialen Disparitäten in der Bildungsbiographie. Wiesbaden: VS Verlag für Sozialwissenschaften.

Lehmann, Rainer H. und Jenny Lenkeit, 2008: ELEMENT. Erhebung zum Lese- und Mathematikverständnis Entwicklungen in den Jahrgangsstufen 4 bis 6 in Berlin. Abschlussbericht über die Untersuchungen 2003, 2004 und 2005 an Berliner Grundschulen und grundständigen Gymnasien. Berlin: Humboldt-Universität.

Lehmann, Rainer H. und Roumiana Nikolova, 2005: Erhebung zum Lese- und Mathematikverständnis – Entwicklungen in den Jahrgangsstufen 4 bis 6 in Berlin. Bericht über die Untersuchung 2003 an Berliner Grundschulen und grundständigen Gymnasien. Untersuchungsbericht. Berlin: Senatsverwaltung für Bildung, Jugend und Sport.

Lengyel, Drorit, 2010: Bildungssprachförderlicher Unterricht in mehrsprachigen Lernkonstellationen. Zeitschrift für Erziehungswissenschaft 13:593-608.

Long, J. Scott, 1997: Regression Models for Categorical and Limited Dependent Variables. Thousand Oaks: Sage.

Moser, Urs, Nicole Bayer und Verena Tunger, 2010: Erstsprachförderung bei Migrantenkindern in Kindergärten. Wirkungen auf phonologische Bewusstheit, Wortschatz sowie Buchstabenkenntnis und erstes Lesen in der Erst- und Zweitsprache. Zeitschrift für Erziehungswissenschaft 13: 631-648.

Nauck, Bernhard, 1994: Bildungsverhalten in Migrantenfamilien. S. 107-142 in: Peter Büchner et al. (Hrsg.), Kindliche Lebenswelten, Bildung und innerfamiliale Beziehungen. München: Verlag Deutsches Jugendinstitut (DJI).

Nauck, Bernhard, Heike Diefenbach und Kornelia Petri, 1998: Intergenerationale Transmission von kulturellem Kapital unter Migrationsbedingungen. Zum Bildungserfolg von Kindern und Jugendlichen aus Migrantenfamilien in Deutschland. Zeitschrift für Pädagogik 44: 701-722.

Schubert, Frank und Rolf Becker, 2010: Social Inequality of Reading Literacy. A longitudinal analysis with cross-sectional data of PIRLS 2001 and PISA 2000 utilizing the pairwise matching procedure. Research in Social Stratification and Mobility (Special issue: New Developments in Education Transitions Research) 96: 109-133.

Söhn, Janina, 2005: Zweisprachiger Schulunterricht für Migrantenkinder. AKI-Forschungsbilanz 2. Berlin: WZB.

Steinbach, Anja und Bernhard Nauck, 2004: Intergenerationale Transmission von kulturellem Kapital in Migrantenfamilien. Zur Erklärung von ethnischen Unterschieden im deutschen Bildungssystem. Zeitschrift für Erziehungswissenschaft 7: 20-32.

Winship, Christopher und Michael Sobel, 2004: Causal Inferences in Sociological Studies. S. 481-503 in: Melissa Hardy und Alan Bryman (Hrsg.), Handbook of Data Analysis. London: Sage Publications.

# Anhang

*Tab. A-1:*    Determinanten der Teilnahmen an Lerngelegenheiten (odds ratios)

| | Kinder-gartenbe-such | Nachhilfeunterricht in Deutsch | | Stütz- und Förder-kurs in Deutsch | | Unterricht in Deutsch als Fremd-sprache | |
|---|---|---|---|---|---|---|---|
| | | regel-mäßig | gelegent-lich | regel-mäßig | gelegent-lich | innerhalb Schule | außer-schulisch |
| *Soziale Herkunft* | | | | | | | |
| HISEI | 1,042* | 0,994 | 0,995 | 0,993 | 0,992 | 0,959* | 0,932* |
| Kein Abschluss | 1 | 1 | 1 | 1 | 1 | 1 | 1 |
| Hauptschule | 1,752* | 1,703 | 1,889 | 1,125 | 1,000 | 0,381* | 0,400 |
| Mittlere Reife | 2,363* | 1,771 | 1,012 | 1,325 | 1,226 | 0,188* | 0,830 |
| F.hochschulreife | 1,417 | 0,618 | 1,001 | 1,071 | 0,953 | 0,266* | 0,662 |
| Abitur | 1,906* | 1,275 | 1,254 | 0,884 | 1,135 | 0,323* | 1,282 |
| *Migration* | | | | | | | |
| Einreisealter | | 0,995 | 0,981 | 0,996 | 0,990 | 1,083* | 1,076* |
| *Testwerte 4. Klasse* | | | | | | | |
| Leseleistung | | 0,971* | 0,965* | 0,964* | 0,970* | | |
| Leseinteresse | | 0,770 | 0,696* | 0,772* | 0,806* | | |
| Lesegewohnheit | | 1,404* | 1,343* | 1,189 | 1,124 | | |
| Leistungspotent. | | 0,858* | 0,894* | 0,695* | 0,793* | | |
| Pseudo-R² | 0,059 | 0,079 | | 0,102 | | 0,120 | 0,107 |
| N | 3.508 | 3.313 | | 3.262 | | 3.342 | 3.113 |

* mindestens p ≤ 0,05; Referenzkategorie: keine Teilnahme

Quelle: ELEMENT – eigene Berechnung

# Die Nachteile von Jugendlichen aus Migrantenfamilien gegenüber deutschen Jugendlichen bezüglich ihres schulischen Erfolgs – eine geschlechtsspezifische Betrachtung

*Heike Diefenbach*

## 1 Einleitung

Schulerfolg in Form von Bildungszertifikaten ist zunächst nur ein Aspekt von Bildung unter vielen anderen, und für einige Autoren keineswegs der wichtigste (so z.b. für Illich 2003 oder Prange 2004). Für die besondere Wichtigkeit zertifizierten Schulerfolgs lässt sich aber zum einen vorbringen, dass er in einem meritokratischen Bildungssystem Ausdruck kumulierter schulischer Erfahrungen und Einzelleistungen an verschiedenen Stufen des Bildungssystems sein sollte. Zum anderen ist aus sozialstrukturanalytischer Perspektive festzustellen, dass kein anderer Aspekt von Bildung die Lebenschancen und die Lebensqualität von Individuen so stark beeinflusst wie die in der Sekundarstufe erworbenen Bildungszertifikate. Sekundarschulabschlüsse determinieren nämlich weitgehend die Möglichkeiten der Nutzung weiterführender Bildungsgänge ebenso wie beruflicher Bildungsgänge und damit die spätere berufliche Stellung, das Arbeitslosigkeitsrisiko und das Erwerbseinkommen (Ashenfelter und Rouse 2000; De Gregorio und Lee 2002; Lauer und Steiner 2004; Trostel et al 2002). Diese Faktoren beeinflussen wiederum die allgemeine Lebenszufriedenheit (Di Tella et al. 2001; Easterlin 2001; Frijters et al. 2004; Weller und Acisu 1996: 25-27), den allgemeinen Gesundheitszustand (Grossmann und Kaestner 1997; Mielck 2000; Pritchett und Summers 1996; Robert Koch-Institut 2006: 35, 83) bzw. gesundheitsgefährdendes Verhalten wie z.b. erhöhten Alkohol- (Ettner 1996) oder Zigarettenkonsum (Robert Koch-Institut 2006: 85) und sogar die Lebenserwartung (Gerdtham und Johannesson 2004; Lauterbach et al. 2006; Lobmayer und Wilkinson 2000; Becker 1998; Rogot et al. 1992). Die in der Sekundarstufe erworbenen Schulabschlüsse erweisen sich empirisch also als für den gesamten Lebensverlauf entscheidend. Bevölkerungsgruppen, für die sich Bildungsnachteile in Form von niedrigerwertigen Schulabschlüssen gegenüber anderen Gruppen beobachten lassen, haben daher auch Nachteile in vielen anderen Lebensbereichen. Die Untersuchung der Fragen, welche Bevölkerungsgruppen gegenüber welchen anderen Gruppen Bildungsnachteile in Form von Schulabschlüssen haben, wie groß diese Nachteile ggf. sind und wie groß die Heterogenität in den Gruppen diesbezüglich ist, ist daher nicht nur unter Gesichtspunkten der Bildungsgerechtigkeit wichtig, sondern auch für viele andere Fragestellungen im Rahmen der Sozialstrukturanalyse (Becker 2009).

Es finden sich inzwischen viele empirische Belege dafür, dass in Deutschland Personen mit Migrationshintergrund bezüglich ihres Schulbesuchs und Schulerfolgs Nachteile gegenüber Personen ohne Migrationshintergrund haben (Diefenbach 2007). In der neuen Kunstfigur des *„Armensohn mit Migrationshintergrund"* (Hänsel 2003: 605) der Bildungsforschung kommt dieser Umstand zum Ausdruck. Sie hat ihre Berechtigung darin, dass sie den Typus von Schüler repräsentiert, der in der gesamten Schülerschaft an allgemeinbildenden Schulen in Deutschland die meisten Risikofaktoren für eine erfolgreiche Bildungslaufbahn auf sich vereinigt, wenn man diese Risikofaktoren *unabhängig voneinander* betrachtet. So ist empirisch gut belegt, dass Kinder armer Eltern geringeren Bildungserfolg haben als Kinder wohlhabenderer Eltern (Büchel und Wagner 1996: 84; Becker 2007), Jungen geringeren Bildungserfolg als Mädchen (Diefenbach und Klein 2002; Becker und Lauterbach 2002), Migrantenkinder geringeren Bildungserfolg als Kinder von Nicht-Migranten (Diefenbach 2004, 2007; Becker und Tremel 2006). Welches Bild sich ergibt, wenn man zwei oder mehr dieser Faktoren im Zusammenhang berücksichtigt, ist aber weit weniger gut erforscht. Diesbezüglich liegen eher vereinzelte Befunde vor wie derjenige von Geißler, nach dem „die größten geschlechtstypischen Nachteile (...) [bei den] Jungen aus der gesellschaftlichen Mitte" (Geißler 2005: 87) (und nicht bei den Armen) bestehen.

Der Befund von Geißler gibt darüber Aufschluss, dass die Nachteile von Jungen gegenüber Mädchen bezüglich ihres Bildungserfolgs durch die Schichtzugehörigkeit qualifiziert werden. Dieser Befund ist allerdings in der Zwischenzeit mehrfach widerlegt worden (Becker und Müller 2011; Breen et al. 2010). Im vorliegenden Beitrag geht es um die Frage, wie die Nachteile von Ausländern bzw. Personen, die aus einer Migrantenfamilie kommen, gegenüber Deutschen bzw. Personen, die nicht aus einer Migrantenfamilie kommen, durch das Geschlecht qualifiziert werden. Zu diesem Zweck wird zunächst die amtliche Bildungsstatistik danach ausgewertet, wie groß die Unterschiede zwischen deutschen und ausländischen männlichen Schulabsolventen einerseits und zwischen deutschen und ausländischen Schulabsolventinnen andererseits bezüglich der von ihnen erreichten Sekundarschulabschlüsse sind. Anschließend wird anhand der Daten des Sozioökonomischen Panels (SOEP) des Deutschen Institutes für Wirtschaftsforschung (DIW) überprüft, inwieweit die Sekundarschulabschlüsse von jungen Männern und Frauen mit oder ohne Migrationshintergrund eine

Funktion ihres Sekundarschulbesuchs sind, von dem angenommmen wird, dass er die Selektion von Schülern gemäß ihrer Voraussetzungen bereits abbildet, so dass bei Kontrolle des besuchten Sekundarschultyps keine eigenständigen Effekte von Migrationshintergrund oder Geschlecht auf den erreichten Sekundarschulabschluss zu erwarten wären.

## 2  Sekundarschulabschlüsse ausländischer und deutscher Schulabsolventen in der amtlichen Bildungsstatistik

Die amtliche Bildungsstatistik weist trotz der seit nunmehr einiger Zeit laufenden Diskussion um die statistische Erfassung von Merkmalen von Menschen mit Migrationshintergrund nach wie vor lediglich Zahlen für Deutsche und für Ausländer aus. Die Abbildungen 1 und 2 zeigen, wie sich ausländische und deutsche Schulabgänger in den Schuljahren 1990/91 bis 2005/06 auf die verschiedenen Sekundarschulabschlüsse verteilen.

*Abb. 1:* Ausländische Schulabgänger der Schuljahre 1990/91 bis 2005/06 nach erreichten Schulabschlüssen (prozentuale Anteile an allen *ausländischen Schulabgängern)*

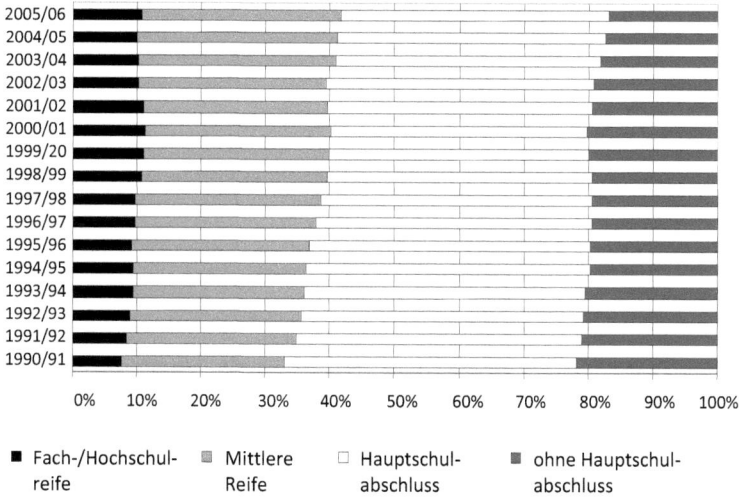

*Abb. 2:* Deutsche Schulabgänger der Schuljahre 1990/91 bis 2005/06 nach
erreichten Schulabschlüssen (prozentuale Anteile an allen deutschen
Schulabgängern)

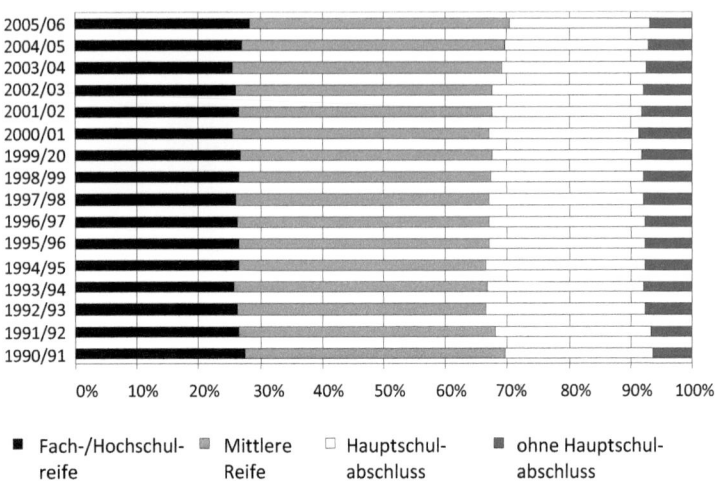

Quellen: Statistisches Bundesamt – eigene Berechnungen

In jedem Jahr im beobachteten Zeitraum gehen deutlich weniger Deutsche als
Ausländer mit einem Hauptschulabschluss oder ohne einen Hauptschulabschluss
von der Schule ab, nämlich 17,7 bzw. 11,9 Prozent weniger im Durchschnitt
aller Jahre im Beobachtungszeitraum. Gleichzeitig verlassen in jedem Schuljahr
deutlich weniger ausländische als deutsche Schulabgänger die Sekundarstufe
mit der Mittleren Reife oder der Fach-/Hochschulreife: Im Durchschnitt der
Jahre im Beobachtungszeitraum gehen von den ausländischen Absolventen 13
Prozent weniger als von den deutschen Absolventen mit der Mittleren Reife und
16,4 Prozent weniger mit der Fachhochschulreife bzw. mit dem Abitur ab. Auf-
fallend ist die große Stabilität der Verteilungen ausländischer und deutscher
Schüler auf die verschiedenen Schulabschlüsse und damit der diesbezüglichen
Differenzen zwischen ausländischen und deutschen Schulabgängern über die 16
Jahre im Beobachtungszeitraum hinweg gesehen.

Weil die dargestellten Anteile von ausländischen und von deutschen Schulabgängern, die auf bestimmte Sekundarschulabschlüsse entfallen, nicht auf der
Basis derselben Grundgesamtheit errechnet wurden, ist ihre Aussagekraft bzw.
die Aussagekraft der Differenz zwischen ihnen jedoch eingeschränkt. Um

angeben zu können, wie stark ausländische Schulabgänger unter Schülern, die die Schule mit einem bestimmten Schulabschluss verlassen, gegenüber deutschen Schulabgängern über- oder unterrepräsentiert sind, bedarf es eines Risiko- oder Repräsentationsmaßes, das auf der Basis der gemeinsamen Verteilung von ausländischen und deutschen Schülern errechnet wird. Der Relative Risiko-Index (RRI) ist ein solches Maß (zur Berechnung des RRI: Diefenbach 2004a; zum Vergleich des RRI mit anderen Risikomaßen: Burgard 1998).

Die Berechnung der Relativen Risiko-Indizes für den Zeitraum zwischen 1990/91 und 2005/06 ergibt, dass Ausländer unter Schulabgängern ohne einen Hauptschulabschluss in jedem der betrachteten Jahre überrepräsentiert sind. Die entsprechenden Relativen Risiko-Indizes sind nämlich alle größer als eins und liegen zwischen 2,3 und 3,4 und im Durchschnitt aller Jahre bei 2,6. Das bedeutet, dass im Durchschnitt in jedem Jahr im Beobachtungszeitraum auf fünf Deutsche dreizehn Ausländer kamen, die die Sekundarstufe ohne einen Hauptschulabschluss verlassen haben. Eine Überrepräsentation von ausländischen Schulabgängern besteht ebenfalls bezüglich des Hauptschulabschlusses, ist aber nicht ganz so ausgeprägt: Hier kommen (bei RRI = 1,7) im Durchschnitt in jedem Jahr im Beobachtungszeitraum auf drei Deutsche fünf Ausländer. Unterrepräsentiert sind ausländische Schulabgänger in Bezug auf die Mittlere Reife, bei der auf sieben Ausländer zehn Deutsche kommen (RRI = 0,7), und noch stärker in Bezug auf die Fach-/Hochschulreife, bei der auf einen Ausländer vier Deutsche kommen (RRI = 0,4). Die Nachteile ausländischer Schulabgänger gegenüber Deutschen sind also erheblich, besonders was den Schulabgang ohne einen Hauptschulabschluss oder mit der (Fach-)Hochschulreife betrifft, und darüber hinaus über die Zeit ziemlich konstant.

## 3  Sekundarschulabschlüsse junger Männer und junger Frauen in der amtlichen Bildungsstatistik nach deutscher vs. nicht-deutscher Staatsangehörigkeit

Die Frage ist nunmehr, ob die zuvor beschriebenen Nachteile ausländischer Schulabgänger gegenüber deutschen Schulabgängern für beide Geschlechter gleichermaßen bestehen. Um dies zu prüfen, wurden die Differenzen zwischen den prozentualen Anteilen gebildet, mit denen deutsche und ausländische männliche Schulabgänger auf bestimmte Schulabschlüsse entfallen. Anschließend wurden die entsprechenden Differenzen für Schulabgängerinnen gebildet. Abbildung 3 zeigt die Ergebnisse dieser Berechnungen für junge Männer.

*Abb. 3:*  Differenzen zwischen den prozentualen Anteilen, mit denen deutsche
und ausländische junge Männer in den Schuljahren 1990/91 bis
2005/06 mit bestimmten Sekundarschulabschlüssen von der Schule
abgegangen sind*

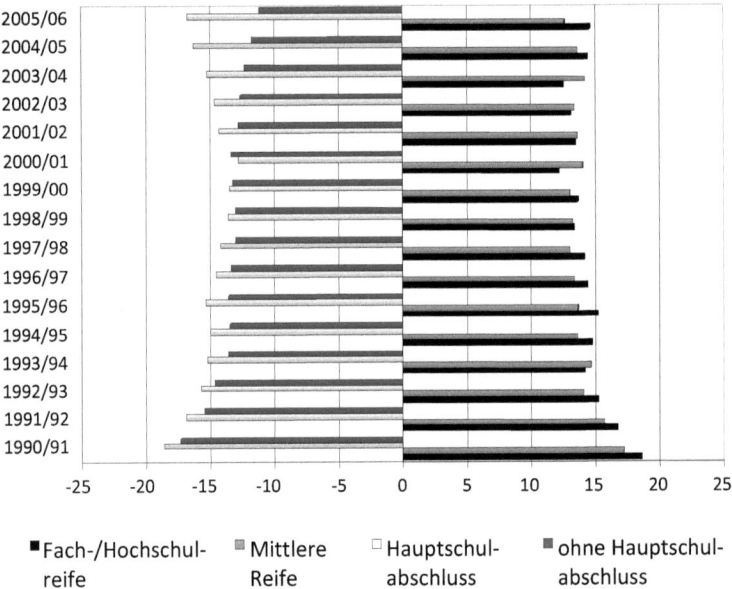

* Negative Prozentwerte stellen niedrigere Anteile von Deutschen als von Ausländern dar, positive
Prozentwerte höhere Anteile von Deutschen als von Ausländern.

Quelle: Statistisches Bundesamt – eigene Berechnungen

Betrachtet man Abbildung 3, so fällt zunächst auf, dass bezüglich der höher
qualifizierenden Schulabschlüsse „Mittlere Reife" und „Fach-/Hochschulreife"
in jedem einzelnen Schuljahr positive Differenzen zu beobachten sind, während
in Bezug auf den Hauptschulabschluss und diejenigen, die die Schule ohne
einen Hauptschulabschluss verlassen, in jedem Schuljahr negative Differenzen
zu verzeichnen sind. Darüber hinaus sind diese Differenzen über die Zeit
hinweg betrachtet stabil, wenn man von den negativen Differenzen bezüglich
des Hauptschulabschlusses absieht, die während der 2000er Jahre geringfügig,

aber konstant größer geworden sind. Das heißt aber auch, dass deutsche junge Männer während des gesamten Beobachtungszeitraums von 16 Jahren im Hinblick auf die Sekundarschulabschlüsse, mit denen sie die Schule verlassen, konsistente Vorteile gegenüber ausländischen jungen Männern haben. Außerdem fällt auf, dass diese Vorteile bezüglich aller Abschlussarten in etwa gleich groß sind, nämlich zwischen 13 und 15 Prozent.

Die Berechnung Relativer Risiko-Indizes ergibt, dass ausländische junge Männer bezüglich der beiden höher qualifizierenden Abschlussarten mit RRI = 0,4 für die Fach-/Hochschulreife bzw. 0,6 für die Mittlere Reife unterrepräsentiert sind. Somit kommen im Durchschnitt und im Beobachtungszeitraum in jedem Jahr auf fünf deutsche junge Männer, die die Schule mit der Fach- bzw. Hochschulreife verlassen, zwei ausländische junge Männer, und auf fünf deutsche junge Männer, die mit der Mittleren Reife abgehen, drei ausländische junge Männer. Überrepräsentiert sind ausländische junge Männer aber unter Absolventen mit Hauptschulabschluss und Abgängern ohne Hauptschulabschluss, wobei diese Überrepräsentationen deutlich stärker sind als die Unterrepräsentationen im Hinblick auf die höher qualifizierenden Abschlüsse. Das Verhältnis zwischen deutschen jungen Männern und ausländischen jungen Männern, die die Schule mit einem Hauptschulabschluss verlassen, lautet (bei RRI = 1,6) 5:8 und das entsprechende Verhältnis in Bezug auf diejenigen, die ohne Hauptschulabschluss abgehen, sogar 5:12 (bei RRI = 2,4).

Über alle Schulabschlüsse gemeinsam betrachtet, sind die Differenzen zwischen Ausländern und Deutschen bei beiden Geschlechtern in etwa gleich groß. Aber die Berechnung der RRI zeigt, dass ausländische Schulabsolventinnen gegenüber deutschen Schulabsolventinnen tatsächlich noch etwas größere Nachteile haben als ausländische Schulabsolventen gegenüber deutschen Schulabsolventen. Das Verhältnis von deutschen Absolventinnen mit Hauptschulabschluss zu ausländischen Absolventinnen beträgt 1:2 (oder 5:10), während es bei den jungen Männern 5:8 beträgt, und bezüglich derer, die die Schule ohne Abschluss verlassen, lautet das Verhältnis bei den jungen Frauen 5:14, während es bei den jungen Männern 5:12 beträgt. Bezüglich des (Fach-)Hochschulabschlusses lautet das Verhältnis bei beiden Geschlechtern 5:2, und hinsichtlich der Mittleren Reife lautet es 10:7 bei den jungen Frauen und 5:3 bei den jungen Männern. Es fällt also bei den jungen Frauen kaum nennenswert geringer aus als bei den jungen Männern.

*Abb. 4:* Differenzen zwischen den prozentualen Anteilen, mit denen deutsche
und ausländische junge Frauen in den Schuljahren 1990/91 bis 2005/06
mit bestimmten Sekundarschulabschlüssen von der Schule abgegangen
sind*

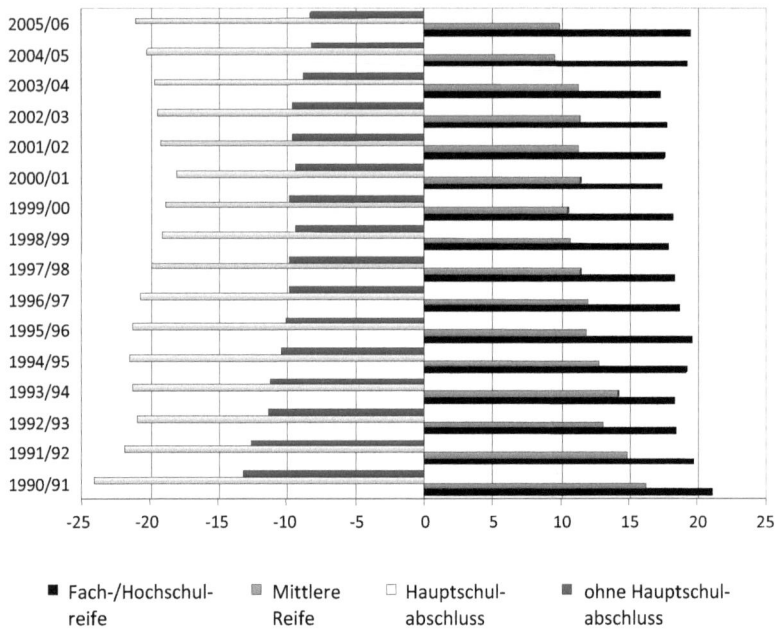

* Negative Prozentwerte stellen niedrigere Anteile von Deutschen als von Ausländerinnen dar,
positive Prozentwerte höhere Anteile von Deutschen als von Ausländerinnen

Quelle: Statistisches Bundesamt – eigene Berechnungen

Diese Analysen zeigen, inwiefern die Kunstfigur *„Armensohn mit Migrationshintergrund"* (Hänsel 2003: 605) der Bildungsforschung irreführend ist: Wenn
ausländische junge Frauen gegenüber deutschen jungen Frauen hinsichtlich
ihrer Sekundarschulabschlüsse etwas größere Nachteile haben als ausländische
junge Männer gegenüber deutschen jungen Männern, trifft es zumindest für die
Gruppe der Ausländer unter den Personen mit Migrationshintergrund nicht zu,
dass das gemeinsame Auftreten der Merkmale „männlich" und „Person mit

Migrationshintergrund" einen kumulativen Nachteil bezüglich des Schulerfolgs in Form von Sekundarschulabschlüssen darstellt, wie die Figur suggeriert. Die Analysen zeigen außerdem, dass die Struktur der Nachteile, die ausländische junge Frauen gegenüber deutschen jungen Frauen haben, sich von derjenigen der Nachteile, die ausländische junge Männer gegenüber deutschen jungen Männern haben, deutlich unterscheidet.

## 4 Welche Faktoren sind verantwortlich für den geringeren Schulerfolg von jungen Männern und jungen Frauen mit Migrationshintergrund bezüglich ihrer Sekundarschulabschlüsse?

Im selektiven Schulsystem Deutschlands sollte es vor allem der besuchte Sekundarschultyp sein, der (vor-)entscheidet, welchen Sekundarschulabschluss eine Person erreicht. Mit einem perfekten Zusammenhang ist dabei nicht zu rechnen. Denn einerseits kann jemand ohne Abschluss von der Schule abgehen und andererseits ist es möglich, auf einer Schulform, die einen weiterführenden Schulabschluss anbietet, einen niedrigeren Schulabschluss zu machen. So kann jemand das Gymnasium, das die Hochschulreife anbietet, bis einschließlich der 10. Klasse besuchen und danach mit der Mittleren Reife abgehen. Wenn die Selektion von Kindern beim Übergang in die Sekundarstufe aber meritokratisch erfolgt, wovon zumindest einige Sozialforscher (wie z.B. Esser 2001: 63 und Kristen 2006) trotz einer Vielzahl gegenteiliger empirischer Befunde (u.a. Bos et al. 2007; Geißler 1994, 2006) überzeugt zu sein scheinen, und das Sekundarschulsystem durchlässig ist, so dass gegebenenfalls korrigierende Wechsel möglich sind, sollte die besuchte Sekundarschulform aber in engem Zusammenhang mit dem erworbenen Sekundarschulabschluss stehen. Dagegen sollten Merkmale wie Migrationshintergrund, Geschlecht, Bildung der Eltern oder Schichtzugehörigkeit der Familie keine direkten Effekte auf den Sekundarschulabschluss haben, wenn diese Faktoren bereits den von einem Kind besuchten Sekundarschultyp beeinflussen und derselbe bekannt ist. Dies statistisch zu prüfen ist gewöhnlich nicht möglich, weil dies Individualdaten erfordert, die entweder im Zuge einer Längsschnittbefragung über die Bildungskarriere von Kindern und Jugendlichen oder im Rahmen einer retrospektiven Erhebung der beiden Größen „besuchter Sekundarschultyp" und „erworbener Sekundarschulabschluss" gewonnen wurden, solche Daten aber in der Regel nicht verfügbar sind.

Nach einer nunmehr 23jährigen Laufzeit bietet das Sozio-ökonomische Panel (SOEP) des DIW die Möglichkeit, den Zusammenhang zwischen besuchtem Sekundarschultyp und erworbenem Schulabschluss zu betrachten:

Kinder, über die ihre Eltern als Befragungspersonen im SOEP Angaben gemacht haben, sind inzwischen selbst zu Befragungspersonen geworden, indem
sie ihr 17. Lebensjahr erreicht haben, so dass ihre Angaben über ihren zum Befragungszeitpunkt höchsten Schulabschluss mit den Angaben kombiniert werden können, die ihre Eltern darüber gemacht haben, welchen Sekundarschultyp
sie bis zum Alter von 17 Jahren besucht haben.

Aus Gründen der Vergleichbarkeit mit den Daten der amtlichen Bildungsstatistik wäre es wünschenswert, Daten aus dem SOEP über diejenigen Personen
analysieren zu können, die im Zeitraum zwischen 1990 und (einschließlich)
2006 in Deutschland einen Sekundarschulabschluss gemacht haben bzw. ohne
Abschluss die Schule verlassen haben. Dies trifft für 7.459 Personen zu, wobei
68 dieser Personen einen (weiterführenden) Schulabschluss bei Vorliegen eines
niedrigerwertigen Schulabschlusses nachgeholt haben.

*Tab. 1:* Deutsche und ausländische männliche Sekundarschulabgänger im
Zeitraum 1990 bis 2006 nach erreichten Schulabschlüssen

| | Ohne Abschluss | Haupt-schul-abschluss | Mittlere Reife | Fach-/ Hochschul-reife | Insgesamt |
|---|---|---|---|---|---|
| | Z% | Z% | Z% | Z% | Z% |
| **Deutsche** (n = 3.199) | 1,2 | 20,4 | 37,4 | 40,9 | 99,9 |
| **Eingebürgerte Deutsche** (n = 66) | 3,0 | 33,3 | 28,8 | 34,8 | 99,9 |
| **Türken** (n = 115) | 4,4 | 53,9 | 20,9 | 20,9 | 100,1 |
| **Ex-Jugoslawen** (n = 32) | 12,5 | 46,9 | 28,1 | 12,5 | 100 |
| **Griechen** (n = 39) | 0,0 | 46,2 | 23,1 | 30,8 | 100,1 |
| **Italiener** (n = 68) | 2,9 | 51,5 | 20,6 | 25,0 | 100 |
| **Spanier** (n = 23) | 4,4 | 39,1 | 17,4 | 39,1 | 100 |
| **Andere Ausländer** (n = 47) | 4,3 | 40,4 | 23,4 | 31,9 | 100 |
| **Ausländer zusammen** (n = 324) | 4,3 | 48,8 | 21,9 | 25,0 | 100 |

Datenquelle: SOEP

*Tab. 2:* Deutsche und ausländische weibliche Sekundarschulabgänger im
Zeitraum 1990 bis einschließlich 2006 nach erreichten
Schulabschlüssen

| | Ohne Abschluss | Haupt- schul- abschuss | Mittlere Reife | Fach-/ Hochschul- reife | Insgesamt |
|---|---|---|---|---|---|
| | Z% | Z% | Z% | Z% | Z% |
| **Deutsche** (n = 3.122) | 0,6 | 13,4 | 43,5 | 42,4 | 99,9 |
| **Eingebürgerte Deutsche** (n = 60) | 3,3 | 13,3 | 43,3 | 40,0 | 99,9 |
| **Türkinnen** (n = 78) | 2,6 | 44,9 | 35,9 | 16,7 | 100,1 |
| **Ex-Jugoslawinnen** (n = 23) | 4,4 | 21,7 | 52,2 | 21,7 | 100 |
| **Griechinnen** (n = 42) | 0,0 | 42,9 | 19,0 | 38,1 | 100 |
| **Italienerinnen** (n =58) | 1,7 | 44,8 | 32,8 | 20,7 | 100 |
| **Spanierinnen** (n = 15) | 0,0 | 33,3 | 53,3 | 13,3 | 99,9 |
| **Andere Ausländer** (n = 67) | 1,5 | 28,4 | 40,3 | 29,8 | 100 |
| **Ausländer zusammen** (n = 283) | 1,8 | 38,2 | 36,0 | 24,0 | 100 |

Datenquelle: SOEP

Die Tabellen 1 und 2 zeigen, wie sich im SOEP für den Zeitraum zwischen
1990 und 2006 deutsche und ausländische Absolventen und unter Letzteren
Absolventen bestimmter Nationalitäten auf die verschiedenen Sekundarschulabschlüsse verteilen. Sie zeigen zunächst, was anhand der Daten der amtlichen
Statistik nicht gezeigt werden kann – nämlich dass Personen mit Migrationshintergrund, die die deutsche Staatsbürgerschaft (angenommen) haben, eine Posi-
tivselektion in dem Sinn darstellen, dass sie bezüglich ihrer Sekundarschulabschlüsse deutlich besser abschneiden als Personen mit Migrationshintergrund,
die Ausländer (geblieben) sind. Dieser Zusammenhang besteht für beide Geschlechter. Allerdings schneiden Absolventinnen mit Migrationshintergrund und
deutscher Staatsbürgerschaft fast ebenso gut ab wie deutsche Absolventinnen
ohne Migrationshintergrund, was von ihren männlichen Gegenübern nicht behauptet werden kann. Aufgrund der geringen Fallzahlen von Sekundarschul-

abgängern im Zeitraum zwischen 1990 und 2006 mit Migrationshintergrund, welche die deutsche Staatsbürgerschaft haben, ist dieses Ergebnis jedoch mit Vorsicht zu interpretieren. Dieselbe Einschränkung muss für die nationalitäten-spezifische Betrachtung gemacht werden, die bestätigt, was aus anderen Unter-suchungen bereits bekannt ist – nämlich dass Türken und Türkinnen bzw. Italie-ner und Italienerinnen die größten Nachteile gegenüber Deutschen bezüglich ihrer Sekundarschulabschlüsse haben.

Vergleicht man die von jungen deutschen und ausländischen Männern sowie die von jungen deutschen und ausländischen Frauen erreichten Schulabschlüsse im SOEP mit denjenigen der amtlichen Statistik, so zeigt sich, dass die Diffe-renzen für die Männer im Hinblick auf die Mittlere Reife (mit 15,5% im SOEP und 13,9% in der amtlichen Statistik) und die Fach-/Hochschulreife (mit 15,9% im SOEP und 15,3% in der amtlichen Statistik) sehr nahe beieinander liegen, diejenigen für die Hauptschulabsolventen (mit -28,4% im SOEP und -15,2% in der amtlichen Statistik) jedoch nicht, und auch die Differenzen zwischen deut-schen und ausländischen Abgängern ohne Abschluss entsprechen (mit -3,0% im SOEP und -13,4% in der amtlichen Statistik) einander in keiner Weise. Der entsprechende Vergleich für junge Frauen ergibt, dass die Differenzen zwischen Deutschen und Ausländerinnen in Bezug auf den Hauptschulabschluss und in Bezug auf die Fach-/Hochschulreife im SOEP denjenigen in der amtlichen Sta-tistik entsprechen (mit -24,7% im SOEP und -20,5% in der amtlichen Statistik bzw. 18,4% im SOEP und 18,6% in der amtlichen Statistik), die Differenzen bezüglich der Mittleren Reife und der Abgängerinnen ohne Abschluss jedoch nicht.

Ungeachtet der Tatsache, dass dieses Ergebnis darauf verweist, dass das SOEP in Bezug auf die erreichten Sekundarschulabschlüsse nur eingeschränkt repräsentativ ist, können die Daten des SOEP dazu verwenden werden, Auf-schlüsse über den Zusammenhang zwischen dem bis zum Alter von 17 Jahren besuchten Sekundarschultyp und dem zum Befragungszeitpunkt höchsten er-reichten Sekundarschulabschluss bei Personen mit Migrationshintergrund und Personen ohne Migrationshintergrund sowie bei jungen Männern und jungen Frauen zu gewinnen, weil beide Angaben für einen Teil der Personen im SOEP vorliegen. Von denjenigen Personen, die zwischen 1990 und einschließlich 2006 einen Sekundarschulabschluss gemacht haben, ist aber nur für vergleichsweise wenige feststellbar, welchen Sekundarschultyp sie bis zum Alter von 17 Jahren besucht haben. Daher ist es notwendig, den Zeitraum, in dem Befragungsperso-nen ihren Sekundarschulabschluss gemacht haben, nach hinten zu verlängern, d.h. auch Schulabschlüsse zu berücksichtigen, die vor 1990 erreicht wurden. Auf diese Weise können Informationen über 2.197 Personen, davon 1.138 junge

Männer und 1.059 junge Frauen, zu ihrem Sekundarschulbesuch bis zum Alter von 17 Jahren und zum Befragungszeitpunkt höchsten erworbenen Sekundarschulabschluss für die Auswertung gewonnen werden. Von diesen 2.197 Personen sind 438 Kinder nichtdeutscher Haushaltsvorstände und kommen also aus Migrantenfamilien. Von diesen 438 Personen sind wiederum 80 Prozent in Deutschland geboren und 6 Prozent deutsche Staatsangehörige. Für die große Mehrheit der 438 Personen mit Migrationshintergrund gilt, dass sie Ausländer sind und nicht selbst migriert, sondern Angehörige (mindestens) der so genannten Zweiten Generation. Aufgrund der Konstruktion der Stichprobe ist sichergestellt, dass sie ohne Ausnahme Bildungsinländer sind.

Für dieses Sample werden nunmehr logistische Regressionen durchgeführt, deren abhängige Variable den zum Befragungszeitpunkt höchsten erreichten Sekundarschulabschluss abbildet – dies allerdings in dichotomisierter Form, um Probleme aufgrund niedrig besetzter Kategorien in der Analyse zu vermeiden. Auf der abhängigen Variablen werden daher Personen ohne Abschluss oder mit Hauptschulabschluss von Personen mit Mittlerer Reife oder (Fach-)Hochschulabschluss unterschieden. Aufgrund dieser Dichotomisierung ist es nicht mehr möglich, die zuvor herausgearbeitete geschlechtsspezifische Struktur der Nachteile von ausländischen jungen Männern und jungen Frauen gegenüber deutschen jungen Männern und jungen Frauen zu berücksichtigen. Daher ist es wenig sinnvoll, die logistischen Regressionsmodelle getrennt für die Geschlechter zu schätzen. Stattdessen geht die Variable „Geschlecht" als erklärende Variable ein. Weiterhin gehen als erklärende Variablen die bis zum Alter von 17 Jahren besuchte Sekundarschulform sowie eine Variable, die Personen aus Migrantenfamilien von Personen aus deutschen Familien unterscheidet, in die Schätzungen ein. Die erklärende Variable „Schulbesuch" enthält drei Kategorien, weil der Realschulbesuch und der Besuch einer Integrierten Gesamtschule zusammengefasst wurden (wieder, um Probleme aufgrund geringer Zellbesetzungen in der Kategorie „Integrierte Gesamtschule" zu vermeiden), nämlich die Kategorien (1) Gymnasium, (2) Realschule oder Integrierte Gesamtschule und (3) Hauptschule. Das erste Regressionsmodell sagt den zum Befragungszeitpunkt höchsten erreichten allgemein bildenden Schulabschluss allein aufgrund des bis zum Alter von 17 Jahren besuchten Sekundarschultyps vorher. Modell 2 berücksichtigt zusätzlich das Geschlecht der befragten Person. Modell 3 berücksichtigt neben dem besuchten Sekundarschultyp die Herkunft aus einer Migrantenfamilie, und in Modell 4 werden alle drei erklärenden Variablen berücksichtigt. Tabelle 3 stellt die Ergebnisse zusammen, die die verschiedenen Regressionsmodelle erbracht haben.

*Tab. 3:* Logistische Regressionsmodelle zur Schätzung des höchsten erreichten allgemein bildenden Schulabschlusses (odds ratios)

| | Kein Schulabschluss oder Hauptschulabschluss (Ref.-Kat.) vs. weiterführender Schulabschluss | | | |
|---|---|---|---|---|
| | Modell 1 | Modell 2 | Modell 3 | Modell 4 |
| *Bis zum Alter von 17 Jahren besuchter Sekundarschultyp (Ref.-Kat.: Hauptschule)* | | | | |
| **Realschule oder Integrierte Gesamtschule** | 3,827*** | 4,012*** | 3,078*** | 3,248*** |
| **Gymnasium** | 13,558*** | 14,654*** | 10,828*** | 11,496*** |
| *Geschlecht (Ref.-Kat: weiblich)* | | | | |
| **Männlich** | | 1,331** | | 1,324** |
| *Herkunft aus Migrantenfamilie, ja oder nein (Ref.-Kat.: nein)* | | | | |
| **Aus Migrantenfamilie** | | | 0,085*** | 0,077*** |
| **Konstante** | -2,192 | -2,382 | -1,724 | -1,919 |
| **Chi-Quadrat** | 438,312*** | 443,920*** | 617,921*** | 624,893*** |
| **Nagelkerkes R²** | 0,253 | 0,258 | 0,343 | 0,349 |
| **Prozentanteil korrekt klassifizierter Fälle** | 74,9 | 75,0 | 77,1 | 77,1 |
| **N** | 2.215 | 2.197 | 2.215 | 2.197 |

Datenquelle SOEP; * p ≤ 0.05; ** p ≤ 0.01; *** p ≤ 0.001

Modell 1, das lediglich den im Alter bis zu 17 Jahren besuchten Sekundarschultyp zur Vorhersage des zum Befragungszeitpunkt höchsten erreichten allgemeinbildenden Schulabschlusses benutzt, ist hochsignifikant und erklärt 25 Prozent der Varianz. Die Vorzeichen der Koeffizienten für den Schultyp gehen in die erwartete Richtung. Der Besuch einer Realschule oder Integrierten Gesamtschule und der Besuch eines Gymnasiums erhöhen beide die Chance, einen weiterführenden Schulabschluss – also die Mittlere Reife, die Fachhochschulreife oder die Hochschulreife – zu erreichen, der Besuch des Gymnasiums allerdings – ebenfalls erwartungsgemäß – mit einer um das 14fache erhöhten Chance deutlich stärker als der Besuch einer Realschule oder einer Integrierten Gesamtschule mit einer um das Vierfache erhöhten Chance. Während also der bis zum Alter von 17 Jahren besuchte Sekundarschultyp erwartungsgemäß mit dem höchsten erreichten Schulabschluss zusammenhängt, ist der Zusammenhang nicht so stark, wie man erwarten würde, wenn die Selektion von Schülern nach ihren Fähigkeiten und Neigungen in der Sekundarstufe gelingen würde: Das

Modell klassifiziert zwar knapp 75 Prozent der Fälle richtig. Aber angesichts der Tatsache, dass bei einer zufälligen Vorhersage bereits mit 50 Prozent korrekt klassifizierten Fällen zu rechnen wäre, ist dieser Anteil nicht unbedingt als sehr hoch zu betrachten. Eine Analyse der 83 Fälle, die ein Residuum im zweiseitigen 5%-Ablehnungsbereich der Standardnormalverteilung erreichen, gibt einen Hinweis darauf, warum das so ist: Bei diesen Fällen handelt es sich nämlich fast ausschließlich um Personen aus deutschen Familien mit Mittlerer Reife oder Fachhoch- bzw. Hochschulreife. Diese Personen werden vom Modell also nicht korrekt klassifiziert, und zwar deshalb, weil unter ihnen ein nennenswerter Anteil ist, der den weiterführenden Abschluss nachgeholt hat: 11,6 Prozent der Personen aus deutschen Familien, die bis zum Alter von 17 Jahren eine Hauptschule besucht haben, haben zum Befragungszeitpunkt die Mittlere Reife und 4,1 Prozent die Studienberechtigung erworben, und 12,8 Prozent der Besucher von Realschulen oder Integrierten Gesamtschulen haben zum Befragungszeitpunkt die Studienberechtigung aufzuweisen. Unter Personen aus Migrantenfamilien machen solche „Nachholer" gerade 1 Prozent aus.

Modell 2, das neben dem besuchten Sekundarschultyp das Geschlecht berücksichtigt, erklärt kaum nennenswert besser als Modell 1. Aber das Geschlecht erbringt einen signifikanten Erklärungsbeitrag. Junge Männer haben demnach eine um 32 Prozent höhere Chance als junge Frauen, einen weiterführenden Sekundarschulabschluss zu erreichen.

Eine Verbesserung der Erklärungsleistung gegenüber den Modellen 1 und 2 erbringt Modell 3, das den zum Befragungszeitpunkt höchsten erreichten Schulabschluss aufgrund des bis zum Alter von 17 Jahren besuchten Sekundarschultyps und der Herkunft aus einer Migrantenfamilie schätzt. Es erklärt 34 Prozent der Varianz, und in ihm werden 77,1 Prozent der Fälle korrekt klassifiziert. Nur 19 Fälle erreichen ein Residuum im zweiseitigen 5%-Ablehnungsbereich der Standardnormalverteilung. Hierbei handelt es sich bei allen um Personen aus Migrantenfamilien, die einen weiterführenden Abschluss erreicht haben. Diese Personengruppe wird vom Modell also falsch zugeordnet. Beide erklärenden Variablen haben statistisch hochsignifikante Effekte: Der Besuch einer Realschule oder Integrierten Gesamtschule erhöht die Chancen auf einen weiterführenden Schulabschluss um das Dreifache und der Besuch eines Gymnasiums um das 11fache, und Personen aus Migrantenfamilien haben eine um 91,5 Prozent geringere Chance auf einen weiterführenden Schulabschluss als Personen aus deutschen Familien. Lässt man in diesem Modell einen Interaktionseffekt zwischen besuchtem Sekundarschultyp und Herkunft aus einer Migrantenfamilie zu, so erweist sich dieser Interaktionseffekt als gerade auf

dem 5%-Niveau signifikant. Er geht darauf zurück, dass der Effekt des Besuchs
einer Realschule oder Integrierten Gesamtschule bei Personen aus Migrantenfamilien stärker ist als bei Personen aus deutschen Familien: Wenn eine Person
aus einer Migrantenfamilie einen dieser Schultypen besucht hat, erhöht dies ihre
Chancen auf einen weiterführenden Abschluss um das 4,6fache (gegenüber
einer Erhöhung um das knapp Dreifache in der gesamten Stichprobe).

In Modell 4 werden alle drei erklärenden Variablen, also der besuchte Sekundarschultyp, das Geschlecht und die Herkunft aus einer Migrantenfamilie,
simultan eingeführt. Dieses Modell hat mit 35 Prozent erklärter Varianz die
größte Erklärungskraft, ist aber nur geringfügig mehr als Modell 3. Es klassifiziert einen ebenso großen Anteil von Fällen korrekt wie Modell 3 – nämlich
77,1 Prozent. Dies zeigt, dass die Berücksichtigung des Geschlechtes bei der
Schätzung des höchsten erreichten allgemein bildenden Schulabschlusses kaum
einen Gewinn bringt, wenn der besuchte Sekundarschultyp und die Herkunft aus
einer Migrantenfamilie berücksichtigt werden. Immerhin ist der Geschlechtsef-
fekt, nach dem junge Männer eine um 32,4 Prozent höhere Chance als junge
Frauen auf einen weiterführenden Schulabschluss haben, aber auf dem 1%-
Niveau signifikant. Dass dieser Effekt auf Personen zurückgeht, die aus einer
Migrantenfamilie kommen, zeigt das Ergebnis, das man erhält, wenn man dasselbe Modell unter Einschluss von Interaktionseffekten schätzt. Wenn eine Person aus einer Migrantenfamilie männlich ist, hat sie eine um das Dreifache größere Chance auf einen weiterführenden Abschluss als wenn sie weiblich ist. Bei
Personen aus deutschen Familien ist kein diesbezüglicher Unterschied zwischen
den Geschlechtern feststellbar. Dieser Interaktionseffekt zwischen Geschlecht
und Herkunft aus einer Migrantenfamilie ist auf dem 10%-Niveau signifikant.
Die Haupteffekte des bis zum Alter von 17 Jahren besuchten Sekundarschultyps
und der Herkunft aus einer Migrantenfamilie sind auch in Modell 4 hochsignifikant und haben in etwa dasselbe Ausmaß wie in Modell 3.

## 5  Zusammenfassung und Schlussfolgerungen

Im vorliegenden Beitrag wurden auf der Basis der Daten der amtlichen Statistik
die Sekundarschulabschlüsse von deutschen und ausländischen Schulabgängern
zunächst für beide Geschlechter gemeinsam und anschließend getrennt für junge
Männer und junge Frauen betrachtet. Dabei zeigte sich, dass deutliche Nachteile
von ausländischen Schulabgängern gegenüber deutschen Schulabgängern bei
beiden Geschlechtern bestehen, bei Frauen aber noch etwas ausgeprägter sind
als bei Männern. Die Kunstfigur vom „Armensohn mit Migrationshintergrund"
ist also irreführend, wenn sie dahingehend verstanden wird, dass die in ihr be-

nannten Merkmale kumulativ nachteilig wirken. Die Analyse der amtlichen Bildungsstatistik machte auch deutlich, dass die Nachteile von nichtdeutschen Frauen und Männern nicht in derselben Weise alle Abschlussarten betreffen, sondern diesbezüglich strukturelle Unterschiede zwischen den Geschlechtern bestehen.

In der Fachdiskussion um die Determinanten der Nachteile von Ausländern gegenüber Deutschen bzw. von Personen mit Migrationshintergrund gegenüber Personen ohne Migrationshintergrund werden häufig ungünstige sozioökonomische Bedingungen in Migrantenfamilien oder mangelnde Sprachbeherrschung der Kinder aus Migrantenfamilien als Ursachen benannt. Davon abgesehen, dass sich diese Faktoren in empirischen Untersuchungen gewöhnlich als deutlich weniger erklärungskräftig für den Bildungserfolg von Personen aus Migrantenfamilien als für Personen aus deutschen Familien erweisen (Diefenbach 2002; Nauck et al. 1998), wäre zu erwarten, dass diese Faktoren die Verteilung von Schülern auf die verschiedenen Sekundarschultypen beeinflussen und der erreichte Sekundarschulabschluss vorrangig vom besuchten Sekundarschultyp abhängt. Wenn sich die Herkunft aus einer Migrantenfamilie oder das Geschlecht bei Kontrolle des besuchten Sekundarschultyps dennoch als bedeutsam für den zum Befragungszeitpunkt höchsten erreichten Schulabschluss erweisen, dann verweist dies auf Mechanismen, die jenseits des nach meritokratischen Gesichtspunkten selektiven Bildungssystems wirken.

Der Zusammenhang zwischen besuchtem Sekundarschultyp und höchstem erreichten Sekundarschulabschluss wurde anhand der Daten des Sozioökonomischen Panels überprüft. Aufgrund niedriger Fallzahlen war eine geschlechtsspezifische Analyse nicht möglich und eine Zusammenfassung bestimmter Schulabschlüsse erforderlich, so dass die für die Geschlechter unterschiedliche Struktur der Nachteile von jungen Menschen aus Migrantenfamilien gegenüber solchen aus deutschen Familien nicht berücksichtigt werden konnte. Die Analyse ergab aber einen Geschlechtereffekt in Richtung leicht höherer Chancen von jungen Männern als von jungen Frauen auf einen weiterführenden Abschluss. Die Betrachtung von Interaktionseffekten zeigte, dass sich dieser Zusammenhang auf die Gruppe der Personen mit Migrationshintergrund beschränkt. In den SOEP-Daten wird also sichtbar, was schon die Analyse der amtlichen Daten gezeigt hat – nämlich dass unter Personen mit Migrationshintergrund ein Geschlechtereffekt zu Ungunsten von Frauen bezüglich der erreichten Sekundarschulabschlüsse besteht. Aufgrund der Existenz dieses Effektes unter Kontrolle des besuchten Sekundarschultyps kann festgehalten werden, dass die Ungleichheit zwischen den Geschlechtern unter Personen aus Migrantenfamilien bezüglich ihrer höchsten erreichten Sekundarschulabschlüsse keine direkte Folge einer bestehenden Ungleichheit zwischen Jungen und Mädchen aus Migrantenfamilien bezüglich der Sekundarschultypen ist, die sie besuchen.

Weitere zentrale Ergebnisse der Analyse der SOEP-Daten sind, dass der Zusammenhang zwischen besuchtem Sekundarschultyp und erreichtem Sekundarschulabschluss nicht so eng ist, wie man hätte erwarten können, und dass die Herkunft aus einer Migrantenfamilie auch bei Kontrolle des bis zum Alter von 17 Jahren besuchten Sekundarschultyps eine signifikant niedrigere Chance auf einen weiterführenden Schulabschluss bedeutet. Eine Ursache hierfür konnte identifiziert werden: Personen aus deutschen Familien holen vergleichsweise häufig weiterführende Schulabschlüsse nach (und werden daher vom Modell fehlklassifiziert), während dies bei Personen aus Migrantenfamilien im SOEP nicht der Fall ist. Darüber, welche anderen Mechanismen dahingehend wirken, dass der besuchte Sekundarschultyp für Personen aus Migrantenfamilien und aus deutschen Familien nicht dieselbe Bedeutung für die erreichten Sekundarschulabschlüsse hat, kann derzeit nur spekuliert werden. Um sich auf die Suche nach diesen Mechanismen machen zu können, ist es aber zunächst notwendig zu akzeptieren, dass der besuchte Sekundarschultyp und der erreichte Sekundarschulabschluss nicht als weitgehend synonym betrachtet werden können. Eine Untersuchung der Nachteile von Personen aus Migrantenfamilien und Personen aus deutschen Familien bezüglich ihres Bildungserfolgs kann daher nicht bei der Untersuchung von Faktoren stehen bleiben, die die ungleiche Verteilung von Personen aus diesen beiden Gruppen auf verschiedene Sekundarschultypen beeinflussen.

# Literatur

Ashenfelter, Orley und Cecilia E. Rouse, 2000: Schooling, Intelligence and Income in America, S. 89-117 in: Arrow Kenneth, Samuel Bowles und Steven Durlauf (Hrsg.), Meritocracy and Economic Inequality. Princeton: Princeton University Press.

Becker, Rolf und Patricia Tremel, 2006: Auswirkungen vorschulischer Kinderbetreuung auf die Bildungschancen von Migrantenkindern. Soziale Welt 57: 397-418.

Becker, Rolf und Walter Müller, 2011: Bildungsungleichheiten nach Geschlecht und Herkunft im Wandel. S. 55-75 in: Andreas Hadjar (Hrsg.). Geschlechtsspezifische Bildungsungleichheiten. Wiesbaden: VS Verlag für Sozialwissenschaften.

Becker, Rolf und Wolfgang Lauterbach, 2002: Familie und Armut in Deutschland. S. 159-182 in: Rosemarie Nave-Herz (Hrsg.), Kontinuität und Wandel der Familie in Deutschland seit dem Zweiten Weltkrieg. Stuttgart: Lucius & Lucius.

Becker, Rolf, 1998: und Lebenserwartung in Deutschland. Eine empirische Längsschnittuntersuchung aus der Lebensverlaufsperspektive. Zeitschrift für Soziologie 27: 133-150.

Becker, Rolf, 2007: "Das katholische Arbeitermädchen vom Lande" - Ist die Bildungspolitik ein Opfer einer bildungssoziologischen Legende geworden? S. 177-204 in: Walter Herzog, Claudia Crotti und Philip Gonon (Hrsg.), Pädagogik und Politik. Bern: Haupt.

Becker, Rolf, 2009: Entstehung und Reproduktion von Bildungsungleichheiten. S. 85-129 in: Rolf Becker (Hrsg.), Lehrbuch der Bildungssoziologie. Wiesbaden: VS Verlag für Sozialwissenschaften.

Bos, Wilfried, Sabine Hornberg, Karl-Heinz Arnold, Gabriele Faust, Lilian Fried, Eva-Maria Lankes, Knut Schwippert und Renate Valtin, 2007 (Hrsg.), IGLU 2006. Lesekompetenzen von Grundschulkindern in Deutschland im internationalen Vergleich. Münster: Waxmann.

Breen, Richard, Ruud Luijkx, Walter Müller und Reinhard Pollak, 2010: Long-term Trends in Educational Inequality in Europe: Class Inequalities and Gender Differences. European Sociological Review 26: 31-48.

Büchel, Felix und Gert G. Wagner, 1996: Soziale Differenzen der Bildungschancen in Westdeutschland – unter besonderer Berücksichtigung von Zuwandererkindern. S. 80-96 in: Wolfgang Zapf, Jürgen Schupp und Roland Habich (Hrsg.), Lebenslagen im Wandel. Sozialberichterstattung im Längsschnitt. Frankfurt am Main: Campus.

Burgard, Peter, 1998: Darstellung und Analyse des Zusammenhangs nominalskalierter Daten am Beispiel der Überrepräsentation ausländischer Schüler an deutschen Sonderschulen für Lernbehinderte. Heidelberg: Pädagogische Hochschule Heidelberg. Erziehungs- und Sozialwissenschaftliche Fakultät einschließlich Sonderpädagogik.

De Gregorio, José und Jong-Wha Lee, 2002: Education and Income Inequality: New Evidence from Cross-Country Data. Review of Income and Wealth 48(3): 395-416.

Diefenbach, Heike, 2007: Kinder und Jugendliche aus Migrantenfamilien im deutschen Bildungssystem. Erklärungen und empirische Befunde. Wiesbaden: VS Verlag für Sozialwissenschaften.

Diefenbach, Heike, 2004: Bildungschancen und Bildungs(miß)erfolg von ausländischen Schülern oder Schülern aus Migrantenfamilien im System schulischer Bildung, S. 225-249 in: Rolf Becker und Wolfgang Lauterbach (Hrsg.), Bildung als Privileg? Erklärungen und Befunde zu den Ursachen der Bildungsungleichheit. Wiesbaden: VS Verlag für Sozialwissenschaften.

Diefenbach, Heike, 2004a: Relative-Risiko-Indizes für die Über- bzw. Unterrepräsentation von ausländischen Schülern an allgemein bildenden Schulen der Primarstufe sowie der Sekundarstufe I im Bundesgebiet und in den einzelnen Bundesländern im Jahr 2002. Vortragsmanuskript. Leipzig. http://www.gew-bw.de/Studie zur Ausländerintegration.html.

Diefenbach, Heike, 2002: Bildungsbeteiligung und Berufseinmündung von Kindern und Jugendlichen aus Migrantenfamilien. Eine Fortschreibung der Daten des Sozio-ökonomischen Panels

(SOEP). S. 9-70 in: Sachverständingenkommission Elfter Kinder- und Jugendbericht (Hrsg.), Migration und die europäische Integration. Herausforderungen für die Kinder- und Jugendhilfe. München: Verlag Deutsches Jugendinstitut.

Diefenbach, Heike und Michael Klein, 2002: ‚Bringing Boys Back In': Soziale Ungleichheit zwischen den Geschlechtern im Bildungssystem zuungunsten von Jungen am Beispiel der Sekundarschulabschlüsse. Zeitschrift für Pädagogik 48(6): 938-958.

Di Tella, Rafael, Robert MacCulloch und Andrew Oswald, 2001: Preferences over Inflation and Unemployment: Evidence from Surveys of Happiness, American Economic Review 91(1): 335-341.

Easterlin, Richard, 2001: Income and Happiness: Towards a Unified Theory. Economic Journal 111(July): 465-484.

Esser, Hartmut, 2001: Integration und ethnische Schichtung. MZES-Arbeitspapier Nr. 40. Mannheim: Mannheimer Zentrum für Europäische Sozialforschung (MZES).

Ettner, Susan L., 1996: New Evidence on the Relationship between Income and Health. Journal of Health Economics 15: 67-85.

Frijters, Paul, John P. Haisken-DeNew und Michael A. Shields, 2004: Money Does Matter! Evidence from Increasing Real Income and Life Satisfaction in East Germany Following Reunification. American Economic Review 94(3): 730-740.

Geißler, Rainer, 2006: Bildungschancen und soziale Herkunft. Archiv für Wissenschaft und Praxis der Sozialen Arbeit 37(4): 34-49.

Geißler, Rainer, 2005: Die Metamorphose der Arbeitertochter zum Migrantensohn, S. 71-100 in: Peter A. Berger und Heike Kahlert (Hrsg.), Institutionalisierte Ungleichheiten. Wie das Bildungswesen Chancen blockiert. Weinheim: Juventa.

Geißler, Rainer, 1994: Soziale Schichtung und Bildungschancen. S. 111-159 in: Rainer Geißler (Hrsg.), Soziale Schichtung und Lebenschancen in Deutschland. Stuttgart: Enke.

Gerdtham, Ulf-G. und Magnus Johannesson, 2004: Absolute Income, Relative Income, Income Inequality, and Mortality. Journal of Human Resources 39: 228-247.

Grossmann, Michael und Robert Kaestner, 1997: Effects of Education on Health, S. 69-123 in: Jere R. Behrman und Nevzer Stacey (Hrsg.), The Social Benefits of Education. Ann Arbor: University of Michigan Press.

Hänsel, Dagmar, 2003: Die Sonderschule – ein blinder Fleck in der Schulsystemforschung. Zeitschrift für Pädagogik 49(4): 594-612.

Illich, Ivan, 2003: Entschulung der Gesellschaft. Eine Streitschrift. München: C. H. Beck.

Kristen, Cornelia, 2006: Ethnische Diskriminierung in der Grundschule? Die Vergabe von Noten und Bildungsempfehlungen. Kölner Zeitschrift für Soziologie und Sozialpsychologie 58(1): 79-97.

Lauer, Charlotte und Viktor Steiner, 2004: Returns to Education in West Germany. An Empirical Assessment. Discussion Paper 00-04. Mannheim: Zentrum für Europäische Wirtschaftsforschung (ZEW).

Lauterbach, K., M. Lüngen, B. Stollenwerk, A. Gerber und G. Klever-Deichert, 2006: Zum Zusammenhang zwischen Einkommen und Lebenserwartung. Studien zu Gesundheit, Medizin und Gesellschaft Nr. 1/2006 vom 25.02.2006. Köln: Institut für Gesundheitsökonomie und Klinische Epidemiologie der Universität zu Köln. http://www.uk-koeln.de/kai/igmg/sgmg/2006-01_einkommen_und_rentenbezugsdauer.pdf (Abruf am 8. Januar 2008).

Lobmayer, Peter und Richard Wilkinson, 2000: Income, Inequality and Mortality in 14 Developed Countries. Sociology of Health & Illness 22(4): 401-414.

Mielck, Andreas, 2000: Soziale Ungleichheit und Gesundheit. Empirische Ergebnisse, Erklärungsansätze, Interventionsmöglichkeiten. Bern: Huber.

Nauck, Bernhard, Heike Diefenbach und Kornelia Petri, 1998: Intergenerationale Transmission von kulturellem Kapital unter Migrationsbedingungen. Zum Bildungserfolg von Kindern und Jugendlichen aus Migrantenfamilien in Deutschland. Zeitschrift für Pädagogik 44(5): 701-722.

Prange, Klaus, 2004: *Bildung*: a Paradigm Regained? European Educational Research Journal 3(2): 501-509.

Pritchett, Lant und Lawrence H. Summers, 1996: Wealthier is Healthier. Journal of Human Resources 31(4): 841-868.

Robert Koch-Institut (Hrsg.), 2006: Gesundheit in Deutschland. Berlin: Robert Koch-Institut.

Rogot, Eugene, Paul D. Sorlie und Norman J. Johnson, 1992: Life Expectancy by Employment Status, Income, and Education in the National Longitudinal Mortality Study. Public Health Reports 107(4): 457-461.

Trostel, Philip, Ian Walker und Paul Woolley, 2002: Estimates of the Economic Return to Schooling for 28 Countries. Labour Economics 9(1): 1-16.

Weller, Ingeborg und Alev Acisu, 1996: Lebenszufriedenheit im europäischen Vergleich. Discussion Paper FS-III 96-402. Berlin: Wissenschaftszentrum. http://bibliothek.zw-berlin.de/pdf/1996/iii96-402.pdf (Abruf am 8. Januar 2008).

# Die Rolle von primären und sekundären Herkunftseffekten für Bildungschancen von Migranten im deutschen Schulsystem

*Rolf Becker und Frank Schubert*

## 1 Einleitung

Warum haben Kinder von Migranten bzw. Jugendliche mit Migrationshintergrund in der Regel schlechtere Bildungschancen und weisen geringere Bildungserfolge als einheimische Kinder im deutschen Schulsystem auf? Die Frage nach der Anbindung von Bildungschancen an den Migrationsstatus und nach der sozialen Differenzierung im Bildungssystem wird als eine zunehmend wichtige Ungleichheitsdimension angesehen (Hopf 1987; Alba et al. 1994; Büchel und Wagner 1996; Granato und Kalter 2001; Kristen 2002, 2006; Diefenbach 2007). Die sozialwissenschaftliche Erklärung der Bildungsungleichheiten von Migranten gehört jedoch im Unterschied zu ihrer Beschreibung noch nicht zu den hauptsächlichen Fragestellungen in der deutschsprachigen Bildungsforschung (Diefenbach 2008; Esser 2006; Kristen und Granato 2004).[1]

---

1  Trotz uneinheitlicher Datenlage und Abgrenzung des Migrationsstatus können folgende Fakten festgehalten werden, welche die Bildungsungleichheiten unter Migranten im deutschen Schulsystem beschreiben. Migranten werden im Vergleich zu einheimischen Schulkindern überproportional häufiger und mit steigender Tendenz in Sonderschulen überwiesen. Migrantenkinder besuchen doppelt so häufig Sonderschulen mit dem Schwerpunkt Lernen wie deutsche Kinder (Wagner und Powell 2001; Kornmann und Schnattinger 1989). Migrantenkinder bekommen deutlich häufiger als einheimische Kinder eine Bildungsempfehlung für Sonderschulen und deutlich seltener als einheimische Kinder eine Bildungsempfehlung für weiterführende Schullaufbahnen in der Sekundarstufe I, was zum großen Teil, aber nicht vollständig, ihren Noten in Deutsch und Mathematik entspricht (Kristen 2002). Migrantenkinder wechseln von der Primarschule deutlich häufiger als einheimische Kinder in die unteren Schullaufbahnen in der Sekundarstufe I (Diefenbach 2007). Migrantenkinder wiederholen Klassen deutlich häufiger als deutsche Kinder (Avenarius et al. 2003: 215). Migrantenkinder wechseln seltener auf die höheren Schullaufbahnen in der Sekundarstufe II über und nehmen seltener als einheimische Jugendliche ein Studium auf (Diefenbach 2008). Migrantenkinder beenden eher vorzeitig eine Schulausbildung und verlassen häufiger die Schule ohne jeglichen Abschluss als dies bei Einheimischen der Fall ist (Solga 2002).

Seit Mitte der 1990er Jahre gibt es jedoch verstärkte Anstrengungen, über sozialstrukturell dominierte Beschreibungen und unsystematische Erklärungen von Bildungsungleichheiten auch unter den Zugewanderten hinaus zu gelangen (vgl. Alba et al. 1994; Nauck et al. 1998; Kristen 2003; Steinbach und Nauck 2004; Diefenbach 2007). Vor allem die Weiterentwicklung soziologischer handlungstheoretischer Ansätze durch Erikson und Jonsson (1996), Breen und Goldthorpe (1997) sowie Esser (1999), die vor allem an die bahnbrechende wie einflussreiche Pionierarbeit von Boudon (1974) anschließen und dabei Grenzen ökonomischer Humankapitalmodelle und kultursoziologischer Erklärungsansätze überwinden (Becker 2000, 2003), hat zu einer verstärkten Zuwendung zu den *Ursachen von Bildungsungleichheiten nach sozialer und nationaler Herkunft* geführt (Becker 2011; Becker und Lauterbach 2007; Kristen und Granato 2004; siehe Nauck in diesem Band). In konsequenter Weise wird deswegen in diesem Beitrag in Anlehnung an Kalter (2005) davon ausgegangen, dass der Einfluss des Migrationsstatus auf den Bildungserfolg ein Spezialfall des kausalen Zusammenhangs von sozialer Herkunft und Bildungschancen ist und dass darüber hinausgehende spezifische Nachteile von Migranten beim Bildungserfolg „vorwiegend mit noch vorhandenen Sprachproblemen (und hier vorwiegend im Elternhaus) verbunden zu sein" scheinen (Kalter 2005: 324).

Um die Nachteile von Migranten im deutschen Bildungssystem beschreiben und erklären zu können, wird daher der empirisch bewährte Erklärungsansatz von Boudon (1974) herangezogen, denn die von Boudon (1974) vorgeschlagene *Unterscheidung von primären und sekundären Herkunftseffekten* hat sich für die Erklärung von sozial ungleichen Bildungschancen und Bildungserfolgen als fruchtbar erwiesen (Becker und Schuchart 2010; Becker 2009, 2003; Stockè 2007). Noch nicht ausreichend empirisch geklärt ist, inwieweit Prozesse des sozial differenziellen Lernens (primäre Herkunftseffekte) und Prozesse der sozial differenziellen Bildungsentscheidungen (sekundäre Herkunftseffekte) die Nachteile von Migranten oder einzelner nationaler Gruppen unter den Zugewanderten beim Bildungszugang und Erwerb von Bildungszertifikaten ausreichend beschreiben und zu erklären vermögen (Dollmann 2010; Kristen und Dollmann 2010; Nauck et al. 1998; Diefenbach und Nauck 1997).[2] In Anleh-

---

2   Mit Hilfe von Quer- und Längsschnittdaten des Sozioökonomischen Panels zeigen Nauck et al. (1998), dass neben den Italienern vor allem bei Türken ungünstige Sozialisationsbedingungen vorliegen, sodass sie bei den Bildungschancen in besonderer Weise im Nachteil gegenüber anderen Migrantengruppen wie etwa den Griechen sind. Diese Befunde werden zum einen auch

nung an Boudon (1974) wird daher im vorliegenden Beitrag der Frage nachgegangen, welche Rolle primäre und sekundäre Herkunftseffekte sowie ihr Zusammenspiel für die nachteiligen Bildungschancen von Migrantenkindern im deutschen Schulsystem spielen. Hierbei beschränken wir uns auf den Übergang von der Primarstufe auf die weiterführenden Schullaufbahnen in der Sekundarstufe I. Denn in Bezug auf die soziale Selektivität von Bildungschancen ist der Übergang am Ende der Primarstufe der bedeutsamste (Henz und Maas 1995; Becker 2010, 2006; Ditton 2008). Zur Vertiefung des Verständnisses der Mechanismen der Herkunftseinflüsse – sowohl ethnischer als auch sozialer – ist die Wahl des Schultyps nach der Primarstufe als erste einer Reihe realer Entscheidungen über die Bildungslaufbahn des Kindes von besonderem Interesse. Sie hängt stärker als andere Entscheidungen vom Willen der Eltern ab, während beim späteren Wechseln der Schulart oder bei einem vorzeitigen Abgang von der Schule die Schulleistungen und die Motivation des Kindes wichtiger sind (Henz und Maas 1995). Demnach „erklärt" bei Kontrolle der Schichtzugehörigkeit und bildungsrelevanten Ressourcen des Elternhauses vor allem die sozial bedingte Lebensplanung und Auswahl von Schullaufbahnen in dieser sensiblen Bildungsphase größtenteils die Chancenunterschiede zwischen Migranten und Einheimischen. Der Einfluss der leistungsbezogenen Selektion durch die Schulen selbst wird vermutlich bei Berücksichtigung der Sprachfertigkeiten der Migranten eher von untergeordneter Bedeutung sein (Kristen 2006; Steinbach und Nauck 2004; Esser 2001; Becker 2000; Diefenbach und Nauck 1997). Weil sich im stark hierarchisch gegliederten Schulsystem Deutschlands Nachteile bereits zum Zeitpunkt des frühen und kaum revidierbaren Bildungsübergangs in die Sekundarstufe I ergeben (Henz 1997), ist es nicht verwunderlich, dass sich Nachteile von Migrantenkindern gegenüber deutschen Kindern besonders deutlich im Bereich der Sekundarschulbildung feststellen lassen (Alba et al. 1994; Kristen 2002; Diefenbach 2007).

---

durch die international vergleichenden Leistungsstudien wie etwa PISA oder IGLU bestätigt. Zum anderen verdeutlichen sie, dass in Bezug auf Bildungschancen und -erfolg nicht so ohne Weiteres von den Migranten gesprochen werden kann, sondern wegen unterschiedlicher Migrationssituationen und sozialstrukturellen Ressourcen zwischen den einzelnen Nationalitäten unterschieden werden muss (Diefenbach und Nauck 1997; siehe auch Ditton und Aulinger in diesem Band).

Im zweiten Abschnitt des Beitrags wird der theoretische Hintergrund zur hier verfolgten Fragestellung aufgezeigt. Die Beschreibung der herangezogenen Daten (IGLU-E 2001) sowie der Variablen und statistischen Verfahren bildet den dritten Abschnitt. Die empirischen Befunde werden im vierten Abschnitt dargestellt und im abschließenden fünften Abschnitt zusammengefasst und diskutiert.

## 2  Theoretischer Hintergrund

Der die empirische Analyse leitende Erklärungsansatz geht davon aus, dass frühe Bildungsentscheidungen „riskante" Investitionen unter Unsicherheit sind, die Statuserhalt und optimale Platzierung der Kinder auf dem Arbeitsmarkt zum Ziel haben (vgl. Becker 2000). Zum einen sind bei sofort anfallenden Kosten langfristige wie unsichere Renditen von Bildungsinvestitionen abzuwägen. Zum anderen besteht in Abhängigkeit von schulischen Leistungen und der daran geknüpften Erfolgswahrscheinlichkeiten mehr oder weniger große Unsicherheit, ob die Bildungserträge tatsächlich realisiert werden können. Diese Ausgangsüberlegungen hat Boudon (1974) in einem kohärenten Aussagesystem systematisiert, das die Variation von Bildungsinvestitionen zwischen Gruppen wie Bildungskategorien, Sozialschichten oder soziale Klassen zum Gegenstand hat. Auch für den Vergleich der Bildungschancen von Migrantenkindern und deutschen Kindern ist die von Boudon (1974) vorgeschlagene Unterscheidung zwischen primären und sekundären Herkunftseffekten sinnvoll, da hier argumentiert wird, dass Migranten oftmals über geringere bildungsrelevante Ressourcen verfügen, die sie für die Bildung ihrer Kinder mobilisieren können (Steinbach und Nauck 2004; Nauck et al. 1998).

Zum einen erlangen Kinder aus höheren Sozialschichten infolge der Sozialisation, Erziehung, Ausstattung und gezielten Förderung im Elternhaus eher Fähigkeiten und Motivationen, die in der Schule und Ausbildung vorteilhaft sind. Aufgrund dieser günstigen ökonomischen, sozialen und kulturellen Voraussetzungen weisen Kinder aus höheren Sozialschichten Vorteile in ihrer persönlichen Entwicklung und auch eher bessere Schulleistungen und Erfolgswahrscheinlichkeiten auf, während Arbeiterkinder und damit vermutlich auch viele Migrantenkinder (bestimmter Nationalitäten wie etwa Italiener oder Türken) aufgrund ihrer sozialen Herkunft und des Aufwachsens in einem Elternhaus mit einem niedrigen Anregungsgehalt oftmals kognitive und sprachliche Nachteile haben (Becker und Biedinger 2006). Zudem fehlt den Migranten oftmals bildungsrelevantes Wissen in ausreichendem Maße, um ihre Kinder im schulischen und außerschulischen Lernprozess zu unterstützen (Kristen und Granato 2004).

Da einheimische Kinder (aus höheren Sozialschichten) besser den jeweiligen schulischen Leistungsanforderungen gerecht werden, haben sie vergleichsweise größere Chancen, auf das Gymnasium zu wechseln (*primärer Effekt der sozialen Herkunft*).

Diese nachteiligen primären Herkunftseffekte für die zugewanderten Kinder und Jugendlichen aus unteren Sozialschichten werden durch die Migration verschärft, wenn die Sprache des Aufnahmelandes kaum oder nicht beherrscht wird und sich somit soziale Disparitäten der Lernvoraussetzungen und Startchancen zwischen ausländischen und deutschen Kindern vergrößern (Kristen und Granato 2004). So stellt Esser (2006) heraus, dass Sprache – die Fähigkeit, die Sprache des Ankunftslandes zu beherrschen – eine Schlüsselfunktion für Sozialintegration inne hat und damit Bildungsteilhabe und intergenerationale Transmission von Bildungschancen im Ankunftsland beeinflusst, mit entsprechenden Konsequenzen für den Erwerb von Humankapital und die Platzierung auf attraktiven Arbeitsplätzen im primären Arbeitsmarkt (Granato und Kalter 2001; Nauck 1994). Das Beherrschen der Sprache des Ankunftslandes ist nach Esser (2006) eine unabdingbare Voraussetzung für die erfolgreiche schulische Karriere, den Erwerb von Bildungszertifikaten und die Erbringung der dafür nötigen Schulleistung. Unzureichende Sprachfertigkeiten erklären daher gleichermaßen, aber keineswegs vollständig persistente Bildungsnachteile zu Lasten von Migranten sowie die mangelnde Ausschöpfung von Bildungsreserven in bildungsfernen Gruppen (Becker und Schuchart 2010; Diefenbach 2007, 2008). Da die Vermittlung von Bildung im Unterricht in Form einer Unterweisung über sprachliche Kommunikation erfolgt, bedeuten mangelnde Fähigkeiten in der Sprache des Aufnahmelandes eine Restriktion für die Effizienz des Lernens und den Erwerb von Bildung. Dies wirkt sich auf die individuelle Leistung sowie auf die Leistungserwartung seitens der Lehrer mit Folgen für die Bewertung der Schulperformanz aus. Neben anderen Einflüssen wie etwa Intelligenz und Fähigkeiten der Kinder wirken sich geringe Sprachfertigkeiten auch auf die Schulwahl und Bildungsentscheidungen der Eltern sowie auf die Fördermaßnahmen der Schulen selbst aus. Migranten befinden sich zudem oftmals im Nachteil, da auch das Lernen von Sprachen von der individuellen Leistungsbereitschaft und Motivation abhängt. Die elterlichen Bildungsaspirationen spielen hierbei für die Lernmotivation eine zentrale Rolle. Ihre Realisierung wiederum hängt aber nicht zuletzt auch von verfügbaren (kulturellen) Ressourcen im Elternhaus ab, wobei wiederum die Migranten – und hier wahrscheinlich vor allem Migrantenkinder aus unteren Sozialschichten – im Vergleich zu den Einheimischen im Nachteil sind (Nauck et al. 1998).

Die daraus resultierenden *primären Effekte der nationalen und sozialen Herkunft* sind daher *eine* von mehreren Ursachen für sozial selektive Bildungschancen zu Ungunsten von Migrantenkindern. Diese primären Herkunftseffekte können allerdings durch das Bildungssystem verringert werden. Ebenso können vorschulische Betreuungs- und Fördereinrichtungen ungünstige, vom Elternhaus mitgegebene Startchancen ausgleichen.[3] Auch dürften *frühzeitige* Strategien und Maßnahmen, welche die genannten Sprachprobleme vor der Einschulung berücksichtigen, ebenfalls geeignet sein, einen gewichtigen Teil der primären Herkunftseffekte zu verringern (Esser 2006; Becker und Biedinger 2006; Becker und Lauterbach 2004; Büchel et al. 1997).

Darüber hinaus hängen Bildungschancen und der weitere Bildungsweg von Kindern maßgeblich von elterlichen Bildungsaspirationen und Bildungsentscheidungen ab.[4] Diese Entscheidungen variieren in Abhängigkeit von ökonomischen, kulturellen und sozialen Ressourcen der Privathaushalte sowie ihrer sozialen Distanz zum System weiterführender und höherer Bildung deutlich zwischen den Sozialschichten sowie zwischen Einheimischen und Migranten (Nauck et al. 1998). Oftmals haben Migranten geringere Ressourcen zur Platzierung des Nachwuchses, sodass ein adäquater Transfer kulturellen Kapitals an die nachfolgende Generation erschwert wird (Steinbach und Nauck 2004: 30). Häufig verfügen Migranten im Vergleich zu einheimischen Familien über geringere Möglichkeiten, in die Bildung ihrer Kinder zu investieren, den Schulerfolg langfristig abzusichern und Bildungsaspirationen zu realisieren (Kristen und Granato 2004). Demnach unterscheiden sich Kinder verschiedener nationaler und sozialer Herkunft selbst bei gleichen Leistungen oder bei gleicher Leistungsfähigkeit darin, ob sie die schulische Ausbildung auf der Hauptschule oder den weiterführenden Schulen wie Realschule oder Gymnasium fortsetzen (*sekundärer Effekt der sozialen Herkunft*). Somit können sekundäre Herkunftsef-

---

3   Das deutsche Bildungssystem ist im internationalen Vergleich weniger in der Lage als andere Bildungssysteme, primäre Herkunftseffekte auszugleichen. Zudem sind aufgrund des hohen Zeitanteils, welche die Kinder außerhalb der Schule in den Familien verbringen, primäre Herkunftseffekte sehr groß (vgl. Entwisle et al. 1997; Becker und Schubert 2006).

4   Ziel dieser Lebensplanung ist neben der Sicherstellung der Lebenschancen der nachwachsenden Generation vor allem bei der autochthonen Bevölkerung die Erhaltung des sozialen Status in der Generationenfolge (Statuserhaltmotiv), während bei der Migrationsbevölkerung eher die vorteilhafte auf Einkommenserzielung abstellende Platzierung der Kinder in die Arbeitsmärkte im Vordergrund steht (Nauck 1994). Aus sozialstruktureller Sicht liegt im Allgemeinen ein Interesse der Eltern (und Kinder) an einem Statuserhalt vor (Ditton 1992: 11).

fekte als *eine weitere Ursache* für die nachteilige Situation von Migranten im deutschen Schulsystem angesehen werden (vgl. Müller-Benedict 2007).

Im deutschen Schulsystem erfolgt die Verbindung primärer und sekundärer Herkunftseffekte sowohl über die schulischen Leistungen der Schüler als auch über daran anknüpfende Bewertungen und Zuschreibungen der Lehrer in Form von Zensuren und Bildungsempfehlungen der abgebenden Grundschulen (Ditton 2007). Von diesen institutionellen Sortier- und Selektionsleistungen der Schule, also der (leistungsbezogenen) Auswahl und Allokation in schulische Lernkontexte mit variierenden Lerngelegenheiten, hängt der wahrscheinliche Bildungserfolg der Schulkinder ebenfalls ab (Becker und Schubert 2006).[5] Wegen primärer Effekte der nationalen und sozialen Herkunft befinden sich bei der Notenvergabe die Kinder und Jugendlichen aus unteren sozialen Schichten und oftmals auch Migrantenkinder (und hier offensichtlich vor allem Italiener und Türken) im Nachteil (Ditton 2007; Kristen 2006; Lehmann und Peek 1997).

Zwar sind elterliche Bildungsentscheidungen weitaus selektiver als schulische Bildungsempfehlungen (Becker 2004). Gleichwohl kommt Schumacher (2002) auf der Basis einer Befragung von rund 500 Lehrkräften an Grundschulen zu dem Ergebnis, dass der Leistungsbewertung der kognitiven Leistung von Schülern ein geringeres Gewicht zukommt als der individuellen Jahresleistung bzw. dem individuellen Lernfortschritt. Von zentralem Gewicht für die Bildungsempfehlung sind in der Praxis die Schulnoten. Schumacher (2002) weist aber darauf hin, dass auch leistungsfremde Kriterien wie gute Umgangsformen und ein positives Sozialverhalten bei der Leistungsbewertung und Bildungsempfehlung berücksichtigt werden (Rolff 1997).[6] Aufgrund der primären

---

5    Diese Lerngelegenheiten werden in Bezug auf den Bildungserfolg von Migranten mit intellektuellen, sozialen und ethno-linguistischen Konzentrationen in Schulen und Schulklassen beschrieben (Stanat 2003). In Deutschland erfolgt nach der Grundschulzeit eine frühe Zuordnung zu Schulkontexten, in denen die sekundären Herkunftseffekte zusätzlich in primäre umgewandelt werden, so dass sich die Disparitäten von schulischen Leistungen und individuellen Kompetenzen verstärken (Solga und Wagner 2001).

6    Während Esser (2001: 63) zum Schluss kommt, dass beim Übergang von der Primarschule in die weiterführende Schule keine unmittelbare „Diskriminierung" ausländischer Kinder vorliege, sondern nach meritokratischen Gesichtspunkten erfolge, stellt sich Diefenbach (2008) die Frage, ob es sich nicht um eine institutionelle Diskriminierung handelt, wenn die Deutschnote, die bei Migrantenkindern deutlich schlechter ist als die Mathematiknote, bei ihnen ebenso stark gewichtet wird wie bei deutschen Kindern und dementsprechend zu einer schlechteren Durchschnittsnote als bei deutschen Kindern führt, was wiederum darin resultiert, dass Migrantenkin-

Herkunftseffekte ist deswegen nicht ausgeschlossen, dass neben Schulkindern aus unteren Sozialschichten auch Migrantenkinder oftmals nicht für weiterführende Schulen empfohlen werden, obwohl sie diesen Bildungsweg erfolgreich bewältigen könnten.[7] Im Bestreben, (vermeintlich) ungeeignete Schulkinder nicht für eine höhere Schullaufbahn zu empfehlen, wird der gegenläufige Fehler, geeignete Schulkinder ebenfalls nicht für eine höhere Schullaufbahn zu empfehlen, zum Nachteil von Migrantenkindern groß (Ditton 1989, 1992).

Aus den vorherigen Ausführungen ist folgendes Zwischenfazit zu ziehen: Das *Zusammenspiel von primären und sekundären Herkunftseffekten* führt unter den Bedingungen eines hochgradig stratifizierten und segmentierten Schulsystems zu sozial selektiven Bildungschancen im deutschen Schulsystem zu Ungunsten von Migrantenkindern sowie Schulkindern aus unteren Sozialschichten und infolgedessen zur selektiven Zusammensetzung von Schulen in der Sekundarstufe I nach sozialer und nationaler Herkunft. Wie groß bzw. wie deutlich sind jedoch die Differenzen im Bildungserfolg, die sich zum einen auf die nationale Herkunft und zum anderen – bei Kontrolle des Migrationsstatus oder im Vergleich zur autochthonen Bevölkerung – auf die soziale Herkunft zurückführen lassen, wenn zum einen das Niveau individueller Schulleistungen und schulischer Kompetenzen und zum anderen elterliche Bildungsentscheidungen oder Bildungsempfehlungen kontrolliert werden? Können die nachteiligen Bildungs-

---

der mit weit geringerer Wahrscheinlichkeit nach Abschluss der Primarschulzeit auf eine weiterführende Sekundarschule als auf die Hauptschule wechseln (vgl. Gomolla und Radtke 2000: 331). In der Zwischenzeit liegen empirische Befunde vor, die gegen institutionelle Diskriminierung sprechen (Kristen 2006).

7   Mit Daten der IGLU-2001-Studie stellen Bos et al. (2004) für Deutschland eine Überlappung der Leseleistungen bei sozial selektiven Bildungsempfehlungen fest: Zwar entsprechen die Übergangsempfehlungen weitgehend den Lesekompetenzen, aber es gibt Überlappungen bei den Leistungskurven und das Leistungsniveau ist damit nicht das alleinige Selektionskriterium. Offensichtlich gibt es auch einen leistungsunabhängigen Zusammenhang zwischen sozialer Herkunft und Bildungsempfehlung. Hierbei werden Kinder aus unteren Sozialschichten bei Kontrolle von kognitiven Grundfähigkeiten und der Lesekompetenz systematisch benachteiligt. Ähnliche Ungenauigkeiten gibt es vor dem Hintergrund der gemessenen Lesekompetenzen auch bei der Notenvergabe: „Dies ist auch nicht verwunderlich, unterscheiden Lehrpersonen doch vermutlich deutlich die Schwachen von den Mittleren und diese von den Starken – in ihrer Klasse. Dies gilt für Lehrkräfte in Schulen in sozialen Brennpunkten ebenso wie für diejenigen, deren Schulen eher in gut situierten bürgerlichen Milieus angesiedelt sind. Da keine verbindlichen Standards existieren, werden bei zum Teil großen Leistungsunterschieden teils gleiche Noten gegeben" (Bos et al. 2004: 45).

chancen von Schulkindern mit Migrationshintergrund durch geeignete Maßnahmen und Reformen verbessert werden?

## 3 Datenbasis, Variablen und statistische Verfahren

*Datenbasis*

Für die empirischen Analysen werden *zwei unterschiedliche Datensätze* herangezogen. Erstens wird mit *Daten des Sozioökonomischen Panels (SOEP)* die Bildungsbeteiligung von Migrantenkindern im Vergleich zu deutschen Schulkindern im Alter von 14 Jahren beschrieben (SOEP Group 2001). Im Rahmen dieses Panels werden seit 1984 jährlich dieselben privaten Haushalte und ihre Mitglieder in der Bundesrepublik Deutschland wiederholt befragt. Im Jahre 1990 wurde die bislang auf die Bundesrepublik beschränkte Erhebung auf das Gebiet der ehemaligen DDR ausgeweitet. Zusätzlich zu den Ost- und Westdeutschen enthält das SOEP auch Informationen über Migranten unterschiedlicher Nationalitäten, so dass Bildungschancen von Migrantenkindern im bundesdeutschen Bildungssystem im Vergleich zu einheimischen Schulkindern untersucht werden können. Weil für die Migranten ein ‚over-sampling‘ vorliegt, werden die Analysen für die ausländischen und einheimischen Schulkinder und ihren Eltern separat vorgenommen. In Privathaushalten werden alle Personen befragt, die älter als 16 Jahre sind. Informationen über Kinder unter 16 Jahren werden über den Haushaltsvorstand festgehalten. Die Datenstruktur des SOEP ermöglicht es, die Angaben zur Sozialstruktur privater Haushalte mit Individualmerkmalen von Eltern und ihren Kindern zu verknüpfen. Somit sind systematische wie differenzierte Analysen des Einflusses sozialer und nationaler Herkunft auf Bildungschancen möglich.

Zweitens stehen *Daten der deutschen Zusatzstudie der Internationalen-Grundschul-Lese-Untersuchung (IGLU-E) aus dem Jahre 2001* zur Verfügung, die ein Teil der international vergleichenden Studie PIRLS ist (Bos et al. 2003).[8]

---

8   Die Internationale Grundschul-Lese-Untersuchung (IGLU) untersucht in einem internationalen Vergleich – PIRLS (Progress in International Reading Literacy Study) – die Schülerleistungen, insbesondere die Lesekompetenz, am Ende der vierten Jahrgangsstufe. Bei IGLU beteiligten sich im Sommer und Herbst 2001 146.460 Grundschulkinder im Alter von 9 oder 10 Jahren aus

Die nationale Erweiterung von IGLU 2001 umfasst einen zusätzlichen Fragebogen zu Lehr- und Lernbedingungen an der Grundschule für Schüler, Eltern, Lehrer und Schulleitungen, um Hintergründe der erreichten Leistungen (vor allem Lesekompetenzen bzw. ‚literacy' sowie Mathematik, Naturwissenschaften und Rechtschreiben) untersuchen zu können. Diese Zusatzbefragungen beinhalten unter anderem auch Informationen zu Bildungsaspirationen, Schulnoten, Bildungsempfehlungen und Angaben zur Schule in der Sekundarstufe I, an die die Eltern ihre Kinder für das nächste Schuljahr angemeldet haben. Mittels dieser Daten sind differenzierte Analysen zu den primären und sekundären Herkunftseffekten von deutschen Schulkindern und Schulkindern mit Migrationshintergrund möglich.

*Operationalisierung von Variablen*

In den empirischen Analysen werden *zwei abhängige Variablen* berücksichtigt – einerseits die *Übergangsempfehlung am Ende der Grundschulzeit* und andererseits der *Schultyp* in der Sekundarstufe I, für den die Eltern ihre Kinder bereits angemeldet haben. Die Übergangsempfehlung, wie sie bei IGLU-E 2001 erhoben wurde, unterscheidet zwischen den drei Schultypen Hauptschule, Realschule und Gymnasium. Die *Schulanmeldung* wurde hierzu identisch kodiert. Ausgeschlossen werden neben Orientierungsstufe und Verbleib in der Grundschule die Gesamt- und Sonderschule sowie Schulen mit mehreren Bildungsgängen, die in einigen Bundesländern Haupt- und Realschule zusammenfassen. Dadurch reduziert sich zwar die Fallzahl um ein Drittel, aber der Ausschluss korreliert nicht mit der nationalen oder sozialen Herkunft der Schulkinder. Zudem wird ergänzend dazu die Bildungsaspiration der Eltern berücksichtigt, die als avisierter Schulabschluss fünfstufig in IGLU-E 2001 erfragt wurde und zu folgenden drei Gruppen zusammengefasst wird: Hauptschulabschluss (9. und 10. Klasse), Mittlere Reife und Abitur (inklusive Fachabitur).

---

35 Staaten. In Deutschland umfasste bei der internationalen Stichprobe die Fallzahl 8.997 Grundschulkinder in 211 Schulen. Die 151 Schulen in den 16 Bundesländern wurden proportional zur Einwohnerzahl zufällig gezogen. Wegen einem ‚over-sampling' in einigen Bundesländern umfasst die Zufallsstichprobe 211 Schulen (zu Details siehe: Bos et al. 2003). An dieser Stelle danken wir dem Forschungsdatenzentrum (FDZ) am Institut zur Qualitätsentwicklung im Bildungswesen (IQB) der Humboldt-Universität zu Berlin für die Überlassung der faktisch anonymisierten Daten.

Als Bestimmungsfaktoren des nach sozialer und/oder nationaler Herkunft selektiven Übertritts von der Primarstufe in die Sekundarstufe I werden folgende *unabhängige Variablen* verwendet: Für die Messung der *sozialen Herkunft* der Eltern bzw. der Klassenlage des Elternhauses wird das von IGLU-E vorgegebene Klassenschema nach Erikson und Goldthorpe (1992) verwendet. Wie Müller-Benedict (2007) argumentiert, ist hierbei die Klassenlage der Bezugsperson dem höchsten familiären Klassenrang vorzuziehen. Die vorhandene sechsstufige Version wird zu drei Schichten zusammengefasst: die Klassen I und II (obere und untere Dienstklasse) zur *Oberschicht bzw. oberen Mittelschicht*, die Klassen III und IV (Routinedienstleistungen, Selbstständige und selbstständige Landwirte) zur *Mittelschicht* und die Klassen V, VI und VII (Facharbeiter und qualifizierte Arbeiter, Un- und Angelernte sowie Landarbeiter) zur *Arbeiterbzw. Unterschicht*. Um unnötige Komplexität zu reduzieren und aufgrund der für die Migranten geringen Fallzahlen werden in den weiterführenden Analysen die Mittel- und Oberschichten zusammengefasst.

Bezüglich des *Migrationsstatus* als Indikator für *nationale Herkunft* wäre eine detaillierte Analyse nach Herkunftsland wünschenswert gewesen (siehe auch Ditton und Aulinger in diesem Band). Diese Information steht jedoch in IGLU nicht zur Verfügung und wäre auch mit Rücksicht auf die Fallzahlen kaum auswertbar gewesen. Jedoch ist erfasst, ob Eltern oder Kind im Ausland geboren wurden, wonach die Schulkinder mit Migrationshintergrund in *Migranten erster und zweiter Generation* unterteilt werden können. Als Migranten zweiter Generation sind Schulkinder definiert, die selbst bereits in Deutschland geboren wurden und bei denen beide Elternteile jedoch im Ausland geboren wurden oder nur Informationen zu einem im Ausland geborenen Elternteil vorliegen. Migranten erster Generation sind selbst im Ausland geboren.

Die *schulische Leistung* wurde in IGLU-E 2001 mittels Schulnoten erfasst und liegt in der erweiterten Stichprobe vor. Hierbei stehen die für die Bildungsempfehlung und für den Bildungsübergang relevanten Noten für Deutsch, Mathematik und Sachkunde zur Verfügung. Sofern die Noten für die einzelnen Fächer nicht getrennt aufgeführt sind, wird deren arithmetisches Mittel verwendet. Sehr gute und gute Schulleistungen weisen Schüler mit Notendurchschnitten besser als 2,5 auf, eine mittelmäßige Schulleistung entspricht dem Notenbereich 2,5 bis unter 3,5 und als schlechte Schulleistung wurden die Notendurchschnitte von 3,5 und höher definiert.

Die *Lesekompetenzen* am Ende der Grundschulzeit sind mit dem von der OECD entwickelten Konzept der ‚reading literacy‘ erhoben und auf einer Skala normiert (zur Kritik: Becker 2007). Darauf aufbauend hat die OECD für Grundschüler fünf Lesekompetenzstufen definiert, die im Folgenden von uns verwendet werden. Die Kompetenzstufe 0 reicht bis 375 Punkte, die Stufe 1 bis 450 Punkte, die Stufe 2 bis 525 Punkte, die Stufe 3 bis 600 Punkte und schließlich die Stufe 4 über 600 Punkte. Aufgrund der äußerst geringen Anzahl von Schülern innerhalb der niedrigsten Kompetenzstufe wurden die beiden niedrigsten Kompetenzstufen 0 und 1 zur Kategorie „schlecht" zusammengefasst. Die Stufe 2 wird mit „mittelmäßig", die Stufe 3 mit „gut" und die Stufe 4 mit „sehr gut" bezeichnet.

*Statistisches Verfahren*

Für die multivariate Modellierung der Bildungsübergänge wird in Anlehnung an die Kritik von Lucas (2001), Breen und Jonsson (2000), Schimpl-Neimanns (2000) und Becker (2000) an der von Mare (1980) vorgeschlagenen statistischen Modellierung von Ausbildungsentscheidungen und Bildungsübergängen die *multinomiale logistische Regression* angewandt (Long 1997). Zur *verteilungstheoretischen Begründung* für dieses Verfahren kann eine *entscheidungstheoretische Grundlage* angeführt werden (Urban 1993: 108). Wie oben gesehen, können Bildungsübergänge neben der institutionellen Selektion mit einem handlungstheoretischen Ansatz der subjektiven Werterwartung, der Kosten-Nutzen-Abwägung zwischen Ausbildungsalternativen, der subjektiven Optimierung von Handlungszielen und der darauf basierenden Bildungsentscheidung rekonstruiert werden. In exemplarischer Weise kann dieses probabilistische Handlungsmodell mit der Logik und Statistik von Logit-Modellen verknüpft und überprüft werden (Urban 1993: 119).

Um die Komplexität zu reduzieren, werden statt der Logit-Koeffizienten die *odds ratios* (Chancenverhältnisse, d.h. Anti-Logarithmus der geschätzten Logit-Koeffizienten) berichtet. Wenn es keinen Zusammenhang zwischen unabhängiger und abhängiger Variable gibt, liegt der Odds-Ratio-Wert bei 1. Größere Werte als 1 indizieren positive Effekte und Werte kleiner als 1 jeweils einen negativen Effekt.

## 4   Empirische Analysen und Befunde

Die empirischen Analysen erfolgen in drei Schritten. *Erstens* beschreiben wir in aller Kürze wichtige Dimensionen der nachteiligen Bildungschancen von Migranten im deutschen Sekundarschulbereich. *Zweitens* werden sowohl für die Schulkinder aus unterschiedlichen Sozialschichten als auch für die deutschen und ausländischen Schulkinder die Größen von primären und sekundären Herkunftseffekten ermittelt und miteinander verglichen. Danach werden – angelehnt an die Arbeiten von Boudon (1974), Nash (2003) und Müller-Benedict (2007) – in Simulationen die Wirkungen bildungspolitischer Maßnahmen gemessen, die entstehen, wenn primäre und sekundäre Herkunftseffekte neutralisiert werden. *Drittens* werden Sortier- und Selektionsleistungen des deutschen Schulsystems gesondert betrachtet.

*Bildungsungleichheiten in der Sekundarstufe I*

Viele empirische Beschreibungen belegen kontinuierlich, dass ausländische Schulkinder bzw. Schülerinnen und Schüler mit Migrationshintergrund in der wenig prestigeträchtigen Hauptschule überrepräsentiert sind (Diefenbach 2007; Becker 2006; Solga 2002). Daran hat sich trotz der Bildungsexpansion nur geringfügig etwas geändert, auch wenn sich die Bildungschancen von nichtdeutschen Jugendlichen im Zeitverlauf deutlich verbessert haben (siehe Abb. 1).

*Abb. 1:* Entwicklung der Hauptschulquoten der 14-jährigen Jugendlichen in Deutschland

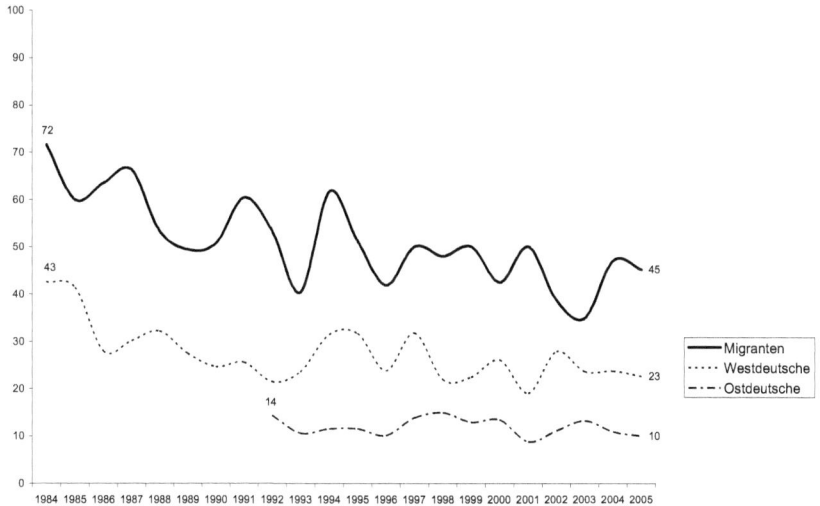

Quelle: SOEP – eigene Berechnungen (Becker 2006)

Während im Jahre 1984 rund 72 Prozent der 14-jährigen Jugendlichen mit Migrationshintergrund die Hauptschule besuchten, wechselten nur 43 Prozent der westdeutschen Schulkinder im gleichen Alter in die Hauptschule. Bis zum Jahre 2005 sank der Anteil der westdeutschen, in die Hauptschule wechselnden Schulkinder auf 23 Prozent, während die Migrantenkinder zu einem höheren Anteil (45 Prozent) in die Hauptschule wechselten. Die geringste Hauptschulbesuchsquote weisen die ostdeutschen Schulkinder mit einer Übergangsrate von 10 Prozent auf. Im Jahre 1984 hatten Migrantenkinder im Vergleich zu westdeutschen Schulkindern ein 3,4-mal höheres Risiko, in die Hauptschule zu überwechseln, und im Jahre 2005 betrug dieses Chancenverhältnis noch den relativ hohen Wert von 2,7. Verglichen mit den ostdeutschen Schulkindern hatten nichtdeutsche Schulkinder im Jahre 2005 ein 7,4-mal höheres Risiko, die Hauptschule zu besuchen.

*Tab. 1:* Bildungsaspiration nach sozialer und nationaler Herkunft
(Abstromprozente)

| | Hauptschul-abschluss | Mittlere Reife | Abitur | Gesamt |
|---|---|---|---|---|
| *Einheimische (n = 5.020)* | *14,7%* | *34,7%* | *50,6%* | *100%* |
| **Mittelschichten** | 7,1% | 29,1% | 63,8% | 100% |
| **Arbeiter- und Unterschicht** | 24,9% | 42,2% | 32,9% | 100% |
| *Migranten (n = 676)* | *19,4%* | *30,2%* | *50,4%* | *100%* |
| **Mittelschichten** | 12,3% | 24,6% | 63,1% | 100% |
| **Arbeiter- und Unterschicht** | 23,2% | 33,2% | 43,6% | 100% |
| *Gesamt (n = 5.696)* | *15,3%* | *34,2%* | *50,5%* | *100%* |
| **Mittelschichten** | 7,5% | 28,7% | 63,8% | 100% |
| **Arbeiter- und Unterschicht** | 24,6% | 40,7% | 34,7% | 100% |

Quelle: IGLU-E 2001 – eigene Berechnungen

Dass Kinder von Migranten in der Hauptschule überrepräsentiert sind und sich beim Bildungserwerb gegenüber den deutschen Schulkindern im Nachteil befinden, lässt sich nicht so ohne weiteres auf geringe Bildungsaspirationen der Migranten zurückführen oder darauf, dass die Migrationsbevölkerung vornehmlich in unteren Sozialschichten platziert ist. Bezüglich der avisierten Bildungsabschlüsse – und hier vor allem in Bezug auf das Abitur – unterscheiden sich Zugewanderte und Deutsche nicht in dem Maße signifikant voneinander, wie es beispielsweise der *kulturell-defizitäre oder kulturalistische Erklärungsansatz* nahelegen würde (Tabelle 1). Ähnliches gilt für die Muster nach Schichtzugehörigkeit. Sie sind vor allem bei den Mittelschichten sehr ähnlich, und bei den unteren Sozialschichten verfolgen die Migranten ambitiösere Bildungsziele als die einheimischen Eltern. Es gibt für die Migranten keine eindeutigen Anzeichen dafür, dass es sich bei ihren realistischen Bildungsvorstellungen um kulturelle Defizite handelt (vgl. Diefenbach 2008).

Es kann auch aus diesen Befunden nicht abgeleitet werden, dass es den Migrantengruppen an Bildungs- und Berufsaspirationen mangelt. Im Gegenteil sind in Deutschland für türkische Familien außerordentlich hohe Bildungs- und Berufsaspirationen für ihre Kinder festgestellt worden, die weder durch das Geschlecht der Kinder noch durch den Integrationsprozess der Eltern wesentlich verändert wurden (Nauck et al. 1998).Vielmehr gibt es ausgeprägte Übereinstimmungen in den Bildungsvorstellungen zwischen Eltern und ihren Kindern (Diefenbach und Nauck 1997: 277). Schließlich belegen diese Daten, dass die nachteiligen Bildungschancen von Migranten *nicht* auf ein reines „Unterschichtungsphänomen" zurückgeführt werden können (vgl. Hoffmann-Nowotny 1973).

*Bildungsübergänge nach nationaler Herkunft und Schulleistungen*

In einem ersten Schritt werden die relativen Bildungschancen in Abhängigkeit von der nationalen und sozialen Herkunft beschrieben (Tabelle 2). Aus Platzgründen und um Komplexität zu reduzieren, konzentrieren wir uns in den folgenden Analysen auf die höchste Schullaufbahn in der Sekundarstufe I. Während rund die Hälfte der autochthonen Schulkinder auf das Gymnasium wechselt, ist das nur für rund ein Drittel der Migrantenkinder zu beobachten. Deutsche Schulkinder haben eine rund 1,9-mal höhere Chance, das Gymnasium zu besuchen als Kinder mit Migrationshintergrund.

Während fast zwei Drittel der einheimischen Schulkinder aus der Mittel- oder Oberen Mittelschicht stammen, gehört nur ein Drittel der Kinder mit Migrationshintergrund den höheren Sozialschichten an. Bei den Einheimischen haben die Kinder aus den höheren Sozialschichten eine rund 3,8-mal und die Migrantenkinder mit gleicher sozialer Herkunft eine rund 2,3-mal bessere Chance, auf das Gymnasium zu wechseln. Allerdings haben die einheimischen Schulkinder aus der Mittel- oder Oberen Mittelschicht eine rund 1,9-mal bessere Chance für den Übertritt in das Gymnasium als die Migrantenkinder mit gleicher sozialer Herkunft. Gleiche Chancenverhältnisse liegen auch für die Deutschen und Migranten aus der Arbeiter- und Unterschicht vor.

*Tab. 2:* Bildungsübergang nach sozialer und nationaler Herkunft
(Abstromprozente)

|                                 | Hauptschule | Realschule | Gymnasium |
|---------------------------------|-------------|------------|-----------|
| *Einheimische (n =3.190)*       | *19,8%*     | *30,2%*    | *49,9%*   |
| **Mittelschichten**             | 12,3%       | 25,3%      | 62,4%     |
| **Arbeiter- und Unterschicht**  | 31,8%       | 38,0%      | 30,2%     |
| *Migranten (n =390)*            | *37,2%*     | *28,7%*    | *34,1%*   |
| **Mittelschichten**             | 26,5%       | 27,2%      | 46,3%     |
| **Arbeiter- und Unterschicht**  | 42,9%       | 29,5%      | 27,6%     |
| *Gesamt (n =3.757)*             | *22,3%*     | *30,3%*    | *47,4%*   |
| **Mittelschichten**             | 13,5%       | 25,9%      | 60,5%     |
| **Arbeiter- und Unterschicht**  | 34,4%       | 36,4%      | 29,2%     |

Quelle: IGLU-E 2001 – eigene Berechnungen

Während *innerhalb* der Gruppe von Schulkindern mit oder ohne Migrationshintergrund die Bildungsübergänge auf die soziale Herkunft zurückgeführt werden können, weist der recht einfach gehaltene Vergleich *zwischen* diesen beiden Gruppen zunächst darauf hin, dass die Situation der Migrantenkinder im Vergleich zu den Einheimischen nur bedingt als ein Spezialfall der sozialen Herkunft bezeichnet werden kann. Wiederum gibt es keine Belege dafür, dass die Bildungschancen von Kindern mit Migrationshintergrund vornehmlich als Folge einer „Unterschichtung" erklärt werden können.

Da sich der Bildungsübergang in die Sekundarstufe I aus dem Zusammenspiel von primären und sekundären Herkunftseffekten ergibt, ist es notwendig, die individuelle Leistung (gemessen am Notendurchschnitt für Deutsch, Mathematik und Sachkunde am Ende der Grundschulzeit) als intervenierende Variable zwischen Herkunft und Zugang zu den Schullaufbahnen zu berücksichtigen. Während rund 57 Prozent der deutschen Schulkinder über gute bis sehr gute Durchschnittsnoten verfügen, ist dies „nur" für rund 30 Prozent der Schulkinder mit Migrationshintergrund der Fall (Tabelle 3).

Offensichtlich tragen neben ungünstigen Sozialisationsbedingungen (Nauck et al. 1998) auch Sprachschwierigkeiten zu dieser Verteilung des Leistungspotentials bei den Kindern mit Migrationshintergrund bei (vgl. Esser 2006). Hinweise dafür sind die deutlichen Unterschiede zwischen Einheimischen und Migranten nach sozialer Herkunft: Während einerseits die Schichtdifferenzen von durchschnittlichen Schulleistungen innerhalb der Gruppe von deutschen Schulkindern und Migrantenkindern recht ähnlich sind, haben die Kinder aus höheren

Sozialschichten jeweils 2-mal höhere Chancen für sehr gute bis gute Schulleistungen.

*Tab. 3:* Schulleistung am Ende der Grundschulzeit nach nationaler Herkunft (Abstromprozente)

|  | Sehr gut bzw. gut | Mittelmäßig | Schlecht |
|---|---|---|---|
| *Einheimische* | *56,9%* | *32,3%* | *10,9%* |
| Mittelschichten | 65,2% | 27,8% | 7,0% |
| Arbeiter- und Unterschicht | 45,0% | 38,7% | 16,4% |
| *Migranten* | *29,6%* | *38,6%* | *31,8%* |
| Mittelschichten | 39,6% | 36,5% | 23,9% |
| Arbeiter- und Unterschicht | 24,1% | 39,8% | 36,1% |
| *Gesamt* | *52,8%* | *33,7%* | *13,5%* |
| Mittelschichten | 62,3% | 29,2% | 8,5% |
| Arbeiter- und Unterschicht | 40,9% | 39,2% | 19,9% |

Quelle: IGLU-E 2001 – eigene Berechnungen

Andererseits differieren sie deutlich nach nationaler Herkunft. So erreichen deutsche Schulkinder aus den entsprechenden Sozialschichten jeweils bessere Schulnoten als die Schulkinder mit Migrationshintergrund. Hingegen haben selbst die Migrantenkinder aus den höheren Sozialschichten ein deutlich höheres Risiko, schlechte Schulnoten zu bekommen, als deutsche Schulkinder aus den unteren Sozialschichten. So haben Migrantenkinder aus der Mittel- oder Oberen Mittelschicht ein 1,7-mal höheres Risiko für schlechte Schulnoten als die sozial privilegierten autochthonen Schulkinder. Es sind – unabhängig von der Schichtzugehörigkeit des Elternhauses – deutliche primäre Effekte zu erwarten, die zwischen Deutschen und Schulkindern mit Migrationshintergrund differieren und zu signifikant unterschiedlichen Bildungschancen führen.

In einem weiteren Schritt wird deswegen der Zusammenhang zwischen schulischer Leistung und Bildungsübergang betrachtet (Tabelle 4). Die Befunde bestätigen teilweise die vorherige Annahme: Während rund 78 Prozent der leistungsstarken deutschen Schulkinder auf das Gymnasium wechseln, tun dies gar rund 89 Prozent der leistungsstarken Schulkinder mit Migrationshintergrund. Ähnliche Verteilungen sind für die Gruppen mit mittelmäßigen Schulleistungen zu beobachten, wobei ein größerer Anteil bei den Migrantenkindern auf das Gymnasium wechselt als bei den deutschen Schulkindern.

*Tab. 4:* Übergang auf Gymnasium nach Schulleistung, nationaler und sozialer
Herkunft

| Herkunft | Übergang | Schulleistung | | |
|---|---|---|---|---|
| | | Sehr gut bzw. gut | Mittelmäßig | Schlecht |
| *Einheimische* | *Gymnasium* | *78,3%* | *13,7%* | *0,1%* |
| | Andere | 21,7% | 86,3% | 99,9% |
| | Gesamt | 100,0% | 100,0% | 100,0% |
| **Mittelschichten** | Gymnasium | 84,8% | 20,8% | 0,1% |
| | Andere | 15,2% | 79,2% | 99,9% |
| **Arbeiterschicht** | Gymnasium | 63,0% | 0,1% | 0,0% |
| | Andere | 37,0% | 99,9% | 100,0% |
| *Migranten* | *Gymnasium* | *88,6%* | *19,3%* | *0,1%* |
| | Andere | 11,4% | 80,7% | 99,9% |
| | Gesamt | 100,0% | 100,0% | 100,0% |
| **Mittelschichten** | Gymnasium | 91,1% | 28,2% | 0,0% |
| | Andere | 8,9% | 71,8% | 100,0% |
| **Arbeiterschicht** | Gymnasium | 6,5% | 15,8% | 0,0% |
| | Andere | 13,5% | 74,2% | 100,0% |

Quelle: IGLU-E 2001 – eigene Berechnungen

Dass von den Schulkindern mit gleicher Leistung ein deutlich höherer Anteil der
Migrantenkinder auf das Gymnasium wechselt als von den Einheimischen,
scheint vor allem dem sekundären Effekt der nationalen Herkunft und auch dem
Einfluss der Schichtzugehörigkeit unter den Migranten geschuldet zu sein.
Wenn insgesamt ein geringerer Anteil der Migrantenkinder auf das Gymnasium
wechselt, als dies für die einheimischen Schulkinder der Fall ist, kann das auf
einen starken primären Herkunftseffekt unter den Migranten zurückzuführen
sein, da die Eltern erst bei hohen Erfolgswahrscheinlichkeiten in die höhere
Bildung ihrer Kinder investieren. Ob dies tatsächlich der Fall ist, soll in der
folgenden Analyse überprüft werden.

Betrachten wir zunächst für alle Schulkinder die Einflussfaktoren für die relative Chance, in die Hauptschule bzw. in das Gymnasium im Vergleich zur
Realschule zu wechseln (Tabelle 5). Bei Kontrolle der nationalen Herkunft, des
Geschlechts der Kinder und der Schulnoten am Ende der vierten Klassenstufe
bestimmen Bildungshintergrund und Schichtzugehörigkeit des Elternhauses die
Chancen für den Übertritt in die weiterführenden Schullaufbahnen der Sekundarstufe I.

*Tab. 5:* Einflussfaktoren für elterliche Schulanmeldung am Ende der Grundschulzeit (odds ratios, in Klammern: z-standardisierte Effektkoeffizienten)

| | Insgesamt | | Migranten | | Einheimische | |
|---|---|---|---|---|---|---|
| | Haupt-schule | Gym-nasium | Haupt-schule | Gym-nasium | Haupt-schule | Gym-nasium |
| *Migrationsstatus* | | | | | | |
| **Einheimische** | 1 | 1 | | | | |
| **Migranten der 1. Generation** | 0,97 | 1,72 | 1 | 1 | | |
| **Migranten der 2. Generation** | 0,69 | 2,07** | 0,76 | 0,87 | | |
| *Geschlecht des Kindes* | | | | | | |
| **Junge** | 1 | 1 | 1 | 1 | 1 | 1 |
| **Mädchen** | 0,79 | 0,81 | 0,98 | 0,69 | 0,79 | 0,82 |
| *Schulnoten 4. Klasse* | | | | | | |
| **Deutsch** | 0,34*** | 5,54*** | 0,39** | 10,6*** | 0,34*** | 5,20*** |
| | | | (0,14) | (5,17) | (0,05) | (0,70) |
| **Mathematik** | 0,41*** | 3,80*** | 0,31*** | 3,37** | 0,43*** | 3,85*** |
| | | | (0,10) | (1,35) | (0,05) | (0,49) |
| **Sachkunde** | 0,87* | 1,11 | 0,48* | 1,79 | 0,88* | 1,09 |
| | | | (0,15) | (0,64) | (0,05) | (0,08) |
| *Bildungshintergrund* | | | | | | |
| **Schulbildung ohne Berufs-ausbildung** | 1 | 1 | 1 | 1 | 1 | 1 |
| **Berufsausbildung oder Abitur** | 1,10 | 1,60 | 0,75 | 1,29 | 1,14 | 1,64 |
| **Hochschulabschluss** | 0,84 | 5,22*** | 0,65 | 5,38 | 0,89 | 5,32*** |
| | | | (0,62) | (4,73) | | (1,63) |
| *Soziale Herkunft* | | | | | | |
| **Arbeiter- und Unterschicht** | 1 | 1 | 1 | 1 | 1 | 1 |
| **Mittelschicht** | 0,81 | 1,61* | 0,81 | 2,24 | 0,80 | 1,61* |
| | | | (0,53) | (1,59) | (0,17) | (0,32) |
| **Obere Mittelschicht** | 0,53*** | 2,11*** | 0,21* | 0,58 | 0,56** | 2,33*** |
| | | | (0,14) | (0,35) | (0,11) | (0,40) |
| **Fallzahl** | 2.192 | | 246 | | 1.946 | |

\* p ≤ 0,05; \*\* p ≤ 0,01; \*\*\* p ≤ 0,001

Quelle: IGLU-E 2001 – eigene Berechnungen

Kinder von Akademikern sowie Kinder aus höheren Sozialschichten haben bei
einem vergleichsweise geringen Risiko, in die Hauptschule zu wechseln, eine
relativ hohe Chance, in das Gymnasium zu gelangen. Abgesehen von diesen
Effekten der sozialen Herkunft erfolgt die Selektion in die Schullaufbahn gemäß
den institutionellen Regeln nach den schulischen Leistungen in den Fächern

Deutsch, Mathematik und Sachkunde, d.h. nach den Noten, die für eine Gymnasialempfehlung und für die Platzierung in weiterführenden Schullaufbahnen ausschlaggebend sind.

Besonders interessant ist der Befund, dass Migrantenkinder der zweiten Generation rund zwei Mal bessere Chancen haben, auf das Gymnasium zu gelangen, als einheimische Schulkinder. Es bleibt ungeklärt, ob dieser Befund auf die unbeobachtete Heterogenität unter den Migranten nach Nationalität oder Ethnie oder andere Faktoren der Migration ihrer Eltern zurückgeführt werden kann, denn in unserem Fall sind datenbedingt keine herkunftsländer- und migrationsspezifischen Analysen möglich.[9]

Weiteren Aufschluss über die offene Frage zur Bedeutung von primären und sekundären Herkunftseffekten liefern getrennte Schätzungen für Schulkinder mit und ohne Migrationshintergrund (Tabelle 5). Bei Kontrolle der gleichen Einflussfaktoren liegen in Bezug auf die Bildungschancen keine Unterschiede zwischen den Migrantenkindern der ersten oder der zweiten Generation vor. Für die Chance, in das Gymnasium zu wechseln, sind bei den Schulkindern mit Migrationshintergrund – und dies im Unterschied zu den einheimischen Schulkindern – die Effekte des elterlichen Bildungskapitals und der sozialen Herkunft insignifikant geworden, während sowohl bei den Schulkindern mit oder ohne Migrationshintergrund die Effekte der schulischen Leistung auf die Bildungsübergänge hochsignifikant sind. Dieses Ergebnis besagt, berücksichtigt man die standardisierten Effektkoeffizienten (Tabelle 5), dass die Bildungschancen von Migrantenkindern vornehmlich durch die primären Herkunftseffekte dominiert werden, während bei den deutschen Schulkindern eher sekundäre, an die Bildung ihrer Eltern und Klassenlage des Elternhauses geknüpfte Herkunftseffekte den Übergang in die weiterführenden Schullaufbahnen bestimmen als primäre

---

9  So belegen beispielsweise Studien mit den Daten des Sozioökonomischen Panels, dass die Migranten in Bezug auf Bildungschancen eben nicht als homogene Gruppe betrachtet werden können (Alba et al. 1994; Büchel und Wagner 1996; Nauck et al. 1998). Ditton und Aulinger kommen in ihrem Beitrag in diesem Band zum Schluss, dass die Gruppe der Migranten zu heterogen sei, um verallgemeinernde Aussagen für alle Gruppen gleichzeitig machen zu können. Als besonders deutliche Beispiele seien hier griechischstämmige Migranten (überproportional erfolgreich im deutschen Bildungssystem) und türkischstämmige Migranten (überproportional im Nachteil beim Bildungserfolg) genannt. Analysen, die das Herkunftsland berücksichtigen, lassen daher je nach Bevölkerungsgruppe wesentlich stärkere oder sogar gegensätzlich gerichtete Effekte erwarten, so dass dann auch die unbeobachtete Heterogenität nicht so stark zu Buche schlägt. Allerdings begrenzt die geringe Fallzahl für die Migranten differenzierte Analyse nach Nationalität.

Herkunftseffekte. Bei den Schulkindern mit Migrationshintergrund machen in Bezug auf die Bildungschancen die schulischen Leistungen im Fach Deutsch die Unterschiede unter den Migrantenkindern und zwischen den deutschen Schulkindern und Schulkindern mit einem Migrationshintergrund aus (vgl. Esser 2006).

*Neutralisierung der Herkunftseffekte und ihre Folgen für die Bildungschancen*

Dass primäre und sekundäre Herkunftseffekte die Unterschiede in den Bildungschancen von deutschen und nichtdeutschen Schulkindern hervorbringen, ist somit offensichtlich. Es stellt sich allerdings die Frage, ob Maßnahmen, die als geeignet angesehen werden, diese Herkunftseffekte zu reduzieren, tatsächlich zur Verringerung ungleicher Bildungschancen beitragen. Daher wird nun mittels Simulationen evaluiert, welche Wirkungen das Ausschalten von primären und sekundären Herkunftseffekten auf den Hochschulzugang haben. Hierbei wird analog zu Müller-Benedict (2007) vorgegangen und es werden zunächst die Tabellen 3 und 4 reorganisiert, indem die Leistungspotentiale mit dem Übergang auf das Gymnasium kombiniert werden (Tabelle 6).

*Tab. 6:* Neutralisierung der primären und sekundären Herkunftseffekte

| Von den | *Migranten* | | |
|---|---|---|---|
| | Gut | Mittelmäßig | Schlecht |
| **haben Schulleistung:** | 29,6% | 38,6% | 31,8% |
| **und gehen auf das Gymnasium:** | 88,6% | 19,3% | 0,1% |
| Von den | *Einheimischen* | | |
| | Gut | Mittelmäßig | Schlecht |
| **haben Schulleistung:** | 56,9% | 32,3% | 10,9% |
| **und gehen auf das Gymnasium:** | 78,3% | 13,7% | 0,1% |

Quelle: IGLU-E 2001 – eigene Berechnungen

In einem ersten Schritt wird der primäre Effekt sozialer Herkunft „neutralisiert", indem für die Migrantenkinder die gleichen Leistungspotentiale angenommen werden wie für die deutschen Schulkinder. Die Verteilung ihrer Leistungspotentiale wird in Beziehung zu den Übergangswahrscheinlichkeiten für die einheimischen Schulkinder gesetzt. Läge für die Migrantenkinder die Verteilung der Leistungspotentiale wie für die deutschen Schulkinder vor, dann würden: 56,9%

· 0,886 + 32,3% · 0,193 + 31,8% · 0,001 = 56,7 Prozent der Migrantenkinder auf das Gymnasium überwechseln. Das sind rund 23 Prozentpunkte mehr als die faktische Übergangsrate von 34,1 Prozent (siehe Tabelle 3). Neutralisiert man den primären Herkunftseffekt, so erhöht sich bei den Migrantenkindern der Übergang in die höchste Schullaufbahn beträchtlich.

Wie groß ist die Steigerung der Übergangsrate bei den Migrantenkindern, wenn sie bei Berücksichtigung der unterschiedlichen Leistungspotentiale (und in diesem Sinne bei Kontrolle der primären Herkunftseffekte) die gleichen Übergangswahrscheinlichkeiten wie die deutschen Schulkinder aufweisen würden? Neutralisiert man den sekundären Effekt der sozialen Herkunft, dann wechseln: 29,6% · 0,783 + 38,6% · 0,137 + 31,8% · 0,001 = 28,5 Prozent der Migrantenkinder in das Gymnasium über. Im Vergleich zur faktischen Übergangswahrscheinlichkeit von 34,1 Prozent würde das eine Reduktion der Übergänge um rund 6 Prozentpunkte bedeuten.

Quantitativ bemessen wären für verbesserte Bildungschancen von Migrantenkindern im deutschen Schulsystem in der Tat die Maßnahmen, die auf die Neutralisierung primärer Herkunftseffekte abzielen, weitaus wirksamer. Wie zuvor bereits für den Effekt der schulischen Leistungen im Fach „Deutsch" gesehen (vgl. Tabelle 5), müssten als gezielte Maßnahme für die Schulkinder mit Migrationshintergrund höchstwahrscheinlich Defizite in der Beherrschung der deutschen Sprache behoben werden (vgl. Esser 2006).

*Die Rolle der Übergangsempfehlungen*

Bildungsübergänge in die Sekundarstufe I unterliegen nicht in allen Bundesländern gänzlich der Kontrolle von Eltern, die sich für eine bestimmte Schullaufbahn für ihre Kinder entscheiden. In den Bundesländern Bayern, Baden-Württemberg, Sachsen und Thüringen wird das Recht der Eltern eingeschränkt, sich für eine bestimmte Schullaufbahn zu entscheiden. In diesen Bundesländern ist die Bildungsempfehlung der abgebenden Grundschule weitgehend bindend. In allen anderen Bundesländern hingegen entscheiden Eltern in letzter Instanz über die zu besuchende Schule. In diesem Sinne liefern in diesem Fall die Schulen eine wirkliche Empfehlung für eine Schullaufbahn. Aber solche Bildungsempfehlungen können bei Migranten in ungleichen Bildungschancen resultieren, wenn gleiche Regeln und Normen wie für die einheimischen Schulkinder – aber eben ohne Berücksichtigung der unterschiedlichen Sprachvoraussetzungen – angewendet werden (Diefenbach 2008). Diese Form der „institutionellen Diskriminierung", so Diefenbach (2008), wiegt vor allem dann schwer, wenn es einen signifikanten Zusammenhang zwischen nationaler oder sozialer Herkunft und dem angesichts der vorliegenden Leistungspotenziale unnötig strikten Befolgen dieser Bildungsempfehlung gibt oder wenn die schulische Bildungsempfehlung nicht mit dem tatsächlichen Leistungspotenzial korrespondiert (vgl. Ditton 2008). Welche Rolle spielen nunmehr Bildungsempfehlungen für die Bildungschancen von Migrantenkindern im Vergleich zu den deutschen Schulkindern?[10]

*Tab. 7:* Übergangsempfehlung nach nationaler und sozialer Herkunft (Abstromprozente)

|  | Hauptschule | Realschule | Gymnasium |
|---|---|---|---|
| *Einheimische und Migranten* |  |  |  |
| Gesamt (n = 3.750) | 24,3% | 36,1% | 39,6% |
| Nur Einheimische (n = 3.361) | 22,3% | 36,4% | 41,3% |
| Nur Migranten (n = 389) | 42,2% | 33,2% | 24,7% |
| *Einheimische* |  |  |  |
| Mittelschichten | 15,2% | 32,5% | 52,3% |
| Arbeiter- und Unterschicht | 32,5% | 42,3% | 25,2% |
| Gesamt | 22,3% | 36,4% | 41,3% |
| *Migranten* |  |  |  |
| Mittelschichten | 31,3% | 35,1% | 33,6% |
| Arbeiter- und Unterschicht | 47,8% | 32,2% | 20,0% |
| Gesamt | 42,2% | 33,2% | 24,7% |

Quelle: IGLU-E 2001 – eigene Berechnungen

Wie bereits mehrfach empirisch belegt, erhalten deutsche Schulkinder eher eine Empfehlung für das Gymnasium als Migrantenkinder, die ihrerseits eher für die Hauptschule empfohlen werden (Tabelle 7). Während die Einheimischen eine zwei Mal größere Chance für eine Gymnasialempfehlung haben als Migranten, hat die letztere Gruppe ein 2,6-mal größeres Risiko für eine Hauptschulempfehlung. Nun müssen solche ungleichen Empfehlungen nicht ungerechtfertigt sein,

---

10 Aus rechtlichen Gründen ist es für Sekundäranalysen nicht gestattet, mit IGLU 2001 nach Bundesländern differenzierte Auswertungen vorzunehmen. Daher sind die folgenden Ergebnisse unter dem Vorbehalt zu sehen, dass wir nicht zwischen den Gruppen der Bundesländer unterscheiden, bei denen entweder das Elternrecht uneingeschränkt ist oder die Schule in letzter Instanz der Entscheidungsträger für die Schullaufbahn in der Sekundarstufe I ist.

wenn sie leistungsbezogen nach meritokratischen Kriterien erfolgen (Ditton 2007). Wie zuvor gesehen, gibt es erhebliche Leistungsdisparitäten zwischen Migranten und Einheimischen (siehe Tabelle 4).

Wenn die Verteilung der Bildungsempfehlung zusätzlich nach sozialer Herkunft betrachtet wird, so scheint auf den ersten Blick die Empfehlung der Migrantenkinder für die wenig prestigeträchtige Hauptschule ein sogenanntes Unterschichtenphänomen zu sein (Tabelle 7). In der Tat erhalten Migrantenkinder aus unteren Sozialschichten überproportional häufiger eine Hauptschulempfehlung als diejenigen aus den höheren Sozialschichten. Vergleicht man für deutsche Schulkinder und Migrantenkinder die relativen Chancen miteinander, für die Hauptschule empfohlen zu werden, dann kann diese Interpretation nicht so ohne Weiteres aufrechterhalten werden. Während die relative Chance für eine Hauptschulempfehlung für Migrantenkinder aus unteren Sozialschichten doppelt so groß ist wie für Migrantenkinder aus den Mittelschichten, so haben deutsche Schulkinder aus unteren Sozialschichten ein 2,7-mal höheres Risiko, für die Hauptschule empfohlen zu werden. Vergleicht man die deutschen und nicht-deutschen Arbeiterkinder miteinander, dann haben diejenigen mit einem Migrationshintergrund ein 1,9-mal höheres Risiko für eine Hauptschulempfehlung als autochthone Arbeiterkinder. Auch wenn diese Differenzen signifikant sind, ist es empirisch nicht abgesichert, hier von einem reinen „Unterschichtphänomen" zu sprechen. Denn die Migrantenkinder aus den höheren Sozialschichten haben ein rund 2,5-mal größeres Risiko, eine Hauptschulempfehlung zu erhalten, als deutsche Schulkinder aus den höheren Sozialschichten.

*Tab. 8:*   Leistungspotentiale und Übergangsempfehlung für Gymnasium

| **Von den** | *Migranten* | | |
|---|---|---|---|
| | Gut | Mittelmäßig | Schlecht |
| **haben bewertetes Leistungspotential:** | 28,0% | 37,3% | 34,7% |
| **und können auf das Gymnasium:** | 69,7% | 12,4% | 1,5% |
| **Von den** | *Einheimischen* | | |
| | Gut | Mittelmäßig | Schlecht |
| **haben bewertetes Leistungspotential:** | 52,3% | 33,5% | 14,2% |
| **und können auf das Gymnasium:** | 70,2% | 13,6% | 0,2% |

Quelle: IGLU-E 2001 – eigene Berechnungen

Und wie in Tabelle 8 ersichtlich, gibt es keine Unterschiede zwischen einheimischen Schulkindern und denjenigen mit Migrationshintergrund in Bezug auf die an das Leistungspotenzial orientierte Gymnasialempfehlung. Während rund 70 Prozent der deutschen Schulkinder für das Gymnasium empfohlen werden, wenn sie eine gute bis sehr gute Schulleistung aufweisen, ist der Anteil für die Migrantenkinder so gut wie identisch. Ähnliche Verteilungen gelten auch für die anderen Leistungspotentiale. In dieser Hinsicht könnte man Esser zustimmen: „Es gibt beim Übergang von der Primarschule in die weiterführenden Schulen keine unmittelbare ‚Diskriminierung' der ausländischen Kinder. Der Übergang zu den weiterführenden Schulen folgt vielmehr strikt (...) meritokratischen Gesichtspunkten. (...) Aufgrund der schlechten Lernleistungen erhalten sie schlechte Noten und aufgrund dieser Noten weniger Empfehlungen für den Besuch einer weiterführenden Schule. Einen besonderen ‚Malus' als Angehörige bestimmter ethnischer Gruppen bekommen sie nicht. Die Schulen funktionieren ganz offenbar als ‚moderne', strikt nach Leistung operierende Institutionen" (Esser 2001: 63).

Deswegen könnten die an der Übergangsempfehlung bemessenen Bildungschancen von Migrantenkindern deutlich verbessert werden, wenn die primären Herkunftseffekte neutralisiert werden (Tabelle 8). Bei einer Neutralisierung von primären Herkunftseffekten würden: 52,3% · 0,697 + 33,5% · 0,124 + 14,2% · 0,015 = 40,8 Prozent der Migrantenkinder eine Gymnasialempfehlung erhalten. Gegenüber dem faktischen Anteil von 24,7 Prozent wäre das eine Steigerung um rund 16 Prozentpunkte.

Nun wäre hypothetisch nicht ausgeschlossen, dass die Notenvergabe und damit die darauf basierende Schullaufbahnempfehlung doch nicht gänzlich den meritokratischen Prinzipien entsprechen. Daher wird in einem weiteren Schritt statt der schulisch bewerteten Notenvergabe die in IGLU 2001 gemessene Lesekompetenz als objektives Kriterium für individuelle Leistung bzw. primäre Herkunftseffekte herangezogen (Tabelle 9). Rund 22 bzw. 48 Prozent der deutschen Schulkinder weisen sehr gute bis gute Leseleistungen auf, während lediglich 7 bzw. 36 Prozent der Schulkinder mit Migrationshintergrund dieses Leistungspotential aufweisen.[11] Aber die Migrantenkinder erhalten auch bei guten

---

11 Von allen Schulkindern werden rund 39 Prozent für das Gymnasium empfohlen, wobei 41 Prozent der deutschen Schulkinder und 23 Prozent der Migrantenkinder eine Gymnasialempfehlung erhalten.

bis sehr guten Leseleistungen weitaus seltener eine Gymnasialempfehlung als die deutschen Schulkinder in den gleichen Leistungskategorien. Nur für die mittleren und schlechteren Leistungspotentiale bestehen keine signifikanten Unterschiede zwischen den einheimischen Schulkindern und denen mit Migrationshintergrund.

*Tab. 9:* Leseleistung (reading literacy) und Übergangsempfehlung für Gymnasium

| Von den | *Migranten* | | | |
| --- | --- | --- | --- | --- |
|  | Sehr gut | Gut | Mittelmäßig | Schlecht |
| **haben Leseleistung:** | 7,4% | 35,8% | 40,2% | 16,6% |
| **und können auf das Gymnasium:** | 71,8% | 33,0% | 13,0% | 1,2% |
| **Von den** | *Einheimischen* | | | |
|  | Sehr gut | Gut | Mittelmäßig | Schlecht |
| **haben Leseleistung:** | 22,0% | 48,2% | 23,8% | 5,9% |
| **und können auf das Gymnasium:** | 76,3% | 42,9% | 12,5% | 1,6% |

Quelle: IGLU-E 2001 – eigene Berechnungen

Würde man die Herkunftseffekte für die Leseleistung neutralisieren, dann würden 34,9 Prozent der Migrantenkinder eine Gymnasialempfehlung erhalten. Gegenüber dem faktischen Anteil von 24,7 Prozent bedeutet dies eine Steigerung um rund 10 Prozentpunkte. Dieser Befund zeigt angesichts dessen, dass dieser Neutralisierungseffekt geringer ist als für die anhand des Notendurchschnitts gemessene Schulleistung, dass in die Bildungsempfehlung für Migrantenkinder auch leistungsfremde Kriterien eingehen. Allerdings ist das Gewicht der möglicherweise ungerechtfertigten Leistungsbewertung gering. Angesichts des Unterschieds von 6 Prozentpunkten der Neutralisierungseffekte für schulisch bewertete und objektiv gemessene Leistungspotentiale ist das Ausmaß leistungsfremder Kriterien für die Vergabe der Bildungsempfehlung gering. Von (institutioneller) Diskriminierung zu sprechen wäre deswegen unhaltbar – zumal nicht geklärt ist, welche leistungsfremden Kriterien bedeutsam sind (vgl. dagegen Gomolla und Radtke 2000; Geißler und Weber-Menges 2008: 22).

Diese Schlussfolgerung können wir noch durch zusätzliche multivariate Analysen abstützen (Tabelle 10). Für alle Schulkinder zusammen bleiben die Effekte der sozialen Herkunft – gemessen am Bildungshintergrund und der Schichtzugehörigkeit des Elternhauses – für die Bildungsempfehlung signifikant, wenn die für die Bildungsempfehlung relevanten Schulnoten in den Fächern Deutsch, Mathematik und Sachkunde kontrolliert werden.

*Tab. 10:* Herkunftseffekte für Bildungsempfehlung (odds ratios)

| | Insgesamt | | Migranten | | Einheimische | |
|---|---|---|---|---|---|---|
| | HS | GYM | HS | GYM | HS | GYM |
| *Migrationsstatus* | | | | | | |
| **Einheimische** | 1 | 1 | | | | |
| **Migranten** | | | | | | |
| **1. Generation** | 1,20 | 1,11 | 1 | 1 | | |
| **2. Generation** | 1,07 | 1,64 | 1,10 | 1,29 | | |
| *Geschlecht* | | | | | | |
| **Junge** | 1 | 1 | 1 | 1 | 1 | 1 |
| **Mädchen** | 0,91 | 0,89 | 0,84 | 0,36* | 0,95 | 0,95 |
| *Zensuren 4. Klasse* | | | | | | |
| **Deutsch** | 0,17*** | 5,85*** | 0,059*** | 8,13*** | 0,18*** | 5,77*** |
| **Mathematik** | 0,25*** | 5,58*** | 0,21*** | 2,60** | 0,26*** | 6,09*** |
| **Sachkunde** | 0,79* | 1,40** | 0,20*** | 2,99** | 0,85** | 1,29* |
| *Bildungsherkunft* | | | | | | |
| **nur Schulbildung** | 1 | 1 | 1 | 1 | 1 | 1 |
| **max. Abitur** | 0,68* | 1,37 | 1,05 | 0,82 | 0,61* | 1,46 |
| **Hochschule** | 0,57* | 2,55*** | 0,36 | 3,08 | 0,54* | 2,65*** |
| *Soziale Herkunft* | | | | | | |
| **Arbeiterschicht** | 1 | 1 | 1 | 1 | 1 | 1 |
| **Mittelschicht** | 1,16 | 1,53* | 0,80 | 0,64 | 1,19 | 1,63** |
| **Oberschicht** | 0,51*** | 2,30*** | 1,27 | 1,17 | 0,49*** | 2,44*** |
| **Fallzahl** | 2.803 | | 323 | | 2.480 | |

* p ≤ 0,05; ** p ≤ 0,01; *** p ≤ 0,001; HS = Hauptschule und GYM = Gymnasium (Realschule als Referenzkategorie)

Quelle: IGLU-E 2001 – eigene Berechnungen

Bei Kontrolle dieser Schulnoten haben Schulkinder von besser gebildeten Eltern und Elternhäusern, die den höheren Sozialschichten angehören, ein deutlich geringeres Risiko, für die Hauptschule empfohlen zu werden, und signifikant bessere Chancen für eine Gymnasialempfehlung. Somit fließen auch leistungsfremde Kriterien in die Bildungsempfehlung ein, die an die Schichtzugehörigkeit des Elternhauses geknüpft sind. Gemessen an der Größe der Herkunftseffekte stehen dahinter nicht nur die Einschätzungen für die an die soziale Herkunft der Schulkinder geknüpften Motivationen, Neigungen, Verhaltensmuster, Leistungspotentiale und Erfolgswahrscheinlichkeiten durch die Lehrpersonen. Diese leistungsfremden Kriterien spielen aber – analysiert man die Opportunitätsstruktur getrennt für die einheimischen Schulkinder und Schulkinder mit Migrationshintergrund – nur für die autochthonen Schulkinder eine bedeutsame Rolle. Bei den Migrantenkindern sind bei Kontrolle des sozioökonomischen Hintergrunds ihres Elternhauses nur noch die Schulnoten ausschlaggebend für die Bildungsempfehlung. An dieser Stelle weiterhin von institutioneller Diskriminierung auszugehen, würde bedeuten, entsprechende empirische Befunde zu ignorieren.

Unklar ist jedoch der Geschlechtereffekt für die Migrantenkinder, der möglicherweise mit für die Geschlechter unterschiedlichen Lebensplanungen oder mit der Kultur von Nationen korreliert (Nauck 2001), jedoch nicht Gegenstand unserer Untersuchung ist, wenngleich hierzu Forschungsbedarf besteht (siehe auch den Beitrag von Heike Diefenbach in diesem Band).

## 5   Zusammenfassung und Schlussfolgerung

Es ist ein hinlänglich bekanntes und oftmals empirisch belegtes Phänomen: Migranten haben – mit deutlichen Unterschieden zwischen den einzelnen Nationalitäten und Sozialschichten – in Deutschland ein wesentlich höheres Risiko, auf einer Hauptschule die Sekundarstufe zu absolvieren, als die autochthone Bevölkerung. Dass sie beim Bildungserwerb im Nachteil sind und vergleichsweise geringere Bildungserfolge zu verzeichnen haben, hat sich auch im Zuge der Bildungsexpansion im Allgemeinen und trotz der auf Migranten abzielenden Programme nicht grundlegend geändert (Müller-Benedict 2007; Esser 2006; Becker 2006; siehe den Beitrag von Kalter, Granato und Kristen in diesem Band). Forscht man nach den Gründen, so scheinen Ansätze, welche die kulturellen Defizite oder die Bildungsaspirationen der zugewanderten Familien in den Vordergrund stellen, für die vollständige sozialwissenschaftliche Erklärung wenig ergiebig, da Migranten sich kaum von Deutschen in den avisierten Schulabschlüssen unterscheiden (Diefenbach 2007, 2008; Steinbach und Nauck 2004; Nauck et al. 1998). Vielversprechender scheinen handlungstheoretische Ansätze des strategischen Bildungsverhaltens von sozialen bzw. nationalen Gruppen zu sein, die sowohl die Struktur des Bildungssystems auf der einen Seite und auf der anderen Seite die Ziele und (bildungsrelevanten) Ressourcen der Migranten in spezifischen Migrationssituationen in den Vordergrund stellen (Kalter 2005; Kristen und Granato 2004; Diefenbach und Nauck 1997).

Diese grundlegende Idee wurde im vorliegenden Beitrag aufgegriffen und empirisch umgesetzt. Basierend auf der *Unterscheidung von primären und sekundären Herkunftseffekten* (Boudon 1974) wurden zunächst die relativen Wahrscheinlichkeiten von Einheimischen und Migranten beim Übertritt in die Sekundarstufe I unter Kontrolle der individuellen Schulleistung und sozialen Herkunft untersucht. Deutlich erkennbar wurde, dass Migrantenkinder erst bei vergleichsweise deutlich höheren Leistungen ins Gymnasium übertreten, was einhergehend mit den institutionellen Sortier- und Selektionsleistungen des deutschen Schulsystems auf primäre Herkunftseffekte schließen lässt. Es ist zu vermuten, dass bei gegebenen Bildungsmotivationen vor allem die Investitionsrisiken (d.h. das Verhältnis erwarteter Bildungskosten zu den Erfolgswahrscheinlichkeiten) das Bildungsverhalten und daran geknüpfte Bildungschancen von Migranten strukturieren.

Damit wird deutlich, dass das Erklärungsmuster der Schichtzugehörigkeit als allein bestimmender oder dominanter Faktor der nachteiligen Bildungslaufbahnen von Migranten nicht ausreicht. Nachteilige Bildungschancen von Migrantengruppen lassen sich *nicht* – wie jüngst von Stefan Hradil (2008) behauptet – vornehmlich oder gar ausschließlich als „Unterschichtsphänomen" interpretieren (vgl. Diefenbach 2007). Diese Sichtweise ist angesichts vorliegender empirischer Belege problematisch. Tatsächlich konnte mit den Daten von IGLU-E 2001 gezeigt werden, dass der Effekt der Verringerung primärer Herkunftseffekte sowohl für die Migranten aus den Mittelschichten als auch aus den Arbeiter- und Unterschichten um ein Vielfaches größer ist als der Effekt, der durch die Vermeidung der sekundären Herkunftseffekte erzielt würde. Allerdings ist die Rolle von sekundären Herkunftseffekten nicht vernachlässigbar, da sich auch innerhalb der Gruppe der Migranten Unterschiede bei den Bildungsentscheidungen nach Schichtzugehörigkeit isolieren lassen.

Neben den Bildungsentscheidungen der Eltern, die nur in einigen Bundesländern uneingeschränkt zum Tragen kommen, wurde daher die Übergangsempfehlung als ein weiterer wichtiger Aspekt für die Bildungschancen beleuchtet. Zwar zeigen die Analysen, dass gemessen an den Schulnoten die Übergangsempfehlungen nach meritokratischen Gesichtspunkten vergeben werden; wird jedoch die Leseleistung anstelle von Schulnoten als Kriterium für die Übergangsempfehlung verwendet, zeigen sich Nachteile der Migranten im Vergleich zu Deutschen. Die Leistungsbeurteilung ist offensichtlich im Unterschied zur Bildungsempfehlung nach Schulnoten eben nicht absolut meritokratisch, sondern es fließen möglicherweise auch leistungsfremde Kriterien in die Lehrerurteile ein. Allerdings lassen es die verfügbaren Befunde nicht zu, von „statistischer Diskriminierung" oder „institutioneller Diskriminierung" zu sprechen. Schlussfolgernd lässt sich aus den Analysen festhalten, dass für Einheimische die Maßnahmen, die auf die Entscheidung der Eltern beim Schulübertritt am Ende der Grundschule wirken, einen erheblichen direkten Beitrag zur Verringerung der Nachteile von „bildungsfernen" Gruppen beim Navigieren durch das deutsche Bildungssystem leisten können, während bei den Migranten primäre Herkunftseffekte einen starken Einfluss auf die Übergangsempfehlung und Bildungsübergänge haben. Für Migranten sind Maßnahmen, die auf primäre Herkunftseffekte einwirken, von größerer Bedeutung; und offensichtlich müssen sie sich auf die Sprachfertigkeiten in Deutsch konzentrieren.

Reformen, die die Verringerung der herkunftsspezifischen sozialen Ungleichheit zum Ziel haben, sollten allerdings beide Teilaspekte in den Blick nehmen. Eine Konzentration auf primäre Herkunftseffekte – beispielsweise mittels frühzeitiger Sprachförderungsangeboten vor der Einschulung – ist sicherlich wünschenswert und erfolgversprechend (Esser 2006). Diese Strategie alleine dürfte – angesichts der sozialstrukturellen und kulturellen Heterogenität unter den Migranten und ihrer Migrationserfahrung – allerdings unzureichend sein und würde als Gesamtkonzept zu kurz greifen. Wenn nachteilige Bildungschancen von Migranten als ein gesellschaftliches Problem angesehen werden, dann müssen für die Bildungspolitik im Allgemeinen und für die Entwicklung von Sozialtechnologien im Speziellen die Ursachen sowohl primärer als auch sekundärer Herkunftseffekte in Rechnung gestellt werden (siehe die Beiträge von Nauck sowie von Ditton und Aulinger in diesem Band). Auch hierzu besteht weiterhin Forschungsbedarf.

# Literatur

Alba, Richard, Johann Handl und Walter Müller, 1994: Ethnische Ungleichheit im deutschen Bildungssystem. Kölner Zeitschrift für Soziologie und Sozialpsychologie 46: 209-238.

Avenarius, Hermann, Hartmut Ditton, Hans Döbert, Klaus Klemm, Eckhard Klieme, Matthias Rürup, Heinz-Elmar Tenorth, Horst Weishaupt und Manfred Weiß, 2003: Bildungsbericht für Deutschland. Erste Befunde. Opladen: Leske + Budrich.

Becker, Birgit und Nicole Biedinger, 2006: Ethnische Bildungsungleichheit zu Schulbeginn. Kölner Zeitschrift für Soziologie und Sozialpsychologie 58: 660-684.

Becker, Rolf und Claudia Schuchart, 2010: Verringerung sozialer Ungleichheiten von Bildungschancen durch Chancenausgleich? Ergebnisse einer Simulation bildungspolitischer Maßnahmen. S. 413-436 in: Rolf Becker und Wolfgang Lauterbach (Hrsg.), Bildung als Privileg. Wiesbaden: VS Verlag für Sozialwissenschaften (4., aktualisierte Auflage).

Becker, Rolf und Frank Schubert, 2006: Soziale Ungleichheit von Lesekompetenzen. Eine Matching-Analyse im Längsschnitt mit Querschnittsdaten von PIRLS 2001 und PISA 2000. Kölner Zeitschrift für Soziologie und Sozialpsychologie 58: 253-284.

Becker, Rolf und Wolfgang Lauterbach, 2004: Vom Nutzen vorschulischer Kinderbetreuung für Bildungschancen. S. 127-159 in: Rolf Becker und Wolfgang Lauterbach (Hrsg.), Bildung als Privileg? Erklärungen und empirische Befunde zu den Ursachen von Bildungsungleichheiten. Wiesbaden: VS-Verlag für Sozialwissenschaften.

Becker, Rolf und Wolfgang Lauterbach, 2007: Bildung als Privileg – Ursachen, Mechanismen, Prozesse und Wirkungen. S. 9-41 in: Rolf Becker und Wolfgang Lauterbach (Hrsg.), Bildung als Privileg. Wiesbaden: VS Verlag für Sozialwissenschaften.

Becker, Rolf, 2000: Klassenlage und Bildungsentscheidungen. Eine empirische Anwendung der Wert-Erwartungstheorie. Kölner Zeitschrift für Soziologie und Sozialpsychologie 52: 450-475.

Becker, Rolf, 2003: Educational Expansion and Persistent Inequalities of Education: Utilizing the Subjective Expected Utility Theory to Explain the Increasing Participation Rates in Upper Secondary School in the Federal Republic of Germany. European Sociological Review 19: 1-24.

Becker, Rolf, 2004: Soziale Ungleichheit von Bildungschancen und Chancengleichheit. S. 161-193 in: Rolf Becker und Wolfgang Lauterbach (Hrsg.), Bildung als Privileg? Erklärungen und empirische Befunde zu den Ursachen von Bildungsungleichheiten. Wiesbaden: VS Verlag für Sozialwissenschaften.

Becker, Rolf, 2006: Bildung – Bildungschancen von Migranten in Deutschland. S. 473-481 in: Statistisches Bundesamt (Hrsg.), Datenreport 2006. Zahlen und Fakten über die Bundesrepublik Deutschland. Bonn: Bundeszentrale für politische Bildung.

Becker, Rolf, 2007: Lassen sich aus den Ergebnissen von PISA Reformperspektiven für die Bildungssysteme ableiten? Schweizerische Zeitschrift für Bildungswissenschaften 29: 13-31.

Becker, Rolf, 2009: Wie können „bildungsferne" Gruppen für ein Hochschulstudium gewonnen werden? Eine empirische Simulation mit Implikationen für die Steuerung des Bildungswesens. Kölner Zeitschrift für Soziologie und Sozialpsychologie 61: 563–593.

Becker, Rolf, 2011: Entstehung und Reproduktion von Bildungsungleichheiten. S. 87-138 in: Rolf Becker (Hrsg.), Lehrbuch der Bildungssoziologie. Wiesbaden: VS Verlag für Sozialwissenschaften.

Bos, Wilfried, Eva-Maria Lankes, Manfred Prenzel, Knut Schwippert, Gerd Walther und Renate Valtin (Hrsg.), 2003: Erste Ergebnisse aus IGLU. Schülerleistungen am Ende der vierten Jahrgangsstufe im internationalen Vergleich. Münster: Waxmann.

Bos, Wilfried, Eva-Maria Lankes, Manfred Prenzel, Knut Schwippert, Renate Valtin und Gerd Walther, 2004a: IGLU. Einige Länder der Bundesrepublik Deutschland im nationalen und internationalen Vergleich. Zusammenfassung ausgewählter Ergebnisse aus: Wilfried Bos, Eva-

Maria Lankes, Manfred Prenzel, Knut Schwippert, Renate Valtin und Gerd Walther (Hrsg., 2004). IGLU. Einige Länder der Bundesrepublik Deutschland im nationalen und internationalen Vergleich. Münster: Waxmann; http://www.erzwiss.uni-hamburg.de/IGLU/home.htm; Hamburg, Januar 2004. Online unter: http://www.erzwiss.uni-hamburg.de/IGLU/kurzversion-LV.pdf (6. Juni 2005).

Boudon, Raymond, 1974: Education, Opportunity, and Social Inequality. New York: Wiley.

Breen, Richard und Jan O. Jonsson, 2000: Analyzing Educational Careers: A Multinomial Transition Model. American Sociological Review 65: 754-772.

Breen, Richard, und John H. Goldthorpe, 1997: Explaining Educational Differentials. Towards A Formal Rational Action Theory. Rationality and Society 9: 275-305.

Büchel, Felix und Gert Wagner, 1996: Soziale Differenzen der Bildungschancen in Westdeutschland – Unter besonderer Berücksichtigung von Zuwandererkindern. S. 80-96 in: Wolfgang Zapf, Jürgen Schupp und Roland Habich (Hrsg.), Lebenslagen im Wandel: Sozialberichterstattung im Längsschnitt. Frankfurt am Main: Campus.

Büchel, Felix, Katharina C. Spieß und Gert Wagner, 1997: Bildungseffekte vorschulischer Kinderbetreuung. Kölner Zeitschrift für Soziologie und Sozialpsychologie 49: 528-539.

Diefenbach, Heike und Bernhard Nauck, 1997: Bildungsverhalten als „strategische Praxis": Ein Modell zur Erklärung der Reproduktion von Humankapital in Migrantenfamilien. S. 277-291 in: Ludger Pries (Hrsg.), Transnationale Migration. Baden-Baden: Nomos.

Diefenbach, Heike, 2007: Kinder und Jugendliche aus Migrantenfamilien im deutschen Bildungssystem. Erklärungen und empirische Befunde. Wiesbaden: VS Verlag für Sozialwissenschaften.

Diefenbach, Heike, 2008: Bildungschancen und Bildungs(miss)erfolg von ausländischen Schülern oder Schülern aus Migrantenfamilien im System schulischer Bildung. S. 221-245 in: Rolf Becker und Wolfgang Lauterbach (Hrsg.), Bildung als Privileg? Wiesbaden: VS Verlag für Sozialwissenschaften (3. Aufl.).

Ditton, Hartmut, 1989: Determinanten für elterliche Bildungsaspirationen und für Bildungsempfehlungen des Lehrers. Empirische Pädagogik 3: 215-231.

Ditton, Hartmut, 1992: Ungleichheit und Mobilität durch Bildung. Theorie und empirische Untersuchung über sozialräumliche Aspekte von Bildungsentscheidungen. Weinheim: Juventa.

Ditton, Hartmut, 2008: Der Beitrag von Schule und Lehrern zur Reproduktion von Bildungsungleichheit. S. 247-275 in: Rolf Becker und Wolfgang Lauterbach (Hrsg.), Bildung als Privileg? Wiesbaden: VS Verlag für Sozialwissenschaften (3. Aufl.).

Dollmann, Jörg, 2010: Türkischstämmige Kinder am ersten Bildungsübergang. Primäre und sekundäre Herkunftseffekte. Wiesbaden: VS Verlag für Sozialwissenschaften.

Entwisle, Doris R., Karl L. Alexander und Olson Steffel, 1997: Children, Schools and Inequality. Boulder: Westview Press.

Erikson, Robert und Jan O. Jonsson, 1996: Explaining Class Inequality in Education: The Swedish Test Case. S. 1-63 in: Robert Erikson und Jan O. Jonsson (Hrsg.), Can Education Be Equalized? Boulder: Westview Press.

Erikson, Robert und John H. Goldthorpe, 1992: The Constant Flux: A Study of Class Mobility in Industrial Societies. Oxford: Clarendon Press.

Esser, Hartmut, 1999: Soziologie. Spezielle Grundlagen. Band 1: Situationslogik und Handeln. Frankfurt am Main: Campus.

Esser, Hartmut, 2001: Integration und ethnische Schichtung. MZES-Arbeitspapier Nr. 40. Mannheim: Mannheimer Zentrum für Europäische Sozialforschung.

Esser, Hartmut, 2006: Sprache und Integration. Die sozialen Bedingungen und Folgen des Spracherwerbs von Migranten. Frankfurt am Main: Campus.

Geißler, Rainer und Sonja Weber-Menges, 2008: Migrantenkinder im Bildungssystem: doppelt benachteiligt. Aus Politik und Zeitgeschichte 49/2008: 14-22.

Gomolla, Mechtild und Frank-Olaf Radtke, 2000: Mechanismen institutionalisierter Diskriminierung in der Schule. S. 321-341 in: Ingrid Gogolin und Bernhard Nauck (Hrsg.), Migration, gesellschaftliche Differenzierung und Bildung. Opladen: Leske + Budrich.

Granato, Nadia und Frank Kalter, 2001: Die Persistenz ethnischer Ungleichheit auf dem deutschen Arbeitsmarkt. Kölner Zeitschrift für Soziologie und Sozialpsychologie 53: 497-521.

Henz, Ursula und Ineke Maas, 1995: Chancengleichheit durch die Bildungsexpansion? Kölner Zeitschrift für Soziologie und Sozialpsychologie 47: 605-634.

Henz, Ursula, 1997: Die Messung der intergenerationalen Vererbung von Bildungsungleichheit am Beispiel von Schulformwechseln und nachgeholten Bildungsabschlüssen. S. 111-135 in: Rolf Becker (Hrsg.), Generationen und sozialer Wandel. Opladen: Leske + Budrich.

Hoffmann-Nowotny, Hans-Joachim, 1973: Soziologie des Fremdarbeiterproblems – eine theoretische und empirische Analyse am Beispiel der Schweiz. Stuttgart: Ferdinand Enke Verlag.

Hopf, Diether, 1987: Herkunft und Schulbesuch ausländischer Kinder. Berlin: Max-Planck-Institut für Bildungsforschung.

Hradil, Stefan, 2008: Schulübergang: Kinder weniger gebildeter und einkommensschwächerer Eltern werden diskriminiert. Mainzer Soziologen untersuchen die Bildungschancen von Viertklässlern in Wiesbaden in Abhängigkeit von ihrer sozialen Herkunft. Pressemitteilung der Johann-Gutenberg-Universität Mainz vom 10.9.2008 (verfügbar unter: http://www.uni-mainz.de/presse/24855.php).

Kalter, Frank, 2005: Ethnische Ungleichheit auf dem Arbeitsmarkt. S. 303-332 in: Martin Abraham und Thomas Hinz (Hrsg.), Arbeitsmarktsoziologie. Wiesbaden: VS Verlag für Sozialwissenschaften.

Kornmann, Reimer und Christopher Schnattinger, 1989: Sonderschulüberweisungen ausländischer Kinder, Bevölkerungsstruktur und Arbeitsmarktlage. Oder: Sind Ausländerkinder in Baden-Württemberg „dümmer" als sonst wo? Zeitschrift für Sozialisationsforschung und Erziehungssoziologie 9: 195-203.

Kristen, Cornelia und Nadia Granato, 2005: Bildungsinvestitionen in Migrantenfamilien. S. 25-42 in: Bundesministerium für Bildung und Forschung (BMBF), 2005: Migrationshintergrund von Kindern und Jugendlichen. Wege zur Weiterentwicklung der amtlichen Statistik. Reihe Bildungsreform, Band 14. Berlin: BMBF.

Kristen, Cornelia, 2002: Hauptschule, Realschule oder Gymnasium? Ethnische Unterschiede am ersten Bildungsübergang. Kölner Zeitschrift für Soziologie und Sozialpsychologie 54: 534-552.

Kristen, Cornelia, 2003: Ethnische Unterschiede im deutschen Schulsystem. Aus Politik und Zeitgeschichte B21-22: 26-32.

Kristen, Cornelia, 2006: Ethnische Diskriminierung in der Grundschule? Die Vergabe von Noten und Bildungsempfehlungen. Kölner Zeitschrift für Soziologie und Sozialpsychologie 58: 79-97.

Kristen, Cornelia, 2006: Ethnische Diskriminierung in der Grundschule? Die Vergabe von Noten und Bildungsempfehlungen. Kölner Zeitschrift für Soziologie und Sozialpsychologie 58: 79-97.

Kristen, Cornelia, und Jörg Dollmann, 2010: Sekundäre Effekte der ethnischen Herkunft: Kinder aus türkischen Familien am ersten Bildungsübergang. S. 117-144 in: Birgit Becker und David Reimer (Hrsg.), Vom Kindergarten bis zur Hochschule. Die Generierung von ethnischen und sozialen Disparitäten in der Bildungsbiographie. Wiesbaden: VS Verlag für Sozialwissenschaften.

Lehmann, Rainer und Rainer H. Peek, 1997: Aspekte der Lernausgangslage von Schülerinnen und Schülern der fünften Klassen an Hamburger Schulen. Bericht über die Untersuchung im September 1996. Berlin: Humboldt Universität.

Long, J. Scott, 1997: Regression Models for Categorical and Limited Dependent Variables. Thousand Oaks: Sage.

Lucas, Samuel R., 2001: Effectively Maintained Inequality: Educational Transitions and Social Background. American Journal of Sociology 106: 1642-1690.

Mare, Robert D., 1980: Social Background and School Continuation Decisions. Journal of the American Statistical Association 75: 295-305.

Müller-Benedict, Volker, 2007: Wodurch kann die soziale Ungleichheit des Schulerfolgs am stärksten verringert werden? Kölner Zeitschrift für Soziologie und Sozialpsychologie 59: 615-639.

Müller-Benedict, Volker, 2007: Wodurch kann die soziale Ungleichheit des Schulerfolgs am stärksten verringert werden? Kölner Zeitschrift für Soziologie und Sozialpsychologie 59: 615-639.

Nash, Roy, 2003: Inequality/difference in education: is a real explanation of primary and secondary effects possible? British Journal of Sociology 54: 433-451.

Nauck, Bernhard, 1994: Bildungsverhalten in Migrantenfamilien. S. 107-142 in: Peter Büchner, Matthias Grundmann, Johannes Huinink, Lothar Krappmann, Bernhard Nauck, Dagmar Meyer und Sabine Rothe (Hrsg.), Kindliche Lebenswelten, Bildung und innerfamiliale Beziehungen. München: Verlag Deutsches Jugendinstitut (DJI).

Nauck, Bernhard, 2001: Der Wert von Kindern für ihre Eltern. „Values of Children" als spezielle Handlungstheorie des generativen Verhaltens und von Generationenbeziehungen im interkulturellen Vergleich. Kölner Zeitschrift für Soziologie und Sozialpsychologie 53: 407-436.

Nauck, Bernhard, Heike Diefenbach und Kornelia Petri, 1998: Intergenerationale Transmission von kulturellem Kapital unter Migrationsbedingungen. Zum Bildungserfolg von Kindern und Jugendlichen aus Migrantenfamilien in Deutschland. Zeitschrift für Pädagogik 44: 701-722.

Powell, Justin J. W. und Sandra Wagner, 2001: Daten und Fakten zu Migrantenjugendlichen an Sonderschulen in der Bundesrepublik Deutschland. Selbständige Nachwuchsgruppe Working Paper 1/2001. Berlin: Max-Planck-Institut für Bildungsforschung.

Rolff, Hans-Günther, 1997: Sozialisation und Auslese durch die Schule. Weinheim: Juventa Verlag.

Schimpl-Neimanns, Bernhard, 2000: Soziale Herkunft und Bildungsbeteiligung. Empirische Analysen zu herkunftsspezifischen Bildungsungleichheiten zwischen 1950 und 1989. Kölner Zeitschrift für Soziologie und Sozialpsychologie 52: 636-669.

Schumacher, Eva, 2002: Die soziale Ungleichheit der Lehrer/innen. Oder: Gibt es eine Milieuspezifität pädagogischen Handelns? S. 253-271 in: Jutta Mägdefrau und Eva Schumacher (Hrsg.), Pädagogik und soziale Ungleichheit. Bad Heilbrunn: Julius Klinkhardt.

SOEP Group, 2001: The German Socio-Economic Panel (GSOEP) after more than 15 years – Overview. S. 7-14 in: Elke Holst, Dean R. Lillard und Thomas A. DiPrete (Hrsg.), Proceedings of the 2000 Fourth International Conference of German Socio-Economic Panel Study Users (GSOEP 2000). Vierteljahreshefte zur Wirtschaftsforschung 70.

Solga, Heike, 2002: „Ausbildungslosigkeit" als soziales Stigma in Bildungsgesellschaften. Ein soziologischer Erklärungsbeitrag für die wachsenden Arbeitsmarktprobleme von gering qualifizierten Personen. Kölner Zeitschrift für Soziologie und Sozialpsychologie 54: 476-506.

Stanat, Petra, 2003: Schulleistungen von Jugendlichen mit Migrationshintergrund: Differenzierung deskriptiver Befunde aus PISA und PISA-E. S. 243-260 in: Jürgen Baumert, Cordula Artelt, Eckhard Klieme, Michael Neubrand, Manfred Prenzel, Ulrich Schiefele, Wolfgang Schneider, Klaus-Jürgen Tillmann und Manfred Weiß (Hrsg.), PISA 2000: Ein differenzierter Blick auf die Länder der Bundesrepublik Deutschland. Opladen: Leske + Budrich.

Steinbach, Anja und Bernhard Nauck, 2004: Intergenerationale Transmission von kulturellem Kapital in Migrantenfamilien. Zur Erklärung von ethnischen Unterschieden im deutschen Bildungssystem. Zeitschrift für Erziehungswissenschaft 7: 20-32.

Urban, Dieter, 1993: Logit-Analyse. Statistische Verfahren zur Analyse von Modellen mit qualitativen Response-Variablen. Stuttgart: Fischer.

# III    Migranten im Ausbildungs- und Erwerbssystem

# Berufserfolg von jungen Erwachsenen mit Migrationshintergrund.
# Wie Ausbildungsabschlüsse, ethnische Herkunft und ein deutscher Pass die Arbeitsmarktchancen beeinflussen

*Holger Seibert*

## 1 Einleitung

Jungen Erwachsenen mit Migrationshintergrund werden seit Jahren geringere Erfolgsaussichten auf dem deutschen Arbeitsmarkt attestiert (Beer 1996; Granato 1996; Münz et al. 1997; Kalter und Granato 2002; Uhly und Granato 2006; Becker und Reimer 2009). Dabei basieren die meisten der bisherigen empirischen Befunde datenbedingt auf der Unterscheidung zwischen Deutschen und Ausländern (verschiedener Nationalität). Mit den Mikrozensusdaten des Statistischen Bundesamts ist es seit 2005 möglich, nicht nur Deutsche und Ausländer zu unterscheiden, sondern Personen mit und ohne Migrationshintergrund. Unter letzteren fasst man – unabhängig von der Staatsangehörigkeit – im Allgemeinen all jene Personen zusammen, die selbst oder deren Eltern (oder Großeltern) eingewandert sind. Zählt man im Jahr 2007 nach dem Staatsangehörigkeitskonzept nur gut sieben Millionen Ausländer in Deutschland (Statistisches Bundesamt 2008, Tabelle 1), so weist die amtliche Statistik ca. 15 Millionen Personen mit Migrationshintergrund aus (Statistisches Bundesamt 2009, Tabelle 1). Damit wird einmal mehr deutlich, dass die Integrationsaufgabe, vor der unser Land steht, deutlich größer ist als lange angenommen.

Im öffentlichen und wissenschaftlichen Diskurs werden die bestehenden Arbeitsmarktprobleme der Migranten zumeist auf deren im Durchschnitt niedrigere Humankapitalausstattung sowie auf einen Mangel an aufnahmelandspezifischen Kapitalien, wie Sprachkenntnissen oder Kenntnissen über das (Aus-)Bildungssystem und den Arbeitsmarkt, zurückgeführt (Kalter 2006; Woellert et al. 2009). Ein solcher individualistischer Theorieansatz sucht die Ursachen der beobachteten Ungleichheiten also in erster Linie bei den Betroffenen selbst. In den entsprechenden empirischen Analysen können die Ungleichheiten aber in der Regel auch unter Berücksichtigung der individuellen Ressourcenausstattung nicht komplett aufgeklärt werden. Organisationstheoretische Ansätze versuchen diese Lücke zu schließen und haben zumindest theoretisch das Potenzial dazu. Sie betrachten ethnische Ungleichheiten am Arbeitsmarkt als ein Produkt von organisationsinternen Sachzwängen der Betriebe – vermittelt über deren Rekrutierungs- und Selektionsstrategien (Imdorf 2007, 2010; Seibert et al. 2009).

Der vorliegende Beitrag greift diese beiden Theoriestränge auf und will so zu einem umfassenderen Verständnis der Mechanismen der (Re-)Produktion von ethnischen Ungleichheiten auf dem Arbeitsmarkt beitragen. Die anschliessenden empirischen Analysen konzentrieren sich auf Bildungsinländer – also jene Personen, die vor oder während der Schulpflichtzeit nach Deutschland eingewandert sind und somit theoretisch die Möglichkeit hatten, hierzulande eine berufliche Ausbildung zu durchlaufen. Dabei geht es zunächst um eine Beschreibung der Arbeitsmarktchancen von ausbildungslosen und ausgebildeten jungen Erwachsenen, womit der Frage nachgegangen werden soll, ob ein Ausbildungsabschluss ethnischen Gruppen in gleichem Maße wie Einheimischen hilft, ihre beruflichen Positionen zu verbessern. Im Weiteren sollen aber besonders die Ausbildungsabsolventen mit Migrationshintergrund und deren Arbeitsmarktplatzierung im Vergleich zu den Deutschen ohne Migrationshintergrund betrachtet werden. Dabei soll der Artikel dazu beitragen zu klären, ob sich bestehende Benachteiligungen am Arbeitsmarkt über eine nichtdeutsche Staatsangehörigkeit manifestieren – also eine Art *Rechtsstatuseffekt* darstellen – oder ob verschiedene ethnische Gruppen unabhängig von der Nationalität gegenüber Einheimischen benachteiligt sind. Unter ansonsten gleichen Bedingungen würde es sich dabei dann eher um einen *Zuschreibungseffekt* handeln, wobei Personen mit Migrationshintergrund trotz vorhandener Abschlüsse bestimmte Merkmale zugeschrieben würden, die eine Einstellung durch Arbeitgeber weniger aussichtsreich machen würde.

## 2 Theoretische Deutungsmuster für empirische Befunde

In Bezug auf die Ausbildungs- und Arbeitsmarktchancen von Ausländern bzw. Menschen mit Migrationshintergrund in Deutschland wird in den einschlägigen Publikationen zumeist eine individualistische Sichtweise eingenommen. Das heißt, es wird aus Sicht der Individuen argumentiert und insbesondere für empirische Analysen werden individuelle Leistungsmerkmale als Indikatoren für das Abschneiden am Arbeitsmarkt herangezogen (z.B. Kalter 2006, 2007; Kogan 2004, 2007; Esser 2001, 2006). Dabei wird in aller Regel von einem idealisierten Meritokratiebegriff ausgegangen, der in Bildungsabschlüssen in erster Linie individuelle Kompetenzen sieht, die Möglichkeit einer Legitimierung von (institutioneller) Diskriminierung mit meritokratischen Mitteln hingegen weitgehend ausblendet.

Da Arbeitsmarktpositionen als Folge einer Bewerbung von Beschäftigten bzw. Arbeitsuchenden und der Rekrutierung und Selektion ausgesuchter Bewerber durch Arbeitgeber bzw. deren Personalverantwortliche entstehen (vgl. Solga 2005), ist es sinnvoll, eine theoretische Fundierung zu wählen, die neben den Leistungsmerkmalen der Individuen auch die Arbeitgeberseite berücksichtigt. Arbeitsmarktchancen sind nämlich nicht nur an individuelle Ausstattungsmerkmale wie Bildungsabschlüsse, Netzwerkressourcen oder bestimmte Kompetenzen geknüpft, sondern werden in hohem Maße durch das Rekrutierungsverhalten auf betrieblicher Seite beeinflusst. Hier eignet sich besonders die Signal-Theorie, da sie das Rekrutierungsverhalten der Arbeitgeber und die Bedeutung von Bildungsabschlüssen thematisiert (Spence 1973). Diese Theorie geht von der Annahme unvollständiger Informationen der Arbeitgeber über die Bewerber (sowie umgekehrt) aus. Arbeitgeber verbinden mit bestimmten Bildungsabschlüssen entsprechende Produktivitätserwartungen bei den Bewerbern. Da sie jedoch die tatsächliche Produktivität der Bewerber im Vorfeld nicht kennen bzw. nur mit sehr hohem Aufwand ermitteln können, ziehen sie bestimmte Signale (z.B. Bildungsabschlüsse) sowie Indizes – unveränderliche Personenmerkmale – (z.B. Geschlecht, Hautfarbe) heran, um die erwartete Produktivität zu prognostizieren. Die Bewerber ihrerseits können in entsprechende Bildungsabschlüsse investieren, um den Arbeitgebern ein bestimmtes Produktivitätsniveau zu signalisieren und damit ihre Einstellungschancen zu forcieren bzw. ein bestimmtes Lohnniveau zu erreichen. Werden die Produktivitätserwartungen der Signale erfüllt, stellt sich ein Gleichgewicht ein. Durch Indizes kann der Wert eines bestimmten Signals jedoch modifiziert werden (Spence 1973, 1974). Seibert und Solga (2005) deuten den Befund der schlechteren Arbeitsmarktintegration von türkischen Ausbildungsabsolventen auf dem deutschen Arbeitsmarkt vor dem Hintergrund dieser Theorie damit, dass Arbeitgeber den Signalwert von Ausbildungsabschlüssen ethnisch modifizieren und es somit zu den beobachteten Nachteilen trotz gleicher Abschlüsse kommt.

Diese Sichtweise wird jedoch nicht einmütig geteilt. So rekurriert Kalter (2006) weniger auf das diskriminierende Verhalten von Betrieben, sondern optiert für eine Weiterfassung des Ressourcenbegriffs zur Erklärung der Benachteiligung junger Türken. Hier werden nun neben der Bildungsausstattung der Individuen ebenfalls die Sprachkenntnisse von Migranten, deren Freundesnetzwerke sowie die soziale Herkunft herangezogen. Insbesondere mit den beiden letzten Faktoren stützt Kalter (2006: 147 ff.) seine These eines suboptima-

len Verhaltens von Migranten bei der Jobsuche. Dabei wird angenommen, dass
deutsche gegenüber ethnischen Freundesnetzwerken bessere Informationen über
den Arbeitsmarkt bereithalten und damit potenziell zu mehr Bewerbungsmög-
lichkeiten führen. Der Einbezug der sozialen Herkunft stellt vorrangig auf die
Unterstützung bei der Arbeitssuche durch das Elternhaus ab (Kalter 2006: 147).
Sprachkenntnisse – die Kalter (2006: 150) bei Migranten über deren subjektive
Selbsteinschätzung misst und bei Einheimischen per se als „sehr gut" definiert –
bilden eine zusätzliche Humankapitalressource. Eine solche Information ist
zweifelsohne sinnvoll. Jedoch bleibt Kalter eine Antwort auf die Frage schuldig,
inwieweit Sprachkenntnisse nicht eher in bildungsfernen Schichten unterdurchschnittlich sind. Ausländische Jugendliche, die hierzulande erfolgreich eine
Ausbildung absolvieren, sollten hingegen über ausreichende Sprachkenntnisse
verfügen. Denn schließlich haben sie den Übergang von der Schule in die Ausbildung gemeistert, der eine relativ hohe Hürde im Erwerbsverlauf darstellt und
gleichzeitig eine enorme Signalwirkung besitzt (Allmendinger 1989; Breen
2005).
    Die Mehrheit der Literatur zu ethnischen Ungleichheiten basiert auf einem
individualisierten Leistungs- und Produktivitätsbegriff. Soziale Ungleichheit
wird so lange als gerecht angesehen, wie sie individuelle Bildungs- und Leistungsunterschiede reflektiert. Dass Ungleichheit aber nicht ausschließlich ein
Produkt individueller Anstrengungen ist, wird in der Migrationsforschung zumeist übersehen, während diesbezüglich in anderen Feldern – z.B. in den *gender
studies* – bereits einschlägige Forschungsergebnisse vorliegen (z.B. Biebly und
Baron 1986; Acker 1990; Nelson und Bridges 1999; Ridgeway 2001; Achatz
2005).
    Ungleichheiten entstehen auch jenseits individueller Leistungsmerkmale. So
zeigen beispielsweise Fibbi et al. (2006), dass Bewerbungen in der Schweiz in
Abhängigkeit der Nationalität der Bewerber unter ansonsten gleichen Bedingungen unterschiedlich erfolgreich sind. Mithilfe von fiktiven Bewerbungen auf
reale Stellenangebote aus Zeitungsanzeigen konnten die Autoren zeigen, dass je
nach nationaler Herkunft mindestens zwischen 10 und 59 Prozent die ausländischen zugunsten von Schweizer Bewerbern diskriminiert wurden (ibid: 357).
Insbesondere Türken und Jugoslawen erwiesen sich bei dieser Untersuchung als
massiv diskriminiert. Ähnliche Ergebnisse konstatiert auch schon eine viel älte-
re Studie aus Deutschland (Goldberg et al. 1995). Diese leistungsunabhängigen
betrieblichen Ungleichbehandlungen von einheimischen und ausländischen
Bewerbern lassen sich auch nicht mit Netzwerk- oder Ressourcentheorien erklären, da es sich hierbei um vergleichbare fiktive Bewerbungen handelt. Allerdings verharren diese Studien in der Beobachtung der Ungleichbehandlung und

können keinen theoretischen Beitrag zum Nutzen oder der Notwendigkeit des dahinter stehenden betrieblichen Handelns leisten. Ebenso wenig erfährt man, wie solche Ungleichheiten (bewusst) hergestellt und legitimiert werden.

Um der Frage nach der Herstellung von Ungleichheit durch Betriebe auf den Grund zu gehen, bedarf es also eher Untersuchungen der Betriebsseite. Diese ist jedoch bis auf einige Ausnahmen in der Migrationsforschung kaum untersucht. Nennenswerte Beiträge hierzu stellen die Untersuchung von Moss und Tilly (1995; 2001) dar, in denen es u.a. darum geht, warum Farbige in den USA geringere Einstellungschancen haben als Weiße. Indem die Autoren Personalverantwortliche in Betrieben interviewen, kommen sie zu dem Befund, dass *soft skills* gegenüber *hard skills* eine zunehmende Bedeutung erlangt haben. So würden Charaktereigenschaften, Einstellungen und persönliches Auftreten zunehmend höher gewichtet als formales oder technisches Wissen (Moss und Tilly 2001: 44). Dabei sind *soft skills* in der Regel nicht messbar, sondern unterliegen stets einer jeweils subjektiven Beurteilung. Darüber hinaus wird zur Vermeidung von Konflikten in Arbeitsteams vermehrt darauf geachtet, dass die *Chemie stimmt*, womit Personalentscheidungen zu einem großen Stück mit dem *Bauch* getroffen werden (Voswinkel 2008). Die Beurteilung von Bewerbern ist unter solchen Voraussetzungen also alles andere als meritokratisch im Sinne einer Orientierung an formalen Bildungsabschlüssen. Da es bei der Beurteilung von Bewerbern in hohem Maße zu einer Vermischung von *hard* und *soft skills* kommt, hängen die Chancen der Bewerber sehr stark vom sozialen und betrieblichen Kontext ab. Einen eigenständigen Einfluss von harten Kompetenzen unabhängig von *soft skills* konnten Moss und Tilly (2001) nicht ausmachen. Die Bezugnahme der Beschäftiger und Personalverantwortlichen auf *soft skills* stellt dabei zumeist nur eine „rationale" Legitimation ihrer Einstellungsentscheidungen dar. Zugleich kann auf diesem Wege ein öffentliches und sanktionierbares Diskriminierungsverhalten vermieden werden (Moss und Tilly 1995). Solche Befunde mindern aber in hohem Maße die Aussagekraft von Theorien, die sich bei der Chancenbewertung vorrangig an der Ressourcenausstattung der Individuen orientieren. Schließlich könnte sich die gemessene Ressourcenausstattung auch als Scheinzusammenhang erweisen, in dem diese mit bestimmten betrieblichen Wahrnehmungen korreliert wäre. Auf diese Weise ließen sich die widersprüchlichen Befunde und Deutungsmuster der Bewerbungsexperimente und der ressourcenorientierten empirischen Forschung verbinden (vgl. hierzu Imdorf 2007).

Ein entsprechender alternativer Erklärungsansatz wurde bereits vor mehr als 10 Jahren von Tilly (1998) für die USA vorgelegt. Darin geht es um die Herstellung und Reproduktion von sozialer Ungleichheit durch Organisationen als Folge eines *organisatorischen Problemlösungsbedarfs*. Die Besetzung einer vakanten Stelle in einem Unternehmen wird auch als eine Situation mit einem solchen Problemlösungsbedarf angesehen, welcher darin besteht, dass die Bewerber mit möglichst wenig Aufwand und zumeist unter Zeitdruck zu bestimmten organisations*internen* Kategorien (Hierarchieebenen, Berufe) zugewiesen werden müssen. Besonders kostengünstig erfolge eine solche Zuweisung unter Zuhilfenahme *externer* Kategorien, bei denen es sich in der Regel um anerkannte Dichotomien handelt (z.B. Männer/Frauen, Ausländer/Einheimische, Christen/Muslime). Zugleich sichere eine solche Vorgehensweise die Stabilität innerhalb der Organisation (Tilly 1998: 75 ff.). Der Rückgriff auf externe Kategorien zur Sortierung der Stellenbewerber zu den entsprechenden internen Kategorien erfolgt dabei laut Tilly *bewusst* oder *unbewusst*. Der *bewusste* Rückgriff implementiert externe Kategorien direkt in die interne Organisationsstruktur (z.B. durch den Ausschluss von Ausländern von allen Beamtenpositionen). Ein *unbewusster* Rückgriff erfolgt, wenn beispielsweise die Personalrekrutierung mit Hilfe der Kontakte in der eigenen Belegschaft erfolgt. In solchen und anderen Fällen bedienen sich Entscheider so genannter *categorically segregated networks,* wodurch die Reproduktion von bestehenden Ungleichheiten forciert wird (ibid.: 105 ff.). Damit liefert Tilly einen Erklärungsbeitrag, wie es trotz gleicher Humankapitalausstattungen zu Ungleichbehandlungen von Personen kommt, die unterschiedlichen Kategorien zugeordnet werden.

Im deutschsprachigen Raum hat sich in Analogie zu Tillys Konzept der *(Re-)Produktion sozialer Ungleichheit durch einen organisatorischen Problemlösungsbedarf* die These der *Institutionellen Diskriminierung* entwickelt (Radtke 1996; Gomolla und Radtke 2002). Für die Schule als Kontext behauptet sie, dass die Benachteiligung ausländischer Schüler, die über eine leistungsgerechte Selektion hinausgeht, eine Folge schulischer Präferenzen und Sachzwänge darstellt und aus pädagogisch-organisatorischer Sicht notwendig ist (Lentz und Radtke 1994: 183). So setze die Schule, um ihren Auftrag der Wissensvermittlung zu erfüllen, auf „Normalschüler", denen sie eine Reihe von Erwartungen entgegenbringt – etwa, dass Deutsch als Schulsprache beherrscht wird oder dass es eine vorangegangene Bildungskarriere gibt, an die der aktuelle Unterricht inhaltlich und formal anknüpfen kann (Radtke 2004: 157). In der Wahrnehmung der Schulen könnten aber gerade Migrantenkinder diese Norm überdurchschnittlich häufig nicht erfüllen. Zudem werde in der Schule eine leistungsbezogene Homogenität der Lerngruppen bevorzugt. In der Folge würden über eine Reihe von Einzelentscheidungen „(…) schließlich diejenigen aussortiert, die von den Normalitätserwartungen abweichen und dadurch für die Schule die Komplexität der zu bewältigenden Aufgaben über das Normalmaß erhöhen würden" (ibid.: 157 ff.). Das mehrgliedrige deutsche Schulsystem mit seinen Sonderschulen macht die „Delegation von Problemen bzw. Problemkindern" besonders leicht möglich. „Migrantenkinder werden also nicht *direkt* diskriminiert, sondern das meritokratische Prinzip der leistungsbezogenen Gleichbehandlung von Ungleichen führt, gerade weil keine Unterschiede gemacht werden, zu ihrer *indirekten institutionellen* Diskriminierung, die sich – unter bestimmten demographischen, bildungspolitischen oder besonderen lokalen Umständen – regelmäßig als Aussonderung, Zuordnung zur Hauptschule oder Abgang ohne Schulabschluß zeigt" (ibid.: 158 ff., Hervorhebungen im Original).

Diskriminierung wird damit als organisatorische Ressource beschrieben, die der Alltagsbewältigung und insbesondere dem Bestandsinteresse der Organisation Schule dient (vgl. Gomolla und Radtke 2002). Sie ist damit zweckmäßig, sofern sie Flexibilität, Komplexitätsreduktion und Problemdelegation ermöglicht (Bommes und Radtke 1993: 491) und muss jedoch nach außen legitimierbar sein. Indem schulinterne Unterscheidungen (z.B. von leistungsstarken und -schwachen Schülern) mit allgemein anerkannten externen Kategorien (Deutsche und Migranten) in Einklang gebracht werden, reduzieren sich sodann die Kosten für die Aufrechterhaltung der internen Differenzierung: „(…) matching such an interior boundary with an exterior categorical pair such as white/black or citizen/foreigner imports already established understandings, practices, and relations that lower the cost of maintaining the boundary" (Tilly 1998: 76).

Das Konzept der institutionellen Diskriminierung bietet damit einen Diskriminierungsbegriff an, der weder vorsätzliche Diskriminierung beinhaltet, noch Diskriminierung auf eine statistische Restkategorie reduziert. „Sie stellt vielmehr den organisatorischen Normalfall dar, der unabhängig von politischen Diskriminierungskategorien auftritt. Bezugsrahmen jeder Diskriminierung ist die Organisation, die sich ihrer bei Bedarf im Sinne einer Problemlöseressource bedient. Diskriminierung bei der Mitgliedschaftsvergabe ist für die Organisation unverzichtbar, da bereits die Sachzwänge der Auswahlverfahren eine umfassende Kompetenzbeurteilung verunmöglichen" (Imdorf 2007: 141).

In seiner Studie zur Lehrlingsselektion in Schweizer Ausbildungsbetrieben – es wurden Ausbildungsverantwortliche in Lehrbetrieben mittels leitfadengestützter Experteninterviews zu ihrem Rekrutierungsverhalten befragt – kommt Imdorf (2008) zu dem empirischen Befund eines *betrieblichen Ausländerausschlusses* in Kleinbetrieben und gerät dabei aus ressourcentheoretischer Sicht in Erklärungsnot, da selbst bei vergleichbaren Schulabschlüssen Ausländer gerin-

gere Übergangschancen in die Ausbildung aufweisen als Einheimische (zu vergleichbaren Befunden kommen für die Schweiz: Hupka et al. 2006: 18; für
Deutschland: Seibert 2005: 111 ff.; Ulrich und Granato 2006: 42 ff.; für Norwe-
gen: Helland und Støren 2006: 347 ff.). Esser (2006: 461) versucht als Vertreter
eines humankapitalistischen Verständnisses des Übergangs Schule/Ausbildung
die widersprüchlichen Ergebnisse mit der Annahme zu plausibilisieren, dass
Produktivitätsgesichtspunkte bei der Lehrstellenvergabe im Vergleich zu regulären Arbeitsplätzen eine weniger starke Rolle spielten und dass demzufolge eine
Verletzung des meritokratischen Prinzips die ökonomischen Erträge des Ausbil-
dungsbetriebs nicht gefährde. Diese Prämisse ist jedoch kritisch zu betrachten,
da Ausbildungsbetriebe zum Teil mit sehr hohen Kosten in die Ausbildung
investieren und sich unter diesem Gesichtspunkt keine Fehlallokationen leisten
können. In anderen Berufssegmenten ist die Ausbildung hingegen investitions-
neutral oder in der Bilanz sogar positiv, da die Auszubildenden dort bereits
gewinnbringend im Produktionsprozess eingesetzt werden können, was häufig
im Handwerk geschieht (Büchel und Neubäumer 2001). In diesem Fall spielt die
erwartete Produktivität der Bewerber aber wieder eine wichtige Rolle.

Aus organisationstheoretischer Sicht hingegen lässt sich der Ausländerausschluss plausibel erklären (Imdorf 2007: 415 ff.). Imdorf (2008) überträgt dazu
die organisationstheoretische Annahme, dass Schulen interne Selektionslogiken
herausbilden, auf betriebliche Kontexte. Dabei gibt es vom Auswahlverfahren
bis hin zum Ausbildungsverhältnis eine ganze Reihe von institutionellen und
organisatorischen Sachzwängen sowohl der Ausbildungsbetriebe als auch der
Berufsschulen. Aus Sicht der Berufsschulen kommt es dabei vorrangig auf eine
*Unterrichtstauglichkeit* der Bewerber an, aus Sicht der Ausbildungsbetriebe auf
eine *Betriebstauglichkeit*: „Während in den Schulen insbesondere Unterrichts-
störungen durch die Schüler zu Ressourcenknappheit führen und deshalb vermieden werden müssen, sehen sich Betriebe bei Störungen des Produktionsab-
laufs durch Gewinneinbussen bedroht" (Imdorf 2008: 3 ff.).

Und in der Tat sieht die Mehrzahl der von Imdorf befragten Unternehmen
die Betriebs- und Berufsschultauglichkeit – Ausbildungsverantwortliche antizi-
pieren hier auch die Sicht der Berufsschulen – durch behauptete Sprachprobleme in Frage gestellt (Imdorf 2008: 8). Daneben gibt es aber auch andere Recht-
fertigungsweisen für den Ausländerausschluss, die sich nicht unmittelbar an individuellen Leistungsmerkmalen orientieren. So äußerten zahlreiche Betriebe
ein „betriebliches Interesse an Inländern", was in jedem Falle Ausländer aus-
schloss. Dies wurde häufig mit einer „betrieblichen Passung" begründet oder es
wurde die „schweizerische Tradition des (Familien-)Betriebs" als Rechtfertigung herangezogen (Imdorf 2008: 8). Daneben dienten insbesondere Argumente

wie *Teampassung, Vermeidung von fremdsprachlich homogenen Mitarbeitergruppen* sowie die *Vermeidung von antizipierten Konflikten zwischen ethnischen Gruppen* zur Legitimierung des Ausländerausschlusses. Als weitere betriebliche Selektionslogik wird der Versuch bezeichnet, über den Ausschluss bestimmter ethnischer Gruppen „unliebsame" Kundengruppen vom Unternehmen fernzuhalten (Imdorf 2008: 8 ff.). In einigen Fällen wirkte sich auch die Arbeitsort-Wohnort-Distanz für ausländische Bewerber negativ aus (Imdorf 2008: 9). „Die Personalverantwortlichen stützten ihre Argumente häufig emotional oder mit ‚schlechten Erfahrungen'. Letztere erwiesen sich oft nicht als die eigenen, und sie wurden ausschliesslich bei Ausländern, nicht aber bei Inländern generalisierend zur Stützung der Ausschlussargumente verwendet" (Imdorf 2007: 418).

Insgesamt sieht Imdorf (2007, 2008) in seinen Untersuchungsergebnissen eine ganze Reihe von Hinweisen auf das Vorherrschen von institutioneller Diskriminierung – vermittelt als betriebliche Selektionslogiken über die jeweils internen Sachzwänge. „Bemerkenswerterweise korrelieren die leistungsunabhängigen Produktivitätserwartungen der Betriebe mit den verbreiteten negativen Leistungszuschreibungen: ‚Ausländern' werden nicht nur sprachliche und schulische Defizite nachgesagt, sondern ebenso ein betriebliches Störpotential jenseits ihrer individuellen Leistungsfähigkeit. Da die behaupteten Defizite der ‚Ausländer' im Einklang mit dem meritokratischen Prinzip stehen und daher eine kostengünstige Legitimationsressource darstellen, sehen sich die Betriebe möglicherweise nicht genötigt, ihre leistungsunabhängigen betrieblichen Beweggründe für die Rechtfertigung des Ausschlusses zu verwenden. Betrieblich bedingte Selektionseffekte lassen sich so mit individuellen Differenzialen plausibel und meritokratisch externalisieren" (Imdorf 2007: 419).

Die bei Tilly (1998) beschriebenen Mechanismen der (Re-)Produktion von sozialer Ungleichheit lassen sich also für den Fall der Lehrlingsselektion in Schweizer Kleinbetrieben auch empirisch beobachten. Da die Schweizer Lehrlingsausbildung mit dem dualen Ausbildungssystem in Deutschland durchaus vergleichbar ist, kann man annehmen, dass die Ausbildungsplatzvergabe auch hierzulande betrieblichen Sachzwängen unterliegt und somit anfällig für institutionelle Diskriminierung ist. Auch in Deutschland kann dabei das Argument mangelnder Sprachkenntnisse und unterdurchschnittlicher Schulabschlüsse zur Legitimierung der Benachteiligung von Migrantenjugendlichen auf dem Ausbildungs- und Arbeitsmarkt genutzt werden. Schließlich handelt es sich dabei um allgemein anerkannte Zuschreibungen, denen man im öffentlichen Diskurs um die Integrationsfrage immer wieder begegnet.

Indem die organisationsbedingte Benachteiligung durch die Betriebe mit erwarteten Leistungsunterschieden zwischen verschiedenen Gruppen zusammenfällt, ist ein rein ressourcenorientierter Theorieansatz durchaus fehlbar. Zwar
versuchen solche Ansätze durch Konstanthaltung möglichst vieler individueller
Merkmale eine maximale Dekomposition des „Ausländereffekts" zu gewährleisten, stoßen dabei aber häufig auf datentechnische Grenzen. So hat beispielsweise Kalter (2006) bei seinem Erklärungsversuch der spezifischen Arbeitsmarktnachteile von türkischen Jugendlichen eine Reihe von individuellen Ressourcen
kontrolliert. Jedoch gelang es ihm aus Fallzahlgründen nicht, ein Modell zu
schätzen, das lediglich türkische Jugendliche *mit* abgeschlossener Ausbildung
unter Berücksichtigung der sonstigen Ressourcen (u.a. Sprachkenntnisse) hinsichtlich ihrer Arbeitsmarktchancen mit den deutschen Jugendlichen vergleicht.
Indem er modelltechnisch auf die Interaktion zwischen Ausbildungsabschlüssen
und Sprachkenntnissen verzichten muss, können sich hinter den präsentierten
Ergebnissen betriebliche Selektionslogiken verbergen, die einen leistungsunabhängigen Ausschluss bestimmter Gruppen forcieren.

Da die Mehrzahl der verfügbaren Daten jedoch individuenbezogen ist und
keine oder nur vage Angaben zu den betrieblichen Selektionslogiken enthält,
können die organisationstheoretischen Konzepte in aller Regel nicht empirisch
getestet werden. Aus „wissenschaftsergonomischer" Sicht ist es sicher zielführender, sich auf ein Theoriekonzept festzulegen, das auch empirisch durchzuhalten ist. Da von den Forschungsergebnissen aber auch immer Politikempfehlungen abzuleiten sind, fallen diese, je nachdem, ob man sich auf einen individualistischen Ansatz beschränkt oder auch organisationstheoretische Aspekte berücksichtigt, durchaus unterschiedlich aus. Während sich die Empfehlungen aus
ressourcentheoretischer Sicht nur auf größere Bildungsanstrengungen bzw. eine
Stärkung sozialer Netzwerkressourcen (z.B. durch Mentoringprogramme) richten können, dürften die Organisationstheoretiker auch so etwas wie eine Imagekampagne für ausländische Arbeitnehmer in Betracht ziehen. Weiterbildungsaktivitäten für Personal- und Ausbildungsverantwortliche im Hinblick auf die
zunehmende kulturelle Vielfalt oder die Installation von kostengünstigen Screening-Methoden in Betrieben (z.B. durch Praktika für Ausbildungssuchende)
könnten darüber hinaus zum Abbau von gängigen Vorurteilen und damit zu
mehr Chancengerechtigkeit führen.

Auch dieser Beitrag kann und will die organisationstheoretischen Überlegungen nicht empirisch prüfen. Vielmehr sollen aber diese Überlegungen in die
Hypothesenbildung und die Interpretation der Ergebnisse Eingang finden, um zu
einem umfassenderen Verständnis der Benachteiligungslagen bestimmter ethnischer Gruppen auf dem Arbeitsmarkt zu gelangen.

## 3 Hypothesen

Dieser Beitrag befasst sich – wie oben beschrieben – mit der Arbeitsmarktplatzierung von jungen Ausbildungsabsolventen unterschiedlicher ethnischer Herkunft. Dabei soll sich die Analyse ausschließlich auf Bildungsinländer beziehen – also diejenigen, die in Deutschland eine betriebliche oder schulische Berufsausbildung absolviert haben. Für diese Absolventen lassen sich folgende Hypothesen formulieren:

Hypothese 1: Ausbildungsabsolventen unterschiedlicher ethnischer Herkunft haben die *gleichen Arbeitsmarktchancen* wie deutsche Absolventen ohne Migrationshintergrund. Damit werden *keine ethnisch modifizierten Produktivitätserwartungen* seitens der Betriebe unterstellt. Bei Ausbildung*sabsolventen* handelt es sich um Personen, die bereits an der ersten Schwelle erfolgreich waren, über ausreichende Deutschkenntnisse zur Ausübung des Berufs und zum Bestehen der Berufsschule verfügen, während der Ausbildung mit berufsfachlichen und extrafunktionalen Qualifikationen ausgestattet wurden sowie über den Ausbildungsbetrieb und die Ausbildung an sich Zugang zu arbeitsmarktrelevanten Netzwerken gefunden haben. Damit sollten sich Absolventen verschiedener ethnischer Gruppen in ihren individuellen Leistungsmerkmalen relativ ähnlich sein. Da bis zum erfolgreichen Ausbildungsende bereits eine Reihe von Selektionshürden überwunden wurde, sollten unter den Absolventen im Prinzip keine benachteiligten Personen mehr zu finden sein. Daher ist die Annahme berechtigt, dass es in dieser Population keine ethnischen Unterschiede in den Arbeitsmarktchancen geben sollte.

Hypothese 2: Ausbildungsabsolventen mit Migrationshintergrund haben *ungleiche Arbeitsmarktchancen* gegenüber Absolventen ohne Migrationshintergrund. Damit wird ein *Migrationseffekt* unterstellt, der entweder aus der eigenen Migrationserfahrung oder vermittelt über die Einwanderung der Elterngeneration entsteht. Trotz formal gleicher Abschlüsse können *ungleiche Chancen aufgrund ethnisch modifizierter Produktivitätserwartungen* seitens der Betriebe entstehen. Diese ungleichen Erwartungen können einerseits, wie oben beschrieben, auf eine unterschiedliche Ausstattung mit produktivitätsrelevanten Ressourcen zurückzuführen sein. Andererseits kann sich dahinter aber eben auch eine Form institutioneller Diskriminierung – vermittelt über die jeweils eigenen betrieblichen Selektionslogiken – verbergen. Schließlich ist es auch möglich, dass nicht beobachtete Leistungsunterschiede für eine Ungleichbehandlung verantwortlich sind. Ein solcher *Migrationseffekt* ließe sich sodann aufteilen in einen *Rechtsstatus-* und einen *Zuschreibungseffekt*.

Hypothese 3a: Wenn sich ein Migrationseffekt ausmachen lässt – es also ungleiche Chancen zwischen Ausbildungsabsolventen mit und ohne Migrationshintergrund gibt – unterscheiden sich wiederum die Chancen der Absolventen mit Migrationshintergrund je nachdem, ob sie die deutsche Staatsangehörigkeit besitzen oder nicht (*Rechtsstatuseffekt*). Im Sinne einer Benachteiligung würde man empirisch einen negativen Effekt für ethnische Gruppen mit ausländischer Staatsangehörigkeit, aber keine signifikanten (oder nur geringere) Unterschiede zwischen ethnischen Gruppen mit deutscher Staatsangehörigkeit und Deutschen ohne Migrationshintergrund erwarten. Eine Benachteiligung von Ausländern gegenüber Deutschen *mit* Migrationshintergrund ließe sich über einen bürokratischen Mehraufwand bei der Beschäftigung von Ausländern erklären. Darüber hinaus herrscht möglicherweise eine größere „Unsicherheit" über den längerfristigen Verbleib ausländischer Arbeitnehmer in Deutschland (vgl. Seibert und Solga 2005: 368 ff.). Beide Annahmen lassen sich dabei organisationstheoretisch begründen: zum einen als Vermeidung eines kurzfristigen Organisationsproblems, zum anderen als Vermeidung betrieblicher Fehlinvestitionen. Daneben könnte eine solche Beobachtung aber auch in einem generell höheren Integrationsgrad der bereits Eingebürgerten gegenüber den (noch) Ausländern begründet liegen. Da sich die Untersuchung aber Ausbildungsabsolventen widmet, die noch dazu ihre Ausbildung in Deutschland absolviert haben, geht es um eine Gruppe, die aufgrund ihrer bisherigen Bildungsanstrengungen bereits als in hohem Maße integriert angesehen werden muss. Unabhängig vom tatsächlichen individuellen Integrationsmaß kann die deutsche Staatsangehörigkeit aber eine entscheidende Signalwirkung auf die Arbeitgeber ausüben im Sinne einer „gefühlten Integration". Die Anerkennung von Integrationsleistungen könnte aus betrieblicher Sicht eine Abschwächung der Zuschreibung von problembehafteten Merkmalen bewirken.

Hypothese 3b: Im Falle eines vorhandenen Migrationseffekts ist nicht die deutsche Staatsangehörigkeit für die Arbeitsmarktchancen der Absolventen mit Migrationshintergrund entscheidend, sondern ausschließlich die ethnische Herkunft *(ethnisch modifizierte Produktivitätserwartungen bzw. Zuschreibungseffekt)*. Empirisch sollten sich hier negative Effekte verschiedener ethnischer Gruppen gegenüber Deutschen ohne Migrationshintergrund zeigen. Effekte der jeweiligen ethnischen Gruppe mit und ohne deutsche Staatsangehörigkeit sind dabei jedoch in etwa gleich groß.

## 4 Daten und Variablen

Zur empirischen Prüfung der formulierten Hypothesen wird der *scientific use file* des Mikrozensus 2005 verwendet. Beim Mikrozensus handelt es sich um eine jährliche Befragung von einem Prozent aller Haushalte in Deutschland. Der Mikrozensus ist wegen seiner hohen Fallzahlen und aufgrund der Tatsache, dass die Personen, die in den für die Stichprobe gezogenen Haushalten leben, über das Mikrozensusgesetz zur Teilnahme an der Befragung verpflichtet sind, besonders repräsentativ (vgl. www.gesis.org).

Dieser Beitrag beschäftigt sich mit *jungen Ausbildungsabsolventen* (und zunächst auch Ausbildungslosen) unterschiedlicher ethnischer Gruppen. Daher werden in den Analysen nur die 26- bis 35-jährigen Befragten berücksichtigt. Die untere Altersgrenze von 26 Jahren wurde gewählt, um sicherzustellen, dass die (nichtakademische) Ausbildungsphase weitestgehend abgeschlossen ist. Personen mit einer akademischen Ausbildung werden aus den Analysen ausgeschlossen. Vielmehr werden nur Personen analysiert, die entweder keinen beruflichen Bildungsabschluss besitzen oder eine abgeschlossene Berufsausbildung. Im weiteren Untersuchungsverlauf beschränken sich die Analysen, wie oben bereits erwähnt, ausschließlich auf Ausbildungsabsolventen. Es werden in den Analysen nur Bildungsinländer betrachtet, um sicherzustellen, dass es sich bei den erworbenen (Aus-)Bildungsabschlüssen um Zertifikate handelt, die in Deutschland erworben wurden. Daher werden alle Personen ausgeschlossen, die mit 15 Jahren oder älter nach Deutschland eingereist sind.

Da es hier um die Arbeitsmarktchancen unterschiedlicher ethnischer Gruppen geht, werden nur Personen analysiert, die dem Arbeitsmarkt auch tatsächlich zur Verfügung stehen. Folglich werden Schüler, Studenten und Auszubildende sowie Wehr- und Zivildienstleistende nicht berücksichtigt. Ferner werden unter den nicht erwerbstätigen Personen nur diejenigen betrachtet, die angeben, eine Arbeit zu suchen. Ebenfalls in die Analysen eingeschlossen werden Nichterwerbstätige, die zwar keine Arbeit suchen, sich aber dennoch eine solche wünschen und auch innerhalb von 14 Tagen zur Arbeitsaufnahme bereit wären. Da die Anteile der Personen mit Migrationshintergrund in den ostdeutschen Bundesländern mit Ausnahme von Berlin für belastbare Analysen zu gering sind, beschränken sich die Auswertungen auf Westdeutschland und Berlin.

Arbeitsmarktchancen werden in diesem Beitrag über zwei Indikatoren gemessen. Einerseits geht es um die Erwerbsbeteiligung der verschiedenen Gruppen, gemessen über die *Erwerbstätigenquote* – also den Anteil der Erwerbstätigen an allen Personen, die dem Arbeitsmarkt tatsächlich zur Verfügung stehen. Sofern eine Erwerbstätigkeit vorliegt, geht es andererseits um die berufliche

Platzierung, gemessen über das Qualifikationsniveau der Berufe anhand der Berufsklassifikation von Blossfeld (1985). Diese unterscheidet anhand der ausgeübten Berufe insgesamt 12 Berufsgruppen: (1) Agrarberufe, (2) einfache manuelle Berufe, (3) qualifizierte manuelle Berufe, (4) Techniker, (5) Ingenieure, (6) einfache Dienste, (7) qualifizierte Dienste, (8) Semiprofessionen, (9) Professionen, (10) einfache kaufmännische und Verwaltungsberufe, (11) qualifizierte kaufmännische und Verwaltungsberufe, (12) Manager (Blossfeld 1985: 68). Für die Analysen werden die Agrarberufe ausgeschlossen und ansonsten jeweils die einfachen (2, 6, 10) und qualifizierten (3, 4, 5, 7, 8, 9, 11, 12) Berufsgruppen zusammengefasst, sodass zwischen *qualifizierten und einfachen Tätigkeiten* unterschieden werden kann.

Bei der Analyse der Chancenungleichheit zwischen verschiedenen ethnischen Gruppen werden sowohl der Migrationshintergrund der Personen (eigener Zuzug nach Deutschland oder Zuzug der Eltern) als auch die Staatsangehörigkeit berücksichtigt. Zunächst wird für alle Personen mit Migrationshintergrund die ethnische Gruppenzugehörigkeit bestimmt. Dies geschieht über die eigene nicht-deutsche Staatsangehörigkeit bzw. die der Eltern oder über die jeweilige Staatsangehörigkeit vor Einbürgerung, falls es sich um Deutsche mit Migrationshintergrund handelt. Sofern es sich bei den Eltern der Befragten um binationale Ehen/Partnerschaften handelt, wird (soweit in den Daten verfügbar) die Staatsangehörigkeit des Vaters zur Bestimmung der ethnischen Herkunft herangezogen. Aufgrund von Restriktionen in den Fallzahlen und der Anonymisierung der Mikrozensusdaten durch das Statistische Bundesamt werden die verschiedenen Ethnien in folgende Gruppen zusammengefasst: *Deutsche ohne Migrationshintergrund, (Spät-)Aussiedler, Türken, Personen aus den derzeitig 27 EU-Ländern, Personen aus dem übrigen Europa, Personen aus der restlichen Welt.* Für die Personen mit Migrationshintergrund wird mit Ausnahme der (Spät-)Aussiedler jeweils unterschieden, ob diese die deutsche Staatsangehörigkeit besitzen oder nicht.

Als zentrale Humankapitalressource neben dem Ausbildungsabschluss wird der Schulabschluss der Befragten berücksichtigt. Hier wird zwischen den Kategorien *kein Abschluss/Hauptschule, Realschule, (Fach-)Abitur* unterschieden. Als weitere Kontrollvariablen dienen das Geburtsjahr der Befragten, das Bundesland des Wohnorts sowie das Quartal, in dem die Befragung stattfand. Seit 2005 findet mit dem Mikrozensus eine so genannte unterjährige Befragung statt, d.h. die Befragung der ausgewählten Haushalte erstreckt sich über das gesamt Jahr. Bis einschließlich 2004 fanden die Befragungen jeweils Anfang April statt. Tabelle 1 gibt einen Überblick über die zentralen Variablen.

*Tab. 1:* Überblick über die zentralen Variablen

| Variable | Ausprägung | Ausbildungs-lose in % | Ausbildungs-absolventen in % | Fallzahl (100%) |
|---|---|---|---|---|
| Erwerbs-tätigkeit | nicht erwerbstätig | 38,4 | 61,6 | 3.138 |
| | Erwerbstätig | 14,4 | 85,6 | 23.372 |
| Qualifikati-onsniveau | Einfach | 26,6 | 73,4 | 6.484 |
| | Qualifiziert | 9,3 | 90,7 | 15.842 |
| | nicht erwerbstätig / nicht zuzuordnen | 32,5 | 67,5 | 4.184 |
| Ethnische Gruppe | Deutsche o. Migrationshintergrund | 14,5 | 85,5 | 22.872 |
| | (Spät-)Aussiedler | 17,8 | 82,2 | 511 |
| | Türken ohne dt. Staatsangehörigkeit | 55,7 | 44,3 | 757 |
| | Türken mit dt. Staatsangehörigkeit | 36,6 | 63,4 | 473 |
| | EU ohne dt. Staatsangehörigkeit | 32,8 | 67,2 | 643 |
| | EU mit dt. Staatsangehörigkeit | 20,6 | 79,4 | 349 |
| | restl. Europa ohne dt. Staatsang. | 27,1 | 72,9 | 343 |
| | restl. Europa mit dt. Staatsang. | 25,4 | 74,6 | 189 |
| | restl. Welt ohne dt. Staatsang. | 48,2 | 51,8 | 112 |
| | restl. Welt mit dt. Staatsang. | 33,3 | 66,7 | 261 |
| Schul-bildung | kein Abschluss oder Hauptschule | 28,9 | 71,1 | 9.710 |
| | Realschule | 8,7 | 91,3 | 11.170 |
| | (Fach-)Abitur | 13,8 | 86,2 | 5.630 |
| Geburts-jahr | 1969 | 15,5 | 84,5 | 1.459 |
| | 1970 | 17,1 | 82,9 | 3.377 |
| | 1971 | 15,4 | 84,6 | 3.101 |
| | 1972 | 15,9 | 84,1 | 2.827 |
| | 1973 | 18,8 | 81,2 | 2.460 |
| | 1974 | 17,1 | 82,9 | 2.402 |
| | 1975 | 16,7 | 83,3 | 2.389 |
| | 1976 | 17,8 | 82,2 | 2.455 |
| | 1977 | 17,9 | 82,1 | 2.289 |
| | 1978 | 18,5 | 81,5 | 2.383 |
| | 1979 | 19,7 | 80,3 | 1.368 |
| Quartal | 1 | 15,0 | 85,0 | 5.720 |
| | 2 | 17,2 | 82,8 | 6.493 |
| | 3 | 17,4 | 82,6 | 6.891 |
| | 4 | 18,8 | 81,2 | 7.406 |

*Fortsetzung von Tabelle1*

| Bundesland | Baden-Württemberg | 14,1 | 85,9 | 4.096 |
|---|---|---|---|---|
| | Bayern | 12,9 | 87,1 | 5.706 |
| | Berlin | 25,1 | 74,9 | 1.284 |
| | Bremen | 32,7 | 67,3 | 251 |
| | Hamburg | 24,5 | 75,5 | 734 |
| | Hessen | 18,5 | 81,5 | 2.259 |
| | Niedersachsen | 15,7 | 84,3 | 2.695 |
| | Nordrhein-Westfalen | 20,2 | 79,8 | 6.378 |
| | Rheinland-Pfalz | 15,4 | 84,6 | 1.536 |
| | Saarland | 24,3 | 75,7 | 350 |
| | Schleswig-Holstein | 16,9 | 83,1 | 1.221 |
| **Fallzahl** | | 4.560 | 21.950 | 26.510 |

Quelle: Mikrozensus 2005 – eigene Berechnungen

## Identifikation von Aussiedlern und Spätaussiedlern

(Spät-)Aussiedler werden nicht direkt nach ihrem Aussiedlerstatus befragt. Man kann diese Gruppe im Mikrozensus 2005 über verschiedene Merkmalskombinationen dennoch in hohem Umfang rekonstruieren. Hier wurden als (Spät-)Aussiedler all jene definiert, die bis 1999 selbst nach Deutschland eingewandert sind und ihre deutsche Staatsanghörigkeit innerhalb von drei Jahren nach Zuzug durch Einbürgerung (vorherige Staatsangehörigkeit: Polen, Rumänien oder ehem. Sowjetunion) erworben haben. Bis 1999 erhielten (Spät-)Aussiedler die deutsche Staatsangehörigkeit noch über ein Einbürgerungsverfahren. Seit 1. August 1999 erwerben Spätaussiedler nach § 7 Staatsangehörigkeitsgesetz (StAG) die deutsche Staatsangehörigkeit automatisch, sobald ihnen die Bescheinigung nach § 15 des Bundesvertriebenen- und Flüchtlingsgesetzes nach der Einreise in Deutschland ausgestellt wird. Deshalb werden für diese Auswertungen auch jene Personen als (Spät-)Aussiedler gezählt, die angeben, zugezogen zu sein, die deutsche Staatsangehörigkeit zu besitzen und diese nicht durch Einbürgerung erlangt zu haben, und zwar unabhängig von ihrem Zuzugsdatum, denn viele (Spät-)Aussiedler definieren sich mit Blick auf ihren Lebensverlauf trotz ausländischer Staatsangehörigkeit durchgängig als Deutsche. Da es sich bei den Einbürgerungsverfahren für Spätaussiedler bis 1999 um so genannte Anspruchseinbürgerungen handelt, ist die Deutung der Befragten, schon immer Deutsche/r gewesen zu sein, durchaus plausibel. Bei dieser Vorgehensweise werden nur Aussiedler in eigener Person und deren Ehepartner und Kinder erfasst, nicht aber weitere Familienangehörige. Es werden allerdings auch andere deutsche Einwanderer als (Spät-)Aussiedler definiert (z.B. Personen, die als deutsche Staatsangehörige im Ausland geboren sind und später nach Deutschland „einwandern"). Deutsche Einwanderer ohne Aussiedlereigenschaft machen aber gegenüber (Spät-)Aussiedlern nur einen geringen Anteil aus, so dass der dadurch entstehende Fehler zu vernachlässigen ist. Auf die gesamte Mikrozensuspopulation bezogen können, auf die Bevölkerung hochgerechnet, insgesamt 2,5 Millionen (Spät-)Aussiedler identifiziert werden. Laut Bundesverwaltungsamt (2006) sind zwischen 1950 und 2006 knapp 4,5 Millionen (Spät-)Aussiedler nach Deutschland eingewandert. Eine genaue Bestandszahl von in Deutschland lebenden (Spät-)Aussiedlern liegt leider nicht vor. Berücksichtigt man aber, dass es auch Rückwanderungen gibt und einige der Eingereisten bereits gestorben sind und dass hier nur (Spät-)Aussiedler in eigener Person und deren direkte Verwandte erfasst werden, erscheint die Zahl von hochgerechneten 2,5 Millionen (Spät-)Aussiedlern plausibel.

## 5 Ungleiche Chancen trotz gleicher Ausbildung

Im Folgenden werden die oben postulierten Hypothesen mithilfe der Mikrozensusdaten empirisch geprüft. Dabei soll es zunächst in einem deskriptiven Teil um die Arbeitsmarktchancen von jungen Erwachsenen verschiedener ethnischer Gruppen gehen – und zwar in Abhängigkeit davon, ob diese über einen Ausbildungsabschluss verfügen oder nicht. Damit soll einerseits analysiert werden, wie hoch die *relativen Chancenvorteile von Ausbildungsabsolventen gegenüber Ausbildungslosen* ausfallen und inwieweit sich verschiedene ethnische Gruppen hierin unterscheiden, ob also bestimmte Gruppen ihre Ausbildungsabschlüsse in höherem Maße verwerten können als andere. Andererseits geht es bei den Ausbildungs*absolventen* um die *Differenzen der verschiedenen ethnischen Gruppen gegenüber den Deutschen ohne Migrationshintergrund* (vgl. Seibert und Solga 2006: 413). Diese zweite Frage soll im Weiteren mit Hilfe einer multivariaten Regressionsanalyse angegangen werden, um verschiedene intervenierende Einflussgrößen konstant zu halten.

*Vorsprung durch Ausbildung*

Betrachtet man die Erwerbstätigenquote als einen Indikator für die Arbeitsmarktintegration, so stellt man fest, dass ein beruflicher Ausbildungsabschluss für alle ethnischen Gruppen erkennbar dazu beiträgt, diese Quote zu erhöhen. Abbildung 1 zeigt die Unterschiede in den Erwerbstätigenquoten der Ausbildungs*absolventen* und der Ausbildungs*losen* für die verschiedenen ethnischen

Gruppen. Die jeweilige Differenz stellt den Vorsprung in Prozentpunkten dar, den Personen mit abgeschlossener Ausbildung gegenüber solchen ohne erzielen. Zwar ist diese Differenz in allen Gruppen positiv, dennoch fallen die Werte zwischen den Gruppen in sehr unterschiedlicher Höhe aus. Sie rangieren von 2,5 Prozentpunkten bei den Personen mit deutscher Staatsangehörigkeit und ethnischer Herkunft aus den europäischen Nicht-EU- Ländern und 23,1 Prozentpunkten bei den Türken mit deutschem Pass. Zugleich fällt auf, dass Türken und Personen aus der EU *mit* deutscher Staatsangehörigkeit stärker von einem Abschluss profitieren als die gleichen ethnischen Gruppen *ohne* deutschen Pass. Offensichtlich wirkt sich die deutsche Staatsangehörigkeit fördernd auf die Verwertungschancen eines Ausbildungsabschlusses für Personen mit Migrationshintergrund aus. Hier scheint also ein Rechtsstatuseffekt wirksam zu sein.

*Abb. 1:* Erwerbschancen von 26- bis 35-jährigen Ausbildungsabsolventen und Ausbildungslosen nach ethnischer Gruppe (Männer und Frauen)

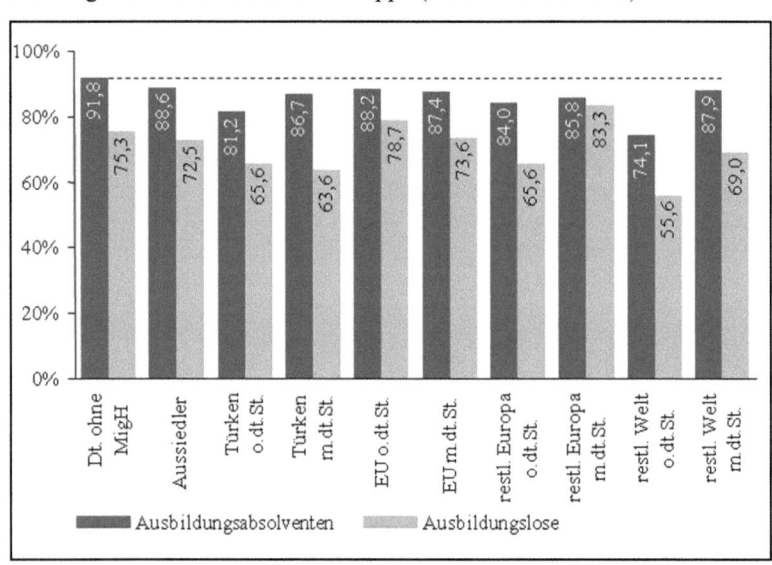

Abkürzungen:      Dt. ohne MigH = Deutsche ohne Migrationshintergrund
                  o.dt.St.= ohne deutsche Staatsangehörigkeit
                  m.dt.St. = mit deutscher Staatsangehörigkeit

Quelle: Mikrozensus 2005 – eigene Berechnungen

Darüber hinaus lässt sich in Abbildung 1 der Abstand der Ausbildungsabsolventen verschiedener ethnischer Gruppen gegenüber den deutschen Absolventen ohne Migrationshintergrund (gestrichelte Linie) ablesen. Hier zeigt sich, dass keine der ethnischen Gruppen den Wert der deutschen Vergleichsgruppe erreicht. Zum Teil liegen die jeweiligen Erwerbstätigenquoten nur geringfügig unter dem Referenzwert, wie bei den (Spät-)Aussiedlern mit 3,2 Prozentpunkten. Für andere Gruppen, wie z.B. die Türken ohne deutschen Pass (10,2 Prozentpunkte), sind die Abstände deutlich größer. Dies verweist bereits darauf, dass Personen mit und ohne Migrationshintergrund trotz hierzulande erworbener Ausbildung nicht die gleichen Arbeitsmarktchancen besitzen. Betrachtet man auch hier wieder die Staatsangehörigkeit, so fällt auf, dass ethnische Gruppen *mit* deutschem Pass gegenüber der Referenzgruppe weniger stark benachteiligt sind als solche *ohne* deutsche Staatsangehörigkeit.

*Abb. 2:* Anteile der 26- bis 35-jährigen Ausbildungsabsolventen und Ausbildungslosen in qualifizierten Tätigkeiten (Männer und Frauen)

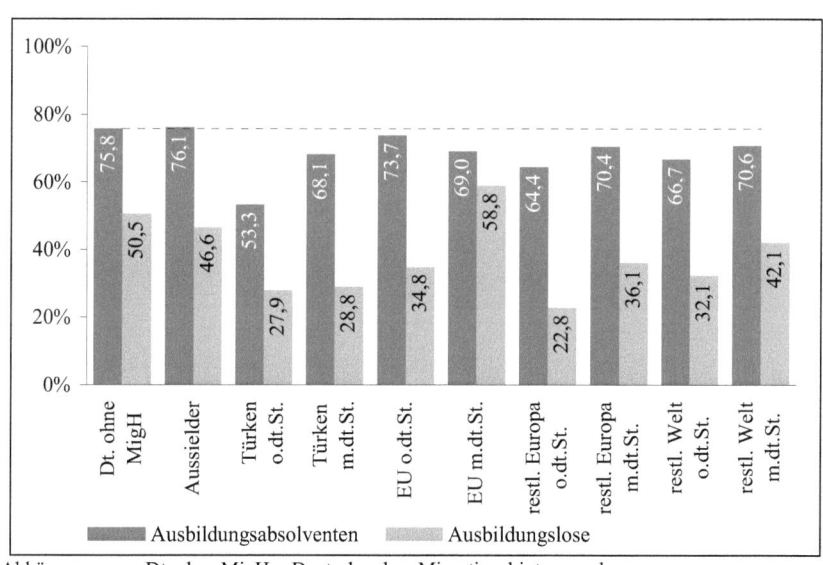

Abkürzungen:      Dt. ohne MigH = Deutsche ohne Migrationshintergrund
                  o.dt.St. = ohne deutsche Staatsangehörigkeit
                  m.dt.St. = mit deutscher Staatsangehörigkeit
Quelle: Mikrozensus 2005 – eigene Berechnungen

Auch was die erreichte berufliche Position der Erwerbstätigen angeht, zeigen sich deutliche Vorteile der Ausgebildeten gegenüber den Ausbildungslosen. Die Vorsprünge fallen hier sogar weitaus größer aus als bei der Erwerbstätigenquote. Abbildung 2 zeigt die Anteile der Personen in qualifizierten Tätigkeiten. Dabei fällt auf, dass die Vorsprünge zwischen den ethnischen Gruppen stark variieren. Ein zusätzlicher Vorsprung durch die deutsche Staatsangehörigkeit lässt sich hier lediglich für Türken ausmachen. So sind türkische Ausbildungsabsolventen ohne deutschen Pass zu 53,3 Prozent auf qualifizierten Berufspositionen tätig. Das sind 25,4 Prozentpunkte mehr als bei jungen Türken ohne Ausbildungsabschluss. Bei den Türken mit deutscher Staatsangehörigkeit beträgt die Differenz hingegen 39,3 Prozentpunkte (73,7 Prozent bei den Absolventen gegenüber 34,8 Prozent bei den Ausbildungslosen).

Betrachtet man die Abstände der Ausbildungs*absolventen* verschiedener ethnischer Gruppen zu den Deutschen *ohne* Migrationshintergrund, fällt auf, dass mit Ausnahme der (Spät-)Aussiedler (-0,3 Prozentpunkte) keine der Gruppen den Wert der deutschen Referenzgruppe (gestrichelte Linie) erreicht. Diese ethnischen Gruppen erzielen also trotz Ausbildungsabschluss zum Teil in deutlich geringerem Umfang qualifizierte Berufspositionen. Zugleich gilt aber, dass ethnische Minderheiten (außer Personen aus den EU-Ländern), wenn sie einen deutschen Pass besitzen, die Abstände zur deutschen Referenzgruppe deutlich verringern können.

Diese deskriptiven Ergebnisse verdeutlichen dreierlei. *Erstens* profitieren alle ethnischen Gruppen von einem beruflichen Ausbildungsabschluss, indem sie dadurch gegenüber Ausbildungslosen ihre Arbeitsmarktposition erkennbar verbessern können. *Zweitens* gelingt es ihnen aber trotz eines hierzulande erworbenen Ausbildungsabschlusses nicht, mit den Deutschen ohne Migrationshintergrund gleichzuziehen. Personen mit Migrationshintergrund weisen – zumindest in den hier zusammengefassten ethnischen Gruppen – fast durchweg sowohl geringere Erwerbstätigenquoten als auch geringere Anteile in qualifizierten Tätigkeiten auf. *Drittens* wirkt sich die deutsche Staatsangehörigkeit zum Teil förderlich auf die Arbeitsmarktchancen der Befragten aus.

*Arbeitsmarktchancen nach ethnischer Herkunft und ausländischer Nationalität*

Im Folgenden werden die Arbeitsmarktchancen der Ausbildungsabsolventen in einem multivariaten Analyseverfahren unter die Lupe genommen. Hierbei soll nun unter Kontrolle der Schulabschlüsse und weiterer Variablen getestet werden, inwieweit sich ethnische Herkunft und ausländische Staatsangehörigkeit nachteilig auf die Arbeitsmarktplatzierung von jungen Menschen mit Migrationshintergrund auswirken. Dazu wird mit Hilfe von binären logistischen Regressionen einerseits die Wahrscheinlichkeit bestimmt, erwerbstätig (vs. nicht erwerbstätig) zu sein. Andererseits geht es, wie zuvor schon in den deskriptiven Analysen, um die Wahrscheinlichkeit der Erwerbstätigen, einer qualifizierten (vs. einfachen) Tätigkeit nachzugehen. Zentrale Einflussgrößen in den Schätzmodellen stellen die individuelle Schulbildung sowie die Kombination aus ethnischer Herkunft und deutscher Staatsangehörigkeit dar. Daneben wird das Geburtsjahr der Befragten kontrolliert, was einen indirekten Indikator darstellt für die Dauer, die die Personen bereits auf dem Arbeitsmarkt aktiv sind. Darüber hinaus werden das Bundesland und das Befragungsquartal konstant gehalten, da sowohl regional als auch saisonal durchaus variierende Arbeitsmarktbedingungen vorliegen. Die Modelle werden aufgrund der vorherrschenden Geschlechterunterschiede in der Ausbildungs- und Erwerbsbeteiligung für Männer und Frauen getrennt geschätzt.

*Tab. 2:* Wahrscheinlichkeit 26- bis 35-jähriger Ausbildungsabsolventen, erwerbstätig zu sein (vs. nicht erwerbstätig, logistische Regression)

| | Männer Erwerbstätig vs. nicht erwerbstätig | Frauen Erwerbstätig vs. nicht erwerbstätig |
|---|---|---|
| **Schulbildung** | | |
| **Hauptschule/ ohne Abschluss (Referenz)** | 1 | 1 |
| **Realschule** | 1,387 *** | 2.308 *** |
| **Abitur** | 1,645 *** | 3.981 *** |
| **Ethnische Gruppe** | | |
| **Deutsche ohne Migrationshintergr. (Ref.)** | 1 | 1 |
| **(Spät-)Aussiedler** | 0,591 * | 0.950 n.s. |
| **Türken ohne deutsche Staatsangehörigkeit** | 0,437 *** | 0.464 ** |
| **Türken mit deutscher Staatsangehörigkeit** | 0,621 n.s. | 0.713 n.s. |
| **EU ohne deutsche Staatsangehörigkeit** | 0,758 n.s. | 0.594 * |
| **EU mit deutscher Staatsangehörigkeit** | 0,673 n.s. | 0.557 * |
| **restl. Europa ohne deutsche Staatsangeh.** | 0,457 ** | 0.553 * |
| **restl. Europa mit deutscher Staatsangeh.** | 0,499 * | 0.636 n.s. |
| **restl. Welt ohne deutsche Staatsangeh.** | 0,220 *** | 0.326 * |
| **restl. Welt mit deutscher Staatsangeh.** | 0,885 n.s. | 0.584 n.s. |
| **Chi$^2$** | 117,260 *** | 348.670 *** |
| **Pseudo-R$^2$ (McFadden)** | 0,018 | 0.052 |
| **N** | 11.281 | 10,669 |

o. dt. St. = ohne deutsche Staatsangehörigkeit
m. dt. St. = mit deutscher Staatsangehörigkeit
Des Weiteren kontrolliert für die Variablen *Geburtsjahr, Bundesland und Befragungsquartal*
Signifikanzen: *** p<=0,001; ** p<=0,01; * p<=0,05; n.s. = nicht signifikant

Quelle: Mikrozensus 2005 – eigene Berechnungen

Tabelle 2 zeigt die Wahrscheinlichkeit von Personen mit abgeschlossener Berufsausbildung, zum Befragungszeitpunkt erwerbstätig zu sein. Diese abhängige Variable ist binär kodiert und erhält den Wert 1, wenn eine Person erwerbstätig ist und den Wert 0, wenn sie nicht erwerbstätig ist. Als Effektkoeffizient werden die so genannten *odds ratios* angegeben – hier das Chancenverhältnis einer Person mit einem bestimmten Merkmal gegenüber einer Person aus der Referenzgruppe, erwerbstätig zu sein. Diese Werte können zwischen 0 und +∞ variieren, wobei Werte < 1 für einen negativen Effekt stehen, Werte > 1 für einen positiven Effekt.

So weisen Ausbildungsabsolventen mit Realschulabschluss oder Abitur eine signifikant höhere Erwerbswahrscheinlichkeit auf als solche, die höchstens über einen Hauptschulabschluss verfügen (Referenzgruppe). Dies gilt für Männer und Frauen gleichermaßen, wobei dieser Schulbildungseffekt für Frauen deutlich stärker ausfällt. Betrachtet man die ethnischen Gruppen, so fällt auf, dass gegenüber den Deutschen ohne Migrationshintergrund alle anderen Gruppen *odds ratios* < 1 aufweisen, also eine geringere Erwerbswahrscheinlichkeit als die Referenzgruppe besitzen. Allerdings erweisen sich diese Effekte bei den Männern nur für (Spät-)Aussiedler, Türken ohne deutschen Pass, alle Befragten aus den europäischen Nicht-EU-Ländern sowie die Personen aus der restlichen Welt mit deutschem Pass als signifikant. Bei den Frauen sind dies ebenfalls die Türkinnen ohne deutsche Staatsangehörigkeit, aber auch alle Frauen aus der EU und die nicht-deutschen Frauen aus den restlichen europäischen Ländern sowie der restlichen Welt.

Betrachtet man die ethnischen Gruppen in Abhängigkeit von ihrer Nationalität, so fällt auf, dass bis auf die Befragten aus den EU-Ländern die Effekte für die Gruppen *mit* deutscher Staatsangehörigkeit entweder nicht signifikant sind oder gegenüber der gleichen Herkunftsgruppe *ohne* deutschen Pass an Signifikanz verlieren. Bezieht man sich nur auf die Deutschen *mit* Migrationshintergrund und vergleicht sie mit den Deutschen ohne Migrationshintergrund, so weisen bei den Männern lediglich (Spät-)Aussiedler sowie Befragte aus den europäischen Nicht-EU-Ländern signifikante Effekte auf, bei den Frauen lediglich solche aus den EU-Ländern. Die deutsche Staatsangehörigkeit scheint sich also durchaus positiv auf die Erwerbschancen der Untersuchten auszuwirken. Für Frauen (außer aus EU-Ländern) scheint sich damit in Bezug auf die Erwerbschancen die Annahme (siehe Hypothese 3a) zu behaupten, die hinsichtlich der Benachteiligung von Personen mit einem Migrationshintergrund von einem *Rechtsstatuseffekt*, vermittelt über die nicht-deutsche Staatsangehörigkeit und damit verbundenen bürokratischen Hürden für die Arbeitgeber, ausgeht. Für Frauen aus EU-Ländern gilt: die ethnische Herkunft wirkt sich unmodifiziert durch die deutsche Staatsangehörigkeit negativ auf die Erwerbschancen aus (vgl. Hypothese 3b). Bei den Männern sind es die (Spät-)Aussiedler und die Befragten aus den Nicht-EU-Ländern, für die ebenfalls die Annahme von ethnischen Zuschreibungseffekten zu gelten scheint. Für Männer aus den EU-Staaten, die sich nicht signifikant von den Deutschen ohne Migrationshintergrund unterscheiden, muss Hypothese 1 angenommen werden. Allerdings ist diese Gruppe sehr heterogen, da sie sich aus Personen aus den reichen Industrienationen Nordwesteuropas, den ehemaligen Anwerbeländern sowie den erst jüngst der EU beigetretenen Ländern Osteuropas zusammensetzt. Die beiden letzteren haben im Sinne des Arbeitgeberkalküls der Problemvermeidung bei der Personalselektion sicher mit weniger Ressentiments zu tun als erstere. Daher können sich gegenläufige Effekte innerhalb dieser Gruppe aufheben. Für Türken und Befragte aus der restlichen Welt erweist sich schließlich Hypothese 3a als haltbar. Dasselbe gilt für Frauen.

Im nächsten Schritt wird die berufliche Positionierung der Befragten untersucht, sofern diese zum Befragungszeitpunkt erwerbstätig waren. Hier wird ein Modell geschätzt, welches analog zur vorangegangenen Schätzung der Erwerbswahrscheinlichkeit (vgl. Tabelle 2) aufgebaut ist. Tabelle 3 zeigt die Wahrscheinlichkeit der erwerbstätigen Ausbildungsabsolventen, eine qualifizierte Tätigkeit auszuüben und damit ausbildungsadäquat tätig zu sein. Auch diese Variable ist 0/1-codiert. Der Wert 1 steht für das Ausüben einer qualifizierten Tätigkeit, der Wert 0 für eine einfache. Wiederum zeigt sich, dass es zunächst einen starken Schulbildungseffekt gibt, da Realschüler und Abiturienten eine deutlich höhere Wahrscheinlichkeit als die Referenzgruppe besitzen, qualifiziert tätig zu sein. Für die Frauen fällt dieser Effekt, wie schon bei den Erwerbschancen, deutlich stärker aus als bei den Männern. Darüber hinaus lassen sich jedoch bei Frauen nicht-deutscher Herkunft keine signifikanten Unterschiede zu den Deutschen ohne Migrationshintergrund ausmachen. Sofern diese Ausbildungsabsolventinnen also erwerbstätig sind, müssen sie gegenüber der Referenzgruppe ohne Migrationshintergrund offensichtlich keine signifikanten Benachteiligungen hinnehmen. Nicht so bei den Männern. Während (Spät-)Aussiedler hier keine signifikanten Effekte aufweisen, sind insbesondere Türken mit einer geringeren Wahrscheinlichkeit qualifiziert tätig – und zwar sowohl mit als auch ohne deutsche Staatsangehörigkeit. Dabei fällt der negative Effekt für die Türken *mit* deutschem Pass gegenüber Türken *ohne* deutsche Staatsangehörigkeit geringer aus und ist weniger signifikant.

*Tab. 3:* Wahrscheinlichkeit 26- bis 35-jähriger Ausbildungsabsolventen, eine qualifizierte Tätigkeit auszuüben (vs. einfache Tätigkeit, logistische Regression)

| | Männer<br>qualifizierte vs.<br>einfache Tätigkeit | Frauen<br>qualifizierte vs.<br>einfache Tätigkeit |
|---|---|---|
| **Schulbildung** | | |
| **Hauptschule/ ohne Abschluss (Referenz)** | 1 | 1 |
| **Realschule** | 2,244 *** | 3,778 *** |
| **Abitur** | 5,493 *** | 7,083 *** |
| **Ethnische Gruppe** | | |
| **Deutsche ohne Migrationshintergr. (Ref.)** | 1 | 1 |
| **(Spät-)Aussiedler** | 0,865 n.s. | 1,380 n.s. |
| **Türken ohne deutsche Staatsangehörigkeit** | 0,450 *** | 0,675 n.s. |
| **Türken mit deutscher Staatsangehörigkeit** | 0,631 * | 1,211 n.s. |
| **EU ohne deutsche Staatsangehörigkeit** | 0,801 n.s. | 1,258 n.s. |
| **EU m.dt.St.** | 0,635 * | 0,789 n.s. |
| **restl. Europa ohne deutsche Staatsangeh.** | 0,592 * | 0,652 n.s |
| **restl. Europa mit deutscher Staatsangeh.** | 0,666 n.s. | 0,961 n.s. |
| **restl. Welt ohne deutsche Staatsangeh.** | 0,957 n.s. | 0,552 n.s. |
| **restl. Welt mit deutscher Staatsangeh.** | 0,557 * | 1,410 n.s. |
| **Chi²** | 787,990 *** | 827,090 *** |
| **Pseudo-R² (McFadden)** | 0,066 | 0,088 |
| **N** | 10.214 | 8.913 |

o.dt.St. = ohne deutsche Staatsangehörigkeit
m.dt.St. = mit deutscher Staatsangehörigkeit

Des Weiteren kontrolliert für die Variablen *Geburtsjahr, Bundesland und Befragungsquartal*
Signifikanzen: *** $p<=0,001$; ** $p<=0,01$; * $p<=0,05$; n.s. = nicht signifikant

Quelle: Mikrozensus 2005 – eigene Berechnungen

Nicht-EU-Bürger ohne deutsche Nationalität weisen einen negativen Effekt auf das Tätigkeitsniveau aus, während sich diejenigen mit deutschem Pass nicht signifikant von den Deutschen ohne Migrationshintergrund unterscheiden. Für die Befragten aus den EU-Staaten und der restlichen Welt sind hingegen jeweils nur für diejenigen mit deutschem Pass negative Effekte zu verzeichnen, nicht aber für diejenigen mit ausländischem.

Damit kann für Frauen hinsichtlich der Wahrscheinlichkeit, qualifiziert tätig zu sein, Hypothese 1 angenommen werden, dass demzufolge keine Unterschiede zwischen Personen mit und ohne Migrationshintergrund zu finden sind. Gleiches gilt für männliche (Spät-)Aussiedler. Ansonsten gilt bei den türkischen Männern zunächst ein *ethnischer Zuschreibungseffekt* (Hypothese 3b). Dieser wird zwar durch die deutsche Staatsangehörigkeit abgefedert (Hypothese 3a), lässt sich aber nicht auflösen. Bei den Männern aus den Nicht-EU-Ländern gibt es hingegen eine deutliche Bestätigung der Hypothese 3a, da hier lediglich nicht-deutsche Staatsangehörige Nachteile hinnehmen müssen. Nicht eindeutig zu interpretieren sind aber schließlich die Befunde für Männer aus den EU-Ländern und der restlichen Welt, wonach unter diesen nur die deutschen Staatsangehörigen, nicht aber die ausländischen benachteiligt sind. Da die Befragten aus den EU-Ländern aber hinsichtlich sozioökonomischer Merkmale äußerst heterogen sind ist es denkbar, dass sich Deutsche und Ausländer innerhalb dieser Gruppe sehr unterschiedlich nach ethnischer Herkunft zusammensetzen und damit diese unerwarteten Effekte produzieren. Leider ist aufgrund der Datenrestriktionen, insbesondere wegen der Anonymisierung der Daten, keine tiefergehende Rekonstruktion dieser Befunde möglich.

Betrachtet man die multivariaten Analysen, so sind bezogen auf beide der gewählten Erfolgsindikatoren – Erwerbschancen und Tätigkeitsniveau – ungleiche Arbeitsmarktchancen für Ausbildungsabsolventen unterschiedlicher ethnischer Herkunft auszumachen. Alle der beobachteten Ungleichheiten fallen dabei zu Ungunsten der Personen mit Migrationshintergrund aus. In vielen Fällen wirkt sich aber die deutsche Staatsangehörigkeit „heilend" oder zumindest „lindernd" auf Benachteiligungslagen aus, indem die negativen Effekte entweder ganz aufgelöst oder zumindest abgeschwächt werden. Eine einheitliche Antwort bezüglich der eingangs formulierten Hypothesen lässt sich aber nicht geben, sondern es muss differenziert werden. Der Umstand, dass sich die deutsche Staatsangehörigkeit in vielen Fällen positiv auf die Erwerbschancen auswirkt, macht in der integrationspolitischen Debatte Mut, spricht der Befund doch dafür, dass Arbeitgeber in diesen Fällen nicht generell die Produktivitätserwartungen für die gesamte ethnische Gruppe modifizieren. Eher scheinen hier bürokratische Hürden die berufliche Integration von nichtdeutschen Absolventen zu erschweren. Diese ließen sich aus politischer Sicht aber leichter verändern als tief sitzende Ressentiments gegenüber bestimmten ethnischen Gruppen, die in der Konsequenz zu negativen Zuschreibungseffekten führen.

Dennoch sind es nicht ausschließlich bürokratische Hürden, die für Personen mit Migrationshintergrund zu Benachteiligungen führen. Dies zeigt sich eindrücklich im Falle der männlichen türkischen Absolventen. Geht es um die Erwerbsbeteiligung an sich, konnten nur für die Türken *ohne* deutschen Pass signifikante Nachteile ausgemacht werden, nicht aber für jene *mit*. Wenn es aber um das Qualifikationsniveau der Tätigkeit geht, unterscheiden sich sowohl die türkischen Männer *mit* als auch *ohne* deutsche Staatsangehörigkeit signifikant von den Deutschen ohne Migrationshintergrund. Sicher herrscht um die qualifizierten Berufspositionen mehr Konkurrenz als um die einfachen, da mit ersteren auch höhere Löhne und mehr Prestige einhergehen. Aus Sicht der Arbeitgeber müssen die qualifizierten Positionen zugleich mit mehr Sorgfalt besetzt werden, da hier Fehlallokationen höhere Kosten verursachen als in einfachen Positionen. Beim Vorliegen von ethnisch modifizierten Produktivitätserwartungen seitens der Arbeitgeber ist deren Risikobereitschaft höher, wenn sie Personen mit Migrationshintergrund für qualifizierte Tätigkeiten einstellen. Da Betriebe zumindest in Personalfragen eher risikoavers handeln und versuchen, Problemen für das Unternehmen aus dem Weg zu gehen, stellt die Bevorzugung von Einheimischen gegenüber Personen mit Migrationshintergrund eine betriebliche Absicherungsstrategie dar, die die Benachteiligung von ethnischen Gruppen (re-)produziert – wie dies im Falle der türkischen Männer zu beobachten ist.

## 6   Fazit

Was bedeuten diese Ergebnisse vor dem Hintergrund der eingangs dargelegten Theoriestränge? Die Befunde lassen sich sowohl aus ressourcen- als auch organisationstheoretischer Sicht deuten. Für eine empirische Prüfung der Organisationstheorie fehlt allerdings hier die Datenbasis, da es im Mikrozensus keine Informationen zum Rekrutierungsverhalten der Betriebe gibt. Daher ließen sich hier allenfalls die ressourcentheoretischen Argumente empirisch untermauern. Diese allein vermögen jedoch nicht, die ungleichen Arbeitsmarktchancen von Ausbildungsabsolventen unterschiedlicher Herkunft zu erklären. Zwar können neben den Schul- und Ausbildungsabschlüssen sowie der potenziellen Arbeitsmarkterfahrung keine weiteren individuellen Kapitalien (z.B. Sprachkenntnisse, Netzwerke, soziale Herkunft) kontrolliert werden, es ist aber anzunehmen, dass solche Merkmale in der bereits mehrfach positiv selektierten Untersuchungspopulation der Ausbildungsabsolventen ohnehin nur gering variieren dürften. Damit wäre eine Aufklärung der beobachteten Ungleichheit über solcherlei unbeobachtete Variablen nicht zu erwarten. Aus organisationstheoretischer Sicht lassen sich die trotz gleicher Voraussetzungen bestehenden Unterschiede aber – wenn auch zunächst ohne empirischen Beleg – zumindest plausibel erklären. So spricht z.B. die Benachteiligung türkischer Männer beim Zugang zu ausbildungsadäquaten Tätigkeiten für das Vorherrschen von institutioneller Diskriminierung aufgrund von betrieblichen Selektionslogiken bei der Personalrekrutierung: Um Probleme zu vermeiden, werden bestimmte Personen mit Migrationshintergrund durch die Personalverantwortlichen ausgeschlossen. Diesem Ausschluss geht ein Prozess der ethnischen Modifizierung der Produktivitätserwartungen an Ausbildungsabsolventen voraus. Die Modifizierung – in der Regel zum Nachteil der Betroffenen – erfolgt dabei häufig aus einem „Bauchgefühl" heraus und basiert auf gängigen Stereotypen. Zugleich kann der Ausschluss aber meritokratisch legitimiert werden, etwa über (vermeintlich) geringere Sprachkenntnisse – unabhängig davon ob *sehr gutes* Deutsch für die zu besetzende Stelle tatsächlich erforderlich ist und auch unabhängig davon, ob die schließlich bevorzugte einheimische Bewerberkonkurrenz *sehr gut* deutsch spricht.

Zwar stellt *institutionelle Diskriminierung* in der deutschen Schulforschung und auch in der Geschlechterforschung bereits ein gängiges Theoriekonzept dar, in der Arbeitsmarktforschung konnte es sich im Zusammenhang mit der Integration von Einwanderern jedoch noch nicht behaupten. Dabei vermag ein organisationstheoretischer Ansatz die Lücke, die die Ressourcentheorie offen lässt, theoretisch und zum Teil bereits auch empirisch (Imdorf 2008) zu schließen. Die (empirische) Forschung sollte sich daher auf diesem Gebiet in Zukunft stärker engagieren.

# Literatur

Achatz, Juliane, 2005: Geschlechtersegregation im Arbeitsmarkt. S. 263-301 in: Martin Abraham und Thomas Hinz (Hrsg.), Arbeitsmarktsoziologie: Probleme, Theorien, empirische Befunde. Wiesbaden: VS Verlag für Sozialwissenschaften.

Acker, Joan, 1990: Hierarchies, Jobs, Bodies. A Theory of Gendered Organizations. Gender & Society 4: 139-158.

Allmendinger, Jutta, 1989: Educational Systems and Labor Market Outcomes. European Sociological Review 5: 231-250.

Becker, Birgit und David Reimer (Hrsg.), 2009: Vom Kindergarten bis zur Hochschule. Die Generierung von ethnischen und sozialen Disparitäten in der Bildungsbiographie. Wiesbaden: VS Verlag für Sozialwissenschaften.

Beer, Dagmar, 1996: Aspekte beruflicher und sozialer Förderung von ausländischen Jugendlichen. S. 11-30 in: Ralph Kersten, Doron Kiesel und Sener Sargut (Hrsg.), Ausbilden statt Ausgrenzen. Jugendliche ausländischer Herkunft in Schule, Ausbildung und Beruf. Frankfurt am Main: Haag und Herchen (Arnoldshainer Texte).

Bielby, William T. und James N. Baron, 1986: Men and Women at Work: Sex Segregation and Statistical Discrimination. American Journal of Sociology 91: 759-799.

Blossfeld, Hans-Peter, 1985: Bildungsexpansion und Berufschancen. Frankfurt am Main: Campus.

Bommes, Michael und Frank-Olaf Radtke, 1993: Institutionalisierte Diskriminierung von Migrantenkindern. Die Herstellung ethnischer Differenz in der Schule. Zeitschrift für Pädagogik 39: 483-497.

Breen, Richard, 2005: Explaining Cross-national Variation in Youth Unemployment: Market and Institutional Factors. European Sociological Review 21: 125-134.

Büchel, Felix und Renate Neubäumer, 2001: Ausbildungsinadäquate Beschäftigung als Folge branchenspezifischer Ausbildungsstrategien. Mitteilungen aus der Arbeitsmarkt- und Berufsforschung 34: 269-285.

Bundesverwaltungsamt, 2006: Spätaussiedler und deren Angehörige. Verteilverfahren. Jahresstatistik 2006. Alter, Berufe, Religion. Köln: Bundesverwaltungsamt.

Esser, Hartmut, 2001: Integration und ethnische Schichtung. Arbeitspapiere – Mannheimer Zentrum für Europäische Sozialforschung Nr. 40:

Esser, Hartmut, 2006: Sprache und Integration. Die sozialen Bedingungen und Folgen des Spracherwerbs von Migranten. Frankfurt am Main: Campus.

Fibbi, Rosita, Mathias Lerch und Philippe Wanner, 2006: Unemployment and Discrimination against Youth of Immigrant Origin in Switzerland: When the Name Makes the Difference. Journal of International Migration and Integration 7: 351–366.

Goldberg, Andreas, Dora Mourinho und Ursula Kulke, 1995: Arbeitsmarkt-Diskriminierung gegenüber ausländischen Arbeitnehmern in Deutschland. International Migration Papers 7: Geneva: International Labour Office.

Gomolla, Mechtild und Frank-Olaf Radtke, 2002: Institutionelle Diskriminierung. Die Herstellung ethnischer Differenz in der Schule. Opladen: Leske + Budrich.

Granato, Mona, 1996: Berufsausbildung Jugendlicher ausländischer Herkunft im europäischen Kontext. S. 45-69 in: Ralph Kersten, Doron Kiesel und Sener Sargut (Hrsg.), Ausbilden statt Ausgrenzen. Jugendliche ausländischer Herkunft in Schule, Ausbildung und Beruf. Frankfurt am Main: Haag und Herchen (Arnoldshainer Texte).

Helland, Håvard und Liv Anne Støren, 2006: Vocational Education and the Allocation of Apprenticeships: Equal Chances for Applicants Regardless of Immigrant Background? European Sociological Review 22: 339-351.

Hupka, Sandra, Stefan Sacchi und Barbara E. Stalder, 2006: Herkunft und Leistung? Analyse des Eintritts in eine zertifizierte nachobligatorische Ausbildung anhand der Daten des Jugendlängsschnitts Tree. Arbeitspapier. Bern:

Imdorf, Christian, 2007: Individuelle oder organisationale Ressourcen als Determinanten des Bildungserfolgs? Organisatorischer Problemlösungsbedarf als Motor sozialer Ungleichheit. Schweizerische Zeitschrift für Soziologie 33: 407-423.

Imdorf, Christian, 2008: Der Ausschluss „ausländischer" Jugendlicher bei der Lehrlingsauswahl – ein Fall von institutioneller Diskriminierung? S. in: Karl Siegbert Rehberg (Hrsg.), Die Natur der Gesellschaft. Verhandlungsband des 33. Kongresses der Deutschen Gesellschaft für Soziologie, CD-ROM. Frankfurt am Main: Campus.

Imdorf, Christian, 2010: Wie Ausbildungsbetriebe soziale Ungleichheit reproduzieren: Der Ausschluss von Migrantenjugendlichen bei der Lehrlingsselektion. S. 263-278 in: Heinz-Hermann Krüger, Ursula Rabe-Kleberg, Rolf-Torsten Kramer und Jürgen Budde (Hrsg.), Bildungsungleichheit revisited. Bildung und soziale Ungleichheit vom Kindergarten bis zur Hochschule. Wiesbaden: VS Verlag für Sozialwissenschaften.

Kalter, Frank, 2006: Auf der Suche nach einer Erklärung für die spezifischen Arbeitsmarktnachteile Jugendlicher türkischer Herkunft. Zugleich eine Replik auf den Beitrag von Holger Seibert und Heike Solga: „Gleiche Chancen dank einer abgeschlossenen Ausbildung?" (ZfS 5/2005). Zeitschrift für Soziologie 35: 144-160.

Kalter, Frank, 2007: Ethnische Kapitalien und der Arbeitsmarkterfolg Jugendlicher türkischer Herkunft. Soziale Welt Sonderband 17: 393–417.

Kalter, Frank und Nadia Granato, 2002: Demographic Change, Educational Expansion, and Structural Assimilation of Immigrants: The Case of Germany. European Sociological Review 18: 199-216.

Kogan, Irena, 2004: Last Hired, First Fired? The Unemployment Dynamics of Male Immigrants in Germany. European Sociological Review 20: 445-461.

Kogan, Irena, 2007: A study of immigrants' employment careers in West Germany using the sequence analysis technique. Social Science Research 36: 491-511.

Lentz, Astrid und Frank-Olaf Radtke, 1994: Bildungsghettos – Institutionalisierte Diskriminierung von Migrantenkindern in der Grundschule. Unterrichtswissenschaft 22: 182-191.

Moss, Philip und Chris Tilly, 1995: Skills and Race in Hiring: Quantitative Findings from Face-to-Face Interviews. Eastern Economic Journal 21: 357-374.

Moss, Philip und Charles Tilly, 2001: Stories Employers Tell: Race, Skill and Hiring in America. New York: Russell Sage Foundation.

Münz, Rainer (Hrsg.), Wolfgang Seifert und Ralf Ulrich, 1997: Zuwanderung nach Deutschland. Strukturen, Wirkungen, Perspektiven. Frankfurt am Main: Campus.

Nelson, Robert L. und William P. Bridges, 1999: Legalizing Gender Inequality. Courts, Markets, and Unequal Pay for Women in America. Cambridge: Cambridge University Press.

Radtke, Frank-Olaf, 1996: Mechanismen ethnischer Diskriminierung in der Grundschule. S. 120-132 in: Ralph Kersten, Doron Kiesel und Sener Sargut (Hrsg.), Ausbilden statt Ausgrenzen. Jugendliche ausländischer Herkunft in Schule, Ausbildung und Beruf. Frankfurt am Main: Haag und Herchen.

Radtke, Frank-Olaf, 2004: Die Illusion der meritokratischen Schule. Lokale Konstellationen der Produktion von Ungleichheit im Erziehungssystem. S. 143-178 in: Klaus J. Bade und Michael Bommes (Hrsg.), Migration – Integration – Bildung. IMIS-Beiträge 23. Universität Osnabrück: Institut für Migrationsforschung und Interkulturelle Studien (IMIS).

Ridgeway, Cecilia L., 2001: Interaktion und die Hartnäckigkeit der Geschlechter-Ungleichheit in der Arbeitswelt. S. 250-275 in: (Hrsg.), Geschlechtersoziologie. Sonderheft 41 der Kölner Zeitschrift für Soziologie und Sozialpsychologie. Opladen: Westdeutscher Verlag.

Seibert, Holger, 2005: Integration durch Ausbildung? Berufliche Platzierung ausländischer Ausbildungsabsolventen der Geburtsjahrgänge 1960 bis 1971. Berlin: Logos.

Seibert, Holger, Sandra Hupka-Brunner und Christian Imdorf, 2009: Wie Ausbildungssysteme Chancen verteilen. Berufsbildungschancen und ethnische Herkunft in Deutschland und der Schweiz unter Berücksichtigung des regionalen Verhältnisses von betrieblichen und schulischen Ausbildungen. Kölner Zeitschrift für Soziologie und Sozialpsychologie 61:

Seibert, Holger und Heike Solga, 2005: Gleiche Chancen dank einer abgeschlossenen Ausbildung? Zum Signalwert von Ausbildungsabschlüssen bei ausländischen und deutschen jungen Erwachsenen. Zeitschrift für Soziologie 34: 364-382.

Seibert, Holger und Heike Solga, 2006: Die Suche geht weiter... Kommentare zu „Auf der Suche nach einer Erklärung für die spezifischen Arbeitsmarktnachteile Jugendlicher türkischer Herkunft" von Frank Kalter (ZfS 2/2006). Zeitschrift für Soziologie 35: 413-417.

Solga, Heike, 2005: Ohne Abschluss in die Bildungsgesellschaft. Die Erwerbschancen gering qualifizierter Personen aus soziologischer und ökonomischer Perspektive. Opladen: Barbara Budrich.

Spence, Michael, 1973: Job Market Signaling. Quarterly Journal of Economics 87: 355-374.

Spence, Michael, 1974: Market Signaling. Informational Transfer in Hiring And Related Screening Processes. Cambridge: Harvard University Press.

Statistisches Bundesamt, 2008: Fachserie 1, Reihe 2, Bevölkerung und Erwerbstätigkeit. Ausländische Bevölkerung. Ergebnisse des Ausländerzentralregisters. 2007. Wiesbaden.

Statistisches Bundesamt, 2009: Fachserie 1, Reihe 2.2, Bevölkerung und Erwerbstätigkeit. Bevölkerung mit Migrationshintergrund. Ergebnisse des Mikrozensus 2007. Wiesbaden.

Tilly, Charles, 1998: Durable Inequality. Berkeley, CA: University of California Press.

Uhly, Alexandra und Mona Granato, 2006: Werden ausländische Jugendliche aus dem dualen System der Berufsausbildung verdrängt? BWP 2006: 51-55.

Ulrich, Joachim und Mona Granato, 2006: „Also, was soll ich noch machen, damit die mich nehmen?" – Jugendliche mit Migrationshintergrund und ihre Ausbildungschancen. S. 30-50 in: (Hrsg.), Kompetenzen stärken, Qualifikationen verbessern, Potenziale nutzen. Berufliche Bildung von Jugendlichen und Erwachsenen mit Migrationshintergrund. Bonn: Friedrich-Ebert-Stiftung.

Voswinkel, Stephan, 2008: Der Support des Bauches: Entscheidungsorganisation bei der Personaleinstellung. S. in: Karl Siegbert Rehberg (Hrsg.), Die Natur der Gesellschaft. Verhandlungsband des 33. Kongresses der Deutschen Gesellschaft für Soziologie, CD-ROM. Frankfurt am Main: Campus.

Woellert, Franziska, Steffen Kröhnert, Lilli Sippel und Reiner Klingholz, 2009: Ungenutzte Potenziale. Zur Lage der Integration in Deutschland. Berlin: Berlin-Institut für Bevölkerung und Entwicklung.

# Das Auf und Ab im Erwerbssystem – Berufliche Mobilität von Türken und Deutschen

*Melanie Kramer und Wolfgang Lauterbach*

## 1 Einleitung

Ein ständiges Streben nach sozialer Gerechtigkeit und Chancengleichheit führt zu dem wissenschaftlichen und öffentlichen sowie politischen Interesse an Mobilitätschancen – insbesondere an vertikaler, soziale Grenzen überschreitender Mobilität in der Klassenstruktur. Hintergrund ist die Forderung nach einer offenen Gesellschaft, nach der jedem Einzelnen seinen Leistungen entsprechende Chancen zukommen sollen, und jeder die gleiche Chance besitzen soll, Leistung zu erbringen. (vgl. Hradil 2001: 379 ff.)

Die berufliche Situation und damit die Positionierung auf dem Arbeitsmarkt sind dabei wesentliche Bestimmungsmerkmale für individuelle Chancen und Funktionen in einer Gesellschaft. Berufliche Mobilitätsprozesse wiederum können Auskunft darüber geben, wie und von wem diese Karrierechancen umgesetzt werden, und sie liefern Informationen über die soziale Durchlässigkeit und Funktionsweise eines Erwerbssystems ebenso wie über Integrationsprozesse und die Chancenverteilung im Vergleich verschiedener sozialer Gruppen.

Vor allem ethnische Minderheiten stehen dabei im Mittelpunkt vieler Analysen (z.B. Kalter 2008; Heath und Cheung 2007; Esser 2006; Granato 2003). Man ist sich seit Langem darüber einig, und die Statistiken lassen auch keine Zweifel zu, dass Ausländer bzw. Personen mit Migrationshintergrund deutlich ungünstiger auf dem deutschen Arbeitsmarkt positioniert sind als Personen ohne Migrationshintergrund. So sind beispielsweise knapp 25 Prozent der Erwerbstätigen ohne Migrationshintergrund in einer Position als Arbeiter beschäftigt, wohingegen der Arbeiteranteil unter jenen mit Migrationshintergrund zwischen 35 Prozent (Deutsche mit Migrationshintergrund, aber ohne eigene Migrationserfahrung) und knapp 50 Prozent (selbst immigrierte Deutsche) liegt (vgl. StBa 2008: 29). Ein Blick auf den überwiegenden Lebensunterhalt macht außerdem die stärker ausgeprägte Abhängigkeit von Transferzahlungen bei Personen mit Migrationshintergrund sichtbar: Etwa jeder fünfte Ausländer mit eigener Migrationserfahrung lebt vorwiegend von Arbeitslosengeld oder Sozialhilfe, unter den

Personen ohne Migrationshintergrund betrifft das nur jeden Vierzehnten (vgl. StBa 2008: 28).

Die Frage, die sich nun stellt, ist, ob die ungünstigen Arbeitsmarktplatzierungen durch berufliche Mobilität korrigiert werden können oder ob Personen ohne und vor allem mit Migrationshintergrund in den unvorteilhaften Erwerbssituationen und finanziellen Abhängigkeiten verharren, auch wenn sie sich beruflich verändern. Der vorliegende Beitrag ergründet daher die Bedeutung der nationalen Herkunft für Berufsverläufe und berufliche Mobilitätsprozesse. Um der Heterogenität der Gruppe von Personen mit Migrationshintergrund zumindest in Maßen gerecht zu werden, werden dabei neben den Deutschen ausschließlich türkische Personen als Vergleichsgruppe herangezogen.[1] Die Entscheidung für die Gruppe der Türken liegt schon dadurch nahe, dass diese die größte Gruppe ausländischer Personen darstellt. Im Jahr 2007 macht diese in Deutschland 25,8 Prozent der ausländischen Bevölkerung aus (vgl. StBA 2007: 48). Auch vom deutschen Arbeitsmarkt sind sie nicht mehr wegzudenken: 2006 stellen sie bereits 1,8 Prozent der sozialversicherungspflichtig Beschäftigten (vgl. StBA 2007: 85/88 und eigene Berechnungen). Türken sind überdies in Deutschland die beruflich geringstqualifizierte ethnische Gruppe und nehmen somit auf dem deutschen Arbeitsmarkt insgesamt eine Sonderposition ein (vgl. Granato und Kalter 2001).

Im folgenden Beitrag geht es daher um die berufliche Mobilität und Arbeitsmarktplatzierung von türkischen und deutschen Männern, wobei die Arbeitslosigkeit in besonderer Weise berücksichtigt wird. Als theoretischer Hintergrund dient eine Theorie über segmentierte Arbeitsmärkte, in die Arbeitslosigkeit als eigenständiges Segment integriert wird. Trotz steigender Arbeitslosenquoten wird die Arbeitslosigkeit in ihrer wachsenden Bedeutung allzu oft aus theoretischen wie empirischen Konzepten ausgeklammert. Dieser Beitrag beleuchtet daher die Bedeutung von Arbeitslosigkeit für berufliche Mobilitätsprozesse von Deutschen und Türken in Deutschland in den vergangenen 20 Jahren und benennt zentrale Determinanten für die Wahrscheinlichkeit, dass berufliche Mobilität zu Arbeitslosigkeit führt.

---

1   Mit der Ausdifferenzierung migrationstheoretischer Studien zeigt sich immer mehr, dass ethnische Ungleichheiten nicht nur im Vergleich „der" Migranten zu den Deutschen bestehen, sondern insbesondere in Chancenunterschieden zwischen verschiedenen Ausländer-, Nationalitäten- oder ethnischen Gruppen (vgl. Bender und Rürüp et al. 2000).

## 2 Theoretische Vorüberlegungen

Als theoretischer Zugang zur Problemstellung bietet sich ein segmentationstheoretischer Ansatz an, da mit ihm zum einen Aussagen über die allgemeine Arbeitsmarktsituation getroffen werden können, zum anderen auch eine Einordnung und Erklärung von beruflicher Mobilität gewährleistet wird. Aus segmentationstheoretischer Sicht kann davon ausgegangen werden, dass mit einem Wechsel der Segmentzugehörigkeit vertikale Veränderungen in Bezug auf Beschäftigungsbedingungen und Organisationsstruktur einhergehen. *Berufliche Mobilität zwischen Arbeitsmarktsegmenten* ist also ein geeigneter Indikator zur Untersuchung individueller beruflicher Aufwärts- und Abwärtsmobilität (vgl. Blossfeld und Mayer 1988). Ferner liefert diese Theorierichtung bereits detaillierte sowie empirisch fundierte Aussagen zur Funktionsweise von Arbeitsmarktprozessen.

*Theorien zur Arbeitsmarktsegmentation*

Wenn auch in Bezug auf die inhaltlichen Prämissen der Segmentationstheorien im Detail Differenzen zwischen den einzelnen Ansätzen bestehen, so verbindet sie doch die Grundvorstellung, „daß ein Gesamtarbeitsmarkt […] in eine Reihe von Teilmärkte oder Segmente zerfällt und diese Teilung nicht nur zufällig und vorübergehend ist." (Sengenberger 1978: 16). Eine weitere kollektive Annahme besteht darin, dass zwischen den Segmenten *Mobilitätsbarrieren* bestehen, die Übertritte von einem Segment in ein anderes behindern oder zumindest erschweren. Außerdem wird davon ausgegangen, dass die einzelnen Teilmärkte „nicht allen Arbeitskräften in gleicher Weise zugänglich sind" (Blossfeld und Mayer 1988: 262), dass also bestimmte Zutrittsbeschränkungen bestehen.

In Anlehnung an ihre US-amerikanischen Vorgänger und Kollegen griffen die beiden deutschen Arbeitsmarktforscher Burkart Lutz und Werner Sengenberger in den 1970er Jahren den Gedanken auf, dass sich in Abhängigkeit von der formellen Struktur sowie der jeweiligen Qualifikationsanforderung Segmente herausbilden, aus denen sich wiederum unterschiedliche Beschäftigungsmerkmale ergeben. Sie entwickelten am Münchener Institut für Sozialwissenschaftliche Forschung (ISF) die renommierte und für Deutschland bislang wohl am häufigsten verwendete Segmentationstheorie des *dreigeteilten Arbeitsmarktes* (vgl. Lutz und Sengenberger 1974; Sengenberger 1987).

Dabei beachteten sie in besonderem Maße die Tatsache, dass der deutsche Arbeitsmarkt Charakteristika aufweist, die die Theorien eines zweigeteilten Markts höchstens unzureichend zu erklären vermögen. Speziell sei hier das nicht betriebs-, sondern berufsspezifische Ausbildungssystem erwähnt. Der schulische Aspekt der „dualen Ausbildung" lehrt die Auszubildenden überbetriebliches Fachwissen, welches wiederum für Arbeitsplätze auch außerhalb spezifischer interner Märkte qualifiziert. Die theoretische Arbeitsmarkt-Dreiteilung von Lutz und Sengenberger unterscheidet zwischen dem *betriebsspezifischen* Arbeitsmarkt (auch: betrieblich, betriebsintern, primär), dem *fachspezifischen* Arbeitsmarkt (auch: fachlich, berufsfachlich) und dem *unspezifischen* Arbeitsmarkt (auch: unstrukturiert bzw. sekundär, Jedermannsarbeitsmarkt). Als Hauptunterscheidungsmerkmale gelten insbesondere die Qualifikationsanforderung, die Bindung zwischen den Arbeitsmarktparteien und die Beschaffenheit der Arbeitsplätze.

*Tab. 1:* Übersicht über Charakteristika der Arbeitsmarktsegmente

| | Betriebsspezifischer Arbeitsmarkt | Fachspezifischer Arbeitsmarkt | Unspezifischer Arbeitsmarkt | Arbeitslosigkeit |
|---|---|---|---|---|
| **Qualifikations-anforderung** | zertifizierte Qualifikations-anforderung und Erwerb betriebs-spezifischer Zusatzqualifi-kationen | zertifizierte, standardisierte Qualifikations-anforderung | geringe bis keine Qualifikationsan-forderung | keine Vorgaben |
| **Bindung zwischen Arbeitsmarkt-parteien** | Bindung an spezifischen Arbeitsplatz-inhaber | Bindung an Qualifikation, nicht an Person | keine Bindung vorhanden | keine Bindung vorhanden |
| **Arbeitsplatz-merkmale** | hohe Entlohnung; psychische Belas-tungen; hohe Arbeitsplatzstabi-lität; Abwechs-lung; Eigenver-antwortung | mittlere bis hohe Entlohnung; insgesamt geringe Belastungen; mittlere Arbeits-platzstabilität; hohe Abwechs-lung | geringe Entloh-nung; hohe physi-sche Belastungen; geringe Arbeits-platzsicherheit; Monotonie | Ausschluss aus dem aktiven Erwerbsleben; befristete, i.d.R. sehr geringe „Entlohnung"; vollkommene Instabilität |

Eigene Darstellung

Der ISF-Ansatz bietet insgesamt eine schlüssige Aufteilung des aktiven Arbeitsmarktes in Deutschland an. Der passive Arbeitsmarkt allerdings – speziell die *Arbeitslosigkeit* – wird durchgängig vernachlässigt, obwohl Arbeitslose dem Arbeitsmarkt ebenfalls zur Verfügung stehen. Insbesondere im Hinblick auf berufliche Mobilität wird die Bedeutsamkeit der Integration von Arbeitslosigkeit in ein Arbeitsmarktkonzept offensichtlich. Neben den Segmenten, in denen eine Anbindung an einen spezifischen Arbeitsplatz besteht, stellt die Arbeitslosigkeit eine Alternative für die Zugehörigkeit auf dem Arbeitsmarkt dar. Darüber hinaus charakterisiert sie eine gewisse Eigenständigkeit und Bindekraft, die beispielsweise durch das Phänomen der Langzeitarbeitslosigkeit zum Tragen kommt. Damit erfüllt Arbeitslosigkeit zumindest theoretisch die Kriterien, durch die Arbeitsmarktsegmente gekennzeichnet werden, und somit sollte sie als zusätzliches „Sondersegment" in die Konzeption einbezogen werden. Vor allem für Analysen über ausländische, noch deutlicher für solche über türkische Personen, darf Arbeitslosigkeit als Teilmarkt nicht außer Acht gelassen werden, da jene in besonderem Maße von diesem Phänomen betroffen sind. Die Erwerbslosenquote von Türken liegt 2006 bei etwa 24 Prozent, jene von Deutschen im gleichen Jahr bei knapp 10 Prozent (vgl. BA 2006: 15). Nicht nur für Ausländer entwickelt sich Arbeitslosigkeit mehr und mehr zu einem Bestandteil der persönlichen Erwerbsbiografie. Sie dient vermehrt – selbst über Bildungsgrenzen hinweg – als Übergangssegment oder gar als langfristiger Erwerbsstatus.

Existierende Studien zur ethnischen Segmentation und zur beruflichen Mobilität von Deutschen und Migranten geben zwar einerseits einen guten Überblick über die allgemeine Arbeitsmarktlage ausländischer Arbeitskräfte. Andererseits sind jedoch erhebliche Forschungsdefizite zu vermerken. Beispielsweise liegen keine Informationen über den Zusammenhang von allgemeiner beruflicher und segmentieller Mobilität vor. Auch über die segmentiell bedingte Betroffenheit von Arbeitslosigkeit bei türkischen Arbeitnehmern ist nichts bekannt. Weiterhin wird die berufliche Mobilität zwischen Segmenten bei Ausländern bisher ausschließlich im Vergleich der Segmentzugehörigkeit bestimmter Jahre analysiert, nicht jedoch im kontinuierlichen Zeitverlauf. Die tatsächliche Stärke eines eventuellen Zusammenhangs von segmentieller Mobilität und der Nationalität wird ebenfalls bis dato nicht berechnet, ebenso wenig der statistische Einfluss weiterer Faktoren. Die Forschung bleibt in diesen Punkten hinter ihren Möglichkeiten zurück. Segmentielle individuelle Mobilität wird zwar für Ausländer untersucht, aber selbst in den Untersuchungen Seiferts, der segmentielle Mobilitätsprozesse von Ausländern nachzeichnet, wird nicht zwischen einzelnen Nationalitäten oder Migrantengruppen unterschieden. Schließlich besteht dringender Bedarf, die Segmentations- sowie Mobilitätsprozesse von Deutschen und Türken anhand aktueller Daten nachzuzeichnen. Die nachfolgenden Kapitel geben einen Überblick über den bisherigen Forschungsstand zum beschriebenen Themenkomplex.

*Annahmen und Forschungsstand zur ethnischen Segmentation des deutschen Arbeitsmarktes*

Auf die Konzeption des für Deutschland zugeschnittenen Segmentationsmodells folgten bald empirische Untersuchungen, welche die Annahme einer Segmentation des Arbeitsmarktes prinzipiell bestätigen konnten (vgl. u.a. Köhler und Preisendörfer 1989). Soziale Minoritäten wurden allerdings in der Forschung von jeher vernachlässigt, weshalb Ergebnisse zur ethnischen Segmentation in der Fachliteratur stark unterrepräsentiert sind. Besonders Langzeituntersuchungen über Ausländer wurden bis dato (vor allem aufgrund der mangelnden Datenlage) kaum durchgeführt. Überdies wird die Nationalität in der Überzahl der Studien lediglich dichotomisiert betrachtet, indem die Gruppe der Deutschen jener der Ausländer gegenübergestellt wird. Erst in den letzten Jahren häufen sich zudem Untersuchungen, in denen nicht nur zwischen Deutschen und Nicht-Deutschen differenziert wird, sondern bestimmte ethnische Gruppierungen gesondert betrachtet werden bzw. auf den Migrationshintergrund eingegangen wird.

Die Untersuchung der Platzierung ausländischer Arbeitskräfte auf dem deutschen Arbeitsmarkt ist insbesondere im Rahmen von *innerbetrieblichen* Studien mit Daten aus den 1980er Jahren aufgekommen (vgl. besonders Köhler und Preisendörfer 1988; Köhler und Grüner 1989; Grüner 1992). Die betrieblichen Studien kommen zu dem Schluss, dass die ethnischen Segmentationslinien mit der Zeit eine deutliche Abschwächung und Verschiebung erfahren. Die betriebsinternen Arbeitsbedingungen ausländischer Arbeitskräfte haben sich in den 80er Jahren denen ihrer deutschen Kollegen bereits zu großen Teilen angeglichen, lediglich Lohndifferenzen sind nach wie vor feststellbar. Die Forscher kommen zu dem Schluss, dass der Einfluss der Nationalität hinter dem von Alter und Betriebszugehörigkeitsdauer rangiert.[2] „In der Ausländerbevölkerung hat sich

---

2   Der Aspekt der Berufserfahrung spielt zudem eine entscheidende Rolle bezüglich der Einkommensverteilung. Mittels der Daten des deutschen Sozio-ökonomischen Panels können Constant und Massey nachweisen, dass „[t]he rates of return to experience are such that immigrants reach parity with natives after about 23 years in the German labor market" (2003: 14).

eine Polarisierung der Arbeits- und Lebensbedingungen entwickelt" (Grüner 1992). Insbesondere Personen in Arbeitslosigkeit befinden sich dabei am unerwünschten Pol.

Auch in überbetrieblichen Studien zur Arbeitsmarktintegration von ethnischen Minderheiten konnte bereits vermehrt bestätigt werden, dass Ausländer auf dem deutschen Arbeitsmarkt unvorteilhafter positioniert sind als Deutsche, sowohl in Bezug auf allgemeine Erwerbsmerkmale wie berufliche Stellung, Berufsadäquanz oder Arbeitsbedingungen (vgl. Kley 2004; Fassmann et al.1997; Bender et al. 2000; Granato und Kalter 2001; Granato 2003; Szydlik 1996), als auch in Bezug auf die Verteilung auf Arbeitsmarktsegmente (vgl. Seifert 1995, 1996, 1997; Münz et al. 1999; Szydlik 1990) oder in Bezug auf Arbeitslosigkeit und Wiederbeschäftigung (Grundig und Pohl 2006; Bender und Karr 1993; Mühleisen und Zimmermann 1994).

Türkische Beschäftigte wurden ausnahmslos als die am wenigsten beruflich integrierte Gruppe identifiziert. Selbst unter Kontrolle der Generationszugehörigkeit und Qualifikation sind sie im Vergleich zu allen weiteren untersuchten Nationalitäten schlechter gestellt (vgl. von Below 2003; Kogan 2004). Bezug nehmend auf die drei Segmente des ISF-Ansatzes bedeutet dies eine Überrepräsentation türkischer Arbeitskräfte auf dem unstrukturierten Teilmarkt. Gleichermaßen konnten allerdings Angleichungstendenzen ausländischer Erwerbstätiger an die Platzierung der Deutschen nachgewiesen werden. Im Zeitverlauf findet daher eine Abschwächung ethnischer Segmentationslinien statt, was jedoch wiederum auf die Türken in geringerem Maße zutrifft. Die berufliche Schlechterstellung von Ausländern insgesamt und Türken im Speziellen zeigt sich vor allem auch bezüglich der Arbeitslosenquoten, die sich bei Türken auf ein Vielfaches der Deutschen beläuft. Vor allem die Wiederbeschäftigung nach einer Arbeitslosigkeit gestaltet sich für Türken (sowie für Griechen) langwieriger und unvorteilhafter als für andere ethnische Gruppen (vgl. Bruder und Frosch 2006, 2007; Uhlendorff und Zimmermann 2006; Kogan 2004).

*Segmentation und Mobilität*

Im weiteren Verlauf soll der theoretische Fokus auf *beruflicher Mobilität* liegen. Unter beruflicher Mobilität ist im Folgenden der Wechsel des Arbeitsplatzes zu verstehen. Werden berufliche Bewegungen in Bezug auf Teilarbeitsmärkte betrachtet, ist die Rede von segmentieller Mobilität. Diese bezeichnet also Arbeitsplatzwechsel aus segmentationstheoretischer Sicht. Lassen sich die Begriffe Mobilität und Segmentation arbeitsmarkttheoretisch verknüpfen? An welchen

Stellen sind auf dem segmentierten Arbeitsmarkt Mobilitätsbarrieren zu erwarten und wie können Bewegungen segmentationstheoretisch erklärt werden?

Die Betrachtung von segmentieller Mobilität umfasst dabei zwei Prozesse: *Intrasegmentielle Mobilität* im Sinne von horizontalen Bewegungen innerhalb eines Segments und *intersegmentielle Mobilität,* die vertikalen Übergänge zwischen verschiedenen Segmenten.

*Abb. 1:* Schematische Darstellung intra- und intersegmentieller Mobilität

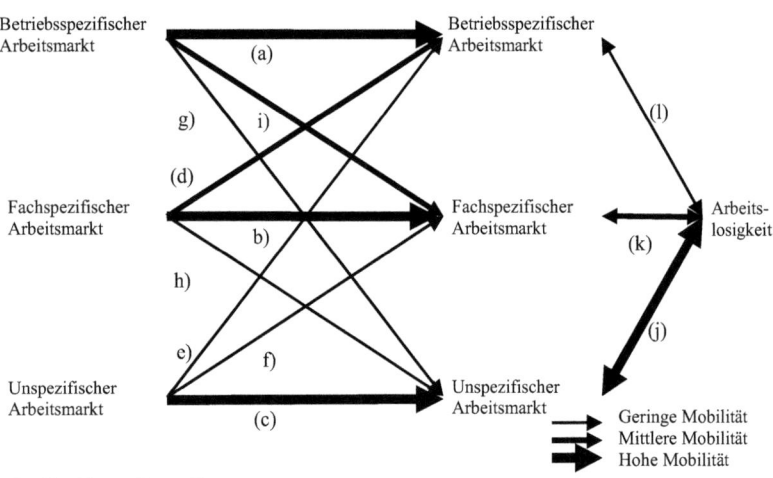

Quelle: Eigene Darstellung

Die zu erwartende Mobilität innerhalb der Teilmärkte (intrasegmentiell) kann aus der Ausprägung interner Strukturen sowie aus der Bindung zwischen Arbeitgeber und Arbeitnehmer hergeleitet werden. Zwischen den Märkten (intersegmentiell) werden im Grunde Mobilitätsbarrieren theoretisch vorausgesetzt. Bei den Segmentgrenzen handelt es sich allerdings nicht um unüberwindbare Hindernisse, sondern höchstens um Hürden. Die Segmente bestehen keinesfalls unabhängig voneinander. Anders verhält es sich mit dem Prozess der Segregation. Die unterschiedlichen Arbeitsplatzbedingungen und Charakteristika der Teilmärkte lassen insgesamt die zuvor in Abbildung 1 dargestellten Ausprägungen der beiden Mobilitätsformen vermuten.

*Forschungsstand zur beruflichen und segmentiellen Mobilität von Ausländern und Deutschen auf dem deutschen Arbeitsmarkt*

Im Hinblick auf ethnische Unterschiede bezüglich spezieller beruflicher Bewegungen entspringen frühere Ergebnisse wiederum zu großen Teilen betriebsinternen Studien. Insgesamt zeigen die Ergebnisse verschiedener Auswertungen innerbetrieblicher Daten Hinweise auf eine Abschwächung der ethnischen Segmentationslinien durch segmentielle Mobilität (vgl. Köhler und Preisendörfer 1988; Köhler und Grüner 1989; Preisendörfer 1989; Brüderl et al. 1991; Grüner 1992; Biller 1989). Dennoch wird in allen Studien stets auch eine Benachteiligung von Ausländern festgestellt. Als Hauptgrund für diese ungleiche Chancenverteilung werden vor allem heterogene Qualifikationen ausgemacht, jedoch auch bei konstanter Humankapitalausstattung wurden deutliche Benachteiligungen ethnischer Minderheiten nachgewiesen, vor allem für die Gruppe der Türken.

Nur in wenigen – zudem nicht sehr aktuellen – Studien wird segmentielle Mobilität im Hinblick auf die Nationalität bzw. ethnische Unterschiede untersucht. Zu diesen wenigen Studien zählen insbesondere Szydlik (1990), Seifert (1995, 1996, 1997) und Münz, Seifert und Ulrich (1999).

Die in den empirischen Untersuchungen beobachtbaren Mobilitätsprozesse zwischen den einzelnen Arbeitsmarktsegmenten lassen insgesamt darauf schließen, dass die Teilmärkte nicht starr voneinander abgegrenzt sind. Abgesehen vom Ausmaß intersegmentieller Mobilität konnten die Annahmen der Segmentationstheorien allerdings prinzipiell bestätigt werden. Es besteht insgesamt eine hohe Segmentstabilität, und intersegmentielle Wechsel bleiben in der Regel innerhalb des qualifizierten beziehungsweise unqualifizierten Marktbereiches. Von Arbeitslosigkeit sind in besonderem Maß Beschäftigte im unspezifischen

Markt betroffen. Das wiederum verdeutlicht abermals die Notwendigkeit der Berücksichtigung von Arbeitslosigkeit im Segmentgeschehen. Weiterhin wird deutlich, dass Ausländer durch individuelle berufliche Mobilitätsprozesse sukzessive in alle Arbeitsmarktbereiche Einzug halten. Unbestritten bleibt dennoch die generelle Chancenbenachteiligung ausländischer Arbeitskräfte beim Zugang zu den qualifizierten Segmenten. Ungleichheit schlägt sich vor allem in dem für Ausländer stark erhöhten Arbeitslosigkeitsrisiko nieder. Weiteres einhelliges Ergebnis ist, dass einige Nationalitäten in der zweiten Generation bereits fast mit den Deutschen „gleichziehen", für Türken diese Entwicklung jedoch in weitaus geringerem Maße zutrifft.

## 3  Empirische Untersuchung

### *Datengrundlage*

Datengrundlage für die nachfolgende Untersuchung von beruflichen Mobilitätsprozessen zwischen und innerhalb von Arbeitsmarktsegmenten bieten die bis dato verfügbaren 23 Wellen des Sozio-ökonomischen Panels (SOEP). Das SOEP ist derzeit die einzige Datenquelle, die einen systematischen und detaillierten Vergleich deutscher und ausländischer Berufsverläufe in Deutschland erlaubt (vgl. Diefenbach 2002: 13 ff.) und ist demnach der geeignete Datensatz für die vorliegende Untersuchung. Die Berechnungsbasis stellen deutsche und türkische Männer im Alter von 20 bis 66 Jahren im Zeitraum zwischen 1984 und 2006.[3] Deutsche und Türken werden anhand ihrer Staatsangehörigkeit eingeordnet.[4] Alle Analysen beziehen sich auf das frühere Bundesgebiet. Eine Einbeziehung Ostdeutschlands würde aufgrund des vergleichsweise extrem

---

3  Eine Einbeziehung der Frauen bietet sich speziell in der vorliegenden Studie nicht an. Die Erwerbs- und Mobilitätsmuster gestalten sich noch immer außerordentlich geschlechtsspezifisch. Die Erwerbsbeteiligungsquote insbesondere türkischer Frauen liegt derzeit auf einem dermaßen geringen Niveau, dass eine Gegenüberstellung der gesamten Personengruppen Türken und Deutsche die Ergebnisse verzerren würde. Hinzu kommt, dass der überwiegende Frauenanteil zumindest vorübergehend nachwuchsbedingt aus dem Berufsleben ausscheidet, was eine Anwendung der theoretischen Annahmen deutlich erschwert.
4  Eine Differenzierung anhand der Staatsangehörigkeit ermöglicht die Messung des Einflusses des tatsächlich vorliegenden rechtlichen Status. Ethnische Ungleichheiten werden bei dieser Vorgehensweise vermutlich unterschätzt.

niedrigen Ausländeranteils zu Verzerrungen führen. Zudem wurde das Einzugs-gebiet des SOEP erst nach der „Wende" auf die neuen Bundesländer ausgewei-tet, sodass für ostdeutsche Bundesländer keine Informationen aus den 1980er Jahren vorliegen.

## Operationalisierung der Segmente

Einen bis dato bewährten Vorschlag zur empirischen Merkmalsbestimmung der internen Struktur und der Beschäftigungsbedingungen der drei Segmente erbrachten Blossfeld und Mayer (1988). Aus den Annahmen der Segmentations-theorie entwickeln sie folgende zentrale Thesen: Zunächst kann davon ausgegangen werden, „daß die Wahrscheinlichkeit der Existenz eines internen Arbeitsmarktes mit der *Größe des Betriebs* steigt. Andererseits kann man um so eher erwarten, daß ein Arbeitsplatz auf dem primären Segment angesiedelt ist, je höher die *Qualifikationsanforderungen* des Arbeitsplatzes sind" (Blossfeld und Mayer 1988: 266, Hervorhebungen im Original).

Zusammengenommen ergibt sich also unter Ergänzung der Arbeitslosigkeit die in Abbildung 2 dargestellte Aufteilung.

Der unspezifische Arbeitsmarkt wird allerdings abweichend vom Ur-sprungskonzept nicht zusätzlich anhand der Betriebsgröße aufgeteilt. Dieses Vorgehen präferiert auch Seifert in seinen bereits zitierten Studien. Seinen Aus-führungen zufolge erscheint für den unspezifischen Markt eine „Unterteilung nach Betriebsgröße (...) nicht sinnvoll, weil für diese Beschäftigten keine be-triebsspezifischen Aufstiegslinien angenommen werden" (Seifert 1995: 195). Außerdem ist eine Aufrechterhaltung der Dreiteilung des aktiven Arbeitsmark-tes sinnvoll zur direkten Überprüfung der theoretischen Annahmen des ISF-Ansatzes.

Wie bereits in den Analysen von Szydlik (1990) wird im Folgenden die Grenze zwischen kleinen und großen Betrieben bei 200 Mitarbeitern angesetzt und nicht wie ursprünglich von Mayer und Blossfeld vorgesehen bei 50. Diese Entscheidung resultiert aus der Überlegung, dass bei einer Mitarbeiterschaft von lediglich 50 Personen das Vorhandensein einer internen Struktur eher unwahr-scheinlich ist. Zu den Arbeitsplätzen mit hohen Anforderungen zählen jene Tätigkeiten, die eine abgeschlossene Ausbildung oder ein Studium voraussetzen. Wird weniger Qualifikation gefordert, werden die Arbeitsplätze unter die Kategorie „niedrige Anforderung" gefasst.[5] Arbeitslosigkeit liegt dann vor, wenn die jeweilige Person angibt, beim Arbeitsamt arbeitslos gemeldet zu sein.

*Abb. 2:* Arbeitsmarktsegmente nach Blossfeld und Mayer (modifiziert)

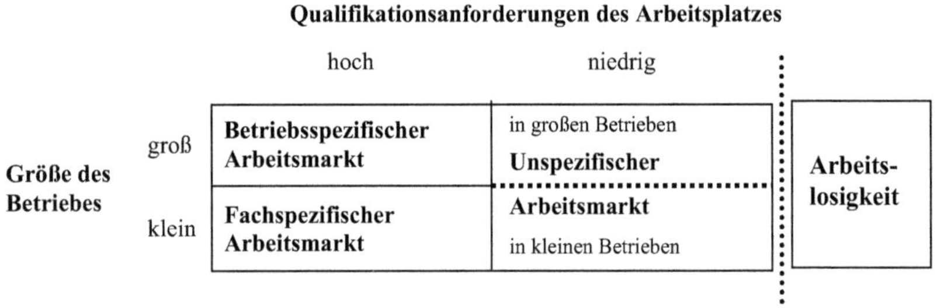

**Qualifikationsanforderungen des Arbeitsplatzes**

|  |  | hoch | niedrig |  |
|---|---|---|---|---|
| **Größe des Betriebes** | groß | **Betriebsspezifischer Arbeitsmarkt** | in großen Betrieben<br>**Unspezifischer** | **Arbeits-losigkeit** |
|  | klein | **Fachspezifischer Arbeitsmarkt** | **Arbeitsmarkt**<br>in kleinen Betrieben |  |

Quelle: Eigene Darstellung (nach Blossfeld und Mayer 1988: 266)

Es kann aufgrund theoretischer Ableitungen folgende Hierarchie zwischen den Segmenten ausgemacht werden: Das günstigste Segment ist das betriebsspezifische, gefolgt vom fachspezifischen Arbeitsmarkt. Es schließt sich das unspezifische Segment an. Diese Hierarchie wurde auch empirisch bestätigt, und zwar in Bezug auf die mit den Segmenten steigende Arbeitsplatzstabilität. Arbeitslosigkeit wird in der Anordnung an unterster, also vierter Stelle positioniert, sodass Bewegungen in diesen Status stets Abstiege und aus ihm heraus Aufstiege sind.

*Statistische Verfahren*

Das klassische Verfahren bei der Untersuchung von sozialen Mobilitätsprozessen ist die Analyse von *Mobilitätstabellen.*[6] Üblicherweise werden dabei histori-

---

5    In einigen früheren Studien mit Daten aus den 1970er oder 1980er Jahren wurde dieser Schnitt bereits nach der kurzen Einweisung angesetzt, sodass bereits eine längere Einarbeitung zur hohen Qualifikationsanforderung zählt. Diese Teilung wurde für die hiesige Untersuchung den berufsstrukturellen Entwicklungen der vergangenen Jahre angepasst.

6    Mobilitätstabellen sind spezielle Kreuztabellen, in denen ein bestimmter Zustand oder Status einer Person (z.B. Erwerbsstatus, Klassenzugehörigkeit, Stellung im Beruf) zu zwei verschiede-

sche Zeitpunkte, also Jahre, oder auch Lebensjahre miteinander verglichen. Diese Vorgehensweise geht allerdings mit einem erheblichen Informationsverlust einher, der darin begründet liegt, dass nur zwei statische und zumeist willkürliche Momente festgehalten werden, nicht aber bestimmte Situationen und multiple Prozesse eingefangen werden. In einer klassischen Mobilitätstabelle können pro Person lediglich zwei Querschnittsangaben miteinander verglichen werden. „Der Vergleich von ausschließlich zwei Zeitpunkten erlaubt [indes] nur beschränkte Aussagen über die Abfolge von Tätigkeiten" (Andreß 1984: 156). Möglicherweise hat eine Person innerhalb des festgelegten Zeitraums, beispielsweise zehn Jahre, mehrfach den Arbeitsplatz gewechselt, befindet sich aber zu beiden Beobachtungszeitpunkten in jeweils der selben beruflichen Situation, ist z.B. beide Male arbeitslos. Klassische Mobilitätstabellen können berufliche Mobilitätsprozesse nicht adäquat abbilden, alle Mobilität würde im genannten Beispiel ignoriert. Je größer dabei die Zeitspanne gewählt wird, desto wahrscheinlicher kann ein Mobilitätsprozess erfasst werden. Allerdings steigt mit der Länge des Zeitraums gleichfalls das Risiko, dass mehrfache Wechsel unberücksichtigt bleiben. „It is, therefore, not altogether surprising, that (...) the analysis of standard tables should by now be regarded as (...) a procedure which advances in data collection and analysis alike have rendered more-or-less obsolete" (Erikson und Goldthorpe 1992: 297).

Eine vorzuziehende Alternative bieten hingegen *kumulierte Mobilitätstabellen* (vgl. Featherman und Selbee 1988). In einer kumulierten Mobilitätstabelle, wie sie in den folgenden Analysen verwendet wird, werden die Personen nicht zwangsläufig nur singulär betrachtet. Es findet ein Perspektivenwechsel statt, und zwar von einer personenbezogenen zu einer ereignisbezogenen Sichtweise. Dabei werden nicht wie im klassischen Verständnis willkürliche und für alle Personen identische Zeitpunkte verglichen, sondern die Vergleichsmomente werden an das Mobilitätsverhalten der Erwerbspersonen angepasst. Für jedes Ereignis, in diesem Fall für jede berufliche Veränderung, wird die Segmentzugehörigkeit *vor* dem Wechsel mit der Segmentzugehörigkeit *nach* dem Wechsel verglichen.[7]

---

nen Zeitpunkten miteinander verglichen wird. Häufig werden auch Informationen zweier Personen (z.B. Vater und Sohn) zueinander in Relation gesetzt.

7 Personen, die während des Beobachtungszeitraums keine berufliche Veränderung hatten, bleiben dabei unberücksichtigt, denn der Fokus soll ausschließlich auf Mobilität gelegt werden.

Jedes Stichprobenmitglied ist somit entsprechend der Anzahl ihrer beruflichen Wechsel in dem Datensatz enthalten. Liegt innerhalb des Beobachtungszeitraums für eine Person nur eine Veränderung vor, taucht sie ebenfalls nur
einmal auf. Vollkommen Immobile bleiben unberücksichtigt.

*Segmentation und Mobilität*

In diesem Kapitel wird zunächst empirisch untersucht, wie sich die deutschen
und die türkischen Männer auf die genannten Segmente verteilen, um die Aus-
gangslage für berufliche Mobilitätsprozesse abzustecken. Der Vergleich zwischen den Jahren 1986 und 2006 zeigt zusätzlich Tendenzen struktureller Veränderungen der segmentiellen Verteilung auf. Da es sich um Querschnitts-
betrachtungen handelt, lassen diese Untersuchungen noch keine Aussagen über
individuelle Berufsverläufe zu, sehr wohl jedoch solche über allgemeine sozialstrukturelle Entwicklungen.

Diese Ergebnisse in Abbildung 3 zeigen deutlich, dass sich in den vergangenen zwei Jahrzehnten strukturelle Veränderungen vollzogen haben, die sich in
einer Umverteilung auf die Segmente sowohl von Deutschen als auch von Türken äußern. Der fachspezifische Teilarbeitsmarkt sowie insbesondere die Arbeitslosigkeit verzeichnen dabei einen quantitativen Bedeutungsgewinn, der
unstrukturierte Markt und auch sehr deutlich das betriebsspezifische Segment
hingegen einen Anteilsverlust. Trotzdem sich die prozentuale Verteilung auf die
Segmente sowohl für Deutsche als auch für Türken innerhalb von 20 Jahren
erkennbar verändert hat, kann für beide Jahre nachgewiesen werden, dass sich
türkische Arbeitnehmer weitaus häufiger als deutsche dem unspezifischen Segment zuordnen lassen und ebenfalls stärker von Arbeitslosigkeit betroffen sind.
Umgekehrt fallen die Anteile der Türken im fachlichen und betrieblichen Markt
sehr viel geringer aus als bei Deutschen. In beiden Jahren weisen Türken dementsprechend die ungünstigere Arbeitsmarktpositionierung auf.

---

Außerdem ist anzumerken, dass Bewegungen, die außerhalb des Beobachtungszeitraums liegen,
ebenfalls nicht berücksichtigt werden. Zwar wären diese durchaus von inhaltlichem Interesse,
Informationen zu beruflichen Veränderungen vor oder nach dem Beobachtungszeitrum liegen
allerdings nicht vor und können auch nicht geschätzt werden. Links- sowie Rechtszentrierungen
werden damit notgedrungen in Kauf genommen.

Abb.3:  *Verteilung auf Segmente 1986 und 2006, Deutsche und Türken*[8]

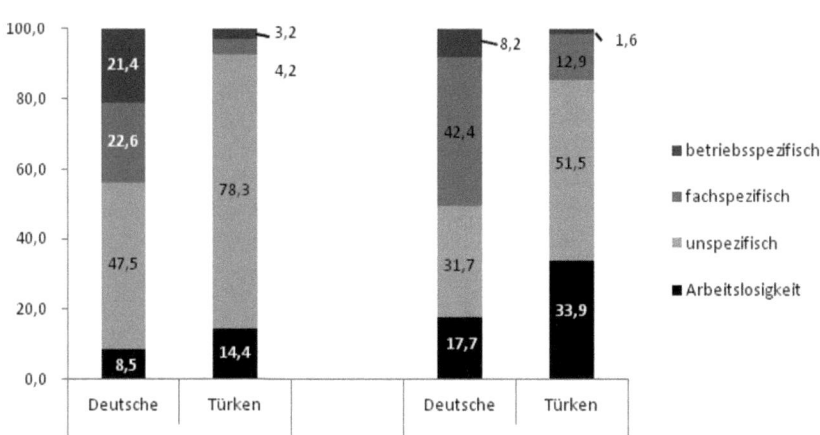

N = 1.436 (Deutsche 1986), 337 (Türken 1986), 1.905 (Deutsche 2006), 125 (Türken 2006)

Quelle: SOEP Wellen 3 und 23 – eigene Berechnungen

Es zeigt sich insgesamt, dass türkische Arbeitskräfte sowohl heute wie schon vor 20 Jahren ungünstiger als deutsche auf dem deutschen Arbeitsmarkt positioniert sind. Sie sind in weitaus stärkerem Maße im sekundären Markt beschäftigt (also arbeitslos oder im unspezifischen Segment), Deutsche hingegen hauptsächlich in primären Arbeitsbereichen (also in den qualifizierten Segmenten). Das unspezifische Segment hat im Zeitverlauf sehr stark zugunsten der übrigen Segmente, auch der Arbeitslosigkeit, abgenommen. Türkische Männer haben im Ganzen deutlichere strukturelle Veränderungen zu verzeichnen als Deutsche, bei

---

8   Den Berechnungen liegen jeweils 20- bis 66-jährige Männer zugrunde, die im jeweiligen Jahr entweder erwerbstätig waren und sich einem Segment zuordnen ließen, oder arbeitslos gemeldet waren. Nichterwerbstätige werden nicht berücksichtigt. Ein Abgleich mit amtlichen Daten ist daher an dieser Stelle nicht sinnvoll, vor allem die Arbeitslosenquoten fallen auf diese Weise höher aus als unter Berücksichtigung aller (Nicht-)Erwerbspersonen.

ihnen sind die Umstrukturierungen insgesamt klarer zu erkennen. Eine Anglei-
chung ist hingegen nicht zu erkennen.

In den nachstehenden Mobilitätstabellen wird für jede berufliche Veränderung nachgezeichnet, zwischen welchen bzw. innerhalb welcher Segmente diese
stattfindet. Wird für ein bestimmtes Jahr zwischen 1983 und 2005 angegeben,
dass ein beruflicher Wechsel vorlag, wird die Segmentzugehörigkeit aus dem
Vorjahr derjenigen im darauf folgenden Jahr gegenübergestellt.[9] Es wird sich
also zeigen, ob eine Veränderung der beruflichen Situation tatsächlich innerhalb
eines Segments stattfindet, wie es in den Segmentationstheorien vorausgesetzt
wird, oder ob diese Barrieren den Mobilitätsprozessen nicht standhalten können.
Finden berufliche Wechsel also innerhalb oder zwischen Segmenten statt beziehungsweise gibt es Unterschiede je nach Ausgangssegment?

Zunächst zu den Deutschen. Tabelle 2 beschreibt, in welchen Segmenten
sich deutsche Männer vor und nach einer Veränderung der beruflichen Situation
aufhalten. Nur 44 Prozent aller in der Tabelle enthaltenen beruflichen Wechsel
sind Übergänge innerhalb eines Segmentes (8,6+19,2+13,0+3,5=44,3%), deutlich mehr als die Hälfte aller Mobilitätsprozesse findet zwischen den Teilarbeitsmärkten statt![10] Es fällt besonders auf, dass nur jede vierte berufliche Veränderung im betrieblichen Markt innerhalb des Segments mündet. Betriebsin-
terne Teilmärkte scheinen demnach nicht annähernd so bindend zu sein wie in
den theoretischen Annahmen prognostiziert. Allerdings muss an dieser Stelle
bedacht werden, dass insgesamt nur wenige Wechsel vom betriebsspezifischen
Markt ausgehen. Möglicherweise führen zwar Veränderungen im betrieblichen
Markt in aller Regel zu einem Segmentwechsel, aber die allgemeine Wechsel-
wahrscheinlichkeit fällt in diesem Segment vergleichsweise gering aus. Die
Bindung des betriebsspezifischen Segments besteht also vielmehr darin, sich
seltener beruflich zu verändern.

---

9   Da die beruflichen Veränderungen retrospektiv für das jeweils zurückliegende Jahr erfragt
    werden, liegen für 2006 noch keine Ergebnisse vor, die Wechsel in 1983 wurden dagegen in der
    ersten Welle erhoben.
10  Hartmut Esser (2000) bietet eine verständliche und praxisnahe Illustration der Funktionsweise
    klassischer Mobilitätstabellen anhand von Analysen zur intergenerationalen sozialen Mobilität.

*Tab. 2:* Segmentielle Mobilität bei beruflichem Wechsel bei Deutschen –
Zeilen- und Gesamtprozente

| Vor dem Wechsel | Arbeits-losigkeit | Nach dem Wechsel | | | Gesamt |
| | | Unspezi-fisches Segment | Fach-spezifisches Segment | Betriebs-spezifisches Segment | |
|---|---|---|---|---|---|
| *n* | *274* | *243* | *135* | *46* | *698* |
| **Arbeitslosigkeit** | **39,3** | **34,8** | **19,3** | **6,6** | 100,0 |
| *von allen* | *8,6* | *7,6* | *4,2* | *1,4* | *21,9* |
| *n* | *334* | *611* | *135* | *50* | *1130* |
| **Unspezifisches Segment** | **29,6** | **54,1** | **11,9** | **4,4** | 100,0 |
| *von allen* | *10,5* | *19,2* | *4,2* | *1,6* | *35,4* |
| *n* | *267* | *171* | *414* | *90* | *942* |
| **Fach-spezifisches Segment** | **28,3** | **18,2** | **43,9** | **9,6** | 100,0 |
| *von allen* | *8,4* | *5,4* | *13,0* | *2,8* | *29,5* |
| *n* | *94* | *86* | *127* | *113* | *420* |
| **Betriebs-spezifisches Segment** | **22,4** | **20,5** | **30,2** | **26,9** | 100,0 |
| *von allen* | *2,9* | *2,7* | *4,0* | *3,5* | *13,2* |
| *n* | *969* | *1111* | *811* | *299* | *3190* |
| **Gesamt** | | | | | 100,0 |
| *von allen* | *30,4* | *34,8* | *25,4* | *9,4* | *100,0* |

N = 3.190 berufliche Veränderungen

Quelle: SOEP Wellen 1 bis 23 – eigene Berechnungen

Aufstieg
Horizontal
Abstieg

Der unerwartet hohe Anteil von Wechseln von Arbeitslosigkeit in Arbeitslosigkeit hängt mit der Dauer des Beobachtungszeitraums von zwei Jahren zusammen. Es kann davon ausgegangen werden, dass hier vermehrt zwischenzeitliche
Erwerbstätigkeiten vorliegen, die aufgrund ihrer Kurzlebigkeit nicht berücksichtigt werden können. Dies würde bedeuten, dass knapp ein Drittel der deutschen
Arbeitslosen zwar kurzfristig der Arbeitslosigkeit entkommt, ihr jedoch langfristig nicht ausweichen kann.

Weitere 22 Prozent aller Ereignisse umfassen aufwärtsgerichtete Übertritte und zu 33 Prozent handelt es sich um Abstiege. Berufsmobilität führt bei Deutschen demnach weitaus häufiger zu einer Verschlechterung der beruflichen Situation als zu einer Verbesserung.

Die Abstiege sind ganz klar dominiert von Übergängen in die Arbeitslosigkeit. Knapp zwei Drittel aller Abstiegsbewegungen münden in Arbeitslosigkeit, und auch die Aufstiegsquote setzt sich zu circa 60 Prozent aus Abgängen aus der Arbeitslosigkeit zusammen. Arbeitslosigkeit spielt demnach eine ganz erhebliche Rolle für berufliche Mobilität und ist verantwortlich für den Großteil intersegmentieller Übergänge. Auch ohne Berücksichtigung der Bewegungen im Zusammenhang mit Arbeitslosigkeit dominieren jedoch segmentielle Abstiege gegenüber Aufstiegen.

Ein Blick auf die Bewegungen in Abhängigkeit vom Herkunftssegment bringt zusätzliche Erkenntnis. Jede sechste berufliche Veränderung im unspezifischen Segment führt zu einem Aufstieg und somit zu einem Übergang von einer unqualifizierten in eine qualifizierte Tätigkeit. In jedem dritten Fall, und damit deutlich häufiger, münden die Wechsel hingegen im Zustand der Erwerbslosigkeit, und etwa jedes zweite Ereignis im unspezifischen Markt verläuft innerhalb der Segmentgrenzen.

Im fachspezifischen Segment führt nur jeder zehnte Wechsel in den betrieblichen Markt und demnach zu einem Aufstieg. Generell sind Übergänge in das betriebsspezifische Segment in jedem Fall eher unüblich. Umgekehrt hingegen verteilen sich die Bewegungen ausgehend vom betriebsinternen Markt annähernd gleichmäßig auf alle Optionen. Das Arbeitsmarktrisiko ist in den beiden qualifizierten Segmenten der Theorie entsprechend geringer als im unspezifischen Markt, die Unterschiede sind allerdings nicht sehr stark ausgeprägt.

Mobilitätsbarrieren zwischen unterschiedlichen Segmenten, wie sie in der Segmentationstheorie begründet werden, können jedenfalls nicht nachgewiesen werden. Berufliche Mobilität von deutschen Männern findet sogar *hauptsächlich* intersegmentiell statt. Wird die Arbeitslosigkeit jedoch als Teilmarkt außer Acht gelassen, können die theoretischen Annahmen teilweise bestätigt werden. Die Segmentationstheorie kann für Deutsche somit als solches nicht in jeder Beziehung verifiziert werden.

Für türkische Männer lässt sich gleichfalls die Tendenz nachweisen, berufliche Wechsel überwiegend in Form von intersegmentieller Mobilität zu nutzen (Tabelle 3). Die Quote derjenigen Wechsel, die innerhalb ein- und desselben Teilmarktes ablaufen, liegt mit 42,8 Prozent nur marginal unter der der Deutschen. Auch hier ist lediglich das unspezifische Segment relativ gesehen widerstandsfähig gegenüber Segmentwechseln, 54 Prozent aller beruflichen Wechsel im Jedermannsarbeitsmarkt münden auch in diesem Segment.

*Tab. 3:* Segmentielle Mobilität bei beruflichem Wechsel bei Türken – Zeilen- und Gesamtprozente

| Vor dem Wechsel | Nach dem Wechsel | | | | Gesamt |
|---|---|---|---|---|---|
| | Arbeits- losigkeit | Unspezi- fisches Seg- ment | Fach- spezifisches Segment | Betriebs- spezifisches Segment | |
| *n* | *33* | *92* | *14* | *3* | *142* |
| **Arbeitslosigkeit** | **23,2** | **64,8** | **(9,9)** | **[2,1]** | 100,0 |
| *von allen* | *6,1* | *17,0* | *2,6* | *0,6* | *26,2* |
| *n* | *139* | *183* | *15* | *2* | *339* |
| **Unspezifisches Segment** | **41,0** | **54,0** | **(4,4)** | **[0,6]** | 100,0 |
| *von allen* | *25,6* | *33,8* | *2,8* | *0,4* | *62,5* |
| *n* | *16* | *14* | *12* | *0* | *42* |
| **Fach- spezifisches Segment** | **(38,1)** | **(33,3)** | **(28,6)** | **[0,0]** | 100,0 |
| *von allen* | *3,0* | *2,6* | *2,2* | *0,0* | *7,7* |
| *n* | *6* | *6* | *3* | *4* | *19* |
| **Betriebs- spezifisches Segment** | **[31,6]** | **[31,6]** | **[15,8]** | **[21,1]** | 100,0 |
| *von allen* | *1,1* | *1,1* | *0,6* | *0,7* | *3,5* |
| *n* | *194* | *295* | *44* | *9* | *542* |
| Gesamt | | | | | 100,0 |
| *von allen* | *35,8* | *54,4* | *8,1* | *1,7* | *100,0* |

( ) = Zellenhäufigkeit < 30, [ ] = Zellenhäufigkeit < 10
N = 542 berufliche Veränderungen

Quelle: SOEP Wellen 1 bis 23 – eigene Berechnungen

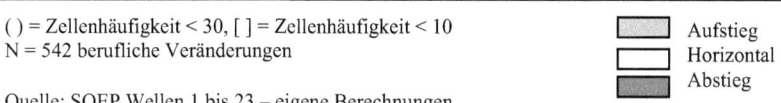

Aufstieg
Horizontal
Abstieg

Auch die Gesamtanteile von Auf- und Abstiegen liegen auf einem sehr ähnlichen Level wie bei der deutschen Gruppe (34 Prozent aller Wechsel sind abwärtsgerichtet, 23,4 Prozent führen zu einem beruflichen Aufstieg). Der Blick auf die Randverteilungen macht noch etwas deutlich: Von allen beobachteten beruflichen Veränderungen passieren 88,7 Prozent denjenigen Personen, die sich in Arbeitslosigkeit oder im unspezifischen Teilmarkt aufhalten. Zwar sind das auch die am stärksten verbreiteten Segmente der Türken, dennoch besticht dieser Anteil und zeugt von einer enormen Mobilitätsneigung innerhalb dieser

Märkte. Der Vergleich zu den Deutschen zeigt, dass sich von ihren Wechseln lediglich 57,3 Prozent in einem der beiden Segmente ereignen.

Trotz der teils geringen Fallzahlen in den Zellen des fachlichen und betrieblichen Markts bleibt diesbezüglich festzuhalten, dass unabhängig vom Ausgangssegment Wechsel in den fachlichen sowie betrieblichen Markt bei Türken eine sehr viel geringere Rolle spielen als bei Deutschen; hier scheint man in der Tat von „Mobilitäts-Barrieren" sprechen zu können. Und auch die wenigen Türken, die in einem qualifizierten Teilmarkt beschäftigt sind, landen nach einer beruflichen Veränderung mit einer sehr hohen Wahrscheinlichkeit im passiven oder unqualifizierten Bereich. Der hohe Zusammenhang zwischen beruflicher Mobilität und Arbeitslosigkeit zeigt sich bei Türken sehr eindrucksvoll darin, dass neun von zehn Abstiegen in Arbeitslosigkeit führen. Umgekehrt handelt es sich bei 86 Prozent aller Aufstiege um Tätigkeiten im Anschluss an eine Arbeitslosigkeitsphase. Insgesamt stellt der passive Arbeitsmarkt bei mehr als jedem zweiten *aller* beruflichen Wechsel das Herkunfts- und/ oder Zielsegment dar. Auch das unspezifische Segment ist ein häufiges Ziel von beruflichen Veränderungen türkischer Männer, und das obwohl dieser Arbeitsmarktbereich wie gesehen insgesamt immer kleiner wird. Dies vermag als Anzeichen darauf gedeutet zu werden, dass die Strukturveränderungen nicht unbedingt Resultat individueller Mobilitätsprozesse sind.

Alles in allem spielt sich berufliche Mobilität zunächst unabhängig von der Nationalität eher selten in Form von beruflichen Aufstiegen zwischen Segmenten ab, es dominieren Wechsel innerhalb eines Segments gefolgt von segmentiellen Abstiegen. Die Arbeitslosigkeit spielt vor allem intersegmentiell eine sehr bedeutende Rolle, die meisten Bewegungen verlaufen zwischen dem Jedermannsmarkt und der Arbeitslosigkeit. Deutsche und Türken weisen ähnliche Tendenzen auf, wobei die Dominanz der beiden unteren Teilmärkte bei Letzteren deutlich stärker ausgeprägt ist.

*Der Wechsel in die Arbeitslosigkeit*

Die enorme Bedeutung von Übergangsprozessen aus und in Arbeitslosigkeit bedarf zusätzlicher Beachtung. Vor allem stellt sich die Frage, ob die Nationalität einen eigenständigen Effekt auf das Arbeitslosigkeitsrisiko besitzt, oder ob hier vielmehr andere Faktoren greifen. Mit Hilfe einer logistischen Regression wird nachstehend die Erklärungskraft verschiedener Variablen für das Arbeitslosigkeitsrisiko bei beruflichem Wechsel analysiert. Wie die Ergebnisse der Mobilitätstabellen zeigen, gehen berufliche Veränderungen sehr häufig mit einem Wechsel des Erwerbsstatus, also arbeitslos versus nicht-arbeitslos, einher. Im Folgenden wird untersucht, welche Faktoren für einen Wechsel in Arbeitslosigkeit verantwortlich sind. Bei den gewählten unabhängigen Variablen handelt es sich um wesentliche personen- wie tätigkeitsbezogene Aspekte, von denen ein Zusammenhang mit dem Arbeitslosigkeitsrisiko erwartet wird.

*Tab. 4:* Binäre logistische Regressionen zur Betroffenheit von Arbeitslosigkeit versus einem Übergang in ein anderes Segment bei beruflicher Mobilität (odds ratios)

| | Modell 1 | Modell 2 | Modell 3 |
|---|---|---|---|
| **Segmentzugehörigkeit** (vor dem Wechsel) | | | |
| *(Ref.: unspezifisch)* | | | |
| Fachspezifisch | n.s. | 0,723** | n.s. |
| Betriebsspezifisch | 0,609** | 0,602** | n.s. |
| **Jahr des Wechsels** | | 1,072** | 1,068** |
| **Betriebszugehörigkeitsdauer** (vor dem Wechsel) | | 1,056** | 1,019* |
| **Befristung des Arbeitsverhältnisses** (vor dem Wechsel) | | 0,664** | 0,663** |
| *(Ref.: Befristetes Arbeitsverhältnis)* | | | |
| **Alter** | | | 0,931* |
| **Alter²** | | | 1,002** |
| **Berufliche Bildung (Lehre/Studium)** | | | 0,736* |
| *(Ref: keine berufliche Bildung)* | | | |
| **Nationalität** | | | 2,050** |
| *(Ref.: Deutsch)* | | | |
| **Konstante** | 0,503** | 0,000** | 0,000** |
| **Pseudo-R² (Nagelkerke)** | 0,007 | 0,095 | 0,170 |
| **Anteil korrekter Zuordnung** | 69,0 | 70,8 | 73,0 |

Ref. = Referenzkategorie
** Irrtumswahrscheinlichkeit $p \leq 0.01$; * $p \leq 0.05$; n.s. = nicht signifikant ($p > 0.10$)
N = 2.033 in die Analyse einbezogene Fälle

Quelle: SOEP Wellen 1 bis 23 – eigene Berechnungen

In den drei Modellen wird zunächst der Einfluss des Herkunftsegments gemessen, anschließend werden die beruflichen Variablen hinzugezogen (Jahr des Wechsels, Betriebszugehörigkeitsdauer und Befristung des Arbeitsverhältnisses) und letztlich die Personenmerkmale Alter, Bildung und natürlich Nationalität ergänzt.[11]

*Modell 1*: Im ersten Modell wird das Verhältnis des Arbeitslosigkeitsrisikos im fachspezifischen respektive im betriebsspezifischen zu jenem im unspezifischen Teilmarkt (vgl. Tabelle 4 Spalte 2) angegeben. Der Koeffizient für den fachlichen Markt ist nicht signifikant, das Chancenverhältnis bezüglich eines Abstiegs in die Erwerbslosigkeit zwischen dem betrieblichen Markt und dem Jedermannssegment liegt hingegen bei 0,609:1. Das heißt, im betriebsspezifischen Segment fällt das Arbeitslosigkeitsrisiko bei beruflichem Wechsel um (1-0,609=0,391=) 39,1 Prozent geringer aus als im unspezifischen Segment. Dieses Ergebnis bestätigt, dass im unspezifischen Segment die mit Abstand geringste Beschäftigungsstabilität herrscht.

*Modell 2*: In einem zweiten Schritt werden die strukturellen Variablen in das Modell integriert. Es ist erkennbar, dass sowohl das Jahr des Wechsels als auch die Betriebszugehörigkeitsdauer das Arbeitslosigkeitsrisiko bei beruflichem Wechsel erhöhen. Mit jedem Jahr, in dem der Wechsel später stattfindet, steigt die Wahrscheinlichkeit arbeitslos zu werden um gut 7 Prozent. Die Betriebszugehörigkeitsdauer erhöht mit jedem Jahr das Arbeitslosigkeitsrisiko gar um 5,6 Prozent. Eine beruflich mobile Person, die drei Jahre im Betrieb beschäftigt war, wird also zu circa 11 Prozent wahrscheinlicher arbeitslos als eine vor einem Jahr eingestellte mobile Person.[12] Ein unbefristeter Arbeitsvertrag verringert dagegen dieses Risiko im Vergleich zu befristeten Arbeitsverhältnissen. Das bedeutet, im Falle beruflicher Mobilität bei unbefristetem Beschäftigungsverhältnis wird der Wechsel zu (1-0,664=0,336=) 33,6 Prozent unwahrscheinlicher zu einem Verlust einer Anstellung führen, als es bei einem befristeten Vertrag der Fall ist.

Indem die genannten strukturellen Merkmale statistisch konstant gehalten werden, verändert sich außerdem der Einfluss der Segmentzugehörigkeit. Der Einfluss des fachlichen Teilmarkts ist nun signifikant und verringert das Arbeitslosigkeitsrisiko im Vergleich zum unspezifischen Markt um knapp 28 Pro-

---

11  Das Jahr des Wechsels kann zwischen 1983 und 2005 liegen. Es wurde hier als lineare Variable aufgenommen, um den Einfluss des allgemeinen zeitlichen Verlaufs zu messen. Ein Modell mit einer gruppierten Variable, deren Kategorien anhand von konjunkturellen Phasen hoher bzw. niedriger Arbeitslosigkeit gebildet wurden, bestätigt den Zusammenhang.

12  Dieser Zusammenhang erscheint zunächst verwunderlich, da angenommen werden kann, dass langjährige Mitarbeiter seltener arbeitslos werden als neu Eingestellte. Allerdings ist zu beachten, dass wiederum nur die Personen betrachtet werden, die einen Arbeitsplatz wechseln bzw. verlieren. Hier ist insbesondere ein Alterseinfluss zu vermuten.

zent. Im zweiten Modell kann zudem die Modellgüte erhöht werden. Der Anteil korrekter Zuordnungen liegt bei 70,8 Prozent und somit 1,8 Prozentpunkte über dem des ersten Modells. Und auch das Pseudo-$R^2$ vergrößert sich merklich. Dieser Wert gibt an, wie viel Prozent der Varianz der abhängigen Variable auf den Einfluss der integrierten Faktoren zurückgeführt werden können, hier also 9,5 Prozent.[13]

*Modell 3*: Im dritten Modell werden schließlich individuelle Merkmale hinzugezogen. Das Lebensalter hat hierbei einen starken negativen Einfluss auf das Arbeitslosigkeitsrisiko. Mit jedem Jahr zunehmenden Alters verringert sich unter Kontrolle der übrigen Variablen die Wahrscheinlichkeit, dass ein beruflicher Wechsel in die Arbeitslosigkeit führt, um knapp 7 Prozent. Jegliche lineare Einflüsse sind allerdings durch die quadrierte Altersvariable aus diesem Wert bereits heraus gerechnet. Das Niveau der beruflichen Bildung wirkt sich ebenfalls negativ auf das Risiko des Verlustes einer Anstellung aus. Im Vergleich zu Personen ohne berufliche Bildung sinkt die Gefahr arbeitslos zu werden für Personen mit beruflichem Abschluss um 26 Prozent. Die nachhaltigste Wirkung unter den individuellen Einflussfaktoren kommt allerdings der Staatsangehörigkeit zu. Türken besitzen bei Konstanz der restlichen Faktoren eine doppelt so hohe Wahrscheinlichkeit ihren aktiven Erwerbsstatus zu verlieren als Deutsche. Eine zentrale Aussage dieses Modells ist demnach, dass Türken auf dem deutschen Arbeitsmarkt insgesamt deutlich benachteiligt sind, und zwar auch unter Kontrolle ihrer Positionierung und spezifischer struktureller wie individueller Merkmale, wohl bemerkt auch unter Kontrolle ihres beruflichen Bildungsabschlusses.

Die Berücksichtigung der personenbezogenen Variablen macht sich weiterhin in einer Veränderung der übrigen Koeffizienten bemerkbar. Der Effekt der Betriebszugehörigkeitsdauer liegt nun deutlich näher bei 1, was in erster Linie auf den logischen Zusammenhang zwischen Alter und Dauer der Betriebszugehörigkeit zurückzuführen ist. Dennoch behält sie einen eigenständigen Einfluss auf das Arbeitslosigkeitsrisiko bei beruflichem Wechsel. Ein befristeter Arbeitsvertrag büßt durch Kontrolle der Personenmerkmale hingegen nicht an Einfluss-

---

13 In der Regel werden Anteile unter 20 Prozent (also $R^2$-Werte geringer als 0.2) als eher gering eingestuft (vgl. Backhaus und Erichson 2006: 465).

stärke ein, und auch am Gewicht des Wechseljahres hat sich nur geringfügig etwas geändert. Eine beachtliche Veränderung erfahren dafür die Koeffizienten der Herkunftssegmente. Unter Konstanthaltung von Alter, Bildung und Nationalität verlieren sich die Einflüsse des betriebsspezifischen und des fachspezifischen Segments und werden insignifikant. Beim Vergleich ähnlich ausgestatteter Personen mit ähnlichen Strukturbedingungen offenbart sich somit, dass die Segmentzugehörigkeit keine entscheidende Rolle für das Arbeitslosigkeitsrisiko bei einer beruflichen Veränderung spielt.

Zusammengenommen vermögen alle Variablen 73 Prozent der Fälle korrekt vorherzusagen und erklären 17 Prozent der Varianz. Sie haben sich demnach als relevante Einflussfaktoren erwiesen, spielen aber bei Weitem nicht die einzige Rolle für das Arbeitslosigkeitsrisiko.

## 4 Schlussbemerkungen

Ziel des Beitrags war es, ausgewählte Aspekte individueller Arbeitsmarktprozesse in Deutschland für Deutsche und Türken nachzuzeichnen und zu erklären. Theoretisch untermauert wurden die Analysen durch ein Modell von Lutz und Sengenberger, welches den deutschen Arbeitsmarkt in drei Segmente mit unterschiedlichen Beschäftigungsbedingungen und Organisationsstrukturen teilen. Die Operationalisierung der Teilarbeitsmärkte wurde anhand der Qualifikationsanforderung und Betriebsgröße vorgenommen und orientierte sich dabei an einem Ansatz von Blossfeld und Mayer. Die segmentationstheoretischen Annahmen wurden dabei um ein wesentliches Element ergänzt, und zwar galt Arbeitslosigkeit durchgängig als eigenständiges Segment. Datengrundlage war das SOEP und als Analysegesamtheit dienten die Berufsprozesse 20- bis 66-jähriger männlicher Deutscher und Türken seit 1984.

Ein allgemeiner Befund der Studie ist, dass Türken nach wie vor insgesamt deutlich ungünstigere Arbeitsmarktpositionen einnehmen als Deutsche und in stärkerem Maß von Arbeitslosigkeit betroffen sind. Es konnte weiterhin aufgezeigt werden, dass der deutsche Arbeitsmarkt sowohl für Deutsche als auch für Türken ein durchaus hohes Maß an Flexibilität zulässt oder aber verlangt. Deutsche und vor allem Türken wechseln hauptsächlich *zwischen* den Teilmärkten und in den meisten Fällen *abwärts* gerichtet. Dabei nimmt die Arbeitslosigkeit eine ganz entscheidende Position bei beruflichen Wechseln ein, insbesondere für türkische Männer. Der Zustand der Arbeitslosigkeit ist demnach ein fester Bestandteil individueller mobiler Berufsverläufe und verdient schon deshalb stärkere sozialwissenschaftliche Beachtung.

Ein weiteres zentrales Ergebnis zeigt, dass ein alleiniger Vergleich der absoluten Mobilitätsquoten die ethnischen Differenzen unterschätzt. Die Unterschiede machen sich vornehmlich dann bemerkbar, wenn spezifische Übergänge betrachtet werden. So konnten für Türken prinzipielle Barrieren beim Wechsel von dem unqualifizierten in den qualifizierten Arbeitsmarktbereich belegt werden. Berufliche Mobilität führt für Türken keineswegs zu einer Integration in qualifizierte Bereiche. Jene sind für diese Personengruppe mehr oder weniger unbedeutend. Ansonsten jedoch liegt der Hauptunterschied zwischen beiden Gruppen in der generell schlechteren Arbeitsmarktpositionierung von Türken. Auch berufliche Mobilitätsprozesse vermögen daran nichts zu ändern. Eher verstärken sie die bereits bestehende Ungleichheit. Zwar waren ethnische Differenzen vor einigen Jahrzehnten politisch sogar erwünscht: „Chancenungleichheit für bestimmte Gruppen ist gesellschaftlich allerdings kaum dauerhaft zu legitimieren" (Seifert 1995: 259).

In den Analysen der Einflussfaktoren der Richtung beruflicher Mobilität ist vor allem der starke Effekt personenbezogener Merkmale erkennbar geworden, doch auch die Beschaffenheit der Tätigkeit vor einem beruflichen Wechsel determiniert deutlich das anschließende Arbeitslosigkeitsrisiko. Offenbar reicht ein höherer Zugang zu Bildung für türkische Personen allein nicht aus, um die Bildungserträge gleichermaßen zu erhöhen und das Arbeitslosigkeitsrisiko zu verringern. Die Nationalität selbst behält ihren nachhaltigen Einfluss.

Neben den Erkenntnissen zu Arbeitsmarktchancen und beruflichen Mobilitätsprozessen tragen die Befunde dazu bei, sowohl Gültigkeiten als auch Grenzen der segmentationstheoretischen Annahmen aufzuzeigen. Es konnte bestätigt werden, dass der deutsche Arbeitsmarkt zumindest teilweise entlang ethnischer Linien segmentiert ist. Aber im Großen und Ganzen sind die Segmentgrenzen durchlässig. Dadurch verliert eine Kernaussage des ISF-Ansatzes gänzlich an Geltung. Die erwarteten Mobilitätsausprägungen, wie sie in Abbildung 1 zusammengefasst wurden, können nur in Ansätzen bestätigt werden – zumindest wenn ausschließlich berufliche Veränderungen betrachtet werden. Es bestätigt sich wieder einmal, dass die Wirklichkeit nicht die scharfen Trennlinien der Theorie kenne (Szydlik 1990: 150). Es schließt sich die Frage an, inwiefern Segmentationstheorien in der Lage sind, Berufschancen deutscher und vor allem türkischer Erwerbspersonen herzuleiten und zu begründen. Sind lediglich die Indikatoren erneuerungsbedürftig oder ist es gar die Idee von dauerhaften und nicht zufälligen Teilmärkten als solche?

Jedenfalls wird deutlich, dass es neben dem Abbau noch immer bestehender ethnischer Segmentationslinien auch einer Anpassung segmentationstheoretischer Implikationen an das hiesige Arbeitsmarktgeschehen bedarf. Insbesondere die Rolle der Arbeitslosigkeit muss stärker in den Arbeitsmarkttheorien gewürdigt werden.

# Literatur

Andreß, Hans-Jürgen, 1984: Deskription intragenerationeller Mobilitätsprozesse mit Verlaufsdaten. Richtung, Ausmaß und Abfolge von Tätigkeitswechseln in einer Kohorte von Berufsanfängern, Kölner Zeitschrift für Soziologie und Sozialpsychologie 36: 252-276.

BA [Bundesagentur für Arbeit], 2006: Integration von Migranten. Tabellenanhang. Verfügbar unter http://www.pub.arbeitsamt.de (Stand Mai 2008).

Bender, Stefan und Werner Karr, 1993: Arbeitslosigkeit von ausländischen Arbeitnehmern. Ein Versuch, nationalitätenspezifische Arbeitslosenquoten zu erklären. Mitteilungen aus der Arbeitsmarkt- und Berufsforschung 26: 192-206.

Bender, Stefan, Bert Rürüp et al., 2000: Migration und Arbeitsmarkt. S. 59-83 in: Klaus J. Bade und Rainer Münz (Hrsg.), Migrationsreport 2000. Fakten – Analysen – Perspektiven. Rat für Migration. Frankfurt am Main: Campus.

Biller, Martin, 1989: Arbeitsmarktsegmentation und Ausländerbeschäftigung. Ein Beitrag zur Soziologie des Arbeitsmarktes mit einer Fallstudie aus der Automobilindustrie. Campus Forschung Band 598. Frankfurt am Main: Campus.

Blossfeld, Hans-Peter und Karl-Ulrich Mayer, 1988: Arbeitsmarktsegmentation in der Bundesrepublik Deutschland. Eine empirische Überprüfung von Segmentationstheorien aus der Perspektive des Lebenslaufs, Kölner Zeitschrift für Soziologie und Sozialpsychologie 40: 262-283.

Bruder, Jana und Katharina Frosch, 2006: Foreign Nationality and Age – A Double Drawback für Reemployment in Germany? Thünen-Series of Applied Economic Theory Working Paper No 63: 1-15.

Bruder, Jana und Katharina Frosch, 2007: Erfolgschancen ausländischer und deutscher Arbeitssuchender im Vergleich: die Bedeutung des Alterseffekts. Rostocker Zentrum – Diskussionspapier. Verfügbar unter: www.rostockerzentrum.de (Stand: 2008).

Brüderl, Josef, Peter Preisendörfer und Rolf Ziegler, 1991: Innerbetriebliche Mobilitätsprozesse. Individuelle und strukturelle Determinanten der Karrieredynamik von Beschäftigten eines bundesdeutschen Großbetriebs, Zeitschrift für Soziologie 20(5): 369-384.

Constant, Amelie und Douglas S. Massey, 2003: Labor Market Segmentation and the Earnings of German Guestworkers. Verfügbar unter: http://www.iza.org (Stand: August 2005).

Diefenbach, Heike, 2002: Bildungsbeteiligung und Berufseinmündung von Kindern und Jugendlichen aus Migrantenfamilien. Eine Fortschreibung der Daten des Sozio-ökonomischen Panels. S. 9-70 in: Heike Diefenbach, Günter Renner und Bernd Schulte (Hrsg.), Migration und die europäische Integration. Herausforderungen für die Kinder- und Jugendhilfe. Sachverständigenkommission Elfter Kinder- und Jugendbericht: Materialien zum Elften Kinder- und Jugendbericht, Band 5. München: Deutsches Jugendinstitut.

Erikson, Robert und John H. Goldthorpe, 1992: The constant Flux. A Study of Class Mobility in Industrial Societies. Oxford: Clarendon Press.

Esser, Hartmut, 2000: Soziologie. Spezielle Grundlagen. Die Konstruktion der Gesellschaft, Band 2, S. 175-213. Frankfurt am Main: Campus.

Esser, Hartmut, 2006: Sprache und Integration. Campus: Frankfurt am Main.

Fassmann, Heinz, Rainer Münz und Wolfgang Seifert, 1997: Die Arbeitsmarktposition ausländischer Arbeitskräfte in Deutschland (West) und Österreich, Mitteilungen aus der Arbeitsmarkt- und Berufsforschung 30, 4/97: 732-745.

Featherman, David L. und L. Kevin Selbee, 1988: Class Formation and Class Mobility. A new Approach with Counts from Life History Data. S. 247-264 in: Matilda White Riley (Hrsg.), Social Structures and Human Lives. American Sociological Association Presidential Series: Social Change and the Life Course. Volume 1. Newbury Park: Sage.

Granato, Nadia und Frank Kalter, 2001: Die Persistenz ethnischer Ungleichheit auf dem deutschen Arbeitsmarkt. Diskriminierung oder Unterinvestition in Humankapital?, Kölner Zeitschrift für Soziologie und Sozialpsychologie 53(3): 497-520.

Granato, Nadia, 2003: Ethnische Ungleichheit auf dem deutschen Arbeitsmarkt. Schriftenreihe des Bundesinstituts für Bevölkerungsforschung, Band 33. Opladen: Leske + Budrich.

Grüner, Hans, 1992: Mobilität und Diskriminierung. Deutsche und ausländische Arbeiter auf einem betrieblichen Arbeitsmarkt. Forschungsberichte aus dem Institut für Sozialwissenschaftliche Forschung e.V. München. Frankfurt am Main: Campus.

Grundig, Beate und Carsten Pohl, 2006: Qualifikationsspezifische Arbeitslosigkeit: Gibt es Unterschiede zwischen Deutschen und Immigranten? ifo Dresden 4: 33-36.

Heath, Anthony E. und Sin Yi Cheung, 2007: Unequal Chances. Ethnic Minorities in Western Labour Markets. Proceedings of the British Acadamy 137. Oxford University Press.

Hradil, Stefan, 2001: Soziale Ungleichheit in Deutschland. 8. Auflage. Opladen: Leske + Budrich.

Kalter, Frank (Hrsg.), 2008: Migration und Integration. Zeitschrift für Soziologie und Sozialpsychologie. Sonderheft 48/2008. Wiesbaden: VS Verlag für Sozialwissenschaften.

Kley, Stefanie, 2004: Migration und Sozialstruktur. EU-Bürger, Drittstaatler und Eingebürgerte in Deutschland. Saarbrücken: Logos.

Kogan, Irena, 2004: Last Hired, First Fired? The Unemployment Dynamics of Male Immigrants in Germany. European Sociological Review 20/5: 445-461.

Köhler, Christoph und Hans Grüner, 1989: Stamm- und Randbelegschaften – Ein überlebtes Konzept? S. 175-206 in: Christoph Köhler und Peter Preisendörfer (Hrsg.), Betrieblicher Arbeitsmarkt im Umbruch. Analysen zur Mobilität, Segmentation und Dynamik in einem Großbetrieb. Forschungsberichte aus dem Institut für Sozialwissenschaftliche Forschung e.V. München. Frankfurt am Main: Campus.

Köhler, Christoph und Peter Preisendörfer (Hrsg.), 1989: Betrieblicher Arbeitsmarkt im Umbruch. Analysen zur Mobilität, Segmentation und Dynamik in einem Großbetrieb. Forschungsberichte aus dem Institut für sozialwissenschaftliche Forschung e.V. München. Frankfurt am Main: Campus.

Köhler, Christoph und Peter Preisendörfer, 1988: Innerbetriebliche Arbeitsmarktsegmentation in Form von Stamm- und Randbelegschaften, Mitteilungen aus der Arbeitsmarkt- und Berufsforschung 21, 2/88: 268-277.

Lutz, Burkart und Werner Sengenberger, 1974: Arbeitsmarktstrukturen und öffentliche Arbeitsmarktpolitik. Schriftenreihe der Kommission für wirtschaftlichen und sozialen Wandel, Band 26. Göttingen: Verlag Otto Schwartz & Co.

Mühleisen, Martin und Klaus F. Zimmermann, 1994: New Patterns of Labour Mobility. A panel analysis of job changes and unemployment. European Economic Review 38: 793-801.

Münz, Rainer, Wolfgang Seifert und Ralf Ulrich, 1999: Zuwanderung nach Deutschland. Strukturen, Wirkungen und Perspektiven. 2., aktualisierte und erweiterte Auflage. Frankfurt am Main: Campus.

Preisendörfer, Peter, 1989: Organisationsdynamik und Karrieremuster. Auswirkungen von betrieblicher Expansion und Kontraktion auf die Aufstiegschancen in einem Großbetrieb. S. 233-256 in: Christoph Köhler und Peter Preisendörfer (Hrsg.), Betrieblicher Arbeitsmarkt im Umbruch. Analysen zur Mobilität, Segmentation und Dynamik in einem Großbetrieb. Forschungsberichte aus dem Institut für Sozialwissenschaftliche Forschung München. Frankfurt am Main: Campus.

Seifert, Wolfgang, 1995: Die Mobilität der Migranten. Die berufliche, ökonomische und soziale Stellung ausländischer Arbeitnehmer in der Bundesrepublik. Eine Längsschnittanalyse mit dem Sozio-Ökonomischen Panel. 1984-1998. Wissenschaftsforschung Berlin für Sozialforschung Abteilung Sozialstruktur und Sozialberichterstattung: Berlin: Ed. Sigma.

Seifert, Wolfgang, 1996: Berufliche, ökonomische und soziale Mobilität von Arbeitsmigranten zwischen 1984 und 1993. S. 240-263 in: Wolfgang Zapf, Jürgen Schupp und Roland Habich (Hrsg.), Lebenslagen im Wandel: Sozialberichterstattung im Längsschnitt. Projektgruppe „Das Sozio-ökonomische Panel" im Deutschen Institut für Wirtschaftsforschung Berlin: Sozioökonomische Daten und Analysen für die Bundesrepublik Deutschland, Band 7. Frankfurt am Main: Campus.

Seifert, Wolfgang, 1997: Einwanderungsland Deutschland. Alte und neue Migrantengruppen zwischen Exklusion und Inklusion. S. 141-160 in: Wolfgang Zapf und Roland Habich (Hrsg.), Wohlfahrtsentwicklung im vereinten Deutschland. Sozialstruktur, sozialer Wandel und Lebensqualität. Wissenschaftszentrum Berlin für Sozialforschung. Abteilung Sozialstruktur und Sozialberichterstattung. Berlin: Edition Sigma.

Sengenberger, Werner, 1978: Einführung: Die Segmentation des Arbeitsmarkts als politisches und wissenschaftliches Problem. S. 15-42 in: Werner Sengenberger (Hrsg.), Der gespaltene Arbeitsmarkt. Probleme der Arbeitsmarktsegmentation. Arbeiten des Instituts für sozialwissenschaftliche Forschung München. Frankfurt am Main: Campus.

Sengenberger, Werner, 1987: Struktur und Funktionsweise von Arbeitsmärkten. Die Bundesrepublik Deutschland im internationalen Vergleich. Frankfurt: Campus.

StBA [Statistisches Bundesamt], 2008: Bevölkerung und Erwerbstätigkeit. Bevölkerung mit Migrationshintergrund – Ergebnisse des Mikrozensus 2006. Fachserie 1 Reihe 2.2. Wiesbaden.

StBA [Statistisches Bundesamt], 2007: Statistisches Jahrbuch 2007 für die Bundesrepublik Deutschland. Wiesbaden.

Szydlik, Marc, 1990: Die Segmentierung des Arbeitsmarktes in der Bundesrepublik Deutschland. Eine empirische Analyse mit Daten des Sozio-ökonomischen Panels, 1984-1988. Beiträge zur Sozialökonomik der Arbeit 24. Berlin: Edition Sigma.

Szydlik, Marc, 1996: Ethnische Ungleichheit auf dem deutschen Arbeitsmarkt, Kölner Zeitschrift für Soziologie und Sozialpsychologie 48(4): 658-676.

Uhlendorff, Arne und Klaus F. Zimmermann, 2006: Unemployment Dynamics among Migrants and Natives. IZA DP. Verfügbar unter: www.iza.org (Stand: 2008).

von Below, Susanne, 2003: Schulische Bildung, berufliche Ausbildung und Erwerbstätigkeit junger Migranten. Ergebnisse des Integrationssurveys des BiB. Bundesinstitut für Bevölkerungsforschung. Materialien zur Bevölkerungswissenschaft Heft 105b. Verfügbar unter: www.bib-demographie.de (Stand: 2008).

# Die strukturelle Assimilation der zweiten Migrantengeneration in Deutschland: Eine Zerlegung gegenwärtiger Trends[1]

*Frank Kalter, Nadia Granato und Cornelia Kristen*

## 1 Einleitung

Wie in vielen anderen europäischen Ländern wächst auch in Deutschland zunehmend die Sorge, dass ethnische Schichtungen und damit einhergehende Segmentationen zu dauerhaften und problematischen Merkmalen der Gesellschaft werden. Im Hinblick auf die Arbeitsmarktintegration, die aus verschiedenen Gründen wohl die bedeutsamste Dimension der Integration darstellt (Esser 2000: 304; Kalter und Granato 2002), lässt sich beispielsweise feststellen, dass die Nachkommen der Arbeitsmigranten aus Italien, Griechenland, Ex-Jugoslawien, Portugal, Spanien und vor allem aus der Türkei immer noch deutlich benachteiligt sind. Obwohl die zweite Generation durchaus erfolgreicher ist als die erste Generation, erzielen junge Migranten bei weitem nicht die gleichen Ergebnisse wie gleichaltrige Deutsche ohne Migrationshintergrund. In der Zwischenzeit ist dieser Befund in einer Reihe von Studien wiederholt bestätigt worden (z.B. Seifert 1992; Szydlik 1996; Granato und Kalter 2001; Granato 2003).

Es ist allerdings schwierig zu beurteilen, ob dies nun Hinweise auf eine Verfestigung ethnischer Ungleichheiten sind oder ob dennoch ein, wenn auch eventuell nur langsamer Trend zur strukturellen Assimilation zu beobachten ist. Dies liegt hauptsächlich an einem Mangel an adäquaten Daten. Während sich verfüg-

---

1 Dieser Beitrag ist eine vom Herausgeber vorgenommene und von den Autoren autorisierte Übersetzung des Beitrags „Disentangling recent trends of the second generation's structural assimilation in Germany", der zuerst 2007 in dem von Stefani Scherer, Reinhard Pollak, Gunnar Otte und Markus Gangl herausgegebenen Sammelbands „From Origin to Destination. Trends and Mechanisms in Social Stratification Research" erschienen ist. An dieser Stelle dankt der Herausgeber des Sammelbandes den Autoren, den Herausgebern und besonders Frau Petra Zimlich vom Campus-Verlag für die Erlaubnis, den Beitrag in deutscher Sprache wieder veröffentlichen zu dürfen.

bare Survey-Daten generell nur begrenzt zur Analyse von Integrationsprozessen der zweiten Generationen eignen, konnten umfassendere amtliche Bevölkerungserhebungen bislang nicht zur Abbildung der Entwicklung im Zeitverlauf genutzt werden (Kalter 2005: 314 ff.). Seit geraumer Zeit sind jedoch ‚scientific use files' des deutschen Mikrozensus zugänglich, mit denen sich die Muster ethnischer Ungleichheiten zwischen 1989 und 2004 in einem Trenddesign analysieren lassen. Aufbauend auf früheren Analysen mit einem oder mehreren Erhebungszeitpunkten (Granato und Kalter 2001; Granato 2003; Kalter und Granato 2007), soll in diesem Beitrag mit diesen Daten untersucht werden, ob ein Trend zur strukturellen Assimilation der zweiten Generation zu verzeichnen ist. Es geht also darum, eine der grundlegendsten Fragen der Integrationsforschung empirisch angemessen zu beantworten.

Der Beitrag belässt es jedoch nicht nur bei reinen Beschreibungen. Ausgehend von einer Analyse der Gesamttrends versuchen wir darüber hinaus die grundlegenden Mechanismen zu identifizieren, die für Kontinuität oder Wandel bei der Arbeitsmarktintegration verantwortlich sind. Und spätestens damit kommt die allgemeine Ungleichheitsforschung ins Spiel. Studien über die strukturelle Integration der zweiten Generation haben bislang nicht nur gezeigt, dass die ethnische Ungleichheit in der zweiten Generation immer noch gravierend ist, sondern auch, dass dies anscheinend zum größten Teil auf allgemeine Mechanismen sozialer Ungleichheit zurückzuführen ist. So ist der geringere Arbeitsmarkterfolg hauptsächlich eine *Frage der Bildung* (Granato und Kalter 2001; Granato 2003; Seibert und Solga 2005; Kalter und Granato 2007; Konietzka und Seibert 2003). Die geringeren Bildungserfolge scheinen wiederum vornehmlich der sozialen Herkunft geschuldet und nicht genuin ethnischer Natur zu sein (Alba et al. 1994; Baumert und Schümer 2002; Kristen und Granato 2004). Dies deckt sich mit den allseits bekannten Befunden der vergleichenden Ungleichheitsforschung, dass die Verbindung zwischen Bildungssystem und Arbeitsmarkt in Deutschland besonders eng (Müller et al. 1998) und die Wirkung der sozialen Herkunft auf den Bildungserwerb besonders stark ist (Erikson und Goldthorpe 1992; Müller et al. 1989). Vergröbert dargestellt resultieren die Probleme der zweiten Generation in Deutschland damit vorwiegend aus der früheren, sehr stark negativen selektiven Einwanderung (Heckmann 1992) und den Besonderheiten der deutschen institutionellen Strukturen, die – unabhängig vom Migrationshintergrund – eine intergenerationale Transmission von Benachteiligungen begünstigen.

Die grundlegende Beziehung zwischen Integrations- und Ungleichheitsforschung sowie ihre Bedeutsamkeit für das Verständnis der Situation der zweiten Generation kann durch eine Erweiterung des Dreiecks von ‚*origin*' (soziale Herkunft), ‚*education*' (Bildung) und ‚*destination*' (Klassenposition), dem so genannten ‚*OED triangle*' (Breen und Luijkx 2004), skizziert werden (Abbildung 1). In der Schichtungsforschung sind die grundlegenden Fragen folgende: Wie wird die erreichte Klassenposition (D) einer Person von ihrer Klassenherkunft (O) bestimmt und welche Rolle spielt dabei die Bildung (E)?

*Abb. 1:* Integrationsforschung und das OED-Dreieck

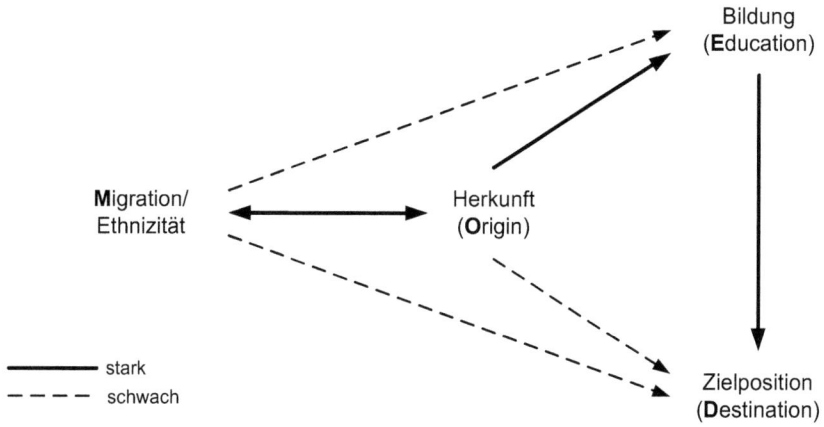

Wie zuvor bereits erwähnt, haben sich in Deutschland die OE- und ED-Verbindung dabei als besonders stark herausgestellt. In der Integrationsforschung richtet sich eine der Hauptinteressen auf den generellen Zusammenhang zwischen Migrationshintergrund bzw. Ethnizität (M) und Arbeitsmarkterfolg (D). Hierzu zeigen bereits vorliegende Befunde, dass sowohl der partielle Zusammenhang MD als auch der partielle Zusammenhang ME eher schwach sind, während die Beziehung OM äußerst stark ist, weil die frühere Rekrutierung ausländischer Arbeitskräfte stark negativ selektiv im Hinblick auf die Bildungsqualifikationen war. Dies impliziert, dass die Dreiecksbeziehung OED, der Kern der allgemeinen Ungleichheitsforschung, mit Blick auf die zweite Generation in Deutschland ein entscheidender Baustein für die Erklärung der Verfestigung ethnischer Schichtungen ist.

   Gleichzeitig wissen wir aus der Ungleichheitsforschung, dass die Komponenten dieses OED-Dreiecks selbst einem Wandel unterliegen (Breen und Luijkx 2004). Diese Wandlungsprozesse sind somit entscheidend für das Verständnis, wie sich ethnische Benachteiligungen entwickeln, da sie potentielle Assimilationstendenzen beschleunigen oder verzögern können. Neben einer Beschreibung der Gesamtentwicklungen befasst sich der Beitrag deshalb auch mit den jeweiligen Entwicklungen in den einzelnen Komponenten. Für jeden der

Pfade in Abbildung 1 versuchen wir – so knapp wie möglich – grundlegende Mechanismen, theoretisch abgeleitete Erwartungen bezüglich möglicher Veränderungen und verfügbare empirische Belege zu umreißen. Dann werden wir mit Mikrozensusdaten die entsprechenden Trends der letzten 15 Jahre empirisch analysieren, was für die meisten Komponenten möglich ist (außer für OD).

Dabei werden wir wie folgt vorgehen: Der nächste Teil befasst sich mit der beruflichen Stellung als abhängiger Variable und untersucht sowohl die Gesamttrends der strukturellen Assimilation als auch Veränderungen in der Stärke von Pfaden, die direkt zu D führen. Der dritte Teil analysiert den Bildungserwerb, wobei wiederum einerseits die Gesamtentwicklung, anderseits die Entwicklungen in den zu D führenden Teilpfaden untersucht werden. Im abschließenden vierten Teil fügen wir alle Einzelteile zusammen, um die Tendenzen der beruflichen Assimilation der zweiten Generation und die zugrundeliegenden strukturellen Veränderungen zusammenfassend zu skizzieren.

## 2 Entwicklungen der beruflichen Stellung der zweiten Generation (D als abhängige Variable)

Dieser Abschnitt analysiert die berufliche Allokation der zweiten Generation oder genauer gesagt die Entwicklung der relativen Nachteile im Vergleich zur deutschen Referenzgruppe. Im ersten Unterabschnitt (2.1) beschreiben wir kurz die Daten und betrachten die Brutto-Trends, d.h. den Gesamtzusammenhang zwischen Migrationshintergrund (M) und Zielposition (D) gemäß Abbildung 1. Danach beginnen wir damit, die Trends analytisch zu trennen, indem wir sie in zwei wichtige Komponenten zerlegen. Die erste Komponente sind Einflüsse des Migrationshintergrunds auf den Beruf bzw. die berufliche Stellung, die nicht durch die Bildung vermittelt werden und gewöhnlich als *„ethnic penalties"* (ethnische Nachteile) bezeichnet werden (2.2).[2] Die zweite Komponente ist der allgemeine Effekt von Bildung auf die berufliche Stellung und mögliche Veränderungen hiervon (2.3). Während der erste Unterabschnitt rein deskriptiv gehalten wird – in einem gewissen Sinne umreißt er die zu erklärenden Sachverhalte –, diskutieren der zweite und dritte Unterabschnitt grundlegende Mechanismen, die den veränderlichen Beziehungen zugrunde liegen, und versu-

---

2  Da die soziale Herkunft nicht kontrolliert werden kann, lässt sich mit den Daten nicht unterscheiden, welche Einflüsse durch soziale Herkunft vermittelt sind (der MO-OD-Pfad) und welche nicht (der direkte MD-Pfad).

chen auf der Basis empirischer Befunde zu den Randbedingungen in Deutschland Erwartungen über die Entwicklung der Trends abzuleiten.

### 2.1 Daten und Bruttotrends der beruflichen Positionierung (MD total)

Die empirische Analyse und die Zerlegung der Trends für die berufliche Position der zweiten Generation erfordern eine hohe Datenqualität. Benötigt werden individuenbasierte Informationen, die neben anderen Merkmalen vor allem die Zugehörigkeit zu einer ethnischen Gruppe, den Beruf und den erreichten Bildungsabschluss enthalten. Diese Variablen sollten innerhalb einer gewissen Zeitspanne identisch erhoben worden sein. Die Stichproben sollten die Einwanderungspopulation unverzerrt abbilden und ausreichend groß sein, um eine angemessene Anzahl von Migranten zu umfassen. Glücklicherweise sind seit einigen Jahren Daten des deutschen Mikrozensus verfügbar, die diese Anforderungen im Prinzip erfüllen.

Der deutsche Mikrozensus ist eine jährliche 1-Prozent-Haushaltsbefragung der Bevölkerung in Deutschland (Lüttinger und Riede 1997). In der Zwischenzeit liegen „scientific use files" für viele Jahre vor, und jeder dieser Datensätze ist eine 70-Prozent-Unterstichprobe. Seit 1989 ist es möglich, die Gruppen der klassischen Arbeitsmigranten in diesen Datensätzen zu identifizieren. Die aktuellsten Daten in unserer Untersuchung stammen aus dem Mikrozensus 2004. Für die Analysen in diesem Abschnitt kombinieren wir alle verfügbaren Datensätze (n = 13) zwischen diesen zwei Zeitpunkten, d.h. die Jahre 1989, 1991, 1993 und jedes der Jahre von 1995 bis 2004.[3] Dadurch stehen große Fallzahlen zur Verfügung und es bietet sich die Möglichkeit, in einem Trenddesign die Integration der zweiten Migrantengeneration im Zeitverlauf zu untersuchen.[4]

Es muss allerdings erwähnt werden, dass auch der kumulierte Mikrozensus noch einige Einschränkungen aufweist, wenn es um eine Beurteilung der Entwicklung der Assimilation von Einwanderern geht. So kann gerade der Migrationsstatus oder die Zugehörigkeit zu einer ethnischen Gruppe nur von der Staatsangehörigkeit abgeleitet werden, weil keine Informationen zum Geburts-

---

3   Um Komplikationen zu vermeiden, die als Folge der deutschen Vereinigung und spezifischer Eigenschaften der ostdeutschen Wirtschaft entstanden sind, beschränken sich alle Analysen auf Befragte in Westdeutschland. Dies scheint auch deshalb angemessen, weil die überwiegende Mehrheit der klassischen Arbeitsmigranten nach wie vor im Westen lebt.

4   Wenn wir im Folgenden Personen im Alter zwischen 18 und 65 Jahren betrachten, die entweder Arbeiter oder Angestellte sind, belaufen sich die jährlichen Fallzahlen im Schnitt auf 1.363 Mitglieder der zweiten Generation und mehr als 110.000 Befragte der Referenzgruppe.

land der Eltern vorliegen.[5] Daher überlagern Einbürgerungsprozesse die beobachteten Entwicklungen im Zeitverlauf. Einerseits wirkt sich dies auf die
Vergleichsbevölkerung aus und dürfte zu einer Überschätzung der Assimilation
führen, gerade wenn man beispielsweise an die beachtenswerte Anzahl von
Aussiedlern aus Osteuropa denkt, die in den 1990er Jahren in die Referenzpopulation eingeflossen sind. Andererseits erscheint es durchaus plausibel, dass ehemalige Arbeitsmigranten und ihre Nachkommen, die bereits eingebürgert wurden, in Bezug auf die strukturelle Integration positiv selektiert sind (Diehl und
Blohm 2003), so dass der Assimilationstrend tendenziell unterschätzt wird,
wenn man nur die verbleibenden Personen mit ausländischer Staatsangehörigkeit betrachtet. Bei der weiteren Interpretation gilt es also zu bedenken, dass die
Befunde aus den genannten Gründen geringfügig verzerrt sein könnten.

Um die Entwicklungstrends der strukturellen Assimilation beschreiben und
zerlegen zu können, folgen wir grundsätzlich den Analysen von Granato und
Kalter (2001), indem wir einen sehr einfachen Indikator der Arbeitsmarktpositionierung verwenden: die relative Chance (odds), als Angestellter oder als Arbeiter beschäftigt zu sein.[6] Sicherlich ist dies ein eher grober Indikator für die berufliche Platzierung, aber viele denkbare Alternativen (Granato 2003: 59-68)
scheiden aus, weil sie nicht für alle zugänglichen Mikrozensuszeitpunkte gebildet werden können. Im Gegensatz dazu wird die berufliche Stellung in allen hier
berücksichtigten Kalenderjahren direkt und in der gleichen Art und Weise erhoben. Darüber hinaus bildet diese Dichotomie Unterschiede mit Blick auf viele
wichtige Arbeitsmarkterträge (Einkommen, Prestige, Beschäftigungssicherheit)
ab und ist historisch tief in der deutschen Berufsstruktur verwurzelt (Müller und
Pollak 2004: 78). Weiterhin ist anzumerken, dass in der Zwischenzeit für mehrere einzelne Jahre ähnliche Analysen mit alternativen Indikatoren durchgeführt
wurden, die im Großen und Ganzen die gleichen Ergebnisse liefern (Granato
2003; Kalter und Granato 2007).

Mit der diskutierten Dichotomie (Angestellte vs. Arbeiter) als abhängiger
Variable werden die so genannten „odds ratios", also die Chancenverhältnisse
zwischen Mitgliedern der zweiten Generation und der deutschen Referenzgruppe, eine Angestelltenposition einzunehmen, als Basisindikator für ethnische
Benachteiligung verwendet. In Abbildung 2 ist die Entwicklung dieser

---

5   Das hat sich erst kürzlich mit dem Mikrozensus 2005 geändert.
6   Andere Kategorien der beruflichen Stellung (z.B. Selbständige oder Beamte) werden als feh-
    lende Werte behandelt.

Ungleichheiten für fünf wichtige Gruppen von Arbeitsmigranten im Zeitverlauf dargestellt.

*Abb. 2:* Gesamttrend der strukturellen Assimilation

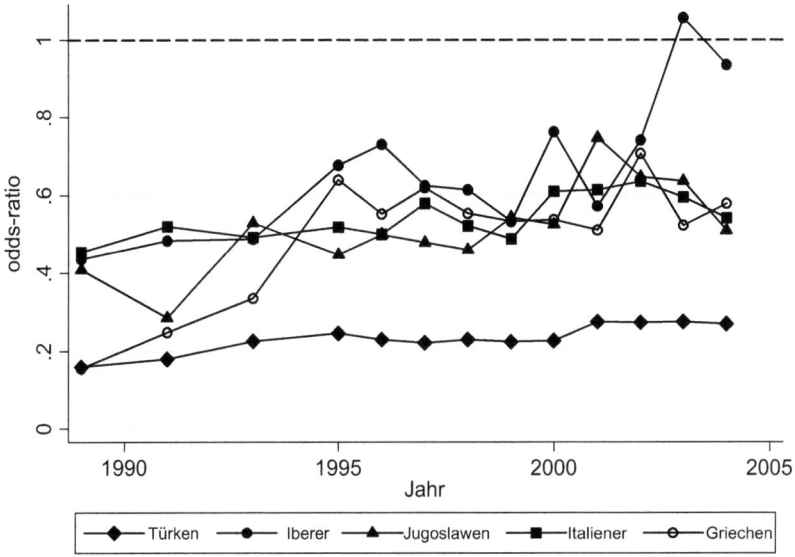

bei Kontrolle von Alter, Alter im Quadrat und Geschlecht

Die Chancenverhältnisse sind mit Hilfe logistischer Regressionsmodelle ge-schätzt worden, in denen zusätzlich das Alter, das quadrierte Alter und das Geschlecht kontrolliert wurden.[7] Wie zuvor erwähnt, wird die Gruppenzugehörigkeit durch die formale Staatsangehörigkeit definiert, wobei wir zwischen Italienern, Ex-Jugoslawen, Griechen und Türken unterscheiden können. Portugiesen und Spanier werden wegen geringer Fallzahlen zur Gruppe der „Iberer" zusammengefasst. Zur zweiten Generation zählen Personen ohne

---

7   Eine kurze Beschreibung des Aufbaus der Modelle, auf denen die Abbildungen 2 bis 5 basieren, findet sich in Tabelle 1 im Anhang. Wenn hier die Daten „gepoolt" analysiert werden, ist zu be-denken, dass der Mikrozensus ein rotierendes Panel ist. Genauer gesagt wird jedes Jahr ein Viertel der Haushalte erneuert, so dass ein Befragter in vier aufeinander folgenden Jahren an der Erhebung teilnimmt. Um diese Eigenschaft auszugleichen, wird in den Analysen ein Designge-wicht für die Jahreszeitpunkte verwendet.

deutsche Staatsbürgerschaft, die entweder in Deutschland geboren wurden oder bis zum Alter von 6 Jahren eingewandert sind.

Abbildung 2 verdeutlicht, dass die Lage auf dem Arbeitsmarkt 1989 weit von einer strukturellen Assimilation entfernt war, die durch den Wert von 1 für die Referenzgruppe (horizontale Linie) indiziert würde. Italiener, Iberer und Jugoslawen weisen „odds ratios" auf, die nur geringfügig über 0,4 liegen, während die anderen beiden Gruppen (Türken und Griechen) sogar einen Wert von nur ca. 0,2 haben. Es ist jedoch eindeutig zu erkennen, dass sich die berufliche Platzierung im Vergleich zu den Deutschen in den folgenden 15 Jahren generell verbessert hat. Alle Odds-Ratio-Werte sind über die Zeit hinweg tendenziell angestiegen, wobei die Trends für alle Gruppen hochsignifikant (p < .001) sind.[8] In den letzten Jahren hat die zweite Generation der Iberer einen Odds-Ratio-Wert von nahezu 1 erreicht, der eine „perfekte" Assimilation signalisiert. Das trifft jedoch nicht auf die verbleibenden vier Gruppen zu. Obwohl die Trends signifikant positiv sind, steigen die Chancenverhältnisse nur geringfügig an und schwanken für Italiener, Griechen und Jugoslawen am Ende des Beobachtungszeitraums um einen Wert von 0,6. Ganz offensichtlich handelt es sich bei den Türken um die am stärksten benachteiligte Gruppe, deren Odds-Ratio-Werte auch am Ende der Untersuchungsperiode unter 0,3 verharren.

Erwähnenswert ist dabei, dass die beobachteten Trends entweder aus Perioden- oder Kohorteneffekten resultieren können. Erst kürzlich wurde in der Mobilitätsforschung erneut betont, dass die Kohortenabfolge für den sozialen Wandel oftmals der bedeutendere Effekt sei, zumal viele Mechanismen, die für Veränderungen ausschlaggebend sein sollen – und vor allem diejenigen, die in Zusammenhang mit dem Bildungserwerb stehen, – sich nur bei spezifischen Altersgruppen auswirken (Müller und Pollak 2004: 96 ff.). Dies trifft insbesondere auf unsere abhängige Variable der beruflichen Platzierung zu, da individuelle vertikale Mobilität im höheren Alter eher selten auftritt (Erikson und Goldthorpe 1992: 72). Auch in der Migrationsforschung ist die Notwendigkeit von Kohortenanalysen bereits in der Vergangenheit betont worden (Waters und Jiménez 2005: 121). Da uns aber keine Längsschnittinformationen auf Individualebene vorliegen, lassen sich Perioden- und Kohorteneffekte empirisch nicht eindeutig voneinander trennen.

---

8   Eine Skizze des Aufbaus der Modelle, auf denen die Signifikanztests der Veränderungen im Zeitverlauf basieren, befindet sich ebenfalls in Tabelle 1 im Anhang.

## 2.2 Ethnische Nachteile auf dem Arbeitsmarkt (MD partiell, einschließlich MO-OD)

In diesem Teilabschnitt befassen wir uns mit ethnischen Ungleichheiten, die trotz einer Kontrolle des Qualifikationsniveaus auftreten. Heath und Ridge (1983) folgend, verwenden wir den Begriff „ethnische Nachteile" ('ethnic penalties'). Wie entstehen diese ethnischen Nachteile? Grundsätzlich bieten sich zwei Ausgangspunkte zur Erklärung an. Zum einen gibt es verschiedene Diskriminierungstheorien. Im engeren Sinne des Wortes meint Diskriminierung eine unterschiedliche Behandlung, die nicht durch andere Faktoren vermittelt ist, sondern direkt an ein askriptives Merkmal, in diesem Fall die Ethnizität, geknüpft ist (Arrow 1973). Neoklassischen Theorien der Ökonomie zufolge ist Diskriminierung in perfekten Märkten eher unwahrscheinlich. Vielmehr sind bestimmte Formen eines Marktversagens eine Voraussetzung dafür, dass Diskriminierung entsteht: So hebt die *monopsonistische Diskriminierungstheorie* (Madden 1973) auf den Mangel an Konkurrenz auf Seiten der Arbeitsnachfrage ab; die *Theorie der Diskriminierung* nach Becker (1971) baut auf der Existenz persönlicher Präferenzen auf, während die *Theorie der statistischen Diskriminierung* (Phelps 1972; Arrow 1972; Aigner und Cain 1977) oder der *Fehler-Diskriminierung* (England 1992: 60) diskriminierendes Verhalten auf unvollständige oder „falsche" Informationen zurückführen.

Eine zweite Gruppe von Ansätzen erklärt ethnische Nachteile mit einem Mangel an Fertigkeiten und Ressourcen, die sich nicht über das vorhandene Bildungsniveau abbilden lassen. Formale Qualifikationen sind nur ein Proxy für das Humankapital und ethnische Unterschiede können als Folge unbeobachteter Heterogenität im Hinblick auf bestimmte Bestandteile der Humankapitalausstattung auftreten. Dies erscheint besonders plausibel, zumal einige dieser Bestandteile wie etwa Sprachbeherrschung oder anderes kulturelles Wissen aufnahmelandspezifisch sind. Gerade bei der ersten Generation ist die Kontextabhängigkeit bestimmter Kapitalien eine naheliegende Erklärung für ethnische Nachteile (Chiswick 1978, 1991; Friedberg 2000). Obwohl die Kinder von Einwanderern möglicherweise über mehr kulturspezifische Fertigkeiten verfügen dürften als ihre Eltern, besteht wohl immer noch ein beachtlicher Abstand zur einheimischen Jugend (siehe auch den *Beitrag von Becker und Schubert* in diesem Band). Weiterhin dürfte es einen direkten Effekt der elterlichen Ressourcen auf den Arbeitsmarkterfolg ihrer Kinder (OD) geben, der nicht durch den Bildungsabschluss der Kinder vermittelt ist. Wenn Einwanderer – wie im Falle der früheren Arbeitsmigranten in Deutschland – negativ selektiert sind (MO), dann kann dies ebenfalls zu ethnischen Nachteilen (MO-OD) führen. Darüber hinaus dürften junge Arbeitsuchende neben den elterlichen Ressourcen auch auf Ressourcen Dritter zurückgreifen, d.h. sie nutzen ihr soziales Kapital. In der ökonomi-

schen Literatur ist allgemein bekannt, dass soziale Netzwerke eine wichtige
Rolle auf dem Arbeitsmarkt spielen (Montgomery 1991: 1408ff.; Granovetter
1995; Lin 1999) und dass sich Netzwerke der Einwanderergruppen – im Vergleich zu denen der einheimischen Bevölkerung – oftmals als weniger hilfreich
erweisen (Portes und Rumbaut 2001: 48; Petersen et al. 2000; siehe auch den
*Beitrag von Bernhard Nauck* in diesem Band).

Grob gesprochen lassen beide Erklärungsstränge vermuten, dass spezifisch
ethnische Nachteile der zweiten Generation auf dem deutschen Arbeitsmarkt im
Zeitverlauf abnehmen sollten. Was Diskriminierungstendenzen angeht, besagt
ein weit verbreitetes Argument, dass weder die ‚taste'-Diskriminierung noch die
Fehler-Diskriminierung mittel- oder langfristig bestehen können (z.B. Arrow
1972: 192; Arrow 1998). Auch der Mangel an aufnahmelandspezifischen Ressourcen der Einwandererkinder sollte im Laufe der Zeit geringer werden. Mit
steigender Aufenthaltsdauer wird es immer wahrscheinlicher, dass sowohl einzelne Mitglieder als auch eine ethnische Gruppe insgesamt eher aufnahmeland-
als herkunftslandspezifische Ressourcen ansammeln.[9]

Abbildung 3 zeigt, dass ethnische Nachteile für die zweite Generation bestehen, auch wenn sich diese auf einem vergleichsweise niedrigen Niveau bewe-
gen.[10] Wie bereits Abbildung 2, so stellt dieses Schaubild die Chancenverhältnisse für die fünf Gruppen der zweiten Generation dar – dieses Mal aber unter
Kontrolle des Bildungsniveaus, das anhand der CASMIN-Klassifikation abgebildet wird (Brauns et al. 2003). Das Ausmaß der ethnischen Nachteile entspricht der Distanz zur horizontalen Linie, die die Y-Achse beim Wert von 1
schneidet. Während die Chancenverhältnisse für die Gruppe der Italiener um
den Wert von 1 schwanken und damit unter Kontrolle von Bildung keine erns-
ten Nachteile signalisieren, ist die Gruppe der Türken in nahezu allen Jahren am
stärksten benachteiligt. Alle anderen Gruppen liegen irgendwo dazwischen und
sind zumindest zeitweise ethnischen Nachteilen ausgesetzt.

---

9   Wie bereits angemerkt, enthalten die Daten keine Längsschnittinformationen für Individuen,
    sondern basieren auf einem Trenddesign. Von daher dürften Prozesse wie Rückkehr-Migration
    oder Neuzuwanderung die Ergebnisse bis zu einem gewissen Grad beeinträchtigen (Waters und
    Jiménez 2005).
10  Während wir ethnische Nachteile mit den Mikrozensusdaten nicht nach den verschiedenen
    Erklärungssträngen differenziert analysieren können, zeigt eine aktuelle Studie auf Basis des
    Sozioökonomischen Panels, dass diese fast vollständig durch Sprachkenntnisse und die ethni-
    sche Zusammensetzung der Freundschaftsnetzwerke erklärt werden können und weniger auf
    Diskriminierung zurückgehen (Kalter 2006). Der direkte Einfluss der sozialen Herkunft
    (MO-OD-Pfad) ist zwar gering, hat aber dennoch einen signifikanten Effekt.

*Abb. 3:* Trends der ethnischen Nachteile

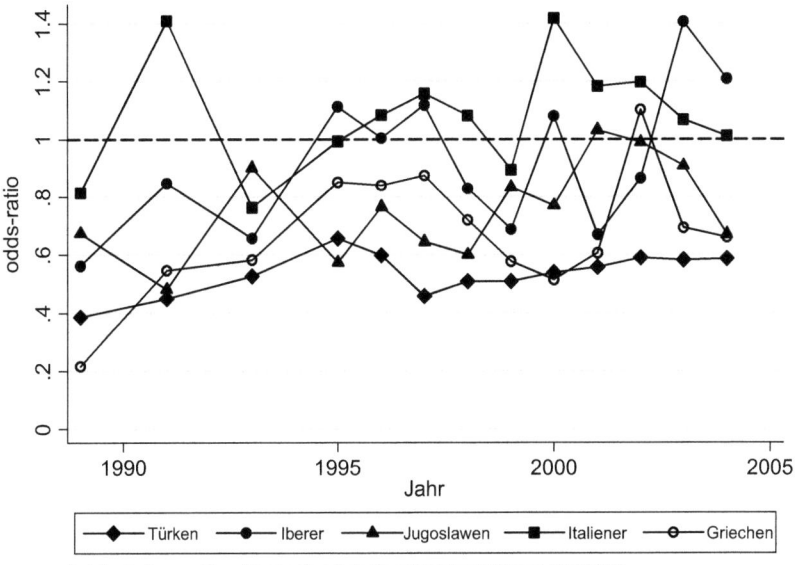

bei Kontrolle von Alter, Alter im Quadrat, Geschlecht und Bildung (CASMIN)

Der wichtigste Befund der Abbildung ist jedoch, dass die Chancenverhältnisse (unter Kontrolle von Bildung) in den letzten 15 Jahren tendenziell angestiegen sind. Der Trend ist für alle Gruppen signifikant positiv, was bedeutet, dass sich die spezifisch ethnischen Nachteile im Zeitverlauf tatsächlich verringert haben. Zum Ende des Beobachtungszeitraums erreichen die Chancenverhältnisse von vier Gruppen mehr oder weniger die horizontale Linie (y = 1), während bei den Türken weiterhin ernsthafte Nachteile zu erkennen sind. Aber auch hier sind die Chancenverhältnisse im betrachteten Zeitraum unter Kontrolle der Bildung von 0,4 auf nahezu 0,6 gestiegen.

*2.3 Der Einfluss von Bildung auf die berufliche Positionierung (ED)*

Ein Vergleich der „Brutto-Effekte" der Gruppenzugehörigkeit in Abbildung 2 mit den um die Bildung bereinigten „Netto-Effekten" in Abbildung 3 bestätigt die bereits eingangs getroffene Aussage, dass das Bildungsniveau ein dominanter Faktor ist, wenn Benachteiligungen der zweiten Generation auf dem deutschen Arbeitsmarkt erklärt werden sollen. Außer bei den Türken lassen sich in jüngeren Jahren fast alle existierenden Nachteile auf diesen Faktor zurückführen. Während Abbildung 2 selbst zum Ende der Untersuchungsperiode noch

bemerkenswerte Benachteiligungen zeigt (mit Ausnahme der Iberer), verschwinden diese Nachteile unter Kontrolle der Qualifikation in Abbildung 3 für
fast alle Gruppen – mit Ausnahme der Türken – nahezu vollständig. Wie hat
sich aber die Stärke des Zusammenhangs von Bildung und Arbeitsmarkt (ED)
im Zeitverlauf entwickelt? Da diese Beziehung ebenfalls den Brutto-
Assimilationstrend beeinflusst haben dürfte, beschäftigt sich der folgende Abschnitt mit dieser Frage.

Dass das Bildungsniveau der entscheidende Faktor für die Erklärung der beruflichen Platzierung ist, bedarf wohl eigentlich keiner weiteren Ausführungen.
Um aber einen möglichen Wandel in der Stärke dieses Zusammenhangs im
Zeitverlauf zu untersuchen, kann es durchaus hilfreich sein, noch einmal kurz
die grundsätzlichen Mechanismen zu vergegenwärtigen: Gemäß mikroökonomi-
scher Theorien versuchen Erwerbstätige bei gegebener Produktivität ihre Arbeitsmarkterträge zu maximieren und Arbeitgeber versuchen mit ihren Einstellungsentscheidungen die Produktivität der Beschäftigten zu maximieren, wenn
eine offene Stelle zu besetzen ist. In einem perfekten Markt erhalten demzufolge
die produktivsten Arbeitskräfte die besten Arbeitsplätze. Allerdings haben Arbeitgeber nur unvollständige Informationen und sind nicht in der Lage, die Produktivität von Arbeitskräften unmittelbar zu beobachten. Daher müssen sie
leicht verfügbare Indikatoren für die Produktivität heranziehen und formale
Qualifikationen sind hierfür am besten geeignet. Dies ist der Kern der so genannten Signaltheorie (Arrow 1973; Spence 1973).

Die Stärke der Signalkraft wird in erster Linie durch institutionelle Bedingungen bestimmt, die einerseits zwischen den Ländern variieren, die sich andererseits aber auch innerhalb von Ländern im Zeitverlauf verändern können.
Dabei wird angenommen, dass die Signalkraft mit dem Grad der Standardisie-
rung von Bildungszertifikaten und der Stratifizierung des Bildungssystems zu-
nimmt (Allmendinger 1989; Müller und Shavit 1998). Zweifelsohne sind diese
beiden Dimensionen in Deutschland stark ausgeprägt, was die vergleichsweise
starke Koppelung des Bildungssystems mit dem Arbeitsmarkt plausibel erscheinen lässt (Müller et al. 1998: 144-151). Weiterhin wird argumentiert, dass in den
letzten Jahrzehnten keine weitreichenden institutionellen Änderungen aufgetre-
ten sind, aufgrund derer deutliche Veränderungen in der Stärke dieser Kopplung
zu erwarten wären (Müller et al. 1998: 153).

Neben institutionellen Neuerungen könnte auch die allgemeine Bildungsexpansion den Einfluss der Bildung auf den Arbeitsmarkterfolg verändert haben.
Eine weit verbreitete Sichtweise besagt, dass ein wachsender Anteil von Personen mit höherer Bildung zu einer „Inflation" von Abschlüssen führen dürfte,
deren Aussagekraft für den Arbeitsmarkt in der Folge abnimmt (Blossfeld 1985;
Handl 1996). Allerdings fehlt eine geradlinige Argumentation dafür, wie sich

reine Veränderungen in der Randverteilung der Bildung auf die relativen Chancen bestimmter Bildungsgruppen auswirken. Eine Expansion höherer Bildung könnte algebraisch gesehen sowohl zu einer Zunahme als auch zu einer Abnahme spezifischer relativer Chancen führen, je nachdem, welche Annahmen über die mit Bildungsabschlüssen verbundenen Fertigkeiten, über die Nachfrage auf dem Arbeitsmarkt und über die konkreten Werte in den Randverteilungen getroffen werden.

Genauso uneindeutig wie die theoretischen Erwartungen sind bisher auch die empirischen Befunde. Während Handl (1996) feststellt, dass die Bildungserträge seit den 1980er Jahren zumindest für bestimmte Gruppen gesunken sind, berichten Müller und seine Mitautoren (Müller et al. 1998; Brauns et al. 1997) uneinheitliche Ergebnisse. Einerseits ist die Bedeutung von sekundären Bildungsabschlüssen für das Prestige im ersten Job gesunken, aber andererseits haben die jeweiligen Erträge der tertiären Bildung zugenommen. Außerdem differieren die Befunde in Abhängigkeit der gewählten Variablen (Müller et al. 1998: 178 ff.).

Wie stellt sich dies nun für die in diesem Beitrag untersuchte abhängige Variable im Analysezeitraum empirisch dar? Abbildung 4 zeigt die Effekte der Bildung anhand logarithmierter relativer Chancen (Log-odds) für zwei ausgewählte Dichotomien, die für verschiedene Schwellen der vollständigen CASMIN-Klassifikation konstruiert wurden.[11] Die Schwelle „mindestens CASMIN 1c" bedeutet mehr als lediglich Pflichtschulbildung, während die Schwelle „mindestens CASMIN 3a" irgendeine Art von tertiärer Bildung abbildet. Für beide Dummy-Variablen stellen wir eine geringfügige, aber hochsignifikante Abnahme über die Zeit hinweg fest, was bedeutet, dass der Eintritt in eine Angestelltenposition tatsächlich immer weniger vom Qualifikationsniveau abzuhängen scheint.

Angesichts früherer Befunde (Granato und Kalter 2001; Granato 2003; Seibert und Solga 2005; Kalter und Granato 2007; Konietzka und Seibert 2003), die besagen, dass geringere Qualifikationen die Hauptrolle bei der Erklärung von Arbeitsmarktnachteilen der zweiten Generation spielen, könnte also der generelle strukturelle Wandel des Zusammenhangs von Bildung und Arbeitsmarkterfolg (ED) möglicherweise eine strukturelle Assimilation begünstigt haben.

---

11 In dieser Abbildung wurden Log-Odds-Effekte anstelle von Odds-Ratio-Werten verwendet, weil letztere in diesem Anwendungsfall sehr hoch ausfallen und deshalb eine graphische Darstellung erschweren. So entspricht beispielsweise ein Log-odds-Wert von 4 einem Odds-Ratio-Wert von mehr als 54.

*Abb. 4:* Trends für den Einfluss der Bildung (eine Angestelltenposition
einzunehmen)

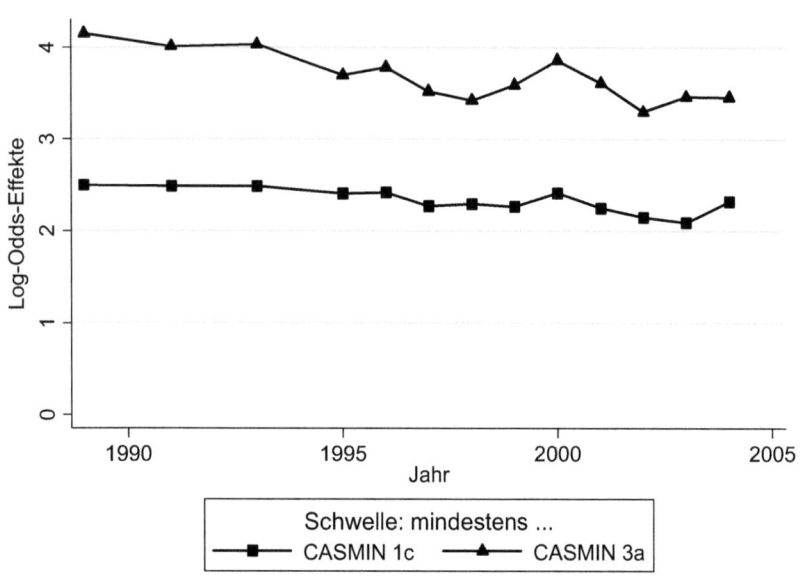

bei Kontrolle von Alter, Alter im Quadrat, Geschlecht und ethnische Gruppe

Diese Schlussfolgerung gilt aber nur unter der Annahme, dass der Teil des Ar-
beitsmarkterfolges, der nicht durch Bildung erklärt werden kann, nicht mit der
Ethnizität zusammenhängt. Diese Annahme wird durch den in Abbildung 3
dargestellten Trend spezifisch ethnischer Nachteile gestützt.

## 3    Trends beim Bildungserwerb der zweiten Generation

In diesem Teil untersuchen wir nun, wie sich die Assimilation mit Blick auf die
Bildung entwickelt hat und welchen Einfluss verschiedene Pfade des Subdrei-
ecks MOD in Abbildung 1 darauf genommen haben. Um diese Komponenten
analytisch zerlegen zu können, müssen wir uns auf eine spezifische Teilmenge
der Mikrozensusdaten beschränken, die zusammen mit dem Gesamttrend des
Bildungserwerbs (ME, gesamt) im Teilabschnitt 3.1 beschrieben wird. Teilabschnitt 3.2 beschäftigt sich mit spezifisch ethnischen Nachteilen und ihrer Entwicklung im Bildungssystem (ME, partiell), während Teilabschnitt 3.3 den
Einfluss der sozialen Herkunft auf den Bildungserfolg (OE) untersucht. Zuletzt

wenden wir uns im Teilabschnitt 3.4 dem verbleibenden Pfad (OM) zu, der die Frage behandelt, wie sich die Kluft beim elterlichen Hintergrund zwischen Deutschen und der zweiten Generation in den letzten Jahren entwickelt hat. Wie sich herausstellt, ist auch dieser Pfad nicht unveränderlich, was möglicherweise erst auf den zweiten Blick einleuchtet.

### 3.1 Daten und Gesamttrends beim Bildungserwerb (ME, total)

Zwischen 1989 und 2004 hat sich nicht nur der Einfluss der Bildung auf den Beruf verändert, sondern auch die Randverteilung der Bildungsabschlüsse. Analysen mit den bereits beschriebenen Mikrozensusdaten zeigen, dass einige ethnische Gruppen den Abstand zur Vergleichsgruppe zumindest teilweise verringert haben. Abbildung 5 stellt Chancenverhältnisse aus einem „ordered logit model" (z.B. Long 1997: 40-47, 116-122) dar, das die gesamte CASMIN-Klassifikation als abhängige Variable verwendet. Obwohl die Annahme der „parallelen Regression" (Long 1997: 138 ff.) streng genommen für die meisten ethnischen Effekte in den meisten Jahren verletzt ist, wird das „ordered logit model" hier trotzdem der Einfachheit halber verwendet. Die Abbildung 5 zeigt, dass die Chancenverhältnisse bei zwei Gruppen (Iberer und Griechen) zum Ende des Untersuchungszeitraums immer besser werden, auch wenn sie die deutsche Vergleichsgruppe noch nicht ganz einholen können (Odds-Ratios größer als 0,7). Dann folgen die Ex-Jugoslawen mit einem Odds-Ratio-Wert von unter 0,6, anschließend die Italiener (Odds-Ratio-Wert kleiner 0,4). Die größten Probleme im Bildungssystem haben nach wie vor eindeutig die Türken (Odds-Ratio-Wert unter 0,2). Besonders beachtenswert ist, dass die Trends von drei Gruppen signifikant positiv sind, aber dies gilt nicht für die Türken und Italiener der zweiten Generation. Die Ergebnisse zusätzlicher, hier nicht gezeigter Logit-Modelle mit unterschiedlichen Schwellenwertdichotomien als abhängige Variablen, deuten an, dass der relative Fortschritt bei den Türken an den höheren Schwellen (z.B. „mindestens CASMIN 3a" vs. „geringere Bildung") stärker ausgeprägt ist als an den unteren Schwellen (z.B. „mindestens CASMIN 1c" vs. „geringere Bildung"), wohingegen die Befunde für die Italiener (fehlender Fortschritt) über einzelne Bildungsschwellen einheitlicher sind.

Bedauerlicherweise ist es nun nicht möglich, die Wirkungen der sozialen Herkunft auf den Fortschritt im Bildungserwerb mit diesen Daten zu bestimmen, weil die Informationen zu Bildung und Beruf der Eltern im Mikrozensus nicht standardmäßig verfügbar sind. Da der Mikrozensus aber grundsätzlich eine Haushaltsbefragung ist, umfasst er Daten für jedes Haushaltsmitglied und ermöglicht es, Familienbeziehungen zu identifizieren. Damit sind Informationen zur sozialen Herkunft, einschließlich der Bildungsabschlüsse und der berufli-

chen Positionierung, für die Teilpopulation der Befragten verfügbar, die noch
bei ihren Eltern wohnen. Für diese Subgruppe wäre die CASMIN-Klassifikation
jedoch ein ungeeigneter Indikator für den Bildungsabschluss, weil sich die
Mehrheit noch in der Berufsausbildung oder in der tertiären Ausbildung befindet.

*Abb. 5:* Ethnische Nachteile beim Bildungserwerb im Zeitverlauf

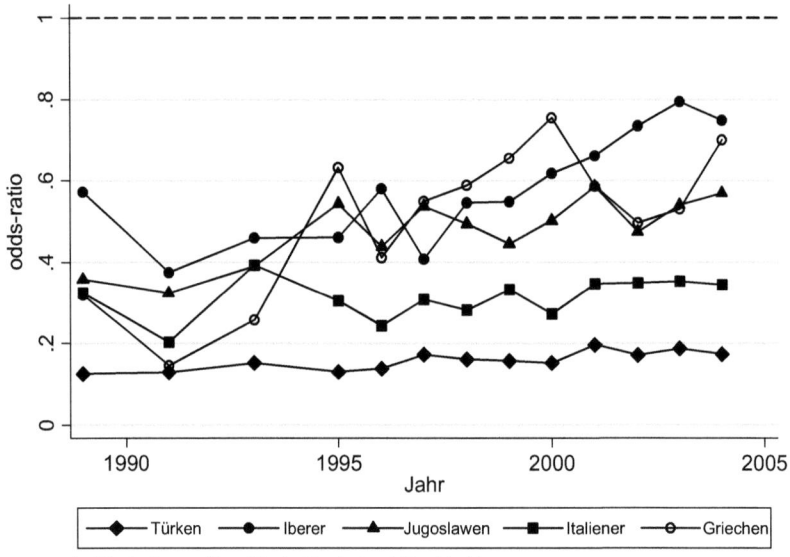

bei Kontrolle von Alter, Alter im Quadrat und Geschlecht

Deswegen konzentrieren wir uns lediglich auf Befragte im Alter von 18 Jahren
und die Hochschulreife als Indikator für den allgemeinbildenden Schulabschluss.[12] Genauer gesagt unterscheidet die neue, hier verwendete abhängige
Variable die 18-Jährigen danach, ob sie bereits das Abitur abgelegt haben bzw.

---

12  Den Bildungserfolg anhand der drei sekundären Bildungsniveaus Hauptschulabschluss, Real-
    schulabschluss und Abitur zu erfassen, wäre eigentlich präziser und angemessen. Bedauerli-
    cherweise liefert der Mikrozensus bei Befragten mit Schulbesuch keine Informationen darüber,
    um welche allgemeinbildende Schule es sich handelt.

das Abitur anstreben (d.h. diejenigen, die Klassenstufe 11-13 besuchen), oder ob sie einen Haupt- oder Realschulabschluss haben (ohne weiteren Besuch einer allgemeinbildenden Schule).[13]

*Abb. 6:* Ethnische Nachteile beim Bildungserwerb im Zeitverlauf – in alternativer Sichtweise

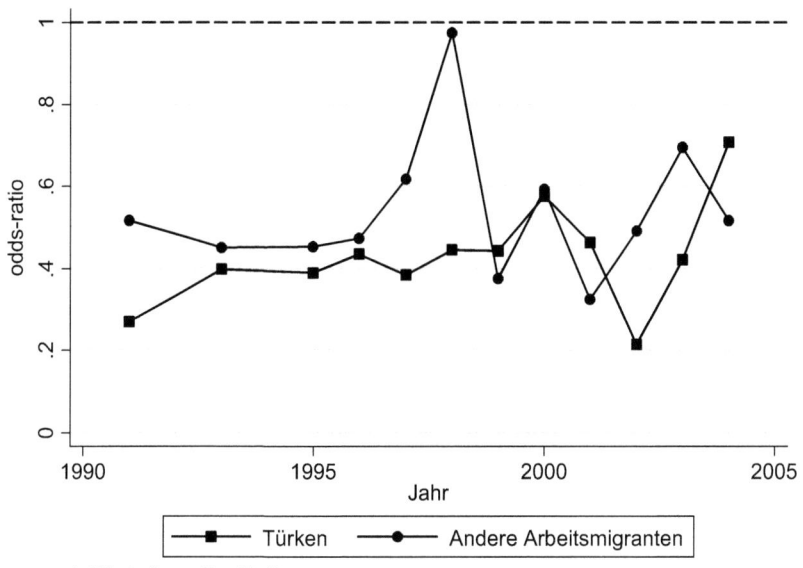

bei Kontrolle von Geschlecht

Analog zu den bisherigen Analysen nutzen wir alle verfügbaren Datensätze zwischen 1991 und 2004.[14] Auch in dieser Darstellung sind die Türken der zweiten Generation eindeutig im Nachteil und erkennbare Veränderungen sind in den letzten Jahren ersichtlich. Der Trend bei den Chancenverhältnissen ist zwar leicht positiv, aber nicht signifikant. Im Gegensatz zu Abbildung 5 trifft

---

13 Eine detaillierte Beschreibung des deutschen Bildungssystems findet sich bei Brauns und Steinmann (1999).
14 Der Mikrozensus 1989 wurde ausgeschlossen, weil hier die Informationen zur Bildung der abhängigen Variable fehlen.

die Insignifikanz hier auch für die Gruppe aller anderen Arbeitsmigranten zu.[15] Allerdings ist davon auszugehen, dass die insignifikanten Befunde teilweise den geringen Fallzahlen geschuldet sind und teilweise daraus resultieren, dass die Residualgruppe alle verbleibenden Nationalitäten umfasst – einschließlich der Italiener, die innerhalb dieser Gruppe eindeutig am schlechtesten abschneiden und für die in Abbildung 5 ebenfalls keine Fortschritte zu erkennen waren. Schließt man die Italiener aus, ergibt sich ein signifikant positiver Trend über die Zeit.

Man könnte einwenden, dass die Ergebnisse der Analysen möglicherweise dadurch verzerrt sind, dass die Befragten, die mit 18 Jahren noch im Elternhaus leben, ohnehin eher das Abitur anstreben oder abgelegt haben, als diejenigen, die nicht mehr bei den Eltern wohnen. Diese Vermutung trifft in der Tat zu, scheint aber unsere Befunde zu den relativen Nachteilen von Einwanderern nicht in Frage zu stellen. Bei den 93 Prozent der Befragten, die mit 18 Jahren noch bei ihren Eltern wohnen, handelt es sich sowohl unter den Deutschen als auch unter den Einwanderern der zweiten Generation um positiv selektierte Gruppen. Schließt man alle Befragten im Alter von 18 Jahren in die Analysen ein (Ergebnisse hierzu sind nicht dargestellt), verändern sich die Bruttonachteile der zweiten Generation im Vergleich zu Abbildung 6 nur unwesentlich.[16]

### 3.2 Ethnische Nachteile im Bildungssystem (ME, partiell)

Üblicherweise wird der Begriff „ethnische Nachteile" (‚ethnic penalties') verwendet, um die verbleibenden relativen Nachteile von Einwanderern und ihren Kindern auf dem Arbeitsmarkt zu beschreiben, die bereits um vorhandene Bildungsniveaus bereinigt sind. Wenn wir über spezifisch „ethnische Nachteile" im Bildungssystem sprechen, verwenden wir den Begriff analog für alle Nachteile, die nicht auf die soziale Herkunft zurückgehen. Anders ausgedrückt fragen wir, warum – bei gleichem Bildungsniveau der Eltern (und gleicher Klassenposition) – ethnische Unterschiede im Bildungserfolg bestehen.

Analog zum Arbeitsmarkt (siehe Abschnitt 2.2) lassen sich die gleichen beiden allgemeinen Sets von theoretischen Erklärungsansätzen anwenden. Beim

---

15  Trotz sorgfältiger Datenprüfung können wir den auffälligen Ausreißer für das Jahr 1998 nicht erklären.

16  Technisch ausgedrückt gibt es nur einen Haupteffekt der Dummy-Variablen „Wohnt noch im Elternhaus", aber keine signifikanten Interaktionen mit der Zugehörigkeit zu einer ethnischen Gruppe.

ersten Set handelt es sich um Diskriminierungstheorien: Im Schulkontext könnte Diskriminierung zum Beispiel auftreten, weil Lehrer aufgrund von „tastes" (Vorlieben) diskriminieren oder ihnen relevante Informationen – wie etwa über die potentiellen Fähigkeiten eines Schülers – fehlen, was zu statistischer Diskriminierung führen kann. Da es sich beim Bildungssystem weniger um einen Markt im eigentlichen Sinne handelt, dürfte sich die Stabilität einer „taste"-Diskriminierung hier etwas anders darstellen als auf dem Arbeitsmarkt. Deswegen ist es hier im Vergleich zur Situation auf dem Arbeitsmarkt sinnvoller, von einem tendenziellen Verblassen eventueller „tastes" auszugehen. Auch bezüglich der statistischen Diskriminierung gelten für die Schule spezifische Rahmenbedingungen. Statistische Diskriminierung würde man eher dann erwarten, wenn Lehrer noch keine Informationen über ihre Schüler haben – zum Beispiel zu Beginn eines neuen Schuljahres oder wenn Schulen künftige Schüler auswählen (Kristen 2006). Während des Schuljahrs können sich Lehrer jedoch sehr detailliert über die individuelle Leistung informieren, wodurch eine dauerhafte statistische Diskriminierung eher unwahrscheinlich wird.

Der zweite Theoriestrang bezieht sich wieder auf einen Mangel an Ressourcen, und zwar speziell auf solche, die für ein erfolgreiches Durchlaufen des Schulsystems nötig sind. Ganz offensichtlich können eingewanderte Eltern nicht im gleichen Umfang wie einheimische Eltern die Ressourcen erwerben, die für das deutsche Bildungssystem spezifisch sind. Gleichzeitig dürften sich die bereits vorhandenen Ressourcen im Schulsystem der Aufnahmegesellschaft als weniger hilfreich erweisen. Das beste Beispiel hierfür ist das Bildungswissen – d.h. das profunde Wissen über die Funktionsweise des Schulsystems, das nicht nur unabdingbar ist, um den schulischen Werdegang eines Kindes optimal zu unterstützen, sondern das gerade bei zentralen Übergängen in der Schullaufbahn besonders relevant ist (Kristen 2005). Neben den elterlichen Ressourcen können Schüler zudem differenziellen Lernbedingungen in ihrer Umgebung ausgesetzt sein, die mit der ethnischen Zusammensetzung ihrer Netzwerke sowie mit der Segregation in Schulen variieren können (Stanat 2006; Portes und Hao 2004).

Gerade der Spracherwerb als Schlüsselkompetenz für den Bildungserfolg gestaltet sich in Kontexten mit einer großen Anzahl von Nicht-Muttersprachlern und mit einem oftmals niedrigen sozioökonomischen Status besonders schwierig (Caldas und Bankston 1998: 554). Ein weiteres Argument lautet, dass sich die Bildungsaspirationen von zugewanderten und einheimischen Familien unterscheiden dürften (Kao und Tienda 1995).[17] Wie auf dem Arbeitsmarkt erwarten wir insgesamt, dass Individuen und ethnische Gruppen immer mehr ziellandspezifisches Kapital erwerben, je länger sie dem Bildungssystem ausgesetzt sind, und dass das herkunftslandspezifische Kapitel im Verlauf intergenerationaler Transmissionsprozesse an Bedeutung verliert.

*Abb. 7:* Trends der ethnischen Nachteile beim Bildungserwerb

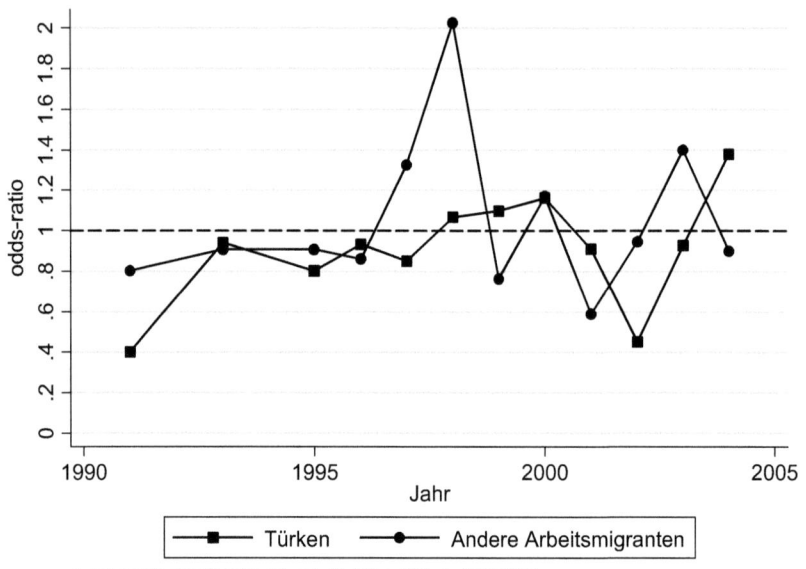

bei Kontrolle von Geschlecht und elterlicher Bildung (CASMIN)

Wie die Analysen mit dem Mikrozensus zeigen, spielen die ethnischen Nachteile keine entscheidende Rolle bei der Erklärung relativer Bildungsungleichheiten der zweiten Generation, zumindest nicht mit Blick auf die hier untersuchte abhängige Variable. Abbildung 7 zeigt – bei Kontrolle des elterlichen Bildungsniveaus als Indikator der sozialen Herkunft – die Chancenverhältnisse für die

17  Dieser Sachverhalt wird in der Literatur weniger mit Blick auf ethnische Nachteile angeführt als vielmehr um relative Bildungserfolge zu erklären, wie zum Beispiel den Bildungserfolg der Griechen im deutschen Bildungssystem (Hopf 1987).

Türken und die zusammengefasste Gruppe der anderen Jugendlichen der zweiten Generation.[18]
Nur 1991 findet man einen signifikanten Netto-Nachteil zu Lasten der Türken. Alle anderen Chancenverhältnisse sind nicht signifikant von 1 verschieden (mit Ausnahme des positiven Ausreißers 1998), wobei viele sogar geringfügig größer als 1 sind. Werden die Daten „gepoolt" und ein Interaktionsterm mit den Zeitpunkten (metrisch) in das Modell aufgenommen, dann ergibt sich ein negativer Haupteffekt für die Türken (der auf die Nachteile im Jahr 1991 verweist), während der Interaktionseffekt signifikant positiv ist. Weder der Haupteffekt noch der Interaktionseffekt sind für die Gruppe der anderen Migranten signifikant. Somit entsteht ein ziemlich klares Bild: Ethnische Ungleichheiten, das Abitur zu haben oder anzustreben, sind fast vollständig durch die soziale Herkunft bedingt, während spezifisch ethnische Nachteile nicht nachweisbar sind. Zu Beginn des Beobachtungszeitraums scheint es so, als wären Türken in geringem Umfang ethnischen Benachteiligungen ausgesetzt, die dann aber im Zeitverlauf verschwunden sind.

### 3.3 Die Wirkung der sozialen Herkunft (OE)

Ein Vergleich von Abbildung 7 mit Abbildung 6 zeigt, dass die ethnischen Unterschiede beim Erreichen des Abiturs vorrangig mit Unterschieden im sozioökonomischen Hintergrund der Eltern zusammenhängen. Verschiedene Studien über Migranten und den Bildungserfolg ihrer Kinder im deutschen Schulsystem bestätigen diesen Befund (Alba et al. 1994; Müller und Stanat 2006). Wir wenden uns nun den Mechanismen zu, durch welche die soziale Herkunft auf den Bildungserwerb wirkt, und gehen damit Kernfragen der allgemeinen Ungleichheitsforschung nach: Auf welche Weise werden Bildungsungleichheiten über Generationen weitergegeben? Und wie hat sich dieser Zusammenhang im Zeitverlauf entwickelt?

---

18  Die elterlichen Bildungsabschlüsse – abgebildet über die CASMIN-Klassifikation – erweisen sich als der beste Prädiktor unter allen verfügbaren Indikatoren der sozialen Herkunft wie etwa elterlicher Berufsstatus oder Einkommen. Obwohl die geschätzte Wahrscheinlichkeit signifikant ansteigt, wenn diese alternativen Indikatoren zusätzlich aufgenommen werden, berücksichtigen wir lediglich die Bildung, um die Modelle und die Diskussion möglichst einfach zu halten. Wie Abbildung 7 zeigt, reicht dies bereits aus, um die ethnischen Unterschiede zu erklären. „Elterlich" bedeutet, dass – sofern verfügbar – der Bildungsabschluss des Vaters verwendet wird; ansonsten wird der Bildungsabschluss der Mutter herangezogen.

Im Allgemeinen kann der Bildungserfolg als das Ergebnis eines kontinuierlichen Prozesses verstanden werden, in dessen Verlauf schulrelevante Kenntnisse entwickelt und akkumuliert werden. Dieser Prozess erstreckt sich von Geburt
an über die verschiedenen Stufen der vorschulischen und schulischen Laufbahn.
Spezifische Bedingungen, die an den sozialen und bildungsmäßigen Hintergrund von Personen geknüpft sind, prägen jedoch nicht nur diesen Prozess der
Kompetenzentwicklung (primäre Herkunftseffekte), sondern sie beeinflussen
darüber hinaus auch die individuellen Bildungsentscheidungen an verschiedenen
Übergangsstufen im Bildungsverlauf (sekundäre Herkunftseffekte; Boudon
1974). Zur Erklärung primärer und sekundärer Herkunftseffekte lassen sich
mehrere Argumente anführen. Das erste und wichtigste Argument besagt, dass
die Bedingungen in der Kindheit systematisch mit den finanziellen, kulturellen
und sozialen Ressourcen der Familie und der unmittelbaren Umwelt ebenso wie
die verfügbaren Mittel für Bildungsinvestitionen variieren. Diese familienba-
sierten Unterschiede können zusätzlich durch kontextuelle Bedingungen wie
etwa differenzielle Lernumgebungen in Schulen aufgrund sozialer (und ethnischer) Segregation verstärkt werden (Stanat 2006; Portes und Hao 2004). Ein
zweites Argument bezieht sich auf Klassenunterschiede in den Bildungsaspirationen, wobei höhere soziale Klassen anspruchsvollere und prestigeträchtigere
Abschlüsse verfolgen (Boudon 1974; Erikson und Jonsson 1996; Breen und
Goldthorpe 1997).[19]
Institutionelle Arrangements können ebenfalls ausschlaggebend dafür sein,
wie stark Bildungs- und Klassenungleichheiten über Generationen hinweg weitergegeben werden. Der in Deutschland recht frühe erste Bildungsübergang von
der Primar- in die Sekundarstufe wird häufig als eine der Ursachen für die relativ ausgeprägte soziale Ungleichheit im Bildungssystem genannt (Allmendinger
1989; Müller und Karle, 1993). Auch zeitliche Variationen im OE-Zusam-
menhang werden oft als Folge institutioneller Reformen gesehen. Obwohl das
deutsche Schulsystem im Vergleich zu anderen Ländern relativ wenigen
Bildungsreformen unterzogen war und das eher rigide System getrennter Bildungszüge beibehalten wurde, gibt es einige Argumente, die zumindest leichte
Veränderungen erklären können. So wird zum Beispiel vermutet, dass die
schrittweise Verlängerung der Pflichtschulzeit in den 1970er Jahren auf neun

---

19  Bildungsungleichheiten werden ebenfalls genetischen Faktoren oder den Normen der Mittel-
    klasse, die im Schulsystem vorherrschen, zugeschrieben (Erikson und Jonsson 1996: 10-11). Al-
    lerdings sind diese Ansätze in der Mobilitätsforschung nicht zentral.

Jahre die soziale Ungleichheit im Bildungssystem reduziert hat, weil sich dadurch die Kosten, die ein Besuch der unterschiedlichen Bildungszüge verursacht, angeglichen haben (Müller und Haun 1994: 6-7; Müller und Pollak 2004: 83). Möglicherweise hat die Einführung der sozial weniger selektiven Fachhochschule als Alternative zur traditionellen Universitätsausbildung die Ungleichheiten im Bereich der tertiären Bildung zusätzlich reduziert (Müller und Pollak 2004: 83). Empirische Befunde weisen in der Tat darauf hin, dass die soziale Ungleichheit von Bildungschancen deutlich abgenommen hat, auch wenn die Ergebnisse mit Blick auf die Entwicklung des Zusammenhangs von Herkunft und Bildung nicht eindeutig sind (Blossfeld 1993; Müller und Haun 1994; Henz und Maas 1995).

*Abb. 8:* Einfluss der elterlichen Bildung auf den Bildungserwerb im Zeitverlauf

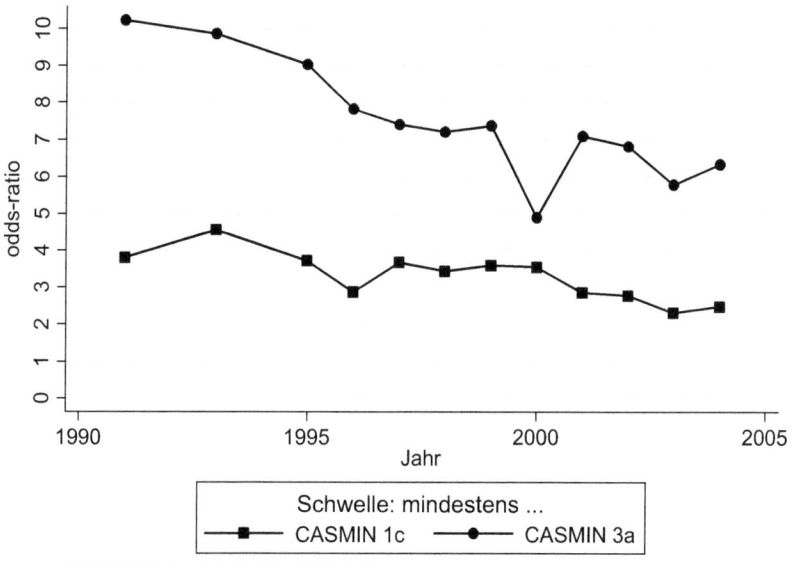

Die Analysen mit den hier verwendeten Mikrozensusdaten bestätigen ebenfalls, dass sich der Einfluss der sozialen Herkunft im Zeitverlauf abgeschwächt hat. Abbildung 8 zeigt Chancenverhältnisse für unterschiedliche Bildungsqualifikationen des Vaters, ausgedrückt durch zwei verschiedene Schwellen der CASMIN-Klassifikation. Die abhängige Variable in den zugrundeliegenden logistischen Regressionen ist wiederum die Dummy-Variable für das Abitur. Ob der Vater einen tertiären Bildungsabschluss (mindestens CASMIN 3a) hat oder nicht, beeinflusst die relativen Chancen, das Abitur zu erreichen, im Zeitverlauf immer weniger, wobei der negative Trend hochsignifikant ist.

Das Gleiche trifft zu, wenn danach unterschieden wird, ob der Vater mehr als nur eine Pflichtschulbildung (mindestens CASMIN 1c) erreicht hat oder nicht. Bemerkenswert ist, dass die klassenspezifische Bildungsungleichheit dennoch stark ausgeprägt bleibt, wie das hohe absolute Niveau der Chancenverhältnisse zeigt. Die soziale Herkunft ist also weiterhin ein äußerst bedeutsamer Faktor, der mittelbar auf die ethnische Ungleichheit wirkt, auch wenn der Einfluss über die Zeit tendenziell abgenommen hat.

### 3.4 Die Selektivität der Migration (OM)

Als letzten Aspekt im Prozess der strukturellen Assimilation untersuchen wir den Zusammenhang OM – d.h. mögliche Ungleichheiten im Hinblick auf den sozioökonomischen Hintergrund als Folge selektiver Wanderungen. Wieso dieser Zusammenhang bei der Untersuchung von zeitlichen Trends wichtig sein könnte, ist möglicherweise nicht unmittelbar offensichtlich. Wie sich zeigen wird, ließe man aber ein wichtiges Puzzleteil des Gesamtprozesses der strukturellen Assimilation außer Acht, würde man diesen Zusammenhang in der Gesamtbetrachtung vernachlässigen.

Verglichen mit der einheimischen Bevölkerung in Deutschland war die Arbeitsmigration in den 1960er und frühen 1970er Jahren aus Griechenland, Italien, Ex-Jugoslawien, Portugal, Spanien und der Türkei nach Deutschland mit Blick auf das Humankapital zweifellos hochgradig negativ selektiv. Einwanderer wurden ausdrücklich rekrutiert, um gering qualifizierte Arbeitsplätze in einigen wenigen Industriesektoren mit ungünstigen Arbeitsbedingungen einzunehmen (Heckmann 1992: 81; Hoffmann-Nowotny 1973). Obwohl die darauf folgende Phase der Familienzusammenführung die demographische Zusammensetzung beträchtlich verändert hat, hat sich dadurch die negative Selektion in Bezug auf das Humankapital nicht grundlegend geändert. Die Väter der eben betrachteten 18-Jährigen sind laut Mikrozensusdaten im Durchschnitt 48 Jahre alt (für alle Gruppen) und nur ein kleiner Anteil zählt zur zweiten Generation (5 Prozent der türkischen Väter und 3 Prozent der anderen Nationalitäten). Es besteht also kein Grund, einen tiefgreifenden Wandel der familiären Hintergrundbedingungen der 18-jährigen Migrantenkinder im Zeitverlauf zu erwarten. Die Eltern in der deutschen Vergleichsgruppe haben jedoch von der *Bildungsexpansion* profitiert. Dies ist ein sehr wichtiger Aspekt bei der Einschätzung, wie wahrscheinlich die strukturelle Assimilation der zweiten Generation eigentlich ist. Es gibt damit nämlich Anlass davon auszugehen, dass sich die *relativen* sozioökonomischen Hintergrundbedingungen der Migrantenkinder im Zeitverlauf sogar verschlechtert haben.

*Abb. 9:*  Bildungserwerb der Eltern mit Migrationshintergrund relativ zu deutschen Eltern im Zeitverlauf

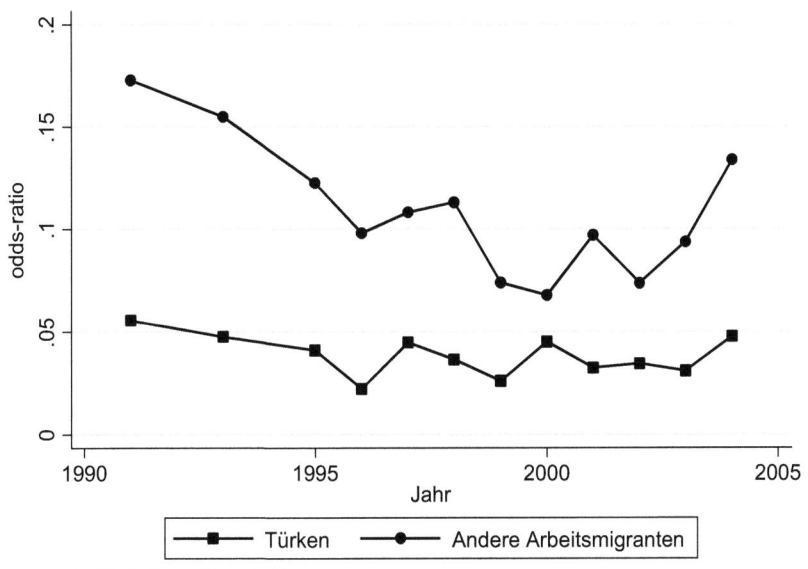

bei Kontrolle von Geschlecht

Abbildung 9 zeigt, dass dies für die spezielle Teilstichprobe der hier verwendeten Mikrozensusdaten zutrifft. Das Schaubild bildet die zeitliche Entwicklung der Chancenverhältnisse ab, die mit einem „ordered logit model" geschätzt wurden, das als abhängige Variable die elterliche Bildung (vollständige CAS-MIN-Klassifikation) verwendet. Diese Chancenverhältnisse liegen nicht nur auf niedrigem Niveau (man beachte die Skalierung der Y-Achse), sondern sie nehmen auch für beide Gruppen im Zeitverlauf hochsignifikant ab. Das bedeutet, dass sich der enorme Abstand zwischen der zweiten Generation und den gleichaltrigen Deutschen mit Blick auf den sozioökonomischen Hintergrund in jüngster Zeit in der Tat vergrößert hat.

## 4   Schlussfolgerungen

Um die Befunde zusammenzufassen, scheint es angebracht, noch einmal mit der Antwort auf eine der grundsätzlichsten Fragen der Migrationsforschung zu beginnen: Ja, es gibt einen Trend in Richtung Assimilation, wenn man die strukturelle Lage der zweiten Generation in Deutschland betrachtet. Auch wenn die Nachteile auf dem Arbeitsmarkt für die Nachkommen der klassischen Arbeitsmigranten weiterhin beträchtlich sind, nähert sich die zweite Generation der Referenzgruppe an. Während viele Studien schon gezeigt haben, dass dies im Hinblick auf einen Wandel über die Generationen gilt, d.h. wenn man die zweite Generation mit der ersten Generation vergleicht, so belegen die Analysen im vorliegenden Beitrag, dass auch innerhalb der zweiten Generation ein Assimilationstrend im Zeitverlauf erkennbar ist (Abbildung 2).

Zerlegt man diesen Prozess in die verschiedenen Komponenten gemäß des erweiterten OED-Schemas und verallgemeinert man grob über alle betrachteten ethnischen Gruppen, dann setzt sich dieser Assimilationstrend aus einer Kombination mehrerer einzelner Entwicklungen zusammen (siehe Abbildung 10). Zunächst haben sich die spezifisch „ethnischen" Teile in der Erklärung von Ungleichheiten, d.h. der direkte negative Einfluss des Migrationshintergrunds (ME und MD) – in gewisser Weise die genuinen Beiträge der Migrations- und Integrationsforschung – weiterhin abgeschwächt. In Einklang mit der ökonomischen Diskriminierungstheorie und ressourcenbasierten Erklärungsansätzen der Integrationsprozesse haben sich die so genannten „ethnic penalties" in den letzten 15 Jahren mit Blick auf den Arbeitsmarkt (Abbildung 3) und das Bildungssystem (Abbildung 7) verringert. Wie eingangs erwähnt, spielen diese Pfade bekanntermaßen bei der Reproduktion ethnischer Ungleichheiten zumindest in Deutschland generell eine eher untergeordnete Rolle. Deswegen ist es umso wichtiger festzustellen, dass strukturelle Änderungen in Bezug auf die genuinen Beiträge der Ungleichheitsforschungen, die mit dem OED-Dreieck skizziert sind, in die gleiche Richtung gewirkt und damit den Assimilationsprozess beschleunigt haben. Der Einfluss der Bildungsqualifikationen auf den Beruf hat abgenommen (Abbildung 4). Dies hat sich – da die ethnischen Nachteile nicht gleichzeitig angestiegen sind – positiv auf die Chancen der zweiten Generation ausgewirkt, die ja beträchtlich schlechter ausgebildet ist als die Referenzgruppe. Weniger eindeutig ist, ob es bei der zweiten Generation auch einen Bruttoassimilationstrend im Hinblick auf die Bildung gegeben hat. Insgesamt finden sich nur leichte positive Trends (Abbildungen 5 und 6), deren Signifikanz je nach ethnischer Gruppe und abhängiger Variable variiert. Erneut zeigt sich, dass die Entwicklung einer der klassischen Komponenten der Ungleichheitsforschung die Assimilation der zweiten Generation begünstigt hat: Der Einfluss der sozialen Herkunft auf das Bildungsniveau – dem bedeutendsten Faktor bei der Erklärung ethnischer Ungleichheiten im deutschen Bildungssystem – hat sich in den letzten Jahren abgeschwächt (Abbildung 8). Allerdings ist dieser Effekt immer noch stark ausgeprägt und vor allem hat sich gleichzeitig der Abstand zwischen der zweiten Generation und der Referenzbevölkerung in Hinsicht auf den sozioökonomischen Hintergrund vergrößert (Abbildung 9). Will man die gegenwärtigen Schwierigkeiten der zweiten Generation verstehen, so muss man sich klar machen, dass deren Eltern in Bezug auf das Humankapital immer noch eine stark negativ selektive Gruppe sind, während die Eltern deutscher Kinder in vergleichbarem Alter zu denjenigen zählen, die bereits von der Bildungsexpansion profitiert haben. Dieser Mechanismus ist die einzige Komponente, die den Assimilationsprozess verzögert hat. Man könnte von einer weiteren Variante des so genannten „langen Arms der Geschichte" (Müller und Pollak 2004) sprechen.

*Abb. 10:*    Zusammenfassung der Trends im Diagramm MOED

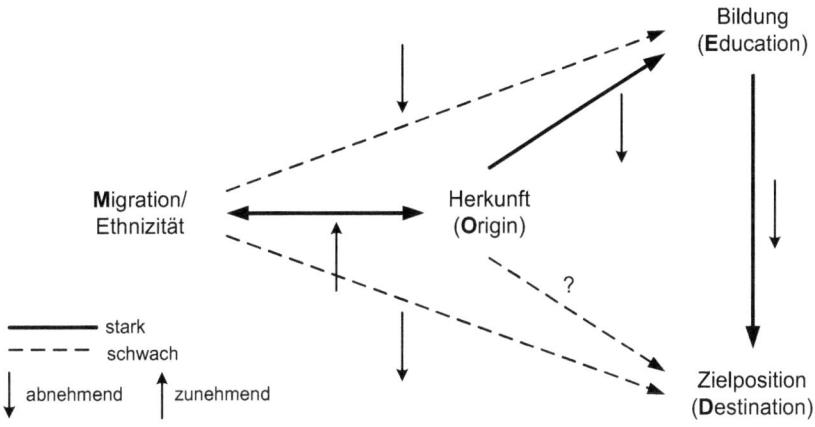

Für ein vollständiges Gesamtbild ist jedoch nicht nur zu klären, warum eine strukturelle Assimilation prinzipiell stattgefunden hat, sondern auch, warum sie sich nur relativ langsam vollzieht und warum zumindest einige Gruppen noch einen langen Weg vor sich haben. Da die genuin ethnischen Elemente im Erklärungsschema nur eine untergeordnete, mit der historischen Zeit schwindende Rolle spielen, hängt die Assimilationsgeschwindigkeit hauptsächlich davon ab, wie schnell sich die allgemeinen Mechanismen sozialer Ungleichheit verändern. In diesem Kontext sei noch einmal darauf verwiesen, dass die absolute Stärke von OE (siehe Abbildung 8) trotz aller graduellen Tendenzen immer noch sehr bemerkenswert ist, von OM ganz zu schweigen (Abbildung 9).

Während die Befunde einer strukturellen Assimilation der zweiten Generation in vielen Teilkomponenten relativ stabil sind, wurde an einigen Stellen bereits angedeutet, dass einige der aufgedeckten Teiltrends möglicherweise von den hier gewählten Variablen abhängen. Letzteres gilt insbesondere für die Trends zwischen ED und die Stärke des direkten Pfads ME insgesamt. Von daher wären Analysen mit alternativen Indikatoren sehr hilfreich, um die skizzierten Befunde zu bestätigen oder zu differenzieren. Mit Blick auf ED bietet der kumulierte Mikrozensus hier durchaus Möglichkeiten, während in Hinsicht auf Trends in ME die Datenlage jedoch weniger ergiebig ist. Zur genaueren Erfassung der Mechanismen, die dem Wandel oder der Verfestigung ethnischer Ungleichheiten zugrunde liegen, wäre es zudem hilfreich, in zukünftigen Analysen der Trennung von Kohorten-, Lebenszyklus- und Periodeneffekten verstärkte Aufmerksamkeit zu schenken. Um die Trends der strukturellen Assimilation besser verstehen zu können, bedarf es also weiterer empirischer Forschungsbemühungen in mehrerlei Hinsicht. Dieser Beitrag sollte jedoch auch trotz dieser Einschränkungen klar verdeutlicht haben, dass eine explizitere Verbindung von Migrationsforschung und allgemeiner Ungleichheitsforschung insgesamt eine äußerst vielversprechende Strategie auf diesem Weg ist.

# Literatur

Aigner, Dennis J. und Glen G. Cain, 1977: Statistical Theories of Discrimination in Labor Markets. Industrial and Labor Relations Review 30: 175-187.

Alba, Richard D., Johann Handl und Walter Müller, 1994: Ethnische Ungleichheiten im deutschen Bildungssystem. Kölner Zeitschrift für Soziologie und Sozialpsychologie 46: 209-237.

Allmendinger, Jutta, 1989: Educational Systems and Labour Market Outcomes. European Sociological Review 5: 231-250.

Arrow, Kenneth J., 1972: Some Mathematical Models of Race Discrimination in the Labor Market. S. 197-203 in: Anthony Pascal (Hrsg.), Racial Discrimination in Economic Life. Lexington, MA: Lexington Books.

Arrow, Kenneth J., 1973: The Theory of Discrimination. S. 3-33 in: Orley Ashenfelter und Albert Rees (Hrsg.), Discrimination in labor markets. Princeton N.J.: Princeton University Press.

Arrow, Kenneth J., 1998: What Has Economics to Say About Racial Discrimination? Journal of Economic Perspectives 12: 91-100.

Baumert, Jürgen und Gundel Schümer, 2002: Familiäre Lebensverhältnisse, Bildungsbeteiligung und Kompetenzerwerb im nationalen Vergleich. S. 159-202 in: Deutsches PISA-Konsortium (Hrsg.), PISA 2000. Die Länder der Bundesrepublik Deutschland im Vergleich. Opladen: Leske + Budrich.

Becker, Gary S., 1971 [1957]: The Economics of Discrimination. Chicago: University Press (2. Aufl.).

Blossfeld, Hans-Peter, 1993: Changes in Educational Opportunities in the Federal Republic of Germany. S. 51-74 in: Yossi Shavit und Hans-Peter Blossfeld (Hrsg.), Persistent Inequality. Changing Educational Attainment in Thirteen Countries. Boulder: Westview Press.

Blossfeld, Hans-Peter, 1985: Bildungsexpansion und Berufschancen: Empirische Analysen zur Lage der Berufsanfänger in der Bundesrepublik. Frankfurt am Main und New York: Campus.

Brauns, Hildegard, Walter Müller und Susanne Steinmann, 1997: Educational expansion and returns to education. A comparative study on Germany, France, the UK, and Hungary. MZES-Arbeitspapier Nr. 23 des Arbeitsbereichs I. Mannheim: Mannheim Centre for European Social Research.

Brauns, Hildegard und Susanne Steinmann, 1999: Educational Reform in France, West-Germany and the United Kingdom: Updating the CASMIN Educational Classification. ZUMA-Nachrichten 44: 7-44.

Brauns, Hildegard, Stefani Scherer und Susanne Steinmann, 2003: The CASMIN Educational Classification in International Comparative Research. S. 196-221 in: Jürgen Hoffmeyer-Zlotnik und Christof Wolf (Hrsg.) Advances in Cross-National Comparison. A European Working Book for Demographic and Socio-Economic Variables. New York: Kluwer Academic/Plenum Publishers.

Breen, Richard und John H. Goldthorpe, 1997: Explaining Educational Differentials. Towards a Formal Rational Action Theory. Rationality & Society 9: 275-305.

Breen, Richard und Ruud Luijkx, 2004: Conclusions. S. 383-410 in: Richard Breen (Hrsg.), Social Mobility in Europe. Oxford: Oxford University Press.

Caldas, Stephen J. und Carl Bankston III, 1998: The Inequality of Separation: Racial Composition of Schools and Academic Achievement. Educational Administrative Quarterly 34: 533-557.

Chiswick, Barry R., 1978: The Effect of Americanization on the Earnings of Foreign-Born Men. Journal of Political Economy 86: 897-921.

Chiswick, Barry R., 1991: Speaking, Reading, and Earnings among Low-skilled Immigrants. Journal of Labor Economics 9: 149-170.

Diehl, Claudia und Michael Blohm, 2003: Rights or Identity? Naturalization Processes among Labor Migrants in Germany. International Migration Review 37: 133-162.

England, Paula, 1992: Comparable Worth. Theories and Evidence. New York: de Gruyter.

Erikson, Robert und Jan O. Jonsson, 1996: Explaining Class Inequality in Education. The Swedish Test Case. S. 1-63 in: Robert Erikson und Jan O. Jonsson (Hrsg.), Can Education Be Equalized? The Swedish Case in Comparative Perspective. Stockholm: Westview Press.

Erikson, Robert und John H. Goldthorpe, 1992: The Constant Flux: A Study of Class Mobility in Industrial Countries. Oxford: Clarendon Press.

Esser, Hartmut, 2000: Soziologie. Spezielle Grundlagen. Band 2: Die Konstruktion der Gesellschaft. Frankfurt am Main: Campus.

Friedberg, Rachel M., 2000: You Can't Take It with You? Immigrant Assimilation and the Portability of Human Capital. Journal of Labor Economics 18: 221-251.

Granato, Nadia, 2003: Ethnische Ungleichheit auf dem deutschen Arbeitsmarkt. Schriftenreihe des Bundesinstituts für Bevölkerungsforschung Bd. 33. Opladen: Leske + Budrich.

Granato, Nadia und Frank Kalter, 2001: Die Persistenz ethnischer Ungleichheit auf dem deutschen Arbeitsmarkt. Diskriminierung oder Unterinvestition in Humankapital? Kölner Zeitschrift für Soziologie und Sozialpsychologie 53: 497-520.

Granovetter, Mark, 1995: Getting a Job. A Study of Contacts and Careers. Chicago and London: University of Chicago Press.

Handl, Johann, 1996: Hat sich die berufliche Wertigkeit der Bildungsabschlüsse in den achtziger Jahren verringert? Eine Analyse der abhängig erwerbstätigen, deutschen Berufsanfänger auf der Basis von Mikrozensusergebnissen. Kölner Zeitschrift für Soziologie und Sozialpsychologie 48: 29-273.

Heath, Anthony und John M. Ridge, 1983: Social Mobility of Ethnic Minorities. Journal of Biosocial Science Supplement 8: 169–184.

Heckmann, Friedrich, 1992: Ethnische Minderheiten, Volk und Nation. Soziologie interethnischer Beziehungen. Stuttgart: Enke.

Henz, Ursula und Ineke Maas, 1995: Chancengleichheit durch die Bildungsexpansion? Kölner Zeitschrift für Soziologie und Sozialpsychologie 47: 605-633.

Hopf, Diether, 1987: Herkunft und Schulbesuch ausländischer Kinder. Eine Untersuchung am Beispiel griechischer Schüler. Berlin: Max-Planck-Institut für Bildungsforschung.

Kalter, Frank und Nadia Granato, 2007: Educational Hurdles on the way to Structural Assimilation in Germany. S. 271-319 in: Anthony F. Heath und Sin Yi Cheung (Hrsg.), Unequal Chances: Ethnic Minorities in Western Labour Markets. Oxford: Oxford University Press.

Kalter, Frank, 2005: Ethnische Ungleichheit auf dem Arbeitsmarkt. S. 303-332 in: Martin Abraham und Thomas Hinz (Hrsg.), Arbeitsmarktsoziologie. Probleme, Theorien, empirische Befunde. Opladen: VS Verlag für Sozialwissenschaften.

Kalter, Frank, 2006: Auf der Suche nach einer Erklärung für die spezifischen Arbeitsmarktnachteile von Jugendlichen türkischer Herkunft. Zugleich eine Replik auf den Beitrag von Holger Seibert und Heike Solga: „Gleiche Chancen dank einer abgeschlossenen Ausbildung?" (ZfS 5/2005). Zeitschrift für Soziologie 35: 144-160.

Kalter, Frank und Nadia Granato, 2002: Demographic Change, Educational Expansion, and Structural Assimilation of Immigrants: The Case of Germany. European Sociological Review 18: 199-226.

Konietzka, Dirk und Holger Seibert, 2003: Deutsche und Ausländer an der „zweiten Schwelle". Eine vergleichende Analyse der Berufseinstiegskohorten 1976-1995 in Westdeutschland. Zeitschrift für Pädagogik 49: 567-590.

Kristen, Cornelia, 2005: School Choice and Ethnic School Segregation. Primary School Selection in Germany. Münster: Waxmann.

Kristen, Cornelia, 2006: Ethnische Diskriminierung in der Grundschule? Die Vergabe von Noten und Bildungsempfehlungen. Kölner Zeitschrift für Soziologie und Sozialpsychologie 58: 79-97.

Kristen, Cornelia und Nadia Granato, 2004: Bildungsinvestitionen in Migrantenfamilien. S. 123-141 in: Klaus J. Bade und Michael Bommes (Hrsg.), Migration – Integration – Bildung. Grundfragen und Problembereiche. Osnabrück: Institut für Migrationsforschung und Interkulturelle Studien (IMIS).

Lin, Nan, 1999: Social Networks and Status Attainment. Annual Review of Sociology 25: 467-487.

Long, Scott J., 1997: Regression Models for Categorical and Limited Dependent Variables. Advanced Quantitative Techniques in the Social Sciences Series. Thousand Oaks: Sage.

Loury, Glenn C., 1977: A Dynamic Theory of Racial Income Differences. S. 153-186 in: Phyllis A. Wallace und Annette M. LaMond (Hrsg.), Women, Minorities, and Employment Discrimination. Lexington, MA: Lexington Books.

Lüttinger, Paul und Thomas Riede, 1997: Der Mikrozensus: amtliche Daten für die Sozialforschung. ZUMA-Nachrichten 41: 19-43.

Madden, Janice F., 1973: The Economics of Sex Discrimination. Lexington, Mass.: Lexington Books.

Marsden, David, 1990: Institutions and labour mobility: Occupational and internal labour markets in Britain, France, Italy, and West Germany. S. 414-438 in: Renato Brunetta und Carlo Dell'Aringa (Hrsg.), Labor relations and economic performance. Washington Square, N.Y.: New York University Press.

Montgomery, James D., 1991: Social Networks and Labor-Market Outcomes: Toward an Economic Analysis. The American Economic Review 81: 1408-1418.

Müller, Andrea G. und Petra Stanat, 2006: Schulischer Erfolg von Schülerinnen und Schülern mit Migrationshintergrund. Analysen zur Situation von Zuwanderern aus der ehemaligen Sowjetunion und aus der Türkei. S. 221-255 in: Jürgen Baumert et al. (Hrsg.), Herkunftsbedingte Disparitäten im Bildungswesen. Differenzielle Bildungsprozesse und Probleme der Verteilungsgerechtigkeit. Wiesbaden: VS Verlag für Sozialwissenschaften.

Müller, Walter und Yossi Shavit, 1998: The Institutional Embeddedness of the Stratification Process. A Comparative Study of Qualifications and Occupations in Thirteen Countries. S. 1-48 in: Yossi Shavit und Walter Müller (Hrsg.), From School to Work. A Comparative Study of Educational Qualification and Occupational Destinations. Oxford: Clarendon Press.

Müller, Walter und Dietmar Haun, 1994: Bildungsungleichheit im sozialen Wandel. Kölner Zeitschrift für Soziologie und Sozialpsychologie 6: 1-42.

Müller, Walter und Wolfgang Karle, 1993: Social Selection in Educational Systems in Europe. European Sociological Review 9: 1-23.

Müller, Walter, Paul Lüttinger, Wolfgang König und Wolfgang Karle, 1989: Class and Education in Industrial Nations. International Journal of Sociology 19: 3-39.

Müller, Walter und Reinhard Pollak, 2004: Social Mobility in West Germany: The Long Arms of History Discovered? S. 77-113 in: Richard Breen (Hrsg.), Social Mobility in Europe. Oxford, Oxford University Press.

Müller, Walter, Susanne Steinmann und Renate El, 1998: Education and Labour-Market Entry in Germany. S. 143-187 in: Yossi Shavit und Walter Müller (Hrsg.), From School to Work. A Comparative Study of Educational Qualification and Occupational Destinations. Oxford: Clarendon Press.

Petersen, Trond, Ishak Saporta und Marc-David L. Seidel, 2000: Offering a Job: Meritocracy and Social Networks. American Journal of Sociology 106: 763-816.

Phelps, Edmund S., 1972: The Statistical Theory of Racism and Sexism. The American Economic Review 62: 659-661.

Portes, Alejandro und Lingxin Hao, 2004: The Schooling of Children of Immigrants. Contextual Effects on the Educational Attainment of the Second Generation. Proceeding of National Academy of Science 101: 11920-27.

Portes, Alejandro und Ruben G. Rumbaut, 2001: Legacies. The Story of the Immigrant Second Generation. New York: Russell Sage Foundation.

Seibert, Holger und Heike Solga, 2005: Gleiche Chancen dank einer abgeschlossenen Ausbildung? Zum Signalwert von Ausbildungsabschlüssen bei ausländischen und deutschen jungen Erwachsenen. Zeitschrift für Soziologie 34: 364–382.

Seifert, Wolfgang, 1992: Die zweite Ausländergeneration in der Bundesrepublik. Längsschnittbeobachtungen in der Berufseinstiegsphase. Kölner Zeitschrift für Soziologie und Sozialpsychologie 44: 677-696.

Spence, Michael, 1973: Job market signaling. The Quaterly Journal of Economics 87: 355-374.

Stanat, Petra, 2006: Schulleistungen von Jugendlichen mit Migrationshintergrund. Die Rolle der Zusammensetzung der Schülerschaft. S. 189-219 in: Jürgen Baumert et al. (Hrsg.), Herkunftsbedingte Disparitäten im Bildungswesen. Differenzielle Bildungsprozesse und Probleme der Verteilungsgerechtigkeit. Wiesbaden: VS Verlag für Sozialwissenschaften.

Szydlik, Marc, 1996: Ethnische Ungleichheit auf dem deutschen Arbeitsmarkt. Kölner Zeitschrift für Soziologie und Sozialpsychologie 48: 658-676.

Thurow, Lester C., 1975: Generating Inequality. Mechanisms of Distribution in the U.S. Economy. New York: Basic Books.

Waters, Mary C. und Tomás R. Jiménez, 2005: Assessing Immigrant Assimilation: New Empirical and Theoretical Challenges. Annual Review of Sociology 31: 105-125.

# Anhang

*Tab. 1:* Details zu den Modellen für Abbildung 2 bis 5

| | Abb. 2 | Beurteilung der Signifikanz von zeitlichen Trends | Abb. 3 | Beurteilung der Signifikanz von zeitlichen Trends | Abb. 4 | Beurteilung der Signifikanz von zeitlichen Trends | Abb. 5 | Beurteilung der Signifikanz von zeitlichen Trends |
|---|---|---|---|---|---|---|---|---|
| Abhängige Variable | Angestellte vs. Arbeiter | | Angestellte vs. Arbeiter | | Angestellte vs. Arbeiter | | Bildung | |
| Alter | X | X | X | X | X | X | X | X |
| Alter² | X | X | X | X | X | X | X | X |
| Geschlecht | X | X | X | X | X | X | X | X |
| Ethnische Gruppe | X | X | X | X | X | X | X | X |
| Erhebungsjahr (diskret) | | X | | X | | X | | X |
| Bildung | | | X | X | | | | |
| Bildung (Schwellenwert) | | | | | X | X | | |
| Jahr (metrisch) · Ethnische Gruppe | | X | | X | | | | X |
| Jahr (metrisch) · Bildung | | | | X | | X | | |
| Jährliche Daten | getrennt | gepoolt | getrennt | gepoolt | getrennt | gepoolt | getrennt | gepoolt |
| Verfahren | Logistische Regression | | Logistische Regression | | Logistische Regression | | Ordered Logit | |

Analysepopulation: Zweite Generation und deutsche Arbeiter und Angestellte im Alter von 18 bis 65 Jahren (Zeitspanne: 1989-2004)

*Tab. 2:* Details zu den Modellen für Abbildung 6 bis 9

| | Abb. 6 | Beurteilung der Signifikanz von zeitlichen Trends | Abb. 7 | Beurteilung der Signifikanz von zeitlichen Trends | Abb. 8 | Beurteilung der Signifikanz von zeitlichen Trends | Abb. 9 | Beurteilung der Signifikanz von zeitlichen Trends |
|---|---|---|---|---|---|---|---|---|
| Abhängige Variable | Abitur | | Abitur | | Abitur | | Elterliche Bildung | |
| Geschlecht | X | X | X | X | X | X | X | X |
| Ethnische Gruppe | X | X | X | X | X | X | X | X |
| Erhebungsjahre (diskret) | | X | | X | | X | | X |
| Elterliche Bildung (CAS-MIN) | | | X | X | | | | |
| Elterliche Bildung (Schwellenwerte) | | | | | X | X | | |
| Jahr (metrisch) · Ethnische Gruppe | | X | | X | | | | X |
| Jahr (metrisch) · elterliche Bildung | | | | | | X | | |
| Jährliche Daten | getrennt | gepoolt | getrennt | gepoolt | getrennt | gepoolt | getrennt | gepoolt |
| Verfahren | Logistische Regression | | Logistische Regression | | Logistische Regression | | Ordered Logit | |

Analysepopulation: Zweite Generation und Deutsche im Alter von 18 Jahren, noch im Elternhaus lebend (Zeitspanne: 1991-2004)

# Verzeichnis der Autorinnen und Autoren

*Aulinger, Juliane*, Dr., Universität München, Institut für Pädagogik. Forschungsschwerpunkte: Bilingualität und Bikulturalität, Schulische Leistungen von Kindern mit Migrationshintergrund.

*Beck, Michael*, Dipl. Soz., Wissenschafticher Assistent, Universität Bern, Institut für Erziehungswissenschaft. Forschungsgebiete: Bildungsungleichheit, Bildung und Migration, Arbeitsmarktsoziologie.

*Becker, Rolf*, Prof. Dr., Universität Bern, Institut für Erziehungswissenschaft. Forschungsgebiete: Bildungssoziologie, Sozialstrukturanalyse, Lebensverlaufsforschung, Arbeitsmarkt- und Mobilitätsforschung, Methoden der empirischen Sozialforschung und angewandte Statistik.

*Diefenbach, Heike*, PD, Dr., Academic Consultant, Writer and Educator in Großbritannien. Forschungsschwerpunkte: Bildungs-, Familien- und Migrationssoziologie sowie Methoden der empirischen Sozialforschung.

*Ditton, Hartmut*, Prof. Dr., Universität München, Institut für Pädagogik. Forschungsschwerpunkte: Schulische und familiale Sozialisation, Bildung, Ungleichheit und gesellschaftlicher Wandel, Evaluation und Qualitätssicherung im Bildungswesen, Methoden empirisch-pädagogischer Forschung.

*Granato, Nadia*, Dr., Wissenschaftliche Mitarbeiterin. Universität Mannheim, Mannheimer Zentrum für Europäische Sozialforschung. Forschungsschwerpunkte: Ethnische Ungleichheit, Arbeitsmarktforschung, Bildungssoziologie, International vergleichende Sozialforschung.

*Kalter, Frank*, Prof. Dr., Universität Mannheim, Fakultät für Sozialwissenschaften. Forschungsschwerpunkte: Bildungssoziologie, Migrationsforschung, Arbeitsmarktforschung, Interkultureller und internationaler Vergleich.

*Kramer, Melanie*, M.A., Wissenschaftlicher Mitarbeiter, Universität Potsdam, Department Erziehungswissenschaft. Forschungsschwerpunkte: Reichtums- und Vermögensforschung, Methoden der empirischen Sozialforschung, Mobilität auf dem Arbeitsmarkt, Übergänge vom Bildungs- ins Erwerbssystem, Migration und Bildung.

*Kristen, Cornelia*, Prof. Dr., Universität Bamberg, Institut für Soziologie. Forschungsschwerpunkte: Sozialstrukturanalyse, Bildungssoziologie, Arbeitsmarktforschung, Ethnische und soziale Ungleichheiten.

*Lauterbach, Wolfgang*, Prof. Dr., Universität Potsdam, Department Erziehungswissenschaft. Forschungsschwerpunkte: Familien- und Bevölkerungssoziologie, Lebensverlauf- und Sozialstrukturanalyse, Bildungs- und Arbeitsmarktforschung.

*Nauck, Bernhard*, Prof. Dr., Technische Universität Chemnitz, Institut für Soziologie. Forschungsschwerpunkte: Lebensverlauf- und Sozialstrukturanalyse, Familien- und Bevölkerungssoziologie, Migration und interethnische Beziehungen im interkulturellen und internationalen Vergleich.

*Schubert, Frank*, Dr., Wissenschaftlicher Mitarbeiter, Universität Bern, Institut für Erziehungswissenschaft. Forschungsschwerpunkte: Bildungssoziologie, Arbeitsmarktforschung, Fertilitätsforschung, Methoden der empirischen Sozialforschung und Datenanalyseverfahren.

*Seibert, Holger*, Dr., Wissenschaftlicher Mitarbeiter, Institut für Arbeitsmarkt- und Berufsforschung Berlin-Brandenburg. Forschungsschwerpunkte: Lebensverläufe von Migranten, Bildungsabschlüsse und Arbeitsmarktintegration ethnischer Gruppen in Deutschland, Berufliche Platzierung ausländischer Ausbildungsabsolventen.

*Tarvenkorn, Alexander*, M.A., Wissenschaftlicher Mitarbeiter, Universität Potsdam, Department Erziehungswissenschaft. Forschungsschwerpunkte: Bildungssoziologie, Soziale Ungleichheit, Sozialstrukturanalyse, Reichtum und Vermögen.

*Tremel, Patricia*, M.A., Wissenschaftliche Mitarbeiterin, Zentrum für universitäre Weiterbildung, Universität Bern.